Les dynamiques d'intégration en zone franc en lien avec la zone euro

Les nouvelles régulations économiques et/ou l'économie de l'intégration

Collection « Études africaines »

dirigée par Denis Pryen et son équipe

Forte de plus de mille titres publiés à ce jour, la collection « Études africaines » fait peau neuve. Elle présentera toujours les essais généraux qui ont fait son succès, mais se déclinera désormais également par séries thématiques : droit, économie, politique, sociologie, etc.

Dernières parutions

Thimothé DONGOTOU, *Les dynamiques d'intégration en zone franc en lien avec la zone euro, tome I, Les problèmes et scénarios,* 2019.
Georges DUPRÉ, *Koto, l'égalité nécessaire, Savoir et pouvoir dans une société clanique, Les Nzèbi du Congo et du Gabon*, 2019.
Arthur VIDO, *Biographie du roi Kpengla du Danhomè,* 2019
Claude IGUMA WAKENGE, *Stade coltan, Extraction minière artisanale, réformes et changement social à l'est de la République démocratique du Congo,* 2019.
Phidias AHADI SENGE MILEMBA, *États de l'État en Afrique, Des déficiences fonctionnelles aux perspectives d'un horizon possible*, 2019.
Nestor Kobenan TAN, *L'Église au défi des identités, Pastorale de l'interculturalité en Côte d'Ivoire*, 2019.
Gervais MUBERANKIKO, *La protection du locataire-gérant en droit OHADA, Nouvelle édition*, 2019.
Mamadou Diarafa DIALLO, *L'hygiène en milieu de soins au Mali, Entre représentations, normes et pratiques,* 2019.
Galedi NZEY, *La formation des professeurs du second degré au Gabon (1971-2010)*, 2019.
Olivier FANDJIP, *Le temps dans le contentieux administratif en droit français et des États d'Afrique francophone*, 2019.
Olivier FANDJIP, *Les mutations récentes de la justice administrative en Afrique francophone. Étude critique à partir du modèle camerounais*, 2019.
Placide MALUNG'MPER AKPANABI, *L'éducation aux valeurs chez les Ding orientaux en RDC, De 1885 à nos jours, tome 1, 2 et 3, 2019.*
Jérôme TOUNG-NZUE, *Réalités du pouvoir au Gabon et fondements du blocage sociopolitique*, 2019.
NIAMKEY-KOFFI, *Révolution et liberté*, 2019.
Maurel Sosthène ONOMO ETABA, *Coopération internationale et terrorisme en Afrique, L'expérience africaine du droit de poursuite terrestre,* 2019.
Jean OTEMIKONGO MANDEFU YAHISULE, *La gouvernance universitaire au Congo-Kinshasa*, 2019.
Emmanuel KASONGO MUNGONGO, *La gouvernance des entités territoriales décentralisées, Défis et enjeux de la gestion des finances publiques communales à Kinshasa,* 2019.
Paul AKOGNI, Arthur VIDO et Didier Marcel HOUÉNOUDÉ (dir.), *Le patrimoine historique au service du développement du Bénin,* 2019.

Thimoté DONGOTOU

Les dynamiques d'intégration en zone franc en lien avec la zone euro

Les nouvelles régulations économiques et/ou l'économie de l'intégration

Tome II

L'Harmattan

5-7, rue de l’Ecole-Polytechnique, 75005 Paris

www.editions-harmattan.fr

ISBN : 978-2-343-143844-2
EAN : 97823431438442

« L'Afrique dispose des hommes et des ressources nécessaires à son développement. Mais avant de mettre en place une politique économique nouvelle, il faut s'interroger sur les raisons des échecs antérieurs. »[1]

---

[1] *Michel Norro 1-N (*144CF Michel Norro in *: Économies Africaines « Analyse Économique d'Afrique Subsaharienne* », De BOECK Université 2EME Édition 1998.
« Il n'existe aujourd'hui dans un monde à la fois un et pluriel que des situations ambigus, que des pratiques contradictoires et des référents pluriels. Les relations sociales ne peuvent être analysées que dans une relation dialectique et d'intériorité. Le monde se traduit par des asymétries spatiales et des dynamiques inégalitaires croissantes qui interdisent de penser l'uniformisation. Une approche institutionnaliste incorporant l'histoire doit étudier les conflits, les luttes, les contre pouvoir et voir comment, dans un contexte donné, il y a pluralité des institutions et domination de certaines. La question du développement est celle du sens que les hommes donnent aux histoires qu'ils subissent ou qu'ils construisent » (Hugon, 2007).

Introduction

Ce deuxième tome inspiré du premier tome étudie, les nouvelles dynamiques d'intégration en recourant aux approches du développement institutionnel post ajustement et dévaluation. Ainsi, la prise en compte des partenariats public-priée (PPP), des dimensions institutionnelles, sociales, structurelles et anthropologiques sont mises en exergue comme nouvelles régulations macro et micro-économiques en zone franc et en zone euro (Chapitre VIII). Le chapitre 8 insiste sur la problématique des privatisations ou des réformes économiques et monétaires renforcées en Afrique Subsaharienne en général et en Zone franc en particulier. Les régulations héritées du passé sont la matrice possible de nouvelles régulations.

La thèse propose ici en même temps le renouvellement des stratégies du développement du postajustement où l'apport des post-keynésiens est fort intéressant et insiste sur une nouvelle économie institutionnelle et la bonne gouvernance où le rôle de l'État est nécessaire. (Chapitre IX). Ce chapitre aborde entre autres les grandes familles "institutionnelles en économie en insistant sur la macro-économie historique courant européen contemporain (voir B. Chavence, 2007). Il met exergue différents outils issus des travaux d'auteurs hétérodoxes d'inspiration keynésienne, marxiste, régulationniste, conventionnaliste, évolutionniste.)

L'étude montre que la monnaie devient un instrument d'unification des territoires. L'étude des déséquilibres des paiements est ainsi analysée dans le cas de la Zone franc et de la Zone Euro où est privilégiée la problématique de l'intra-branche ou de l'intra-zone (C. GNOS, 1999), (voir Asem Slim, 2006). L'approche de la monnaie d'État développée par les auteurs non orthodoxes comme Parguez, Gnos, Schmitt) et d'autres post-keynésiens et circuitistes est ainsi analysée.

Ainsi nous montrons que la réalisation des initiatives intégrationnistes tant en Afrique, en Amérique latine, en Asie, au Maghreb ne peut se faire sans la prise en compte de la question de l'inflation qui mobilise des réactions émotionnelles : telle est l'Économie Politique de l'Intégration (EPI) en Zone franc et en Zone euro.[2]

---

[2] Nous avons consacré un article sur la question de l'inflation en liaison avec la dévaluation à paraître. Un papier du CEMI sur l'inflation est développé par J. SAPIR sur le concept du taux d'inflation naturel dont nous nous sommes inspiré (travaux CEMI, 2007).

Ainsi le régionalisme institutionnel, constitue une approche privilégiée dans la démarche et qui ouvre une nouvelle page dans l'histoire de la zone Franc et de la zone euro (voir Hugon, 2002) : cette étude consiste à montrer le rôle de l'analyse institutionnelle des pays du Sud et leurs implications méthodologiques.

En gros cette partie est la fois théorique (ou stratégique), s'inscrit dans une démarche réactive et propose des analyses pertinentes dans le cadre institutionnel actuel de nos économies où les questions économiques, sociales et écologiques constituent une posture épistémologique envisageable pour un développement durable. Nous proposons également une régulation méso-économique dans l'étude départageant la régulation micro-économique à la régulation macro-économique.

Chapitre VIII
Les nouvelles régulations macroéconomiques en zone franc africaine et en zone euro

Introduction du chapitre VIII

Ce chapitre traite les questions régulationnistes et cherche à tirer des conclusions issues des résultats des réformes institutionnelles engagées dans la Zone franc africaine. L'étude des privatisations comme nouvelles régulations est ainsi appréhendée dans un contexte de pays en développement en partant des réformes du secteur public en Afrique Subsaharienne. Le chapitre tire aussi les enseignements issus des travaux d'auteurs institutionnalistes.

Nous voudrions essayer de nous interroger sur ce qui est, nous semble-t-il, une question clé, celle du renouvellement de la thématique de la convergence et de la coordination des politiques économiques, devenue à l'ordre du jour dans la zone franc CFA dont la monnaie est arrimée aujourd'hui à l'euro. Il s'agira aussi de rechercher les facteurs de déséquilibres des paiements courants en union monétaire européenne d'une part et en union monétaire africaine d'autre part.[3]

Ainsi les contributions présentées dans ce chapitre cherchent à apporter des réponses à des questions essentielles regroupées autour des deux thématiques que nous traiterons dans les deux sections suivantes :

I : Quelles nouvelles régulations économiques dans les deux zones monétaires ?

II : Pallier les déséquilibres des Balances de paiements intrazone (Zone Euro -Zone FCFA), renforcera-t-il les relations commerciales entre les deux zones ? Et quels sont les corpus théoriques qui nous permettent de tirer les enseignements compte tenu de la pluralité des configurations institutionnelles existantes ?

Notons ici que les privatisations, la dévaluation et les réformes monétaires et bancaires sont des mesures prises par les partisans du consensus de Washington pour les pays en voie de développent en générale

[3] PLANE . P (l998) avait abordé cette question sur les facteurs de déséquilibres des paiements courants en union monétaire Ouest africaine, in *Revue d'économie politique.*

et plus particulièrement ceux des pays africains de la zone Franc pour résoudre les déséquilibres macro-économiques de leurs pays à partir des années quatre-vingts.

Ce ne sont donc pas des phénomènes nouveaux pour ces pays confrontés aux déséquilibres de leurs balances paiements respectifs, mais l'ajustement était pour eux inévitable et non un retour en arrière comme le souligne Plane[4]. Dans le cas européen, nous renouvelons les analyses sur le seigneuriage bancaire où nous montrons le rôle des banques dans la création monétaire, en faisant une contribution historique sur la question dans le cas de la France.

Le chapitre aborde en effet les problèmes de déséquilibres des paiements respectifs des pays de la zone euro d'une part et des pays de la zone franc CFA d'autre part devenu de nos jours l'un des objectifs communs des espaces économique et monétaire de moyen terme pour réaliser leurs équilibres budgétaires. Ce qui sans doute pourra favoriser un commerce équilibré et équitable intrazone. (zone euro-zone FCFA).

Une contribution de la littérature monétaire est utile pour approfondir la réflexion sur la recherche d'une approche de la création monétaire abordée ici au-delà des instruments strictement monétaires »[5] La question de l'optimalité des zones monétaires sera abordée de nouveau avec des contributions récentes.

Dans le cas de la zone Franc, nous nous intéresserons sur les fondamentaux macro-économiques depuis la dévaluation du franc CFA, les évolutions actuelles de ces grandeurs et leurs conséquences sur les économies de la sous-région et les relations commerciales avec la zone euro.

Plusieurs approches de création monétaire en Afrique serviront de soubassement théorique en vue d'une approche plus intégrée en Zone franc à l'heure de l'euro.

Enfin, nous allons renouveler les débats sur les théories et stratégies de développement, en montrant les liens entre réformes institutionnelles et régimes d'accumulation dans le cadre de la mondialisation. Dans le cas européen, nous allons aborder une réflexion sur les influences des économies en transition dans la construction européenne comme un sujet d'actualité. Ce qui contribuera à nourrir la problématique de l'intégration économique et monétaire en zone Franc CFA, condition nécessaire pour créer un développement durable, d'où, la question : quelles sont les implications méthodologiques des réformes institutionnelles en Zone franc africaine ? Le chapitre 9 donnera les réponses à cette question.

---

[4] Cf Plane, 1994

[5] Une contribution de Claude GNOS dans le cas de la zone euro sera abordée ici, analyse faite in *Économies et Sociétés,* Série « Monnaie », ME, N -1-2, Septembre -octobre 1999 P 196-201.

Nous attirons aussi l'attention sur le fait que ce chapitre ne fournit pas du tout une comparaison entre la zone franc et la zone euro.

Nous nous efforçons tout simplement de montrer d'une part l'importance des réformes institutionnelles au plan macro-économique et leurs incidences microéconomiques.

Au total il s'agira d'apporter les réponses aux questions que pose le fonctionnement actuel de la zone franc et la recherche et l'examen des conditions d'une zone monétaire plus intégrée à l'heure de l'euro.

La recherche d'une approche institutionnelle en zone franc CFA à l'heure de l'Euro, en vue du développement de la politique économique et monétaire internationale, doit être appréhendée non pas seulement au plan monétaire (problème de lutte contre l'inflation par exemple), mais aussi, un fort désengagement de l'État est sans risque sur la stabilité d'un système monétaire et financier international (la prise en compte des aspects institutionnels).

L'apport des Keynésiens et des post-Keynésiens sera retenu dans notre analyse sur le renouvellement des théories et modèles de développement (Chapitre 9). Pour ce, nous présenterons synthétiquement les caractéristiques essentielles des théories monétaires post-Keynesiennes qui constituent à nos yeux un outil utile pour mieux appréhender le fonctionnement des économies monétaires dans le cadre institutionnel actuel.

« En effet, pour les post-Keynésiens, la politique monétaire ne doit pas être exclusivement destinée à la lutte contre l'inflation. En outre, un désengagement fort de l'État n'est pas sans risque sur la stabilité du système tout entier. En décortiquant les relations entre les sphères financières et productives, les post-Keynésiens justifient la nécessité de promouvoir une régulation du système monétaire et financier. »[6]

Cette étude relance le débat des privatisations en zone franc et aborde la dévaluation du franc CFA de janvier 1994 et l'avènement de l'UEMOA[7], comme étant les résultats de l'échec de la zone à assurer un développement économique durable. (une approche médiane et équitable).

L'analyse de ces phénomènes économiques, nous conduira à renforcer les réformes monétaires en cours, condition nécessaire de la réussite de l'intégration économique en zone franc à la lumière des contraintes économiques et monétaires européennes. Nous allons alors voir la possibilité d'une nouvelle zone Franc Africaine.

Ainsi donc les économies des pays africains membres de la zone franc sont désormais réunies dans une une véritable économie nationale définie à l'échelle de la zone, bien que persistent des divergences macro-économiques

---

[6] CF : Pierre PIEGA Y, Louis Philippe ROCH ON, « Théories monétaires post-Keynesiennes », *Revue économie appliquée n-4 Tome LVII,* décembre 2004, Pl63-186.

[7] Cf, Traité de l'UEMOA : Union Économique et Monétaire Ouest Africaine, janvier 1994, Dakar, Sénégal

intra-sous zone. Comme l'affirme Hugon, « les institutions héritées du passé sont la matrice possible de nouvelles institutions » (Hugon, 2007).

I. Position du problème : les nouvelles régulations économiques en zone franc

La recherche d'une nouvelle régulation en Zone franc devient un enjeu pour ces pays après les échecs et les réussites des transitions institutionnelles.

Notons que les fondamentaux macro-économiques de la zone franc ont évolué ces dernières années et laissent augurer les chances d'un développement économique durable. Le bilan des privatisations dans les pays de la zone bien que réussi pour certains, modeste ou timide pour d'autres, en général elles ont été marginales surtout après la dévaluation du FCFA. L'exemple communément le plus cité de la restructuration des entreprises publiques en Afrique Subsaharienne est le modèle Ivoirien.

Mais aujourd'hui les données ont-elles changé ? L'exemple du Congo peut-il illustrer l'analyse ?

Ce paragraphe aborde d'abord le contexte des privatisations dans la zone franc africaine avant et après la dévaluation du franc CFA d'un point de vue institutionnaliste car les facteurs institutionnels sont déterminants pour expliquer les réussites ou les échecs des privatisations (Hugon, 2007). Une application à l'ensemble des pays sera faite en présentant le tableau des privatisations en cours qui nous permettra de conclure par un bilan.

A) La monnaie FCFA actuelle arrimée à l'euro procure-t-elle à la zone des conditions nécessaires à la réussite des privatisations encours, comme stratégie de développement économique[8] ?

Avec le phénomène de la globalisation ou mondialisation, les privatisations deviennent incontournables. Comme le précise COMELLIAU. C : « Les échanges internationaux existent depuis des siècles, et la prise de conscience des limites de la planète ne date pas d'aujourd'hui. Ce qui est nouveau dans le phénomène de globalisation ou de la mondialisation, ce n'est pas l'existence des échanges internationaux, c'est d'abord leur formidable accélération. Cette intensification des échanges de marchandises, de services, de capitaux et de technologie, ·est telle qu'elle entraîne de profonds changements dans la répartition des pouvoirs de décision au sein de l'économie mondiale, d'autant plus qu'elle s'opère dans

[8] Cette question de stratégie de développement sera beaucoup approfondie dans la section3, du chapitre.

un contexte idéologique de libéralisation, de dérégulation et de privatisation. »[9]

Avant que nous abordions la problématique des privatisations en Afrique subsaharienne en général et particulièrement en Zone franc, il est important de brosser une vue panoramique du modèle de développement et de la régulation Étatique en Afrique dans une sous-section, et la deuxième sous section présentera le bilan des privatisations et les perspectives de développement en Afrique subsaharienne, en prenant les exemples du Congo et de la Côte d'Ivoire (deux modèles de privatisation en zone franc). D'autres cas pourraient justifier dans la même lignée les privatisations en zone franc dans les tableaux présentés.

Notons que « la privatisation, dénationalisation, ouverture du capital au secteur privé désengagement de l'État des activités productives, réduction du poids des entreprises publiques dans l'économie. Quelque soit le terme utilisé, les privatisations font, l'objet des débats contradictoires en Afrique Subsaharienne. »[10]. Certains auteurs pensent que les privatisations sont désormais irréversibles en Afrique et d'autres pensent que la privatisation est une fausse solution pour l'Afrique.

Cette section ne fait pas ici un procès sur les privatisations en Afrique et plus particulièrement en Zone franc, mais nous essayerons de montrer que la monnaie et plus précisément le franc CFA joue un rôle dans le processus de privatisation comme modèle de développement durable en vue une approche plus intégrée. Nous montrerons aussi que la politique monétaire joue un rôle important dans les privatisations qui s'opèrent dans un contexte sous-régional.

En effet le processus de privatisation, n'est pas nouveau et les premières privatisations remontent au début des années quatre-vingt. Mais jusqu'en 1990, elles ont été timides, marginales et souvent difficiles à mettre en oeuvre. Le terme de privatisation était « tabou » et parler de privatisation équivalait à une transgression. Privatiser était synonyme d'atteinte à la souveraineté et à l'indépendance nationales, surtout quant les repreneurs étaient des étrangers.

L'année 1990 après la chute du mur de Berlin qui s'accompagne du renouveau des thèses libérales, marquera une rupture.

Dans la Zone franc, l'année 1994, sera une étape décisive, avec la dévaluation du franc CFA et le début de la mise en place de nouveaux ensembles économiques et monétaires sous-régionaux (Union monétaire et économique d'Afrique de l'Ouest, communauté économique et monétaire

---

[9] CF : COMELLIAU Christian » les défis de la mondialisation IUED-Genève 1997 »

[10] CF : DONGOTOU, Th, « les privatisations des entreprises publiques en Afrique subsaharienne à l'heure de l'ajustement structurel : Deux expériences de désengagement de l'État le Congo et la Cote d'Ivoire « Mémoire de DEA EHESS -PARIS-1997 »

d'Afrique Centrale), qui ouvrent les marchés nationaux sur l'extérieur et instaurent la concurrence.

L'entrée en vigueur, en 1995, de l'organisation mondiale du commerce (OMC) confirme la libéralisation des échanges.

Le rôle du secteur privé comme moteur de la croissance et comme facteur de relance de l'activité économique et la compétitivité des entreprises que seule une gestion privée serait en mesure d'assurer, deviennent des options clairement et hautement affirmées.

Ainsi, dans la plupart des pays d'Afrique Francophone, la période post-indépendance a été caractérisée par un fort interventionnisme de l'État dans l'économie, qui s'est traduit, dans un premier temps, par des nationalisations de firmes privées étrangères, des rachats de sociétés privées ou des prises de participations, et des appropriations par les nouveaux États d'anciennes structures parapubliques mis en place par les administrations coloniales.

À partir des années soixante-dix, le secteur public s'est développé par voie de création de nouvelles entreprises étatiques dont la construction a été financée grâce aux investissements publics. Outre l'affirmation d'indépendance économique par rapport à l'ancienne puissance coloniale et le souci de contrôler les ressources locales, la nationalisation puis la création d'entreprises publiques se justifiaient par la faiblesse de l'épargne privée nationale, le manque de tradition industrielle et d'expérience du secteur privé national en matière de gestion et de connaissance des règles du marché. D'où la nécessité de construire un vaste secteur contrôlé par l'État dont les missions avaient pour objectif de doter les pays d'infrastructures collectives, d'assurer les grands services publics ; de valoriser les ressources locales, de maîtriser la production et la commercialisation des produits essentiels et de promouvoir l'industrialisation : assurer la fonction d'utilité publique.

Comme le souligne G. Grellet : « le retournement de la conjoncture sur les marchés mondiaux des matières premières, la forte hausse du coût réel de l'endettement et l'échec des politiques d'industrialisations par substitution à l'importation ont engendré de forts déficits externes pour la plupart des pays du sud. En Amérique Latine, en Afrique, au Moyen-Orient le produit par tête va désormais stagner, voire régresser. Dès lors les stratégies de développement devront faire place aux politiques glorieuses et plus douloureuses de rétablissement de l'équilibre extérieur. À l'exception des nouveaux pays industriels asiatiques, les économies du Sud sont donc entrées dans une série de crises récurrentes. La croissance annuelle moyenne a fortement chuté passant pour l'Afrique Noire de 4,2% entre 1965 et 1980 et 1990. Les taux d'inflation se réveillent brutalement, les déficits extérieurs s'accumulent, l'endettement extérieur double pendant la décennie et le service de la dette n'est plus financé que par de nouveaux créanciers. »[11]

---

[11] G. Greilet, « Les politiques économiques des pays du Sud », PUF, 1994. cF : P.

Ce constat fait par Grellet, nous explique simplement les raisons et le besoin d'ajustement dans les pays du Sud et dans la pratique est posé ici le problème de la fonction d'utilité publique joué par les entreprises publiques en Afrique.

Les pays d'Afrique subsaharienne et particulièrement ceux de la zone franc ont été soumis à l'ajustement structurel au début des années 80.

En effet, l'ajustement structurel des économies de ces pays était devenu un des grands enjeux majeurs de la fin du XXe siècle pour les institutions de Bretton Woods (Banque Mondiale et Fonds Monétaires International). Pour ces institutions, l'ajustement est la seule solution viable, est l'indispensable première étape sur la voie qui mène à une croissance soutenable de manière à faire reculer la pauvreté et donc la voie qui conduit au développement.

Ainsi donc, pour le FMI et la Banque Mondiale « l'ajustement structurel consiste à mettre en oeuvre une série de mesures de politiques économiques, notamment de la balance des paiements. Il permet également de réunir les conditions d'une croissance durable et d'un développement stable. »

Beaucoup de pays africains ont été donc contraints au cours des années 80, à privilégier les politiques de stabilisation et d'ajustement par rapport au modèle de développement fondé sur l'industrialisation, qu'ils ont appliqué pendant les deux décennies d'avant : Il s'agit donc pour ces institutions avant tout de déblocage des ressources en de ces pays, d'inscrire et d'adopter, dans un document-cadre de politique économique, un certain nombre de mesures destinées à libérer les initiatives privées et favoriser la relance.

C'est pour cela que pour P. PLANE : « l'Ajustement était dans les ACP incontournable, mais que ses conditions et modalités expliquent pourquoi il est resté en deçà des attentes, ce qui incite à de nouvelles réformes, mais non à un retour en arrière. »[12]

Le constat le plus remarquable est qu'aujourd'hui, les privatisations sont non seulement admises, mais sont revendiquées et font de plus en plus l'objet d'un consensus et plus particulièrement au niveau des pays de la zone franc CFA. Peu s'opposent à sa mise en oeuvre . L'argument longtemps avancé, de risque de bradage du patrimoine national ne trouve plus, ou trouve de moins en moins, de publics favorables prêts à la reprendre à leur compte.

Notons à ce sujet que les programmes d'ajustement structurel (PAS), comportent tous un vaste programme de privatisation, dont la mise en oeuvre constitue souvent un préalable à la signature des accords et au décaissement des premières tranches de financements.

JACQUEMOT, « Accumulation et Développement », Harmattan, PARIS 1985, P. 21.

[12] P. PLANE dans » Ajustement et Développement : l'expérience des pays ACP », Paris 1994.

Après la première vague de désengagement de l'État, qui s'est déroulé jusqu'au début des années quatre-vingt-dix, les privatisations sont rentrées dans une nouvelle phase dont les caractéristiques sont différentes et les enjeux d'une autre ampleur.

La restructuration des secteurs para-publics a d'abord été vécue comme une immixtion idéologique des institutions de Bretton- Woods, leurs contre-performances et les exigences macro-économiques ont progressivement montré la nécessité d'y recourir.

Les privatisations par contre peuvent induire des gains d'efficacité économique, c'est-à-dire une moindre utilisation de facteurs pour l'obtention d'une production déterminée, ou la réalisation d'un niveau de production supérieur avec une quantité de facteurs inchangés ; elles peuvent également contribuer à un objectif de redressement des finances publiques. Dans cette optique et dans l'ensemble, les privatisations peuvent soulager le besoin d'ajustement budgétaire, comme nous montrerons dans les pages qui vont suivre.

Tout au long des années 80, les programmes ont suivi une seule et même logique, celle du découpage du secteur parapublic en trois domaines distincts : les entreprises stratégiques, mais viables, candidates désignées à des opérations de transfert au secteur privé, enfin, les sociétés non indispensables au processus de développement et ne présentant ni viabilité économique ni viabilité financière, candidates désignées à une procédure de liquidation juridique.

Cette typologie, très largement inspirée par la Banque Mondiale, a été d'une utilité évidente.

Elle a permis de délimiter un domaine parapublic dont les contours étaient jusqu'ici demeurés souvent imprécis. Elle a contribué à sensibiliser les opinions publiques à l'idée d'un désengagement de l'État devenu inévitable. Enfin, elle a astreint les États à adopter une stratégie d'arbitre, démarche nécessaire dans un contexte de durcissement de la contrainte budgétaire.

Après les années 90, c'est-à-dire, en 1994, après la dévaluation du Franc CFA, cette typologie a été quasiment abandonnée. (La distinction entre entreprises stratégiques et non stratégiques). Toutes les entreprises sont éligibles à la privatisation, ce qui ne signifie pas que toutes seront privatisées, du moins dans l'immédiat. La distinction porte désormais sur les entreprises à privatiser, sur celles qui seront maintenues dans le portefeuille de l'État, sur celles qui seront placées en observation et restructurées ainsi que les formes de privatisations retenues.

Les privatisations provoquent des malentendus et de vifs débats qui restent le plus souvent à côté de la question centrale. Certains devinent derrière ce mot un complot visant à restaurer un marché complètement libre ; d'autres l'interprètent comme une attaque contre les gouvernements.

Généralement définies comme un transfert d'activités, les privatisations, semblent être imposées partout en Afrique en général, en raison notamment des désillusions de la gestion du secteur du secteur public, des impératifs nés de l'endettement, mais aussi de la moindre méfiance vis-à-vis du secteur privé.

En effet, les privatisations semblent découler de la pression des contraintes financières conjoncturelles, d'un argument de circonstance dans une négociation financière que d'une réelle conviction dans les vertus du marché. C'est pourquoi les privatisations suscitent ainsi de nombreuses réactions critiques, comme l'affirmait Edgard Pisani : « enrage quand je lis les textes qui prônent que le libre champ soit donné à la libre entreprise. La privatisation est une fausse solution pour l'Afrique. »[13]

Pour P. JACQUEMOT, le développement d'une mentalité entrepreneuriale demeure une hypothèse non vérifiée dans les systèmes où l'aptitude de l'innovation et à la prise de risque n'est pas nécessairement considérée comme un signe de valeur personnelle. »[14]

En bref, nous dirons, que les privatisations comportent des avantages dans l'optique de la croissance et de la stabilisation des finances de l'État, cela ne peut certainement pas être discuté et, est vérifié dans les pratiques dans certaines sociétés occidentales notamment.

Si dans la première vague de désengagement de l'État qui va de 1980 à 1990, les privatisations en milieu africain se sont heurtées à de nombreux obstacles et de nombreux aléas, de nos jours les privatisations font de plus en plus l'objet d'un consensus surtout dans la zone franc.

Cette section cherche tout simplement à montrer le rôle que peut jouer la création monétaire dans un contexte de privatisation des entreprises . Dans ce sens les économies des pays de la zone franc sont soumises d'une part aux contraintes de l'union monétaire européenne et d'autre part à des privatisations des entreprises publiques en réponse aux mesures prises par le consensus de Washington dans les années 80.

C'est pourquoi il est nécessaire de repenser le débat sur les privatisations en zone franc. Aussi il est nécessaire de présenter le contexte du modèle subsaharien des entreprises (avant et après la dévaluation du FCFA intervenue en 1994), en faisant une analyse critique des privatisations en Afrique subsaharienne et de proposer les solutions alternatives en tenant compte des nouvelles perspectives de développement dans le cadre de la mondialisation et/ou globalisation.

---

[13] CF : E. PISANI, *« Pour l'Afrique »,* Ed. Odile Jacob, 1998, P. l2.

[14] CF : P. JACQUEMOT « Désétatisation en Afrique, enjeux et perspectives *», Revue Tiers Monde* n° Il, 1988.

B) Le contexte : La situation générale en Afrique subsaharienne : Développement et Régulation étatique

Pour mieux appréhender le sujet, il est utile d'aborder la situation générale en Afrique subsaharienne depuis des les années 60 pour montrer d'une part le rôle de la dimension historique dans la problématique des privatisations des entreprises publiques et le rôle joué par la théorie économique dans ce processus d'autre part.

La recherche d'une approche plus intégrée entre la zone franc et la zone euro ne pourrait être abordée sans pourtant tenir compte de la situation générale en Afrique subsaharienne, marquée par un modèle de développement centré sur la régulation étatique.

Notons ainsi qu'au début des années 60, l'intervention de l'État dans les pays en voie de développement apparaissait comme une nécessité évidente. Face à l'urgence des situations de sous-développement, seule une action énergique des pouvoirs publics semblait capable de créer les conditions favorables au « décollage »économique. À partir du premier choc pétrolier de 1973, le ralentissement de la croissance économique et la montée des déséquilibres financiers ont conduit à une remise en cause radicale des fonctions de l'État.[15]. Ce constat d'un État totalitaire dans le domaine économique a été repris par l'ensemble des courants de pensée.[16]

Ainsi donc l'intervention de l'État dans la théorie économique s'illustre par les points de vue suivants :

- Pour les libéraux, les interventions publiques cassent les mécanismes du marché et étouffent les initiatives individuelles qui constituent à leurs yeux le ressort fondamental du dynamisme économique.
- Dans une perspective marxiste, l'État apparaît avant tout comme un vassal du capitalisme international, son action conduisant à accentuer la dépendance extérieure et à renforcer les blocages d'un véritable développement.[17] Et si une certaine légitimité est reconnue à l'État relais,[18] son inefficacité et son surdéveloppement n'en sont pas moins soulignés avec insistance.

Cette convergence des remises en cause a contribué à accréditer la thèse qu'il n'y a rien à attendre de bon de l'État et d'une façon générale du secteur public. Devant l'ampleur de la persistance de la crise économique, le modèle libéral est alors apparu comme la seule orientation réaliste. Comme le souligne M. F. Lheriteau, la stratégie du Fonds monétaire international « est facilitée par le

---

[15] Entre autres assuer la fonction d'utilité publique.

[16] CF : Contamin et Fauré 1988

[17] Godin 1986.

[18] lkonicoff et Sigal 1978.

manque d'une véritable vision alternative globale et cohérente, dotée d'un caractère opératoire équivalent à celui de l'idéologie libérale. »[19]

Nous adhérons à l'idée que, pour les premiers programmes d'ajustement structurel mis en place au début des années 80 la voie était claire : la restructuration du secteur public était assimilée à un désengagement de l'État, la modernisation apparaissait d'abord comme un « dégraissage ».

Cependant, comme le souligne PH. Hugon : « l'ajustement par le bas » conduit à des réformes qui non seulement tendent à réduire la base économique de l'État, mais risquent fort également « de renforcer la décomposition de jouer son rôle d'État gendarme, de macro-régulateur et d'unification national. »[20]

Force a été de reconnaître la permanente nécessité d'interventions publiques.

Même la Banque Mondiale est conduite à admettre que, « comme le marché est rarement parfait, l'État doit parfois faire certaines mises au point » ; c'est ainsi qu'» en principe, la protection contre les importations n'est pas la meilleure forme d'intervention, mais c'est parfois la seule option, là encore, un appui de l'État se justifie ».[21]

En ce qui concerne les entreprises publiques, il a bien fallu reconnaître que la lenteur du mouvement de privatisations, qui caractérisait l'ensemble des pays de l'Afrique subsaharienne ne s'expliquait pas seulement par des résistances d'arrière-garde.

Comme le soulignent Contamin et Faure (1988), « d'une façon plus générale et à première vue paradoxale, les politiques d'ajustement ont fait apparaître avec clarté l'impérieux ·besoin d'un État fort, capable à la fois de mettre en place des verrous financiers souvent impopulaires, d'impulser une nouvelle dynamique de l'appareil de production, et de faire face à des bailleurs de fonds dont les exigences d'équilibre financier à court terme sont souvent prioritaires ».

Le point de vue pris dans cette section, sans pour autant être explicite, s'apparente à celui présenté par Contamin et Fauré : « dans la bataille des entreprises publiques en Afrique subsaharienne », se retrouve également dans les travaux effectués dans notre Mémoire de DEA.[22]

Pour terminer, il est utile de souligner les nombreux aspects que nous passerons volontairement sous silence. Étant donné l'ampleur du sujet, des choix étaient nécessaires. Tout d'abord, nous négligerons les problèmes à l'ajustement structurel en tant que tel en Afrique subsaharienne et nous nous intéresserons uniquement aux relations entre le secteur public et le secteur privé en Afrique subsaharienne, les mesures de réorientations économiques du secteur parapublic et enfin la problématique de la privatisation sera abordée.

---

[19] Lhériteau, 1986, P. 154.

[20] Hugon 1987, P. 20.

[21] BIRD, 1987, P. 8-9.

[22] Contamin et Fauré, 1988 ; Dongotou TH » Mémoire de DEA EHESS-Paris 1997.

C) Les relations entre le secteur public et le secteur privé en Afrique subsaharienne : Une application à la zone franc CFA

Les explications habituelles de l'existence d'entreprises publiques dans les pays en voie de développement relèvent principalement de deux types d'arguments :

- D'une part des considérations économiques qui justifient la nécessité de dépasser le champ trop étroit de la rentabilité privée,
- D'autre part la mise a jour de facteurs politiques, dont le jeu conduit à des formes « perverses » de gestion, telles que le clientélisme et le patrimonialisme.

Incontestablement, la création d'un très grand nombre d'entreprises publiques en Afrique subsaharienne peut être justifiée par la prise en compte d'une rentabilité sociale qui dépasse l'horizon économique restreint d'opérateurs privés. C'est le cas des infrastructures (énergie, transports, télécommunications), des « avantages » économiques, sont trop diffus dans l'économie pour être récupérés par des entreprises privées. C'est le cas également d'opérations agro-industrielles (palmier à l'huile, sucre, coton) dont les effets de redistribution régionale ou de formation de la main-d'oeuvre paysanne n'intéressent pas nécessairement le secteur privé. D'autre part la prise en charge directe par l'État d'activités de production peut s'expliquer tout simplement par l'absence d'initiatives privées, en dépit de l'existence d'opportunités d'investissement.

Dans ce contexte, l'initiative privée la plus fréquente dans le secteur moderne émane des sociétés étrangères, que l'État va chercher à contrôler, tant pour assurer une meilleure intégration de l'activité de l'entreprise à l'économie du pays que pour préparer une relève par des Nationaux. Un très grand nombre de sociétés d'économie mixte, dont les partenaires sont étrangers, s'inscrit dans cette logique. Mais l'existence de cette responsabilité comme le soulignent Contamin et Faure, est très lourd, et l'État n'est pas souvent dans ces conditions qu'un partenaire silencieux.[23]

D'après Cotamin, une telle approche est source de désillusions sur les possibilités de désengagement de l'État. Loin d'être aux marges du système, l'État est au contraire le principal acteur de la régulation, au sens où il soutient et pilote le régime d'accumulation.[24]

C'est donc dans le cadre du modèle d'ensemble de développement qu'il faut situer son rôle et, par voie de conséquence, mieux comprendre l'essor du secteur parapublic.

---

[23] Contamin, Faure : *La bataille des entreprises publiques en Côte d'Ivoire,* 1990

[24] 80YER, 1986.

I.1. Le modèle subshaharien

Il s'agit ici de la logique d'un développement centré sur l'État. Un modèle par définition est une représentation schématique d'une réalité donnée, et le modèle subsaharien s'ordonne autour de trois pôles principaux qui sont :

- une agriculture d'exportation, qui constitue une source importante de revenus monétaires pour une population composée essentiellement de petites exploitations familiales ;
- une industrie de remplacement des importations de biens de consommations finale ou semi-oeuvrée à l'abri d'une forte protection douanière et mise en oeuvre principalement par des entreprises étrangères ;
- un secteur informel qui prend en charge, à titre principal ou complémentaire, et de façon croissante avec l'aggravation de la crise, des activités extrêmement variées et notamment une fraction importante de l'alimentation.

L'État est au coeur de la régulation de ce modèle, il apparaît comme le pilier à la fois de l'enrichissement et des tentatives de modernisation par le contrôle du processus d'accumulation. L'enrichissement résulte principalement du prélèvement effectué sur le surplus agricole, notamment par le canal d'entreprises publiques, au premier rang desquelles figurent les caisses de stabilisations.[25]

Certes, le démarrage du développement économique est nécessairement financé sur le secteur primaire. C'est une contrainte incontournable. Mais c'est la faible propension du secteur agricole à investir, qui a suscité l'intervention de l'État tant pour promouvoir une modernisation de l'agriculture que pour les transferts financiers intersectoriels, en particulier au profit de l'industrie.

D'une façon générale en Afrique subsaharienne, l'accroissement des quantités produites est le résultat d'une augmentation des surfaces cultivées et non d'une élévation des rendements.[26]

Ce type d'accumulation, qui apparaît rationnel à court terme pour le producteur, est considéré par les pouvoirs publics comme un frein à l'accroissement de l'efficacité du système productif dans son ensemble et à ce titre justifie un encadrement du monde paysan. Il y a donc un jeu complexe de pressions étatiques et d'appels à l'État.

Dans le secteur industriel, le « besoin » d'État généré par la politique d'import-substitution est particulièrement intense. La protection du marché intérieur était considérée comme la condition du développement d'un

---

[25] Arch in 1985, Fauré in Fauré et Medard, 1982.
[26] Gourou 1982, P. 262.

appareil de production nationale dont la compétitivité n'est pas suffisante pour affronter la concurrence internationale.

L'appel à l'État devient un principe de gestion, l'objectif étant de constituer et de maintenir une situation de monopole sur le marché national. Dans cette perspective il est de bonne gestion pour un investisseur privé, et notamment étranger, d'avoir l'État comme partenaire directe du capital, afin de bénéficier de sa protection. Il s'agit là d'un puissant moteur de développement du secteur des sociétés d'économie mixte. On peut également qualifier ce type d'accumulation d'extensive dans la mesure où les entreprises cherchent essentiellement à satisfaire un marché existant « captif », selon des techniques de production relativement stables.

L'agro-industrie d'exportation, révèle le jeu ambivalent de la valorisation des ressources primaires : d'une part le renforcement du modèle subsaharien, mais d'autre part l'entrée dans le monde de la compétition industrielle mondiale qui entraîne une remise en cause radicale du modèle par le passage à un régime d'accumulation intensive.[27]

Le secteur informel obéit également à une logique d'accumulation extensive.

Lorsqu'un surplus peut être dégagé pour un investissement, il est en priorité affecté à la création de nouvelles activités et non au développement et à l'intensification des unités de production existantes. Il en résulte que « petits métiers, artisanat et PME ne constituent pas les différentes étapes d'un même processus d'accumulation. Aucun phénomène de transition ne permet le passage d'un niveau à l'autre ».

L'État apparaît alors comme le seul initiateur possible d'une politique de modernisation, extrêmement ambiguë dans la mesure où elle risque de casser ce qui fait précisément le dynamisme de ce secteur informel, mais par ailleurs réclamée avec insistance par la grande majorité des pays qui se plaignent de ne pas être « aidés ».

La crise a renforcé cette fonction de régulation de L'État, les nécessités de soutien de l'accumulation devenant de plus en plus pressantes. En particulier se sont manifestées les limites inhérentes à une accumulation extensive : rareté croissante des terres, étroitesse des marchés nationaux, difficultés de diversification. Cette pression à l'intervention étatique comme le souligne Contamin et Faure, atteint une intensité d'autant plus forte que l'économie est vulnérable aux chocs extérieurs et que son rythme de croissance est élevé.

Notons que la diversité de l'Afrique subsaharienne, « terre de contraste », est un caractère généralement mis en avant. La variété des paysages les spécificités des populations, la juxtaposition de zones forestières abondamment arrosées et de savane menacées par la sécheresse, tendent à conforter cette impression d'extrême disparité. Par ailleurs toute vision

[27] Contamin&Fauré, P. 73

globalisante de ce continent est suspectée de conduire dans les pièges de l'ethnocentrisme, qui uniformise au travers du filtre de la modernité.

Il n'en reste pas moins que la crise économique a révélé une très grande homogénéité des situations. Des pays aussi différents a priori que le Congo, la Côte d'Ivoire, le Nigéria, le Cameroun, le Niger, la Tanzanie sont confrontés à des difficultés économiques de même nature. Certes l'ampleur de la crise et le potentiel de réaction aux déséquilibres ne sont pas du tout de même niveau. Mais la similitude des programmes d'ajustement structurel n'est pas seulement le résultat des institutions financières internationales. Elle est aussi l'expression de l'existence d'un modèle de développement commun à l'ensemble de l'Afrique Subsaharienne fondé sur la régulation étatique, et dont l'économie de chaque pays n'est qu'une modalité particulière géographique plus large, et cette construction, a pour but que d'éclairer le contexte de l'éclosion des entreprises publiques dans la région.

Certes l'histoire coloniale a été un puissant élément de structuration de l'Afrique au sud du Sahara et le poids de l'héritage du régime colonial, extraordinaire laboratoire d'économie dirigée » selon l'expression d'un historien (Coquery-Vidrovitch 1983), est particulièrement lourd. Mais il ne faudrait pas pour autant sous-estimer la force des structures, des dynamismes et des stratégies internes, non nécessairement produits du colonialisme, qui concourent à perpétuer un mode de fonctionnement de l'économie articulé autour de 1 État.

Voyons comment le secteur public s'est-il étendu en Afrique subsaharienne.

I.1.1 - L'extension du secteur public en Afrique Subsaharienne

Dans une étude réalisée à la demande et en collaboration avec la commission européenne par le CERDI et des universitaires d'Oxford et de Brescia, Patrick Plane explique comment le secteur public est étendu dans la plupart des pays en développement.[28]

En effet, le secteur des activités parapubliques s'est beaucoup étendu dans les années 70. La montée de l'inflation, un moment favorable aux pays exportateurs de produits primaires et la libéralisation de l'accès aux marchés financiers internationaux ont constitué les facteurs permissifs de cet engagement. Nombre des fondateurs de l'économie du développement ont adhéré à cette démarche d'extension lorsqu'ils ne l'ont pas directement suscitée, considérant un tel engagement comme une nécessité en regard des défaillances du marché ex-port, l'expérience semble avoir révélé plus de désillusions qu'elle n'a engendré de satisfaction.

Pour Patrick Plane, les administrations publiques ont souvent été incapables de corriger les inefficacités d'allocation du marché sans induire

---

[28] Patrick Plane dans : Ajustement en Afrique : Patric S. Guillaumont, CERDI et les universitaires d'Oxford et de Brescia 1994

de nouvelles et parfois profondes distorsions dans le système de prix intérieur ; un débat résulte de ce réexamen critique avec en toile de fond l'organisation d'un mouvement de rééquilibrage entre secteurs publics et privés. On n'ignore pas que le mouvement de restructuration a laissé la plupart des entreprises « stratégiques » avec l'État comme principal ou sinon unique actionnaire. La politique de redressement de ces sociétés s'est souvent appuyée sur des contrats de plan entre l'entreprise et l'État. On sait aussi cependant que ces contrats se sont heurtés à de nombreuses difficultés de mise en œuvre. Et comme le plus souvent l'État s'est trouvé défaillant dans la réalisation de ses engagements contractuels, les entreprises ont eu une propension à s'exonérer de leurs propres obligations. Cette question sur la dimension des secteurs parapublics a été bien illustrée par Plane sur un échantillon de 46 pays en développement parmi lesquels les deux pays de la zone franc dont l'étude est en partie concernée.

Dans ce paragraphe nous présentons les facteurs structurels ou d'environnement ayant prédisposé à un niveau à un niveau élevé de l'intervention publique. L'indicateur économique le plus souvent utilisé est le pourcentage de la valeur ajoutée des entreprises parapubliques dans le PIB. À la fin des années 70, cet indicateur a été en moyenne de 11 %.[29]

Notons que la littérature initiale sur l'économie du développement a implicitement soutenu cette hypothèse. On y évoque la présence de goulets d'étranglement qui caractérisent les économies à faible revenu, l'inefficacité des forces spontanées du marché en raison des phénomènes de rendements d'échelle, d'externalités, d'informations incomplètes et onéreuses. On y évoque encore la faiblesse de l'épargne locale, mais aussi des investissements privés. Bref autant d'arguments propres à légitimer l'engagement public et qui font pressentir une corrélation négative entre la dimension du secteur parapublic et le niveau du produit par tête. Il va de même avec le rythme de l'activité. Gerschenko (1962) suggère que l'intervention publique apparaîtra comme d'autant plus nécessaire que la croissance antérieure du produit national aura été plus faible.

L'effet exercé par la structure de la population est plus incertain. On évoque souvent ici les termes de l'échange international, notamment l'instabilité de prix relatif.

Deux réflexions vont être menées :

1. *La prédétermination du signe d'un facteur exogène est un exercice finalement incertain qu'il y paraît au premier abord.* Pour se limiter à un exemple simple, Plane dit que la relation positive entre les termes de l'échange et la valeur ajoutée parapublique dans le PIB ne tient qu'au relâchement de la contrainte budgétaire publique sous

[29] Nous présenterons dans la partie annexe, les tableaux illustratifs

l'hypothèse que c'est l'État et non le secteur privé qui est le bénéficiaire du flux de revenu additionnel.[30] En se remémorant les débats théoriques des années 50, il vient à l'esprit que bien des auteurs auraient alors prédit une relation de signe contraire. C'est ainsi que Singer (1950) et Presbish (1959) affirmaient l'existence d'une tendance » séculaire » à la dégradation des termes de l'échange des matières premières ;

2. *Il est incontestable que les facteurs politiques ont été un signe d'un facteur d'extension des secteurs parapublics même si les arguments idéologiques n'ont que rarement été invoqués comme justification de la démarche.* Comme nous l'avons dit dans le modèle subsaharien, historiquement, la décolonisation a inauguré des vagues de nationalisations. Ces dernières ont été plus ou moins accusées selon le besoin ressenti par les politiques de casser le pouvoir des multinationales, de briser l'influence de résidents étrangers, de contrebalancer la puissance économique d'ethnies en rivalité avec les responsables politiques. Toutes ces motivations ont nourri le processus d'approfondissement de l'économie mixte.

Nous venons ainsi de brosser une vue panoramique de l'extension du secteur des activités parapubliques en Afrique subsaharienne en essayant de présenter les analyses des uns et des autres des auteurs sur la question.

Nous pouvons encore dire que le secteur des activités publiques s'inscrit parmi les débats prioritaires d'après les institutions de Bretton Woods. Faut-il le restreindre, l'éliminer ou l'élargir ? Comme l'affirme Gilbert Étienne, le « trop d'État est accusé de tous les maux dont souffrent les économies des pays d'Afrique subsaharienne.[31] Les experts de la Banque Mondiale et du FMI ont plutôt émis les arguments convaincants en faveur des privatisations.

C'est pour cela que la restructuration du secteur des activités publiques ou parapubliques est devenue à partir des années 80, une nécessité évidente dans le cadre de l'ajustement structurel.

Avant de brosser le bilan des privatisations, nous allons d'abord présenter les mesures des réorientations économiques du secteur parapublic comme fondement de l'ajustement structurel.

I.1.2 - Les mesures de réorientations économiques du secteur parapublic

Le rapport Berg (1981) sur le développement accéléré en Afrique au sud du Sahara est le mythe fondateur à partir duquel s'est diffusée l'idée commune sur les mesures de réorientations économiques du secteur

---

[30] Plane dans : « Ajustement structurel en Afrique », Cerdi, 1994

[31] Gilbert *E., Tiers Monde controverses et réalité,* Economica 1987.

parapublic. Ces orientations visaient à « libérer les économies africaines », « développer les forces du marché », « privatiser des organismes publics », « réduire les réglementations censées entraver les structures productives », « contrôler les dimensions et les dépenses des appareils des États », « préparer la vie de leur désengagement, etc. »

Comme le soulèvent B. Contamin et Faure : « la restructuration du secteur parapublic conduite depuis 1980 est la plus profonde réforme observée en Côte d'Ivoire depuis longtemps. »[32]

Ainsi donc, le bilan que dressait la Banque Mondiale dans ce rapport était très critique, il embrassait la situation subsaharienne dans son ensemble, ne permettant pas de faire allusion à tel ou tel pays particulier, sauf dans quelques encadrés illustratifs. Dans sa partie programmatique, grosses de mesures de réformes, on voyait se construire la doctrine d'action de la banque.

La vocation quasi planétaire des deux organismes de Bretton Woods, leur tendance à devenir désormais les deux principaux créanciers des États du tiers-monde, surtout depuis la fermeture, à la fin des années 70, des circuits bancaires privés les ont propulsés à l'avant-scène.

Nous savons aussi qu'à partir des années 80 le FMI et la Banque Mondiale sont massivement intervenus dans les économies africaines à travers leurs nombreux prêts-programme de stabilisation financière et d'ajustement.

Les réformes du secteur parapublic, étaient imposées et orientées par le FMI et la Banque Mondiale, elles s'inscrivaient dans une logique de libéralisation devant conduire au désengagement de l'État et à la privatisation des entreprises publiques.

La question des entreprises publiques appréhendées soit individuellement, soit par secteur d'activité économique, sont en tant que constituant un domaine en soi-figure dans les programmes d'action visant au redressement des finances publiques, des comptes extérieurs et des économies des pays d'Afrique subsaharienne.

Dans une abondante littérature nous citons PH. Hugon qui stipule ceci : *« Le FMI est ainsi devenu, tant par l'ampleur de ses interventions que par la nature de celles-ci, un pivot, du système financier international. Bailleur de fonds leader, son intervention est devenue décisive pour entraîner des engagements de la Banque Mondiale, des aides gouvernementales et des banques commerciales. » (Hugon, 1986).*

De son côté, Z. Laidi est porté à accorder ce rôle principal à la Banque Mondiale en la voyant *« siéger aux conseils des ministres »* de nombreux pays (Laidi 1989).

---

[32] B. CONTAMIN et Y. A. FAURE : *La bataille des entreprises publiques en Côte d'Ivoire ».*

Si ce schéma n'est pas faux, il demande cependant à être nuancé en ce qui concerne les pays de la zone franc soumis à l'étude où les institutions du Trésor français et de la coopération conduisent toujours d'importantes actions financières et économiques. Cette précision s'impose d'autant plus, pour ce qui concerne par exemple le Congo et la Côte d'Ivoire, que les concours apportés par les organismes publics français entre 1980 et 1986, ont été importants, prenant la forme soit d'une aide directe aux finances publiques, soit de financement de projets précis de développement. Ceci justifie donc l'attention portée aux programmes d'intervention et aux prêts de ce troisième partenaire du Congo et de la Côte d'Ivoire, agissant principalement dans le domaine qui nous occupe, à travers la Caisse Centrale de Coopération économique (CCCE), appelée aujourd'hui Agence française de coopération et de développement, sorte de Banque de développement de la coopération française.

Mais comme le rappellent Hugon et Z-Laîdi), que le FMI et la Banque Mondiale ont un rôle leader puisque les autres interventions publiques et les concours des établissements privés ont tendance à dépendre de plus en plus d'un accord de base signé entre le gouvernement concerné et les organismes de Washington. En outre la CCCE, n'avait pas de visée macro-financière, son champ d'intervention étant celui des politiques sectorielles.

Avant donc de présenter cette problématique des privatisations des entreprises publiques, une analyse paraît évidente sur une vue d'ensemble des expériences d'ajustement en Afrique.

I.1.3 - L'ajustement structurel : Bilan analytique

Pour plusieurs auteurs l'ajustement est qualifié d'inéluctable et jugé décevant. Chacun s'accorde aujourd'hui à considérer que des réformes de politiques étaient indispensables, compte tenu de la situation des économies au début des années 80. De cette situation découle la logique même de l'ajustement, ainsi que les résultats que l'on en attendait.

Notons que le besoin d'ajustement dans les ACP résulte pour une grande part des conditions dans lesquelles s'est effectuée la croissance dans les années 70. Au cours de ces années, les pays ont en effet presque tous à un moment ou à un autre connu une élévation rapide de la valeur de leurs exportations, conduisant simultanément à une forte augmentation de leurs recettes en devises et des ressources de l'État. Il en résulte une expansion rapide des revenus, fréquemment renforcée par la politique même des États.

Ainsi : « l'ajustement était dans les ACP incontournable, mais que ses conditions et modalités expliquent pourquoi il est resté en deçà des attentes, ce qui incite à de nouvelles réformes, mais non à un retour en arrière ».[33]

[33] Patrick et Sylviane Guillaumont, « Ajustement et développement : les expériences des pays ACP », 1994, CERDI.

La conséquence de ces politiques a été une inflation généralement plus rapide que dans les pays industrialisés et comme les pays ACP avaient alors le plus souvent un système de change fixe (cas de la zone franc), il en est résulté simultanément une perte de compétitivité.

Lorsque la conjoncture internationale s'est retournée, que les prix des produits primaires ont chuté et que simultanément les taux d'intérêt ont augmenté, ces pays ont connu de très forts déficits de leurs balances des paiements courants.

D'une façon générale la diversité des résultats est très grande parmi les pays ACP comme parmi les pays non ACP, il en est de même à l'intérieur de chacune des catégories des pays ACP distingués, pays à fort et faible besoin d'ajustement et pays ayant suivi différents types de politique de change.

Si finalement on considère les pays qui au cours de la période 79-83 sont parvenus à améliorer simultanément leur solde courant extérieur et le niveau de leur PNB par tête (non plus leur taux de croissance), on trouve seulement trois pays ACP (Maurice, Botswana, et le Burkina Faso). Seuls sur les 41 pays ACP n'ont pas vu baisser au cours de cette période leur PNB par tête. Et parmi la majorité restante, beaucoup de pays ont connu des déclins dramatiques, parfois d'ailleurs liés à des troubles politiques qui placés au premier plan de l'actualité, ont contribué, plus que les résultats statistiques moyens à donner une image pessimiste de l'évolution des pays ACP.

« Ces résultats expliquent le sentiment de déception après une décennie d'ajustement en Afrique. Ils ne permettent pas pour autant d'entériner la politique suivie, mais exigent une interprétation »[34]

Dans cette lignée, cette interprétation d'ensemble de ce qui a été la nature de l'ajustement au cours des années 80 a été progressivement élaborée et successivement présentée entre 1989 et 1993 devant de nombreux publics d'étudiants, de chercheurs, de responsables administratifs et politiques à Genève, Dakar, Alexandrie, Libreville, Rabat, nombreux chercheurs Clermont-Ferrand et a bénéficier de leurs réactions.

Il apparaîtra que l'ajustement a été informel, contrarié myope et « emprunté ». L'hypothèse peut être avancée que le secteur informel s'est accru dans les pays africains au cours des années 80 et que les statistiques officielles du PIB n'ont pas correctement suivi la croissance. Disons donc qu'une des raisons importantes des difficultés budgétaires résidait dans le déficit des entreprises publiques. D'autre part l'inefficacité de celles-ci contribuait au manque de compétitivité des économies.

La réforme du secteur public, conduite à travers la restructuration des entreprises publiques, leur liquidation ou leur privatisation a donc été un élément important des politiques d'ajustement.

---

[34] P. S. GUILLAUMONT : Ajustement et Développement, CERDI1994

Venons-en à la problématique des privatisations en Afrique Subsaharienne que nous abordons avec beaucoup d'acuité et un bilan va être présenté dans le deuxième paragraphe qui traite des perspectives de développement dans le cadre de la mondialisation. Tout au moins pour ce qui est de la zone franc il serait important après avoir dressé ce bilan après la dévaluation du franc CFA, de voir comment les privatisations sont abordées aujourd'hui. À ce sujet un tableau sera présenté pour cerner les analyses.

I.1.4 - La problématique des privatisations en Afrique Subsaharienne

Cette problématique est perçue à travers quelques interrogations essentielles qui sont regroupées sous quatre rubriques à savoir :

- Faut-il privatiser ?
- Y a-t-il un environnement intérieur propice au rééquilibrage entre le secteur public et le secteur privé ?
- Quel est l'état de réflexion sur l'art et les manières de privatiser ?
- Enfin quel bilan analytique peut-on dresser du mouvement de désengagement de l'État qui s'est amorcé depuis plus d'une décennie ?

Les réponses à toutes ces interrogations se trouvent dans l'analyse faite par Plane Patrick et que nous avons repris pour essayer de repenser les privatisations en zone franc dans l'arrimage du FCFA à l'Euro.

Nous adhérons sur l'idée de Plane que la privatisation est une nécessité en période de crise.

En Afrique, si la restructuration des secteurs parapublics a d'abord été vécue comme une immixtion idéologique des institutions de Bretton-Woods, leurs contre-performances et les exigences macro-économiques ont progressivement montré la nécessité d'y recourir.

En croisant la dimension des secteurs parapublics avec le besoin relatif d'ajustement des pays, une certaine relation apparaît entre ces variables que nous présentons dans le tableau ci-dessous :

Tableau 1 :

Dimension du secteur parapublic et besoin relatif d'ajustement, nombre de pays à fort besoin d'ajustement en % de l'échantillon considéré.

*Dimension VAPUB**	*ACP**	*NACP**
nf. 10%	83,3	56,3
Sup. 10%	91,6	66,3

Source : Plane P, CERDI » Ajustement en Afrique »[35]

La lecture de ce tableau met en évidence que les pays ACP dont le secteur parapublic réalisant plus de 10 % de la valeur ajoutée intérieure à 91,6 % étaient caractérisés par un fort besoin d'ajustement contre 83,3 % pour ceux dont la dimension du secteur était inférieure. La même constatation pouvait se faire sur les pays hors champ ACP avec un écart en pourcentage même supérieur, respectivement 66,6 % et 56,3 %.

La privatisation peut induire des gains d'efficacité économique, c'est-à-dire une moindre utilisation de facteurs pour l'obtention d'une production déterminée, ou la réalisation d'un niveau de production supérieur avec une quantité de facteurs inchangée.

La privatisation peut également contribuer à un objectif de redressement des finances publiques, comme nous l'avons spécifié pour la dévaluation. C'est un constat général, dans tous les pays en développement où l'amélioration de la situation budgétaire conditionne le retour à un double équilibre interne et externe.

La privatisation vient aider au processus dès qu'elle concerne des sociétés rentables. (Au Mali par exemple, le volet des liquidations a constitué une charge additionnelle pour les finances publiques).

Dans l'ensemble, la privatisation peut soulager le besoin d'ajustement budgétaire. Elle y parviendra d'autant mieux que l'État acceptera de céder des entreprises rentables et de dimension significative.

Deux questions sont liées à la logique de la privatisation à savoir :

- Y a-t-il un domaine économique privilégié pour la privatisation ?
- Quelles sont les modalités pratiques d'exécution des programmes ?

Disons que tout au long des années 80, les programmes ont suivi une seule et même logique, celle du découpage du secteur parapublic en trois domaines distincts : les entreprises stratégiques, vouées à rester dans le portefeuille de l'État ; les entreprises non stratégiques, mais viables, candidats désignés à des opérations de transfert au secteur privé ; enfin les

[35] *VAPUB : Valeur ajoutée publique
*ACP : Afrique Caraïbe Pacifique
*NACP : Non ACP

sociétés non indispensables au processus de développement et ne présentant ni viabilité économique ni viabilité financière, candidates résignées à une procédure de liquidation juridique. Cette typologie, très largement inspirée par la Banque Mondiale, a été d'une utilité évidente. Elle a permis de délimiter un domaine parapublic dont les contours étaient jusqu'ici demeurés souvent imprécis. Elle a contribué à sensibiliser les opinions publiques à l'idée d'un désengagement de l'État devenu inévitable.

Enfin, elle a astreint les États à adopter une stratégie d'arbitre, démarche nécessaire dans un contexte de durcissement de la contrainte budgétaire. Le pragmatisme a encore dans un contexte de durcissement de la contrainte budgétaire. Le pragmatisme a encore prévalu dans la diversité des modes de privatisation adoptés. Les gouvernements des États ACP ont de ce fait exploré un large éventail de possibilités juridiques conduisant à la pénétration de la culture privée dans les entreprises dont le capital demeurait en totalité dans les sociétés d'économie mixte, chacune de ces initiatives à montré ses avantages et ses faiblesses.

Aujourd'hui, cette logique du découpage du secteur public en entreprises stratégiques et non stratégiques est abandonnée. La théorisation des privatisations n'est plus à penser, il existe certes un schéma général, les questions posées sont multiples et elles concernent avant tout la détermination de la valeur de cession des entreprises, la définition des repreneurs le rôle des partenaires techniques. En effet, ce niveau le problème se pose dans la conciliation des partenaires que sont l'État et le Privé. Le plus souvent, les deux n'ont pas les mêmes critères de gestion, alors que ceux du privé s'intéressent à la réalisation du profit, raison pour laquelle on assiste à une pratique courante : la location-gérance. Il s'agit ensuite de déterminer s'il y a vente totale ou partielle des participations de l'État, vente globale ou sectorielle des entreprises étatiques. Enfin, il s'agit de la cession effective des actions, c'est-à-dire quel doit être le rôle des banques, des bourses de valeur, des organismes institutimmels :

- Doit-on céder tout ou partie du capital à des intérêts privés individuels ou constituer des noyaux durs ?

Toutes ces questions abordées constituent les fondements même des privatisations en Afrique Subsaharienne.

Mais pour certains les privatisations ne sont pas une panacée, elles posent autant de problèmes qui tiennent pour les uns au concept lui-même et pour les autres à la difficulté de réunir les conditions nécessaires au succès des privatisations. D'autres problèmes enfin apparaissent au cours de la mise en œuvre des privatisations.

Les privatisations provoquent des malentendus et de vifs débats qui restent le plus souvent à côté de la question centrale. Certains devinent derrière ce mot un complot visant à restaurer un marché complètement libre, d'autres l'interprètent comme une attaque contre les gouvernements.

Généralement définies comme un transfert d'activités, les privatisations semblent être imposées partout en Afrique en général, en raison notamment des désillusions de la gestion du secteur public, des impératifs nés de l'endettement, mais aussi de la moindre méfiance vis-à-vis du secteur privé. En effet les privatisations semblent découler de la pression des contraintes financières conjoncturelles, d'un argument de circonstance dans une négociation financière que d'une réelle conviction dans les vertus du marché. Nous allons voir dans les pages qui suivront, les réactions critiques sur les privatisations en Afrique subsaharienne.

Nous nous sommes livré à une présentation du modèle subsaharien des entreprises publiques et la problématique des privatisations. Mais à ce niveau de la réflexion, il n'est pas temps de conclure pour la recherche d'une approche médiane et équitable en zone franc. Ainsi nous allons aborder le bilan des privatisations et les perspectives de développement en Afrique subsaharienne, avant de voir comment elles sont aujourd'hui perçues dans les pays de la zone franc CFA confrontés au problème d'intégration européenne d'une part et d'intégration économique et monétaire intra-sous zone (CEMAC-CEDEAO) d'autre part.

I.1.5 - Repenser les privatisations dans le contexte de la zone Franc

De nombreux États africains se montrent maintenant disposés à privatiser des entreprises publiques peu performantes, ce qui signifie peut-être que leur volonté politique s'affermit. Mais, même lorsque les gouvernements proclament leur volonté d'aller de l'avant, les privatisations sont souvent compromises par des conditions économiques hostiles au secteur privé. De tels handicaps institutionnels ont également freiné les privatisations. Les Étrangers, les résidents non indigènes (tels que les Asiatiques) et même les membres de certaines ethnies africaines économiquement dynamiques, mais mal vues politiquement, peuvent se voir refuser le droit de se porter acquéreurs d'entreprises publiques. Il est d'autant plus difficile de trouver des acheteurs que les marchés des capitaux sont insuffisamment développés et que les systèmes financiers sont désorganisés.

Les gouvernements n'ont pas aussi réussi à convaincre l'opinion publique que les avantages des privatisations l'emportent sur les coûts. Il existe autant de problèmes qui ont compromis les privatisations. L'expérience des privatisations qui progressent rapidement dans les anciens pays socialistes d'Europe et d'Asie centrale permet à un moment donné de tirer quelques conclusions principales :

1/ La transformation de l'économie d'un pays exige l'instauration d'un élément propice à l'essor de nouvelles entreprises.

2/ Les investissements étrangers jouent un rôle important dans le processus.

3/ La privatisation des petites entreprises peut se faire rapidement.

4/ La privatisation des grandes entreprises peut demander beaucoup du temps, en attendant les privatisations, la fermeté de la politique budgétaire et de la politique du crédit et l'ouverture des capitaux peuvent obliger le secteur public à un minimum de restructuration.

D'autres formules ne sont-elles pas envisageables surtout pour démocratiser la propriété des entreprises nouvellement privatisées. C'est-à-dire réserver une participation dominante à des investisseurs de choix (autochtones, étrangers ou groupe en coentreprises) qui, maîtres de la gestion de l'entreprise, peuvent en améliorer les résultats.

La pénurie de capitaux et le sous-développement des marchés financiers, sont souvent cités comme entravant les privatisations en Afrique, sont peut-être plus apparents que réels.

Le cas des monopoles naturels est à mon avis important à sauvegarder, le désengagement de l'État doit se faire sans cession d'actifs. En effet, les monopoles naturels — essentiellement les sociétés publiques de distribution — peuvent ne pas se prêter à une privatisation pure et simple, mais il peut être difficile de les exploiter sur une base commerciale si leur gestion reste aux mains des pouvoirs publics. Or, l'effort de réforme devrait sans doute porter en tout premier lieu sur ces entreprises, qu'elles fournissent des services indispensables à l'essor du secteur privé. En se désengageant de leur gestion, les pouvoirs publics donneraient à notre avis à leurs dirigeants des armes pour résister aux pressions qu'ils pourraient subir de la part d'autres entités du secteur public désireuses de financer des dépenses extra budgétaires au moyen des fonds de ces entreprises.

Ce désengagement rendrait aussi plus crédible la volonté des pouvoirs publics de développer l'activité du secteur privé. Même si toute la gestion de l'entreprise n'est pas privatisée, certains services, comme la facturation, peuvent être sous-traités au secteur privé.

Jusqu'à présent, la formule des contrats d'intéressement au rendement a été appliquée en Afrique pour les centrales électriques (en Côte d'Ivoire par exemple) et pour les aspects commerciaux de l'exploitation des sociétés publiques de distribution, telles que le relevé des compteurs, la facturation et le recouvrement des redevances.

C'est pourquoi il est souvent possible de différencier, parmi les activités d'une entreprise de services publics, celles qui relèvent d'un monopole naturel et celles qui peuvent être exercées dans des conditions de concurrence, ce qui peut permettre une privatisation progressive.

Enfin pour terminer ce volet dans le contexte africain, des enjeux des réformes, à note avis le plus urgent pour remettre de l'ordre dans les systèmes financiers des pays africains, est de les rétablir sur des bases saines : Mettre en place des systèmes de paiement rationnels et efficaces, veiller à la stabilité et à la viabilité des systèmes bancaires, répartir le crédit efficacement et pratiquer la discipline financière.

Dans la conception des programmes de réformes, les gouvernements africains et les bailleurs de fonds accordaient parfois une trop grande place à des solutions qui ne sont que des palliatifs. Ces programmes tablaient trop sur les avantages de la restructuration des bilans et de la reconstruction des réserves des banques, et sous-estimaient le temps nécessaire pour améliorer l'infrastructure financière dans une situation où les principaux emprunteurs (L'État et les entreprises publiques) sont en plein désarroi financier et institutionnel. Beaucoup ont pu croire qu'il suffisait, pour améliorer les résultats des banques, d'éliminer les créances irrécouvrables de leur bilan, de remplacer leurs dirigeants et, par des injections de capitaux, de porter leurs réserves à un niveau compatible avec les normes internationales. Or, ces mesures se sont généralement révélées insuffisantes parce que pratiquement rien n'a été fait pour inciter les dirigeants des banques à des changements de comportement, parce que les banques ont continué à subir des interventions politiques et parce que les principaux emprunteurs n'ont pas réussi à se tirer de leurs difficultés financières. Là encore de plus ces argumentations confirment ce que nous avons appelé de « maldéveloppement » des économies africaines.

Une autre voie à suivre consiste à réduire la taxation du secteur financier moderne si elle est excessive, à permettre à celui-ci de jouer plus efficacement son rôle d'intermédiation et à l'encourager à coopérer avec le secteur financier parallèle.

Compte tenu de l'insuffisance de certaines données sur les liens entre les privatisations et une approche de développement gouvernementale en matière agricole fait l'objet d'un consensus en Afrique, serait à envisager dans le chapitre 9 où nous aborderons les stratégies de développement en Afrique.

Quel est alors le bilan des privatisations dans les secteurs monétaire et financier en zone franc et dans d'autres secteurs non monétaires ?

La réponse à cette interrogation doit être abordée dans le cas de la CEMAC, où nous disposons actuellement des données et des arguments y relatifs (données et tableaux).

I.1.6 Bilan des privatisations : le cas de la CEMAC et UEMOA : Présentation du tableau des privatisations (voir annexe)

A) Un constat de portée significative et les différentes régulations en zone franc

a/ Les privatisations comme régulations régionales

Les États membres de la zone franc ont été les premiers à engager le mouvement de privatisation en Afrique Subsaharienne, les premières opérations ayant été engagées en Côte d'Ivoire dès 1960.

L'Afrique de l'Ouest a eu largement recours aux privatisations, avec 32 % du total des transactions en Afrique Subsaharienne (et 10,2 % des recettes pour la Zone UEMOA), mais le processus y rencontre aussi des difficultés.

L'Afrique centrale en revanche est la région qui a réalisé le moins d'opérations de privatisation. La CEMAC ne représente en effet que 4,2 % seulement du total des recettes de privatisation, perçues en Afrique subsaharienne entre 1991 et 2002 et 9 % du total des transactions.

Alors que le secteur concurrentiel a été principalement concerné par la première vague de privatisations initiée à l'orée des années 1990, le secteur des services et infrastructures publics en réseau (eau, électricité et télécommunications) n'a fait l'objet de réalisations abouties que dans quelques pays.

Dans les autres pays de la Zone franc, les engagements concernant la privatisation des services en réseau existent, mais les réalisations concrètes demeurent encore limitées, en raison notamment de la faiblesse des infrastructures existantes, du manque de solvabilité du pays permettant de financer les investissements nécessaires, de l'étroitesse du marché et du manque de repreneurs potentiels.

Même s'il est difficile d'obtenir une estimation chiffrée globale, l'impact budgétaire semble significatif pour des pays dont les privatisations se sont déroulées dans un contexte de réformes structurelles et de bonne gouvernance. Dans certains cas, la diminution des subventions publiques y a déchargé l'État d'un réel fardeau budgétaire.

Par ailleurs, bien que modestes, les flux d'investissements directs étrangers (IDE) se sont dirigés vers les pays où le périmètre du programme de privatisation était vaste et ne se limitait pas à quelques sous-secteurs et où l'environnement juridique était favorable.

L'impact sur les populations est parfois très significatif (disparité des pénuries, baisse de la tarification, meilleure accessibilité). Mais dans la plupart des pays de la Zone franc, la majorité de la population se trouve dans l'incapacité économique d'avoir recours à des services publics, ce qui limite cet impact, en particulier pour les couches les plus pauvres de la population.

En effet la question de la régulation est centrale et les cas d'échecs des privatisations sont souvent dus à l'insuffisance de la régulation et des structures chargées de la mise en œuvre et du suivi des privatisations (par exemple pour faire respecter par le repreneur un contrat raisonnable).

En UEMOA comme en CEMAC, les réflexions sur la mise en place d'une autorité sous-régionale de régulation sont en cours, en particulier dans le domaine des télécommunications « La régulation est indispensable pour s'assurer que les obligations contractuelles de chacune des parties seront respectées et que les intérêts de la population seront préservés, notamment dans l'hypothèse de la privatisation d'un monopole public » (J. C Berthelemy, 2006).

b/ Les privatisations comme régulations nationales en zone franc : Les cas des secteurs de l'eau, de l'électricité et des Télécoms

L'état des lieux des régulations nationales montre à travers les trois tableaux présentés en annexe générale que par secteurs les régulations n'en sont pas au même stade dans tous les pays et que la situation des autorités de régulation (AR) est très différente selon les pays et selon les secteurs. Ces tableaux font état de beaucoup de différences selon les sous-régions, les pays et les secteurs :

- En zone UEMOA dans le secteur des télécommunications, tous les pays disposent d'une autorité de régulation, mais toutes ne sont pas indépendantes. Dans le secteur de l'électricité, six pays ont une régulation, dont deux ne sont pas indépendantes. Dans le secteur de l'eau, seuls le Mali et le Niger ont une régulation indépendante ;
- En zone CEMAC, les autorités de régulation sont plus développées dans les secteurs de l'électricité et des télécommunications que dans ceux de l'eau et de transports, mais avec des disparités en termes de moyens, d'indépendance, etc. ;
- Aux Comores, il n'existe pas d'autorité de régulation.

D'après cette étude on constate que, dans les deux sous-régions, les lois de privatisation ont omis de mentionner la régulation et son rôle.

c/ Bilan des effets des privatisations des services publics en Réseau en zone franc

1/ Un bilan globalement mitigé

Par rapport aux objectifs assignés au processus de privatisation (objectifs d'allègement budgétaire, d'augmentation de l'efficacité économique des entreprises et d'amélioration du bien -être des populations), le bilan global est plutôt mitigé.

Au plan théorique trois effets des privatisations sont attendus :

- l'effet sur les finances publiques : Relativement modeste à court terme (en raison du coût des restructurations et du soutien financier de l'État à l'entreprise nouvellement privatisée), même s'il peut s'avérer bénéfique à plus long terme lorsque les entreprises privatisées sont ou deviennent bénéficiaires (fin des subventions, contributions ou budget national via les dividendes et les impôts) ;
- l'effet sur les entreprises privatisées et le tissu économique : Cet effet est très dépendant de la définition d'obligations contractuelles réalistes entre l'État et le repreneur privé.

Quand cela est le cas, les privatisations sont en général bénéfiques pour les entreprises (chiffre d'affaires, compétitivité, gestion, taux d'investissement et innovations technologiques en progression), mais aussi pour l'ensemble du secteur ;

- *Les effets sociaux sont inégaux :* l'effet sur l'emploi, et les salaires est plutôt négatif au cours des années qui suivent la privatisation, sauf lorsque le contrat de cession comportait une clause de maintien d'effectifs et de salaires. Sur le plan tarifaire, les situations sont contrastées selon les secteurs, c'est pourquoi l'existence d'une régulation est déterminante.

En ce qui concerne l'efficacité du service, la couverture et l'extension du réseau ont profité aux zones densément peuplées, l'incitation pour élargir l'accès aux zones éloignées et non couvertes n'étant pas suffisante. En conséquence, dans de nombreux pays, les objectifs de desserte ne sont pas atteints, même si la qualité du service a été globalement améliorée (création de nouveaux services, baisses des ruptures d'approvisionnement et des pertes).

Pour mieux mesurer ces effets, une analyse sectorielle des privatisations découle de cette étude : **l'analyse sectorielle des effets des privations en zone franc.** Cette analyse montre des performances globalement positives dans le secteur des télécommunications (cas du Cameroun, Niger et Sénégal).

2/ Mais des performances plus mitigées dans les secteurs de l'eau et de l'électricité par nature peu concurrentiels (cas du Congo, Mali, Côte d'Ivoire, Gabon, Togo).

Tableau 2 :

Bilans sectoriels comparés (Télécom, électricité et eau)

	Télécoms	*Électricité*	*Eau*
Bilan global	succès	Bilan mitigé: effets variables d'un pays à l'autre	Bilan mitigé:effets limités des privatisations
Ex. de succès	Cameroun, Niger, Sénégal	Côte-d'Ivoire, Gabon	Niger,Sénégal, Gabon
Ex. d'échec	Néant	Mali, Sénégal,Togo	Congo,Mali
Principales difficultés/atouts	Caractère concurrentiel du service et du marché des Télécoms(la privatisation allant souvent de pair avec la libéralisation du secteur)	-Absence d'un appareil de production moderne et de taille adéquate -Étroitesse des marchés nationaux -Faible interconnexion réseaux -Coûts de restructuration élevés -Maintien présence État	-Coûts de restructuration significatifs -Maintien présence État -Conflits fréquents entre opérateur privé et pouvoirs publics
Effets sur secteur privé	Positifs	Limités	Limités
Effets sur service	Positifs:création de nouveaux services et extension réseau	Limités:peu d'amélioration de service et d'extension du réseau	Variables
Effets sociaux	Positifs:baisses des tarifs,hausse de l'emploi	Mitigés:hausse des tarifs	Négatifs: baisse d'effectifs et hausse des tarifs.

Sources : Réunion des ministres de l'Économie et des Finances de la Zone franc, Rapport groupe de travail dirigé par J-Claude BERTHÉLEMY, Oussou KOUASSY, Antoine NKODIA, Libreville, 13 avril 2006

3/ Renforcement des capacités pour la mesure des effets des privatisations

Le caractère partiel du bilan des privatisations en Zone franc souligne le manque d'informations, de données, de communication dans le processus de privatisations mis en œuvre, ce qui engendre des difficultés de mesure de leurs effets. Ces difficultés proviennent également du fait que c'est un processus relativement récent et que l'on manque encore de recul pour appréhender ses effets de long terme, mais également parfois du manque de transparence autour du processus lui-même.

Enfin, une difficulté supplémentaire vient de la faiblesse des appareils statistiques nationaux, pour la collecte de données et du manque de centralisation des informations.

L'étude envisage d'une part de s'appuyer sur l'optimisation du système d'information existant en définissant au niveau régional des critères opérationnels de mesure de l'impact des privatisations (nécessité de critères macro-économiques pour mesurer l'effet des privatisations sur l'utilité collective) et d'autre part, sur le renforcement des capacités de production de l'information à tous les niveaux (sectoriels, nationaux et sous-régionaux) par l'augmentation des moyens qui sont consacrés. Cette mesure de l'impact des privatisations doit appréhender non seulement des données quantitatives, mais aussi des informations qualitatives, telles que la satisfaction des usagers des services publics.

4/ La Régulation et ses enjeux régionaux

L'étude montre que l'existence d'une régulation nationale est essentielle dans la nécessité du processus de privatisation des services publics, à condition qu'elle soit mise en place de manière progressive et qu'elle soit suffisamment indépendante et impartiale pour être à même de remplir son rôle.

Il s'agit, avant la privatisation, de clarifier les engagements des repreneurs (qualifié de service, tarifs, gestion), de répartir les responsabilités entre l'État et le repreneur privé dans le financement des Investissements et de définir les modalités de fourniture du service public universel.

Pendant et après la privatisation, il faut veiller au respect du calendrier, du contrat et du cahier des charges établis entre l'État et le repreneur privé, arbitrer les conflits entre l'État et l'entreprise privatisée ou entre le repreneur et les usagers, protéger les intérêts des consommateurs et veiller au développement d'un service universel.

À plus long terme, lors de la phase de libéralisation, l'organisme assurant la régulation doit veiller à ce que tous les éventuels nouveaux entrants aient accès au marché :

« Malgré de grandes disparités sectorielles, mais aussi nationales, on constate dans l'ensemble une faiblesse des agences de régulations nationales en zone franc due souvent à une mise en place trop tardive, un manque de moyens (en particulier humains) et une forte dépendance par rapport au pouvoir politique). »

L'étude envisage une grande harmonisation régionale de façon à pallier certaines difficultés rencontrées au niveau national (dépendance face aux gouvernements, manque de crédibilité et moyens), mais aussi pour créer des synergies au niveau sous-région la visant à favoriser les échanges des meilleures pratiques de régulation et à terme, l'intégration des marchés et l'interconnexion des réseaux nationaux.

En UEMOA comme en CEMAC, les réflexions sur la mise en place d'autorités régionales de régulation sont en cours, en particulier dans le domaine des télécommunications.

5/ Les nouveaux types de partenariat public privé (PPP)

Au-delà des formes classiques de privatisation, il peut être utile d'envisager des formes irmavantes de Partenariat public-privé (ppp) comme moyen d'améliorer la gouvernance des services publics en zone franc, en particulier à destination des populations pauvres et marginalisées.

Pour cela, il convient d'élargir le champ des PPP en dehors du schéma classique de gestion déléguée confiée à une grande entreprise privée étrangère, vers des secteurs non traditionnels et avec d'autres acteurs. Les entreprises locales peuvent apporter une réponse complémentaire à celle des opérateurs internationaux, grâce à leur plus grande flexibilité sur l'offre de service et à leur plus grande proximité des populations clientes. Les micro-entreprises doivent également pouvoir jouer un rôle en termes de service alternatif.

D'une façon générale, le secteur privé national pourrait aussi être davantage consulté, préparé et associé aux processus de privatisations des entreprises publiques.

Par ailleurs, le développement de multipartenariats associant administration centrale, collectivités territoriales, société civile et secteur privé est indispensable pour lutter effectivement contre la pauvreté en facilitant la fourniture de services publics décentralisés. Ces services concernent les infrastructures, mais aussi les secteurs du développement humain comme la Santé ou l'éducation.

La société civile (ONG, syndicats professionnels, organisations confessionnelles, associations d'usagers, etc.) doit jouer un rôle important dans ces multipartenariats, notamment en termes d'intermédiation.

« En renforçant la dimension participative de ces partenariats, qui s'ajoutent aux dimensions contractuelles et institutionnelles, il est possible de construire des mécanismes équilibrés et robustes face aux conflits d'intérêts entre les parties, tout en assurant la pérennité de l'offre de services. » (J-C, Berthelemy, 2006).

Nous pouvons alors conclure que si les privatisations des entreprises publiques sont devenues nécessaires pour réguler les économies des pays membres de la Zone franc, elles ne suffisent pas à elles seules de contribuer au développement de ces pays. Il faut alors inclure dans ce processus d'autres formes de régulations en s'inspirant des recommandations issues du groupe de travail dont nous venons de faire l'exposé.

Notamment les dimensions contractuelles doivent être prises en compte, mais aussi les aspects institutionnels sont utiles pour constituer une zone économique et monétaire plus intégrée en zone franc :

- Les régulations nationales bien qu'utiles doivent être renforcées par des régulations régionales et supranationales dans les domaines de la finance, dans l'environnement, dans l'innovation ;
- Mettre en œuvre d'autres outils et politiques de régulation non pas seulement économique, mais aussi politique prenant en compte toutes les dimensions ;
- Par le recours la recherche- Développement doit être u outil de régulation régionale et supranationale ;
- Les externalités institutionnelles et politiques, les facteurs monétaires et financiers sont très déterminants ;
- Au plan conceptuel on constate que marché et l'État sont des concepts très différents ;
- La référence traditionnelle à l'État nation est importante, car ni les régimes libéraux, ni le marché, ni l'interdépendance écologique n'ont apporté des niveaux régimes de régulations ou d'accumulation ;
- On constate qu'on un double mouvement d'intégration et d'homogénéisation à l'échelle mondiale et une diversification et localisation accrues ;
- Les principales réponses à l'État nation c'est l'intégration régionale comme moyen efficace face aux crises financières ;
- Mes au sein des zones monétaires intégrées (la convergence comme facteur), il y a pas encore suppression de toutes les tensions, dans ce contexte les intégrations ne permettent pas de réduire les disparités entre région (par exemple dans les pays pauvres comme l'Argentine qui montre les limites de l'intégration) : il y a là difficulté des États nations devant la mondialisation ;
- Dans les ex-pays socialistes de l'est où les changements sont assez plus radicaux, la transition néo-libérale est imposée de l'extérieur (Cfles travaux de Sapir, Chavence).

On conçoit alors comme le disent certains auteurs aujourd'hui les formes institutionnelles changent de nature en zone franc. Par exemple ces pays étant les premiers en Afrique subsaharienne à procéder aux privatisations des entreprises publiques avec pour bon élève la Côte d'Ivoire comme nous venons de le décrire, on est passé d'un régime d'accumulation non régulationniste à un régime d'accumulation régulationniste en zone franc.

Nous verrons dans les annexes du chapitre 9 le rôle joué par les régulationistes en France (la théorie de la Régulation).

Ainsi d'autres approches peuvent servir de références pour expliquer les fonctionnements et dysfonctionnements de nos économies dans le cadre institutionnel actuel. Voyons comment la théorie du seigneuriage apporte des solutions économiques et monétaires au sein d'une zone monétaire intégrée. La référence à la théorie du seigneuriage ne pas être considérée ici comme un retour au Colbertisme, il s'agit plutôt de tirer des enseignements théoriques qui en découlent. À ce sujet l'analyse empruntée à Claude Gnos est à appréhender.

I.2 Apport de Claude GNOS sur la théorie monétaire : Seigneuriage ou vente de titre ?

Cette sous-section peut constituer aussi un mythe ou une réalité pour les nouvelles économies monétaires à l'heure de la mondialisation ou globalisation financière.

Comme nous l'avons déjà souligné dans le chapitre 6 : « l'interdépendance des politiques monétaires et budgétaires est également une question incontournable de la réussite des unions monétaires (zone franc, UEM.).

Ainsi, comme l'ont montré Sargent et Wallace (1981), la manière dont ces politiques sont coordonnées modifie la capacité de la Banque Centrale Européenne à contrôler l'inflation.

Soit un pays confronté à un déficit budgétaire. S'offrent à lui deux possibilités pour le financer :

- Le seigneuriage ; ou
- La vente de titres.

Avec une politique monétaire indépendante, les autorités budgétaires seront contraintes de financer leur déficit par le montant fixe du seigneuriage (fixé par les autorités monétaires) et par les ventes de titres. L'inflation sera contrôlée à partir de l'évolution de la base monétaire retenue par les autorités monétaires.

Par contre, si les autorités budgétaires décident du financement de leur déficit, les autorités monétaires seront amenées à financer la différence entre la vente de titres et le déficit budgétaire. Leur argumentation implique donc que le contrôle de l'inflation passe par la suprématie de la politique monétaire au regard de la politique budgétaire.

Une abondante littérature sur le seigneuriage bancaire, nous est donnée par C. GNOSC[36], dont nous avons jugé utile de relativiser afin de rechercher dans le cas de la zone franc et la zone euro le bien-fondé de ces analyses et les leçons à tirer de cette politique de création monétaire et de crédit qui

[36] CF : C. GNOS : « Le seigneuriage bancaire, mythe ou réalité ? », *Revue BANQUE* N-550-Juillet-Août 1994, P44-46.

porte souvent confusion chez les économistes. Cette question du lien entre seigneuriage et inflation a été largement abordée dans le chapitre S où le seigneuriage et la taxe d'inflation ont fait l'objet d'une analyse comme instrument de la fiscalité implicite. Comme nous l'avons souligné, les ressources gouvernementales trouvant leur source dans la création monétaire (seigneuriage) ne constituent pas une modalité nouvelle de fiscalité implicite, mais elle est le plus souvent perçue davantage comme le résultat d'un dérapage de politique économique que d'un acte dé » libéré des gouvernements. En 1940, dans un ouvrage how to pay for the war, qui est au cœur de nombreux travaux, Keynes avait proposé cette voie en comptant sur l'illusion monétaire des salariés afin de résoudre l'impasse du financement de l'effort de guerre. Le seigneuriage peut être défini comme la capacité des États d'accroître, en termes réels, l'offre de monnaie.

Ainsi s'interroge-t-il : *« Le seigneuriage est historiquement lié à une forme matérielle de la monnaie et au privilège régalien de la frappe monétaire. La monnaie actuelle, de banque, procure-t-elle un seigneuriage à ses émetteurs ? »*

Nous ne ferons pas non plus une reprise totale de l'article, mais essayons de présenter les points les plus culminants que l'auteur aborde et qui nous serviront de faire un rapprochement dans le cas des politiques monétaires menées dans la nouvelle zone franc africaine depuis la dévaluation du franc CFA et à ce jour de l'arrimage ce dernier à l'euro.

L'auteur constat qu'une revue, même rapide, des ouvrages d'économie, et particulièrement des manuels qui traitent de la monnaie, nous convainc que la question de l'existence d'un seigneuriage bancaire reste, aujourd'hui encore, imparfaitement élucidée. Seule la réglementation, soutiennent certains auteurs, empêche les banques de s'enrichir inconsidérablement en créant de la monnaie : « Ce pouvoir en créant de la monnaie nécessaire à ses acquisitions est évidemment restreint par la réglementation bancaire, sinon les banques pourraient s'assurer la propriété totale du secteur productif de l'économie ».[37]

Ainsi d'autres auteurs considèrent que l'importance du seigneuriage est en réalité limitée par la convertibilité des monnaies bancaires entre elles, que chaque banque particulière doit assurer : ce n'est que si l'on considère l'ensemble des banques que la contrainte de la convertibilité disparaît :

« Globalement, le système bancaire crée de la monnaie inconvertible et s'assure un seigneuriage sur le public » [38]

---

[37] CF : A. Chaîneau, *Mécanismes et politique monétaires.* Paris, PU, 1970, P. 34, *Manuel de macro-économie élémentaire,* Paris, A. Colin, 1992, P. 209.

[38] CF : V. Levy-Garboua et B. Weymuller, *Macro-économie contemporaine,* Paris, Economica, 1979. P. 134.

L'auteur nous montre également que certains experts s'attachent à évaluer les « recettes régaliennes d'émission » ainsi donc, l'institution d'une monnaie unique rapportera à l'Union européenne.[39]

Enfin d'autres auteurs, estiment qu'au seigneuriage en capital aurait succédé le seigneuriage en intérêts : « Aujourd'hui, il faut raisonner dans le cadre de la monnaie scripturale où le seigneuriage représente pur une banque la différence entre le taux obtenu sur les crédits et celui versé sur les dépôts ».[40]

Ainsi définit alors le seigneuriage en quatre argumentations, l'auteur, précise, qu'il est pourtant possible de vérifier que l'émission de la monnaie bancaire ne saurait permettre la formation d'un quelconque seigneuriage, ni en capital ni en intérêts. Car la dématérialisation de la monnaie interdit logiquement la survivance du principe du seigneuriage.

I.2.1 Les arguments du seigneuriage : présentation empruntée à C. GNOS

A) Première argumentation du seigneuriage : Le seigneuriage comme référence historique

Les arguments ainsi présentés se résument de la manière suivante :

Historiquement, le seigneuriage est lié au privilège régalien de la frappe monétaire ou monnayage. En France, par exemple la frappe est réalisée au XVI siècle, dans un certain nombre d'ateliers ou hôtels des monnaies. Les maîtres des monnaies, qui dirigent ces ateliers, achètent le métal auprès du public, en contrepartie des espèces qu'ils sont chargés de frapper. Ces espèces, en vertu de la loi, contiennent une quantité de métal inférieure à celle qu'elles permettent d'acheter. On appelle « traite » des monnaies la différence entre la valeur des espèces-leur cours légal, déclaré de la quantité de métal non frappé[41]. Cette différence compense notamment les frais de frappe et permet aux maîtres des monnaies de payer à leur souverain les taxes de seigneuriage.

La littérature scientifique, et singulièrement dans les écrits des classiques, montre que le terme de seigneuriage désigne le plus souvent la totalité de la traite précédemment définie. Par exemple comme dit l'auteur, David Ricardo, grand économiste, dans sa célèbre, « Réponse à M. Bosanquet », considère que la limite au-delà de laquelle le seigneuriage ne devrait pas être

---

[39] CF : M. Emerson et C. huhne, *L'Ecu.* Paris, Economica, 1991.

[40] CF : Y. Croset et B. Belletante, *L'Europe monétaire etfinancière,* Paris, Ellipses, 1990, Tome ; P. 110.

[41] CF : ouvrage de M. T. Boyer-Xamber, G. Deleplace et L. Gillard, *Monnaie privée et pouvoir des princes,* Paris, éditions du CNRS, Presses de la Fondation nationale des sciences politiques, 1986, P. 92.

étendu est constituée « par les dépenses réelles occasionnées par la frappe des lingots en pièces ».[42]

Ainsi, prélèvement sur les richesses du public, le seigneuriage procède historiquement d'un échange inégal, achat d'une quantité de métal-marchandise au moyen d'une quantité moindre de métal frappé, conclut l'auteur.

Mais d'après son raisonnement il existe plusieurs formes de seigneuriages, entre autres le seigneuriage en capitale et le seigneuriage en intérêts.

B) « Infirmation du seigneuriage en capital »

Comme il est stipulé dans l'article, aujourd'hui, s'il existe, on dira que le seigneuriage-en capital-résulte de l'achat par les banques d'actifs réels (biens ou titres) en contrepartie d'actifs monétaires. C'est ainsi que, selon A. Chaîneau, les banques auraient le pouvoir de créer la monnaie nécessaire à leurs acquisitions de titres ou d'immeubles (Cf. supra). Mais cette proposition rencontre d'emblée une objection. La monnaie actuelle, inscrite au passif des bilans bancaires, définit un achat au moyen d'une dette de ses émetteurs. Peut-on financer un achat au moyen d'une dette ? « Nul ne peut payer avec sa propre dette ». Pour l'auteur cet adage est explicite : aucune banque ne saurait financer ses achats au moyen de la monnaie qu'elle crée : s'endetter n'est pas payer. Cependant dette des banques, la monnaie est demandée par les agents économiques qui peuvent par ce moyen valablement régler leurs propres dettes.

- Pour autant que les statistiques montrent qu'une importante masse monétaire subsiste et même s'accroît au cours du temps, n'est-il pas permis de considérer que les banques s'enrichissent en substituant, dans les avoirs du public, leur dette à des biens ou à des titres qu'elles acquièrent, ne serait-ce qu'indirectement, en portant à l'actif de leur bilan des créances sur les emprunteurs de la monnaie créée ?
- Les conditions de la formation d'un seigneuriage ne sont-elles pas réunies ?

Il semble bien que les banques bénéficient ainsi d'un transfert de richesse.

En réalité, la pratique bancaire infirme cette proposition. Les banques créent de la monnaie en se rendant simultanément débitrices et créditrices du public : « Les banques n'ont d'autre moyen de se rendre débitrices que de se rendre créditrices »[43]

---

[42] CF : D. Ricardo, Repley to Bosanquet, *The Wooks and Correspondence of Ricardo,* Cambridge, At the university press, 1951, vol. III, p. 222.

[43] CF : R. de la Genière, Monnaie et contre-monnaie, *Revue Banque,* janvier 1978, p. 16.

En prenant le cas cité par l'auteur sur la représentation selon laquelle les banques achèteraient des biens, par exemple des immeubles, en créant de la monnaie, celle-ci n'est-elle pas démentie ?

Pour lui l'acquisition d'un bien à l'acheteur, non une créance sur le vendeur. Il est vrai que l'achat de titres semble se singulariser : l'acheteur se rend précisément créancier du vendeur (ou d'un tiers) et l'exception est seulement apparente.

La question de l'objet de la créance et de la dette définies dans l'opération de créance monétaire se trouve en effet posée : c'est pourquoi il dit que la monnaie étant aujourd'hui dématérialisée, il est notoire que les banques n'honorent pas leurs engagements de payer par exemple en cité le cas du franc, x francs dont elles se reconnaissent débitrices vis-à-vis du public.

Cette analyse fort significative n'a pas laissé indifférent d'autres auteurs, de nombreux observateurs considèrent, de ce point de vue, que les banques émettent non de la monnaie, mais de simples promesses de paiement qui valent monnaie. Plusieurs propositions s'imposent :

Pour sortir de dette, les banques n'ont d'autre moyen que de reprendre leurs engagements : à la création répond la destruction de monnaie, cela suppose que les banques ne soient jamais débitrices nettes vis-à-vis du public. C'est la principalement la raison également de leur coexistence dans le temps : c'est pourquoi la possibilité de réaliser un gain ou seigneuriage en capital est écartée.

D'autres arguments peuvent être avancés, mais nous nous sommes limités à celles que nous enseigne C. GNOS.

En conclusion, l'auteur montre aussi que dans la pratique, les banques prennent des garanties : au lieu (ou en complément) de son engagement de restituer les x francs mis à sa disposition par une banque, l'emprunteur doit céder (escompte ou mobilisation) des effets dont il dispose vis-à-vis de tiers.

Mais la réalité d'un tel achat est démentie par la finalité de la prise de garantie : les titres achetés par la banque constituent un moyen pour celle-ci de parer le risque d'insolvabilité de l'emprunteur. Les x francs prêtés-on devrait dire l'engagement de payer x francs -seront restitués par les tiers endettés vis-à-vis de l'emprunteur ou bien par un tiers qui portera acquéreur des biens représentés par les effets cédés à la banque.

La conclusion tirée ici est que : « La création de monnaies en contrepartie de devises relève de la même analyse : les devises constituent ici la garantie, pour une banque, qu'elle pourra se libérer de son engagement en monnaie nationale.

C) « Le cas de la monnaie manuelle »

L'auteur considère enfin l'émission de la monnaie manuelle, billets et pièces. Le cas des billets est le plus simple à considérer ; ils ne sont en effet qu'une forme de la monnaie bancaire : ils matérialisent l'engagement d'une banque centrale. L'analyse précédente s'applique immédiatement.

A priori, les pièces ne font pas exception parce qu'elles ont une valeur intrinsèque (au demeurant fort variable selon les pièces) : elles aussi matérialisent un engagement bancaire. Loin d'être la source d'un seigneuriage, l'existence d'une valeur intrinsèque non négligeable représente un coût pour l'émetteur. Cependant, l'émission des pièces se fait souvent selon des modalités spécifiques. Ainsi, l'auteur précise -qu'en France les pièces sont elles fabriquées par l'Institut des monnaies et médailles, pour le compte du Trésor public. Toutefois, émetteur des pièces, le Trésor ne les monnaie pas lui-même : il les cède à la Banque de France qui les mets à la disposition des utilisateurs (y compris le Trésor). Or le Trésor cède les pièces pour leur valeur faciale : il fait ainsi, apparemment, un gain égal à la différence entre la valeur faciale des pièces et leur coût de production.

- Cette analyse pose encore pour l'auteur une interrogation majeure, c'est pourquoi il dit cela n'est pas un cas flagrant de seigneuriage au profit du Trésor ?

La réponse apportée à la question se trouve dans l'analyse qui poursuit :

Au temps de la monnaie matérielle, l'unité de mesure économique (l'étalon) était un poids de métal. Le seigneuriage résultait alors de la frappe monétaire, l'émetteur s'arrogeant le droit de faire circuler une moindre quantité de métal en lieu et place de l'étalon réel. Or la monnaie est aujourd'hui immatérielle poursuit-il :

- Il se reconnaît débiteur de x francs qu'il est bien incapable de fournir à quiconque lui en demanderait le paiement. Lorsque la Banque de France acquiert des pièces émises par le Trésor, elle porte celles-ci à son actif et, à son passif, elle crédite le compte courant du Trésor d'un montant équivalent. Il n'y a pour elle, comme pour le Trésor, ni bénéfice ni perte. Pour la Banque, les pièces ne sont qu'une forme particulière de créance sur le Trésor, en complément de créance concours habituels. Symétriquement, les pièces s'inscrivent au passif du bilan du Trésor, sous la rubrique « dette résultant de l'émission de monnaies métalliques ». Il est vrai que la fabrication des pièces n'est pas gratuite ; cela signifie pour l'auteur que l'accroissement de liquidité du Trésor, dû à l'opération sous examen, se trouve amputé du prix de revient des pièces, qui est un coût que le Trésor doit assurer. Ainsi l'absence de seigneuriage se confirme encore par le fait que le public obtient des pièces auprès de la Banque de France en contrepartie d'un montant équivalent de monnaie scripturale (ou billets) : il ne subit aucune perte. Il s'agit pour lui de la substitution d'une forme de monnaie à une autre.

Enfin le Trésor lui-même, lorsqu'il se propose de dépenser des pièces dans ses opérations avec le public, doit les acheter à leur valeur faciale auprès de la Banque : l'opération ne lui procure aucun gain spécifique : c'est pourquoi aborde la thèse du seigneuriage en intérêts.

D) La thèse du seigneuriage en intérêts

Le mythe fondateur de cette argumentation est le texte cité supra, qui stipule que le seigneuriage représenterait aujourd'hui, pour une banque, « la différence entre le taux obtenu sur les crédits et celui qui est versé sur les dépôts ».

Cette objection bien que retenant l'attention de l'auteur, mérite d'être élucidée.

Ainsi dit-il, l'existence d'une différence de taux d'intérêt entre les crédits accordés et le coût des dépôts ne représente pas, pour les banques, un gain spécifiquement lié à la création monétaire. Bien au contraire, l'ensemble des intermédiaires financiers bénéficie de ce type de rémunération. Il est vrai, toutefois, que l'on peut distinguer entre les activités des établissements de crédit, la différence de taux serait une rémunération ordinaire ou un seigneuriage, selon que le crédit accordé est financé à partir de dépôts préexistants ou par création monétaire.

Considérons toujours l'opération de création monétaire, il reprend la thèse couramment utilisée dans la littérature monétaire, que « les banques créent de la monnaie ex-niho. C'est pourtant une expression contestable (et contestée) dit-il.

En conclusion l'auteur note qu'en effet les banques n'honorent pas leur engagement vis-à-vis du public de payer x francs : n'en disposant pas préalablement, elles sont incapables de tirer ceux-ci du néant. Dématérialisée, la monnaie n'existe aujourd'hui que sous forme d'une dette bancaire. Cette considération est importante pour l'auteur. Elle a permis déjà de réfuter l'existence supposée d'un seigneuriage en capital.

- Quels arguments avancés pour le seigneuriage en intérêts ?

E) Les arguments infirmant l'existence du seigneuriage en intérêts

- La question posée dans cette rubrique est ainsi formulée : « sans doute les banques ne peuvent-elles pas prêter un objet dont suffisant qu'elles prêtent leur propre engagement de payer, pour que soit validée la thèse du seigneuriage en intérêts ? »

En prenant un autre exemple, il considère une banque B qui fait crédit à un agent A en lui procurant le moyen de payer un achat qu'il réalise auprès d'un agent C. Or C n'obtient aucun objet spécifique en contrepartie du bien vendu à A : B ne lui remet pas x francs, elle les lui doit. C'est dire que la création monétaire n'implique pas la définition d'un crédit seulement entre B et A mais aussi entre C et B. C n'obtient pas immédiatement la contrepartie du bien cédé. Il la recevra plus tard. Dans l'intervalle, il est créancier de B.

Ajoutons que la contrepartie que C recevra ne peut évidemment être constituée des x francs que la banque est incapable de créer.

L'auteur pense qu'il n'est pas besoin de développer longuement l'analyse pour comprendre que la situation comporte une issue : dans l'exemple, il suffit que A vende à son tour des biens dont il a disposition à C pour que se dénoue la situation.

L'analyse ainsi développée est rapprochée de l'un des principaux enseignements de la théorie économique. Les économistes, en particulier depuis les travaux de L. Walras, ont montré que les agents économiques doivent valider toute demande de biens par une offre de biens équivalente. Chaque agent paie ainsi, fondamentalement, ses achats au moyen de ses ventes. Il est vrai qu'un agent particulier peut dépenser le produit de ses ventes par anticipation : il lui faut alors se porter emprunteur sur le marché financier, auprès d'un agent qui, ayant réalisé une vérité, en réserve le produit pour effectuer un achat ultérieurement.

Ainsi C. GNOS, constate que l'intervention de la monnaie bancaire ne remet pas en cause cet enseignement. Précisément, l'intervention des banques ne substitue aucun objet monétaire à l'objet réel de chaque transaction : les biens s'échangent contre des biens. De plus, la création monétaire implique la définition d'un double crédit accordé par le vendeur à la banque. Cela signifie que même en cas de création monétaire, les banques ne financent pas les achats excédentaires des agents : elles ont un rôle strict d'intermédiaires financiers interposés entre l'acheteur et le vendeur.

En conclusion, selon l'auteur, il se confirme que les rémunérations que les banques dérivent des opérations de création monétaire ne se distinguent des rémunérations ordinaires, qu'elles obtiennent en prêtant des dépôts préexistants. On sait que la création monétaire vérifie l'adage « les prêts font les dépôts ». De fait, lorsqu'elles créent de la monnaie, les banques ne prêtent pas des dépôts préexistants. Or il suffit que les dépôts se forment simultanément aux prêts pour que les banques remplissent leur rôle d'intermédiaires financiers.

F) « le rôle des banques et de la création monétaire »

Dans cette synthèse, l'auteur remarque pour conclure que l'infirmation de l'existence supposée du seigneuriage en intérêts n'a pas pour seule conséquence de légitimer la rémunération que les banques perçoivent lorsqu'elles créent de la monnaie. Il est sans doute démontré que les banques n'usent ainsi d'aucun pouvoir exorbitant, d'aucun privilège. Mais c'est plus généralement le rôle des banques et de la création monétaire qui est ramené de justes proportions. Souvent les économistes confondent monnaie et crédit : *« la création de monnaies est considérée comme une opération grâce à laquelle les banques apportent à l'économie un financement net, crée ex nihilo. La création monétaire permettrait notamment de « doper » la demande globale : elle fournirait à l'économie et même directement aux banques, selon l'hypothèse de l'existence d'un seigneuriage en capital, un pouvoir d'achat supplémentaire. On nous constatons que l'opération de création monétaire se résout en une intermédiation entre un emprunteur et un prêteur qui appartiennent tous deux à l'économie réelle. Le rôle des banques n'est pas nié, il est débarrassé d'un mythe. »* [44]

- Précisons toutefois que sa démonstration n'implique pas (ni ne suppose) la neutralité des banques et de la monnaie ; si la création monétaire ne fournit par elle-même aucun pouvoir d'achat à 1 économie, elle peut néanmoins avoir, selon son ampleur et les circonstances de sa réalisation, une incidence sur les phénomènes réels précise -t-il.
- Ainsi la création monétaire est notamment à l'origine de phénomènes de répartition du revenu qui peuvent stimuler ou même déprimer l'activité économique, lorsqu'elle est inflationniste.
- Il n'en reste pas moins que l'inflation n'est pas la création d'un pouvoir d'achat supplémentaire : c'est le partage d'un pouvoir d'achat donné entre un nombre accru d'unités monétaires.
- Il précise également que le financement des dépenses publiques par création monétaire ne constitue pas un seigneuriage : en tout état de cause, le système bancaire ne peut rétrocéder au Trésor public un gain qu'il ne saurait réaliser. Plus pratiquement, le Trésor s'engage vis-à-vis du système bancaire, comme tout autre agent économique en regard des conditions d'octroi et de remboursement du crédit.

Au total, nous venons de montrer que la théorie économique joue un rôle prépondérant dans des unions économiques et monétaires nationales et internationales, régionales et sous-régionales.

Les arguments de la création monétaire ont été avancés et développé, laissent à nouveau des réflexions sur les politiques économiques et monétaires actuelles, constituant le noyau dur de nos analyses. La place des intermédiaires financiers et autres institutions financières est de bon augure à fin de reformuler les approches de développement en matière de création monétaire, chose qui n'est pas facilement appréciable. Mais nous croyons en des approches plus réalistes et équitables pour le fonctionnement des zones monétaires.

[44] CF : C. GNOS, op. cit, *Revue banque* n-550, Juillet-août 1994.

I.2.2 Le seigneuriage et la taxe d'inflation dans la théorie économique et monétaire : application aux pays africains de la zone franc et hors zone franc

Pour appuyer les argumentations du seigneuriage abordées par C. GNOS, voyons dans un contexte d'économie en développement, notamment en zone franc comment la création monétaire par seigneuriage constitue une des modalités de la fiscalité implicite, largement traitée dans le chapitre 5.

- Cette approche est-elle équitable ou réaliste pour les économies monétaires actuelles ?

Notons à ce sujet que les ressources gouvernementales trouvant leur source dans la création monétaire (seigneuriage) ne constituent pas une modalité nouvelle de fiscalité implicite, mais elle est le plus souvent perçue davantage comme le résultat d'un dérapage de politique économique que d'un acte délibéré des gouvernements.

En 1940, dans un ouvrage peu connu « How to pay or war », Keynes avait proposé cette voie en, comptant sur l'illusion monétaire des salariés afin de résoudre l'impasse du financement de l'effort de guerre. Le seigneuriage peut être défini comme la capacité des États d'accroître, en termes réels, l'offre de monnaie.

En reprenant la formulation D'Agenor et de Montiel (1996), les revenus du seigneuriage (Srev) sont égaux à :

Srev = L1Mt/ **Pt (l)**
En multipliant par Mt/Mt et en réarrangeant on obtient :
Srev = Ut x mt (2)
Où Ut= L1mt/Mt (croissance de la base monétaire)
mt=Mt/Pt (encaisses réelles)
Pt=Niveau des prix
L1Mt = variation de la base monétaire.

Les revenus tirés du seigneuriage peuvent être donc être définis, par analogie avec la littérature des finances publiques, comme le produit d'un taux d'imposition (le taux de croissance nominal de la base monétaire) et une assiette fiscale, représentée par la demande d'encaisses réelles par les agents, sous l'hypothèse d'équilibre sur le marché monétaire.

Dans les travaux appliqués, certains auteurs ont tendance à confondre seigneuriage et taxe d'inflation. Or, les revenus du seigneuriage se composent de deux éléments : la variation du stock réel de monnaie et la taxe d'inflation (DORNBUSH et FISCHER 1993).

D'après AGENOR et MONTIEL (1996), la taxe d'inflation peut être interprétée comme la variation du stock réel de monnaie qui aurait eu lieu à cause de l'inflation avec un stock nominal de monnaie constant.

C'est uniquement comme l'affirme FRIEDMAN (1971), dans le cas d'équilibre stationnaire c'est-à-dire en l'absence de variation d'encaisses réelles que les revenus du seigneuriage sont égaux à ceux de la taxe d'inflation (BLACHAR et FISCHER, 1989, PP198).

Ainsi nous avons l'équation suivante :

Srev= L1mt +nt xmt (3)

Où nt=taux d'inflation

L'analyse montre qu'au-delà du niveau compatible avec la croissance réelle, l'excès d'émission monétaire servant à financer le déficit est absorbé en partie par les agents privés à travers l'inflation.

Ainsi le financement inflationniste crée une demande supplémentaire de monnaie qui finance le déficit (DORNBUSH, 1992).

Cependant le déficit financé par émission monétaire ne peut pas s'accroître indéfiniment.

Le point fondamental étant selon TANZI le fait que les encaisses réelles sont affectées négativement par les anticipations d'inflations.

D'après TANZI (1991), plus sera élevée la taxe d'inflation, plus réduite sera l'assiette sur laquelle cette taxe implicite opère.

CAGNAN introduit en 1956 la notion de taux d'inflation qui examine les revenus de seigneuriage, tandis que le cadre analytique montrant les limites du financement du déficit à travers l'inflation (seigneuriage) a été développé par PHELPS (1973).

En postulant en fonction de demande d'encaisses réelles dépendant seulement du taux d'inflation qui maximise le revenu du seigneuriage est égal à l'inverse de l'élasticité de la demande de monnaie.

mt=KO xe -ans (4)

En supposant pour simplifier que la constante Ko est égale à 1 et en maximisant la fonction des revenus de la taxe d'inflation par rapport au taux d'inflation, on obtient :

Srev max=-1/a (5)

On retrouve ici un résultat bien connu de la théorie du monopole, c'est-à -dire, le monopoleur maximise son revenu lorsqu'il fixe le prix de sorte qu'il corresponde au point où l'élasticité de la demande est égale à -1 (HENDERSON an QUANDT, 1980, PP 178).

En retenant la fonction de demande de monnaie proposée par CAGNAN, les revenus de la taxe d'inflation augmentent à un rythme décroissant dans dans un premier temps, atteignant un maximum au point où l'élasticité de la demande est à -1, puis décroissant. Le rapport entre l'inflation et le revenu de la taxe d'inflation dessine ainsi une sorte de deux régimes d'inflation associés au même niveau de revenu issu de la taxe d'inflation.

En dehors de la croissance monétaire, l'inflation peut être due, entre autres facteurs, à l'évolution des prix internationaux ou aux chocs sur l'offre. Par ailleurs, l'accroissement de l'offre de monnaie peut être dû, outre l'augmentation des crédits au Trésor, à une hausse des réserves internationales ou à une expansion des crédits au secteur privé de l'économie.

Enfin d'après l'analyse, l'unification des taux de change fait généralement partie d'un ensemble des mesures d'ajustement tendant à réduire le déficit public et à rétablir la vérité des prix'suppression des subventions aux tarifs des services publics, abandon de prix régulés) et de ce fait, provoque souvent une poussée des prix internes dont les effets se propagent dans le temps. Ilest donc difficile, en l'absence d'un modèle d'équilibre général, de séparer l'impact spécifique des divers facteurs agissant sur l'inflation.

Un autre scénario peut être envisagé dans lequel le sens de la causalité serait inverse. Jusqu'à un certain point, la taxe d'inflation et la taxe implicite des exportations peuvent s'accroître de façon conjointe.

Ainsi donc, le financement monétaire du déficit provoque, à travers, l'inflation, l'appréciation du taux de change réel officiel, un surcroît de demandes sur le marché parallèle des changes (les produits importés étant devenus meilleur marché par rapport aux produits locaux) qui se traduit par une dépréciation du taux parallèle et un accroissement de la décote. Des mécanismes à l'œuvre dans le marché (ou fuite devant la monnaie) limiteront la possibilité d'avoir recours à ces sources implicites de financement.

1/ Le dilemme entre taxe d'inflation et taxes conventionnelles (l'effet Olivera-Tanzi)

Analytiquement, en reprenant la formulation de Tanzi, la perte des revenus conventionnels à cause des retards de recouvrement dans une économie avec inflation (sur une base annuelle) est donnée par l'expression :

n/12
Tx=To/(1+n) (6)

Où To=la part des taxes conventionnelles dans le PIB et n = les délais de recouvrement.

Le « trade-off » entre revenus de la taxe implicite d'inflation et les taxes explicites ou conventionnelles s'écrit formellement (équation 3 et 6).

n -ans n/12
(TRt) =me+T0/ (1+nt) (7)

2/ Les revenus du seigneuriage en Afrique et en Amérique latine. (approche comparative)

Un autre aspect qui constitue un des apports de notre étude concerne une comparaison entre les revenus du seigneuriage en Afrique et en Amérique latine pour saisir cette politique de fiscalité implicite dans le commerce international.

Les tableaux figurant en fin du chapitre illustrent bien cet apport et font apparaître clairement l'écart qui sépare les pays africains des pays latino-américains quant à l'importance des revenus de la taxe implicite du seigneuriage (mesure par rapport aux revenus fiscaux conventionnels du gouvernement). En moyenne sur la période 1970-1995, les revenus du seigneuriage représentent près de 35 % des revenus fiscaux en Amérique Latine, plus du double qu'en Afrique Hors Zone FRANC et sept fois ceux des pays africains de la zone Franc.

Compte tenu de la faible disparité des variables composant l'assiette (pression fiscale conventionnelle et taux de monétarisation, celles-ci ne semblent pas *a priori* en mesure d'expliquer les divergences des niveaux de seigneuriage entre l'Amérique Latine EYT l'Afrique. En revanche les fortes divergences de taux d'inflation d'un continent à l'autre font de cette variable une bonne candidate pour expliquer les divergences dans les taux de seigneuriage.

3/ Unification et taxes implicites : une approche empirique

Comme nous allons le voir dans la sous-section suivante, le processus de la création monétaire dans les pays africains de la zone franc a été occulté depuis la dévaluation du franc CFA de janvier 1994. Mais les lignes qui vont suivre vont faire une étude comparative de la création monétaire avant et après la dévaluation d'une part et montreront également comment ce processus de création monétaire fonctionne-t-il aujourd'hui depuis l'arrimage de la monnaie CFA à l'Euro. D'où l'expression utilisée par A. Bécart[45] de, « Nouvelle zone franc africaine », que nous inspirons pour approfondir les questions du fonctionnement de cette zone monétaire, proposant et analysant les conditions de création d'une zone monétaire plus intégrée depuis cet encrage monétaire européenne.

L'incapacité de la zone franc africaine a créé un développement durable avant la dévaluation était liée entre autres au problème de l'intégration régionale.

En effet l'intégration régionale est un enjeu majeur pour les pays africains de la zone franc, mais avant la dévaluation est n'est pas encore

---

[45] CF : A. Bécart : « Nouvelle zone franc africaine : la question oubliée », *Revue Banque* n-550 juillet-Août 1994.

réalisée, malgré les réformes économiques et monétaires qui étaient très fondamentales.

Encadré 1

Bilan des privatisations en zone franc : cas d'un pays de la CEMAC

Exemple du Congo

Avec l'aide et l'appui des bailleurs de fonds internationaux, notamment la Banque Mondiale et l'Agence française de Développement, le Gouvernement congolais a lancé un Programme ambitieux de privatisations. Le comité national de privatisation est chargé d'en assurer la mise en œuvre, dans des délais compatibles avec les objectifs globaux du Programme intérimaire Post-conflit (PIPCÀ) 2000-2002.

Ainsi, des secteurs entiers, jusque là, figés et représentés par une seule entreprise seront rendus à la concurrence et on y retrouvera la flexibilité nécessaire et l'ouverture réflexive propice au développement des affaires.

Le but est de permettre à l'État de se désengager des activités de production en les confiant au secteur privé, afin de se concentrer sur la mise en place et l'administration des infrastructures de base, ainsi que des mesures d'accompagnement relatives notamment aux secteurs de pointes, à travers des codes de l'électricité, code de la forêt et code des hydrocarbures.

Globalement, les axes stratégiques du Gouvernement en matière de privatisations et de restructurations économiques sont les suivants :

- le désengagement progressif de l'État des activités productives ;
- l'allègement du poids de la gestion des entreprises sur les finances publiques ;
- la création et l'accroissement de la richesse nationale ;
- la gestion transparente des affaires publiques ;
- la réorganisation de l'administration pour l'adapter aux nouveaux choix économiques ;
- développer l'actionnariat populaire et la participation des salaires au capital de l'entreprise. Les privatisations sont organisées suivant deux périmètres :
- le premier périmètre porte sur la mise sur le marché des six (6) grandes compagnies nationales : Hydro-Congo, ONPT, SNE, SNDE, ATC, CORAF.

Le second périmètre concerne les PME/PMI des secteurs forestier, agricole, hôtelier et des transports. Dans ce processus, certaines entreprises seront purement et simplement liquidées.

Conformément aux Recommandations des institutions financières internationales, Le Président de la République et le Gouvernement du Congo ont engagé la Privatisation d'un certain nombre d'entreprises.

Premier Périmètre.

- Secteur des hydrocarbures : Hydro-Congo
- Secteur des télécommunications : ONPT
- Secteur de l'eau : SNDE
- Secteur de l'électricité : SNE
- Secteur des transports et Chemins de fer : ATC

Deuxième Périmètre.

- Secteur Banques et Assurances :
- BIDC : Banque Internationale du Développement du Congo.
- UCB : Union Congolaise de Banques
- BCC : Banque commerciale Congolaise
- BNDC : Banque Nationale de Développement du Congo.
- ARC : Assurances et Réassurances du CongoAutres Secteurs (PME) : Bois, Agriculture, hotélerie, aviation, transports MAB (aliment de bétail)
- HUILKA (huilerie)
- SCBO (Bois)
- UAIC
- CBI
- COMETRAB (Bois)
- SIDETRA
- SNBS (Bois)
- SIBMO (Bois)
- PLACONGO (Bois)
- SOCALIB (Bois)
- RNPC
- UBC
- SOFAB
- CA LEM
- SN PLACONGSANGHA PALM
- HOTEL MERIDIEN
- HOTEL COSMOS
- HOTEL MBAMOU PALACE
- HOTEL LE BEACH
- MBOUM'VOU M'VOU

- SITE DES CASCADES
- LINA CONGOLAIS (campagnie Aérienne)
- SOCOMAB (Bois)
- SOCOTRA (Trasport)
- SOPROGI (Immobilier)

Sources : Ministère de l'économie et des Finances, Congo, Zone franc.

Autres pays de la Zone franc

(Voir tableau sur bilan des privatisations en zone franc : Un bilan globalement mitigé.)

II. Les déséquilibres macro-économiques intra-zones (zone eurozone FCFA)

Dans cette section nous ne tentons pas de faire une analyse comparative entre les deux zones monétaires, mais plutôt, nous présentons les évolutions macro-économiques entre la zone franc et la zone euro sur le plan commercial, étant donné que les pays de la zone franc font la plus grande partie de leurs transactions commerciales avec les pays européens. Mais nous essayerons de tirer le lien qu'il y a sur le plan théorique entre les zones monétaires et les ajustements macro-économiques qui fondent les évolutions économiques d'un pays ou d'une région ou sous-région. Dans ce contexte, la référence à l'approche du commerce intra-branche peut trouver sa justification du point de vue de l'investissement direct étranger par exemple comme facteur d'intégration régionale entre zones de frontières. Une littérature sur la question est abondante au plan théorique. Les travaux de Assen Slim (2006) nous semblent utiles pour l'appréhension de la notion du commerce intra-branche.

Une grande partie de la littérature Keynesienne est abordée ici pour éclairer le débat de la création monétaire (dont nous avons largement posé quelques jalons dans la section 1) et des déséquilibres des paiements intra-zones (zone euro -zone FCFA). Dans ce cas sera alors recherchée une approche médiane et équitable entre les deux zones qui contribuera à la réussite de l'intégration économique et monétaire, nécessaire au développement des relations économiques et monétaires internationales.

Pour y répondre nous présentons d'abord les fondements d'une monnaie internationale et voir si le franc CFA arrimé à l'euro vérifie-t-il les fonctions d'une monnaie internationale, question abordée dans la section1.

II.1 La question des ajustements macro-économiques dans la zone Euro

II.1.1 Premier argument : Absence de contrainte d'équilibre des paiements réciproques des pays de la zone euro

Les arguments souvent avancés sur la question des ajustements macro-économiques dans la zone euro, avant et après le passage à la monnaie unique, confirment en premier lieu, l'absence d'une contrainte d'équilibre des paiements intrazone.

En effet quand un pays est doté d'une monnaie propre, d'après la théorie économique, il lui faut exporter des biens pour compenser ses propres importations, sous peine de compromettre sa solvabilité ou la stabilité de sa monnaie nationale.

« Cette absence de contrainte d'équilibre des paiements extérieurs disparaît lorsque le pays adhère à la monnaie unique : elle ne s'impose plus que sur l'ensemble des pays adhérents face au reste du monde. »[46]

Une étude sur la question des déséquilibres des paiements intrazone a été faite par l'Économiste C. Gnos dans le contexte européen. Nous nous inspirons de cette étude pour approfondir la réflexion dans le cas de la nouvelle zone franc africaine.

Dans ce paragraphe nous présentons les arguments de l'auteur avant de faire la synthèse qui nous conduira à cerner les termes du débat :

- Pour lui, la raison de l'absence de contrainte d'équilibre des paiements intra-zone, est que les banques d'un pays adhérent dont les paiements sont déficitaires se refinanceraient sur un marché interbancaire unifié grâce à la création de la Banque Centrale Européenne. Ainsi, elles n'accumulent aucune dette des résidents vis-à-vis des autres pays membres, dont les exportations de biens des résidents doivent les libérer précise-t-il. C'est pourquoi les opérations de refinancement entraînent l'accumulation des titres émis dans le pays déficitaire, à l'actif des banques des pays partenaires et de l'Eurosystème[47]. Mais il précise à priori que cette circonstance ne pose pas de difficulté particulière, sinon le besoin de contrôler la qualité des titres admis au refinancement.
- Un autre argument beaucoup plus critique où, l'auteur montre que les différents rapports qui ont jalonné l'élaboration du projet d'Union économique et monétaire européenne (que nous avons développé dans le chapitre7, section 1), ainsi que dans les études

[46] CF : Ciaude. GNOS : « Les pays de la zone euro doivent-ils se préoccuper des déséquilibres de leurs paiements réciproquent ? » in *Économies et Sociétés,* Série » Monnaie », ME, N-1-2, septembre -octobre 1999, p 189-204.
[47] Nous Présenterons en encadré les exemples de l'étude.

théoriques qui se proposent d'examiner les conséquences de l'adhésion à une union monétaire, l'option de la monnaie unique est généralement assimilée au choix d'un régime de change irrévocablement fixe :

L'auteur montre que dans cette étude que cette assimilation du choix d'un régime fixe irrévocable n'est pas légitime.

- Il avance ainsi l'argument selon lequel, la monnaie unique transforme plus radicalement la nature de l'espace européen, car elle repose sur l'application à cet espace de l'organisation des paiements jusqu'ici en vigueur dans les économies nationales : ainsi, les relations entre les pays cessent d'être internationales, les économies des pays membres se trouvent réunies en une véritable économie nationale définie à l'échelle de la zone euro. C'est, du moins sous l'angle économique et financier, la fin des États-nations au sein de la zone.

II.1.2 Deuxième argument : Les déséquilibres des flux monétaires et financiers

Pour l'auteur l'absence d'une contrainte d'équilibre des paiements réciproques des pays de la zone euro ne suffit pas à écarter la question des ajustements macro-économiques intra-zone. Les déséquilibres des flux monétaires et financiers ont une origine réelle, l'inégale compétitivité des économies nationales, qui dépend d'un ensemble de facteurs comme :

- la productivité,
- le niveau des rémunérations des charges sociales et de la fiscalité, qu'il est indispensable d'harmoniser si les Européens souhaitent préserver un développement équilibré de l'activité économique sur leur territoire.

L'auteur pense qu'il est en somme urgent de réaliser la convergence des économies réelles dont, pour des raisons sans doute stratégiques, on a renoncé à faire un préalable à la création de la monnaie unique. Or, ici, la comparaison des paiements entre les pays de la zone euro, avant et après le passage à la monnaie unique, s'est avérée à nouveau riche d'enseignements (voir encadré à la fin du chapitre).

L'auteur constate que la monnaie unique donne une dimension supplémentaire à la mobilité des capitaux, que la réalisation de l'espace financier européen n'a pu apporter à elle seule : l'épargne (macro-économique) formée dans un pays doté d'une monnaie propre ne peut pas s'exporter, les résidents réalisant des investissements à l'étranger qui sont nécessairement financés au moyen de devises gagnées dans les exportations du pays, de biens ou de titres. En d'autres termes dit-il, avant le passage à la monnaie unique, la réalisation de l'espace financier européen avait permis de multiplier les possibilités, pour les entreprises et les agents individuels, d'emprunter ou de placer de l'argent dans le pays européen de leur choix, sans pour autant permettre le transfert net de ressources financières entre les pays :

Cette restriction disparaît avec la monnaie unique où, « une épargne peut littéralement quitter un pays adhérent et accroître l'épargne disponible dans un autre, comme cela se vérifie entre les régions de n'importe quelle économie nationale. Le passage à la monnaie unique a radicalement fait changer de nature l'espace économique et financier européen ».[48]

- Après avoir présenté les arguments relatifs aux déséquilibres des paiements réciproques intra-zone européenne, que dire alors de la création monétaire au-delà des instruments strictement monétaire ?

En effet, la création monétaire dans le cas précis ne se résume pas à l'application depuis le premier janvier 1999, de taux de conversion fixés irrévocablement entre les monnaies nationales des pays de la zone euro et à la mise en circulation, en 2002, de nouveaux billets. Elle repose sur une réorganisation des paiements entre les pays concernés, qui consiste, pour l'essentiel, à transporter à l'échelle de la zone euro tout entière l'organisation jusqu'ici en vigueur dans les économies nationales.

D'après cette analyse faite par C. GNOS, de nombreuses conséquences découlent de cette réorganisation, au premier rang desquelles une profonde transformation des relations économiques et financières entre les pays membres. Une analyse similaire sera vue dans le contexte des relations économiques et financières en zone franc, où sera abordée de manière particulière la question des déséquilibres des paiements en zone franc. Mais pour ce qui concerne l'Europe, l'auteur se propose d'examiner cette transformation, en concentrant son attention sur les déséquilibres des paiements dans la zone euro.

Nous verrons dans les encadrés, les présentations de C. GNOS sur la question, tout au moins, signalons que, l'auteur commence d'abord par comparer brièvement le déroulement des paiements entre deux pays de la zone, avant et après la création de la monnaie unique : Comme nous l'avons souligné, l'absence ou le manque d'une contrainte d'équilibre des paiements intra-zone comme argument.

Dans de nombreux modèles issus des rapports Werner (1970), et rapport Delors (1989) ou encore rapport Emerson (1990), les conséquences de l'adhésion à l'euro, l'adoption de la monnaie unique est de même assimilée au choix d'un régime de changes fixes.

Ensuite cette comparaison des paiements entre deux pays de la zone, avant et après le passage à la monnaie unique, montre que la monnaie unique transforme plus profondément la nature de l'espace européen.

---

[48] CF : C. GNOS, op. cit

Enfin, cette comparaison permet d'attirer l'attention sur la façon dont se pose désormais la question des ajustements macro-économiques intra-zone : La suppression de la contrainte d'équilibre des paiements intra-zone ne doit pas, en effet, masquer la question des ajustements macroéconomiques à mettre en œuvre pour palier les effets d'une insuffisante convergence des caractéristiques des appareils productifs.

Dans ce sens, l'auteur vérifie que «[193] l'unification monétaire complique la tâche des responsables européens, en donnant aux mouvements de capitaux, au sein de la zone, une dimension que la levée des entraves réglementaires et pratiques aux transferts monétaires et financiers et la constitution d'un espace financier intégré ne pouvaient à elles seules imposer ».

II.1.3 La question de la convergence et de la coordination des politiques économiques dans l'UEM

A) Les développements sur le débat européen

La Communauté européenne, avec à l'origine la création d'un marché commun de l'acier et du charbon (1953), a connu différentes étapes dans son évolution et dans ses ambitions. La promotion des relations commerciales, initialement au centre des préoccupations des pays membres, s'est rapidement étendue à d'autres domaines, notamment monétaire et financier.

La mise en place du Système Monétaire Européen (SME) en 1979 concrétise la nouvelle importance accordée aux variations de taux de change et flux de capitaux, même si elle reste au service du développement commercial et financier de l'union.

En 1985, avec l'acte unique, le pouvoir du parlement européen est encore renforcé et se dessine une Union européenne, monétaire et politique.

Le traité de Maastricht, du 7 février 1992, entérine cette nouvelle approche de l'union, s'appuyant sur une coordination intergouvernementale.

Toutefois, ce n'est pas sans difficulté que cette nouvelle définition de l'union semble vouloir s'imposer et la controverse, exacerbée dans la période précédente la signature du traité, reste encore présente, notamment au sein de la communauté économique.

Durant la dernière décennie, le SME a régulé les évolutions monétaires et financières des pays membres.

Le principe du SME reposait sur la réglementation des fluctuations de change des différentes monnaies européennes.

L'European Currency Unit (ECU), crée par le Fond Européen de Coopération Monétaire (FECOM) en contrepartie des dépôts en or et devises effectués par chacune des Banques centrales (à concurrence de 20 % de réserves), est un panier de devises, dont les pondérations reflètent la part de chaque pays membre dans le PIB total de l'union.

La monnaie d'un pays membre de l'union ne pouvait alors varier de plus de 2,25 % (en plus ou en moins) par rapport au cours pivot. À chaque Banque centrale de mettre en œuvre sa propre politique (rachat de devises, vente de monnaie) pour maintenir sa parité dans les limites fixées. Ce système s'est avéré relativement efficace pour ce qui concerne l'inflation (convergence des taux d'inflation entre pays membres) et les taux d'intérêt (fin des contrôles de capital accompagnée d'une réduction des différentiels de taux d'intérêt).

Par contre, de grandes disparités subsistaient encore au niveau de l'endettement public et des taux de change réels. L'étape suivante était celle qui consistait alors en la création de l'union monétaire et de la monnaie unique, passant ainsi de la communauté Économique Européenne (CEE) à l'Union Économique et Monétaire Européenne (UEM).

Notons ici que le développement sur le débat européen ne doit pas être considéré comme transposable en Zone franc, mais ce rappel est utile pour appréhender les fondements de l'UEM dont le traité Maastricht comme outil pertinent.

Sur le plan technique, l'incidence de la construction monétaire européenne sur les accords de la zone franc se limite à la substitution de l'euro au franc français comme ancre des francs CFA et comorien.[49]

Comme nous il est stipulé dans les textes du sommet de novembre 1998, l'encrage de la zone franc à l'euro doit entraîner une intensification des échanges entre les deux zones, dans la mesure où les pays africains de la zone franc réalisent plus de la moitié de leurs échanges commerciaux avec les pays de l'Union européenne, le passage à l'euro entraînera une plus grande stabilité du taux de change effectif des francs CFA et comorien.

Pour les pays en voie de développement, le choix du régime de change se résume souvent, dans les faits, à deux possibilités : rattachement à une monnaie ou à un panier de monnaies. *La dévaluation du 12 janvier 1994 en est le meilleur exemple.*

Les pays en voie de développement recherchent en fait un système de change leur assurant une forte stabilité, c'est-à-dire les isolant des chocs extérieurs, tout en maximisant leur niveau de bien-être social.

L'appartenance à la zone franc, pour les pays africains, et donc la fixe parité de leur monnaie avec le franc français (qui a disparu), s'inscrit tout à fait dans le cadre de ces préoccupations

Notons à ce sujet que, l'Union économique et monétaire européenne (UEM) est au cœur des débats politiques et économiques depuis plusieurs années, alors que souvent les différents pays européens ont été soumis ou

---

[49] CF « Le conseil de l'union européenne, par une décision du 23Novembre 1998, a confirmé que la France pouvait maintenir les accords sur les questions de change qui la lient actuellement à L'UEMOA, à la CEAMAC, et aux Colores (article premier du conseil). »

soumettent au vote de leurs assemblées représentatives ou au référendum populaire, surtout depuis les accords de Maastricht à nos jours.

La mise en place de l'Union monétaire, dans la continuité de l'expérience du système monétaire européen (SME), constitue, de fait, l'un des éléments essentiels du traité.

L'histoire nous enseigne que, nombre de contributions ont mis en évidence les avantages liés au SME et ses succès dans la lutte contre l'inflation ou la stabilité des taux de change ; mais avec l'Union Économique et Monétaire, il s'agit d'ambler d'aller encore plus avant dans ce processus de coopération monétaire et économique, notamment :

- En matière de coopération monétaire, le cheminement par étapes doit conduire progressivement à la mise en place d'une monnaie unique (ce qui a abouti en 1999, 2002) et d'un système européen de banques centrales dans lequel la banque centrale européenne joue un rôle prééminent en matière de détermination d'une politique monétaire largement orientée vers l'objectif de stabilité des prix.
- En matière de coopération économique, les critères de convergence que doivent satisfaire les différents pays constituent un point de référence pour les politiques économiques et notamment pour la mise en œuvre des politiques budgétaires, déjà affectées par la perte des gains de seigneuriage, notamment dans les pays du Sud.

Comme l'affirmait C. de Boissieu, « malgré les volontés politiques affichées dans la plupart des pays européens, nombre d'interrogations subsistent encore sur certains points du fonctionnement de l'Europe monétaire ».[50]

Les contributions présentées par l'auteur, cherchent à apporter des réponses à des questions essentielles, dont la convergence et la coordination des politiques économiques, que nous abordons.

1/ Les arguments de la convergence

En effet, la question de la convergence en matière d'inflation est placée au cœur du dispositif de l'union monétaire européenne. Elle apparaît notamment comme une nécessité pour certains partenaires (L'Allemagne principalement) et risque effectivement de susciter de nouveaux débats à la lumière des ajustements monétaires survenus en septembre 1992.

P. de Grauwe, souligne pour sa part que, la convergence des taux d'inflation qui subsistent des divergences cumulatives des indices de prix qui s'expliquent bien plus par des différences de crédibilité des banques

[50] CF : Christian DE BOISSIEU, in *Revue Économies et Sociétés* T-26, N-9-12, 1992, SÉRJE Économie Monétaire.

centrales (donc des différences d'anticipations d'inflation des agents) que par les différences de productivité.

Dans ces conditions, l'élimination de ces différences cumulatives paraît complexe tant qu'il n'y aura pas une seule Banque Centrale (c'est-à-dire tant qu'on n'aura pas supprimé les différences de réputation entre banques centrales).

2/ Les arguments de la coordination des politiques monétaires et budgétaires

A. Robin, s'intéresse plus directement à la coordination des politiques monétaires et budgétaires au sein de l'Union Monétaire.

S'appuyant sur un modèle de théorie des jeux appliqués au cas de deux pays, l'auteur étudie divers types de politiques économiques. À taux de change fixe (objectif de l'UEM), la politique monétaire peut être menée de trois manières à savoir :

- par la fixation d'une règle de taux d'intérêt ;
- par la fixation d'une règle d'évolution de la masse monétaire définie par chacun des pays ;
- ou par la fixation d'une règle d'évolution de la masse monétaire définie au niveau de l'Union.

À ces trois règles, s'ajoutent les décisions de politique budgétaire qui peuvent faire ou non l'objet d'une coordination au plan communautaire.

D'après ce modèle, les décisions procèdent de la minimisation d'une fonction de perte ayant pour arguments les écarts des prix et de la production aux valeurs d'équilibre.

Les résultats obtenus montrent, comme dans la plupart des modèles de ce type, que les pays ont intérêt à coordonner leurs politiques.

En effet, les situations les meilleures (au sens de la minimisation des pertes nationales et globales) sont celles où les politiques budgétaires sont coordonnées.

C'est vrai lorsque les deux pays pratiquent chacun une politique de règles monétaires nationales comme lorsqu'il y a une politique monétaire communautaire.

Le choix entre ces deux situations est cependant plus difficile puisqu'il dépend du poids relatif de l'inflation et de la production dans la fonction de perte ; les règles nationales suppriment l'effet de chocs sur la production, mais laissent subsister leur impact sur l'inflation alors que l'inverse s'applique pour la règle communautaire.

C. DE BOIISIEU admet ainsi que ce modèle établit bien la nécessité d'une coordination des politiques budgétaires pour le succès d'une Union monétaire si la politique communautaire est orientée vers l'objectif de stabilité des prix : il reste cependant que la mise en œuvre d'une telle coordination reste complexe lorsqu'on sait la diversité des actuelles situations des pays européens en matière de déficits et d'endettement publics, de la fiscalité ou de seigneuriage.

Il convient ici de distinguer une situation d'endettement en période ce crise et une situation d'endettement en période de non-crise.

D'autres arguments auraient pu être avancés, notamment qui concernent le fonctionnement à l'échéance de l'union monétaire, d'une part et la crédibilité évaluée sur la base du fonctionnement du SME d'autre part. Ces questions ont largement été abordées dans les chapitres précédents, mais nous pouvons juste rappeler les arguments les plus novateurs du fonctionnement de l'Union monétaire dans la théorie économique. Ces arguments nous permettront ainsi de voir dans le cas zone franc, comment ces politiques sont appliquées et quelles alternatives qu'il faut pour la nouvelle zone franc africaine à l'heure de l'Euro.

Ainsi donc, le fonctionnement à l'échéance de l'union monétaire européenne, avait soulevé deux types de questions : la première question est liée à la mise en place de la monnaie unique (depuis 1999) et la seconde aux règles d'intervention de la Banque centrale européenne.

M. Cazals et P. Kauffman s'attachaient plus particulièrement au passage des monnaies nationales à la monnaie unique et notamment aux problèmes liés au gradualisme de l'opération et aux relations entre la monnaie unique et les monnaies nationales.

La théorie de la substitution des monnaies, largement développées depuis plusieurs années, conduit les auteurs à examiner les liens actuels entre monnaies nationales et l'Écu (qui a disparu) d'abord sur le plan de la substituabilité financière (conservation des valeurs), puis de la substituabilité dans l'échange commercial (transactions).

Pour les auteurs, c'est le second aspect qui apparaît bien comme le plus important (la convergence européenne tendait à rendre le panier écu encore moins intéressant sur le plan financier), car l'utilisation accrue de l'écu passait par son usage dans les échanges commerciaux et donc impérativement par l'acquisition du statut de monnaie nationale.

Les théories du choix des monnaies de facturation tout comme la pratique du commerce international montrent en effet le peu d'inclination des opérateurs pour des monnaies tierces et leur préférence pour les monnaies nationales (de l'acheteur ou du vendeur).

Par conséquent, pour devenir monnaie internationale, toute monnaie européenne doit d'abord être monnaie nationale, ce qui conduit les auteurs à formuler des propositions concrètes pour cette délicate opération qui consistait à remplacer les monnaies nationales par la monnaie unique.[51]

[51] C'est une des réponses à la question de savoir si l'euro est une monnaie internationale, que nous avons abordé au chapitre 6

D'autres auteurs, comme N. Schnadt et J. Whittaker, s'intéressaient, quant à eux, au fonctionnement de la banque centrale européenne. S'appuyant sur l'expérience des différentes banques centrales qui généralement pratiquaient, à un taux d'intérêt qu'elles fixent, un refinancement quasi automatique des banques, ils proposaient, une politique fondée sur l'existence de réserves excédentaires positives des banques, rémunérées par un taux d'intérêt qui correspondrait au taux d'intérêt de l'écu (aujourd'hui l'euro). Par contre la banque centrale européenne n'accorderait plus de financement automatique ni de prêts d'assistance overnight, et n'exigerait plus de réserves obligatoires.

II.2 Les analyses macro-économiques de la CEMAC

Avant d'analyser les fondamentaux macro-économiques dans la zone CEMAC, il est utile de présenter le contexte dans lequel cette institution a vu le jour, notamment après la dévaluation du Franc CFA et son fonctionnement actuel, après cinq années d'exercice.

Cette étude un peu descriptive nous permet de dresser un bilan de cette institution économique et monétaire. Cet exemple ne doit pas être considéré comme répétitif, mais il est utile pour la problématique de l'intra-branche. Cet exemple aurait pu être appliqué dans le cas de l'UEMOA.

En effet notons qu'à la suite de la signature du Traité instituant la Communauté, en mars 1994 à N'Djaména (Tchad), une équipe pluridisciplinaire d'experts intergouvernementaux et un comité de plénipotentiaires, composé des ministres chargés des finances, du Développement économique, du Commerce et de l'industrie, et de la justice de chaque État membre, ont été largement mis à contribution, sous la coordination de la Banque Centrale et du Secrétariat Général de l'UDEAC, pour déterminer la nouvelle stratégie régionale de la zone.

Comme nous l'avions annoncé dans les pages précédentes, un additif au Traité et les trois conventions devant régir l'Union Économique, l'Union Monétaire et la Cour de Justice avaient été élaborés, adoptés par les instances supérieures et rattachés au traité, avant leur ratification par l'ensemble des parlements nationaux.

Cette nouvelle dynamique de l'intégration économique et sociale en Afrique Centrale ainsi projetée, se veut pragmatique et progressive en se fondant sur les acquis de l'UDEAC. C'est pourquoi, pour éviter l'enlisement des programmes, il a été décidé que la réalisation des objectifs de l'Union Économique devra être achevée au terme d'un processus de trois étapes de cinq ans chacune.

Le 25 juin 1999 à Malabo, les Chefs d'État de la sous-région lançaient officiellement et solennellement le démarrage des activités de la Communauté Économique et Monétaire de l'Afrique Centrale (CEMAC). Celle-ci, prenait de ce fait même, le relais de l'Union Douanière et

Économique de L'Afrique Centrale (UDEAC) qui fut créée par le Traité de Brazzaville, le 8 décembre 1964.

À la différence de l'UDEAC qu'elle était appelée à remplacer, la CEMAC est une organisation de quatre institutions à la fois solidaires et autonomes que sont :

- L'Union Économique de l'Afrique Centrale (UEAC) ;
- L'Union Monétaire de l'Afrique Centrale (UMAC) ;
- La Cour de Justice Communautaire (CJC) ;
- Le Parlement Communautaire.

Les deux dernières citées ci-dessus sont entièrement nouvelles. Les deux autres, l'Union Économique et l'Union Monétaire héritées de l'UDEAC ont été profilées et adaptées à la nouvelle donne.

En ce qui concerne l'Union Monétaire, la Banque Centrale a dû réviser ses statuts et réadapter ses interventions par rapport au nouveau contexte. Et l'Union Économique quant à elle, en prenant au regard de la conduite de l'ex UDEAC, a subi de profondes mutations notamment au regard de la conduite de son action, d'une part, et des prérogatives dévolues au Secrétaires Exécutif, d'autre part.

De juin 1999 juin 2004, la Communauté a franchi ses cinq (5) premières années d'existence. Aussi, conformément aux dispositions de la Convention régissant l'Union Économique de l'Afrique Centrale (UEAC), le Secrétariat Exécutif qui, entre autres, anime et gère l'Union Économique, se doit de présenter une évaluation à la fin de chaque étape.

Cette évaluation doit permettre de mesurer jusqu'à quel point et avec quelle efficacité les programmes et les activités opérationnelles produisent les résultats recherchés, d'une part, et facilitent la réutilisation des informations obtenues dans la formulation des nouvelles orientations politiques et procédures, d'autre part.

Ce paragraphe, essaye de faire un bilan dont l'objectif fondamental est, de rendre compte des résultats enregistrés dans les domaines de compétence de la Communauté, précisés dans les textes organiques, d'une part, de relever objectivement les dysfonctionnements et distorsions rencontrés, d'autre part. Des mesures correctrices appropriées pour mieux ajuster le tir et accélérer la marche en avant du processus d'intégration économique et sociale en Afrique Centrale seront proposées.

Au total, il faut retenir que les principaux objectifs poursuivis pour la période sous revue sont :

1/ L'harmonisation, pour le besoin du fonctionnement du marché commun, des règles régissant les activités économiques et financières et l'élaboration à cet effet des réglementations corn-rnunes ;

2/ L'engagement d'un processus de coordination des politiques nationales, dans les secteurs de l'agriculture, de l'élevage, de la pêche, de l'industrie, du commerce, du tourisme, des transports et des télécommunications ;

3/ L'initiation du processus de mise en place des instructions de libre circulation des biens, des services, des capitaux et des personnes, notamment par une harmonisation de la fiscalité des activités productives et de la fiscalité de l'épargne ;

4/ Le développement de la coordination des politiques commerciales et des relations économiques avec les autres régions ;

5/ La préparation des actions communes dans les domaines de l'enseignement, de la formation professionnelle et de la recherche, précisée par ailleurs dans ladite convention ;

6/ La convergence des performances des politiques économiques et budgétaires en vue de la réalisation de la cohérence de celles-ci avec la politique monétaire commune, au moyen du dispositif de surveillance multilatérale.

L'exécution de cet ambitieux programme a conduit les Institutions de la Communauté fortement appuyées par leurs organismes spécialisés, chacun dans ses domaines de compétence, à déployer des efforts conséquents pour la réalisation de ces objectifs.

Pour ce qui concerne notre travail, nous nous focaliserons sur les questions de la convergence des politiques macro-économiques d'une part, et des activités entreprises au plan monétaire et financier d'autre part.

Ensuite nous terminerons par les analyses sur le commerce extérieur des pays de la Zone franc, les échanges avec la France et l'Union européenne où nous abordons les problèmes des balances de paiements respectifs en réponse à notre question.

Nous verrons enfin les questions qui freinent l'intégration et quelques mesures ou facteurs susceptibles de redynamiser ce processus d'intégration sous-régionale.

En effet, l'Union Monétaire de L'Afrique Centrale, est à l'inverse de l'Union Économique en construction, une institution quasi achevée dans son domaine de compétence.

À l'instar de l'Union Économique, l'Union Monétaire s'est dotée, à côté des organes déjà existants, à savoir la Banque des États de l'Afrique Centrale (BEAC) et la Commission Bancaire d'Afrique Centrale (COBAC), de nouveaux organes dont les statuts ont été élaborés conformément aux textes organiques de la Communauté. il s'agit entre autres :

- Du groupement d'Action contre le Blanchissement d'Argent en Afrique Centrale (GABAC) qui a son siège à Bangui (République Centrafricaine) ;
- De la Bourse Régionale des Valeurs Mobilières, installée à Libreville (Gabon)

Par ailleurs, outre les institutions spécialisées héritées de la défunte Union Douanière et Économique de l'Afrique Centrale (UDEAC), plusieurs autres structures ont été créées ou admises en tant qu'organismes spécialisées par les Instances de la Communauté.

II.2.1 La question de la convergence et de la coordination des politiques économiques et monétaires en zone CEMAC : Aménagement du cadre macro-économique[52]

Nous abordons dans ce paragraphe les aspects suivants de la théorie économique et monétaire en Zone CEMAC.

Le cadre macro-économique d'une Zone économique et monétaire plus intégrée est constitué d'après la théorie économique des éléments suivants qui sont abordés simultanément à savoir :

- la constitution du marché commun, où sont abordées les questions de l'harmonisation des législations (fiscale, douanière et en matière d'assurance automobile), la libre circulation des biens, des services et des personnes ;
- la convergence des politiques macro-économiques ;
- la consolidation des activités monétaires ;
- l'assainissement du système financier où nous abordons les questions des Réformes de la BDEAC[53], la reprise des opérations de financement.

Mais ces facteurs ne suffisent pas pour conclure d'une intégration économique complète, d'où nous envisagerons pour le cas de la CEMAC, d'autres contraintes telles que : la coordination des politiques sectorielles dans la zone ; la coopération internationale.

Bien que les performances en matière d'inflation restent un des enjeux majeurs pour améliorer la situation économique, financière et monétaire des États de la CEMAC, les résultats enregistrés depuis 2003, confirmeront nos propos.

La CEMAC a rencontré des obstacles, ces cinq premières années d'exercice, que nous présenterons dans ce travail.

1/ La construction du marché commun

Au cours de la période sous revue, des actions multiformes, dont l'essentiel est constitué par les affaires douanières, fiscales et celles relatives

---

[52] Notons ici que ce volet est un aspect du régionalisme institutionnel au plan monétaire, et par les règles que nous retrouvons dans les travaux de PH, HUGON, « *Les économies en développement à l'heure de la régionalisation* », 2002, Karthala.

[53] BDEAC : Banque de Développement Économique des États de l'Afrique Centrale, une institution financière Internationale.

à la libre circulation des personnes et des biens ont été entreprises. Les éléments que nous présentons ici décrivent le chemin parcouru dans de domaine depuis le lancement de la CEMAC en vue d'atteindre les objectifs fixés pour la première étape.

2/ L'harmonisation des législations

- **Législation fiscale** : Des progrès ont été réalisés dans la mise en œuvre du programme de révision d'harmonisation de la fiscalité des activités productives et de la fiscalité de l'épargne au sein de la CEMAC, avec l'adoption des trois directives relatives, l'une à la Taxe sur la Valeur Ajoutée et le Droit d'Assises (TV A/DA) et les deux autres consacrées à la taxation des revenus réalisés par les Personnes Physiques et Morales. En outre, en matière de normalisation comptable dans la zone CEMAC a été adopté, en vue de sa mise en harmonie avec le droit comptable de l'Organisation pour l'Harmonisation du Droit des Affaires en Afrique (OHADA).
- **Législation douanière :** Le Tarif Extérieur adopté en juin 1993 a été révisé en 2001 puis mis en conformité avec le Système Harmonisé (SH) version 2002. Outre sa mise à la disposition du grand public sur support papier, cet instrument de travail connaîtra une grande révolution avec son édition sur CD-ROM, en phase avec les nouvelles technologies de l'information.

De même, le Code des Douanes de la CEMAC a subi une profonde révision avec l'insertion des Actes et Règlements relatifs aux régimes économiques, à l'évaluation en douane de l'organisation mondiale du Commerce en vue d'impulser de façon dynamique le développement du tissu industriel conformément aux dispositions de l'Accord de l'Organisation mondiale du Commerce sur les règles d'origine.

Le règlement n-05/03-CEMAC-111-CM-09 du 09 janvier 2003, traitant des facilités accordées aux voyageurs, adopté récemment fera l'objet d'une insertion ultérieure dans ledit Code.

- **Législation en matière d'assurance automobile : L'élément** fondamental à retenir, demeure ici le Règlement n-2/00/UEAC-001-CIARCA-CM-04 du 21 juillet 2000 rendant obligatoire dans les États membres de la Carte Rose CEMAC (Carte Internationale d'assurance Automobile en Responsabilité Civile) destinée à couvrir les accidents et risques transfrontaliers. Désormais, un automobiliste assuré au Cameroun, par exemple, est couvert pour tous les dommages autres sinistres qui pourraient lui advenir dans un autre pays membre de la communauté.

- **La libre circulation des biens, des services et des personnes**

Dans le cadre de la libre circulation, le Secrétariat Exécutif s'est attelé à l'élaboration et à l'adoption des instruments suivants :

L'Acte 7/93 -UDEAC-SEl du 21 juin instituant le Tarif Préférentiel Généralisé ;

L'Acte 1/98/-UDEAC-1 05-CD 61 du 2 juillet 1998 modifiant les règles d'origine ;

Le Règlement n-1/00-CEMAC-042-CM-04 juillet 2000 portant adoption d'un passeport communautaire.

3/ La convergence des politiques macro-économiques

La première phase du processus de réalisation de l'union Économique a essentiellement porté sur la mise en place du dispositif et des organes de surveillance multilatérale et la réalisation des actions complémentaires qui devaient être développées autour de celle-ci, notamment en matière d'uniformisation des méthodologies et d'harmonisation des statistiques et des agrégats économiques.

La mise en place du mécanisme de surveillance multilatérale est effective depuis 2001 et les principales actions ci-après ont été réalisées :

- Constitution des organes de base de la surveillance multilatérale (Cellules nationales, cellule communautaire et collège de surveillance) ;
- Adoption de la directive relative à la mise en place de la surveillance multilatérale des politiques macro-économiques (20 juillet 2000) ;
- Directive fixant les critères et indicateurs macro-économiques de la surveillance multilatérale (03 août 2001) ;
- Décision portant création, organisation et fonctionnement du comité sous-régional de statistique (03 août 2001) ;
- Élaboration et adoption des rapports d'exécution de la surveillance multilatérale, à raison d'un rapport par semestre depuis janvier 2001 ;
- Élaboration et adoption des grandes orientations de politiques économiques respectivement pour les années 2003, 2004 et 2005 ;
- Tenue régulier des réunions de la Cellule communautaire et du Collège de surveillance à raison d'une réunion par semestre ;
- Organisation d'un atelier sous/régional sur la surveillance multilatérale et les statistiques (avril 2001 à Brazzaville) ;
- Organisation d'un atelier sous/régional sur l'élaboration des programmes triennaux de convergence (avril 2004 à Douala) ;

- Élaboration du guide méthodologique d'élaboration des comptes nationaux et harmonisation des nomenclatures d'activités et des produits en liaison avec AFRISTAT.

Les activités programmées, mais non réalisées, concernent essentiellement certaines données du commerce extérieur, l'harmonisation des comptes nationaux, l'harmonisation et actualisation des indices des prix, la confection des statistiques agricoles, la réalisation des programmes triennaux de surveillance multilatérale et l'harmonisation de la méthodologie et de la nomenclature budgétaire.

4/ La consolidation des activités monétaires

Les activités les plus déterminantes menées dans ce domaine pendant les cinq premières années de fonctionnement de la CEMAC, ont porté essentiellement sur des réformes qui visent principalement le renforcement de l'intégration régionale, ainsi que l'approfondissement et la modernisation du système financier dans la CEMAC. Les efforts ont été focalisés sur la stabilité de la monnaie et des prix, la consolidation des avoirs extérieurs, l'assainissement du réseau bancaire et la mise en place des mécanismes de financement des investissements.

Les résultats les plus marquants concernent notamment :

- l'élaboration du programme sous-régional de redressement économique et financier de la CEMAC depuis septembre 1999, dont l'objectif est de ramener les pays membres sur un sentier de croissance soutenue dans un environnement macro-économique stabilisé ;
- la mise en place des structures et organes de la Bourse des valeurs Mobilières de L'Afrique Centrale afin de doter la sous-région d'un instrument approprié pour la mobilisation de l'épargne longue et le financement des investissements privés et publics ;
- la réforme du financement des trésors nationaux par l'émission de titres publics à souscription libre, qui vise également la diversification et la modernisation des instruments financiers en circulation dans la sous-région ;
- la réforme du système de paiement et de règlement dans la CEMAC, dont le but est la modernisation des systèmes de paiement et de règlement en vue d'une sécurisation accrue des transactions bancaires ;
- la mise en place d'un dispositif de lutte contre le blanchissement des capitaux ;
- la mise en place de la Centrale de Bilans.

5/ L'assainissement du système financier

La période 1999-2004 a été marquée par des réformes institutionnelles de la Banque de Développement des États de l'Afrique Centrale (BDEAC), la poursuite de l'assainissement financier, la reprise des financements et la mobilisation des ressources financières.

- **Réformes de la BDEAC**

Il convient de rappeler qu'au cours de la période précédente, notamment à partir de 1990, une accumulation d'impayée sur le capital social, sur les prêts à la clientèle et d'autres handicaps d'ordre institutionnel et opérationnel ont failli emporter la Banque.

Aussi les Chefs d'État membre de la BEDEAC, ont-ils fixé des délais impératifs d'apurement du capital social (30 juin 2002) et de remboursement intégral des prêts (31 décembre 2003), décidés du réaménagement de l'actionnariat dans le but de réduire la part des États au minimum statutaire de 51 %, et d'ouvrir le capital de la Banque à de nouveaux partenaires crédibles, régionaux et non régionaux et demandé une réforme institutionnelle devant rendre le Conseil d'Administration plus technique, et la Direction de la Banque plus autonome.

Le principal de l'activité de la Banque de 1999 à 2004 a porté sur la mise en œuvre dudit Plan, dans le but de redonner à la BDEAC les bases d'un fonctionnement autonome et pérenne et d'en élever l'efficacité.

- **Reprise des opérations de financement**

Fort des acquis de la rénovation institutionnelle et des progrès de l'assainissement financier de l'institution, le Conseil d'Administration a décidé en juin 2003 de la reprise des opérations, sous forme de cofinancement et de refinancement, de manière progressive et prudente, notamment en partageant le risque avec des bailleurs de fonds avisés.

Ainsi, au cours des cinq dernières années, la rénovation de la BDEAC a été menée à son terme. Grâce à l'appui des États membres, au soutien des partenaires internationaux et à un personnel dévoué, l'institution a retrouvé sa crédibilité et s'est bien outillée, pour sa relance dans la poursuite de ses missions de financement du développement des États membres.

6/ Quelques vertus de l'intégration économique et monétaire dans la Zone CEMAC

Un autre volet à analyser dans ce paragraphe est celui de la coordination des politiques sectorielles : il s'agit donc de la prise en compte des facteurs structurels dans le processus de création monétaire et économique de la zone franc en particulier dans la zone CEMAC. Les postkeynésiens ont apporté dans la littérature économique des arguments convaincants pour le fonctionnement et le dysfonctiom1ement de nos économies dans le cadre institutionnel actuel.[54]. Cette vision renvoi effectivement aux analyses sur les vertus négligées d'une monnaie commune dont celles de Claude GNOS ont été fort significatives. Les déséquilibres des paiements doivent tenir aussi compte de tous ces facteurs d'insertion de la CEMAC dans l'économie mondiale que nous exposons ici.

Il s'agit notamment pour le cas de la CEMAC, d'élaborer et de faire adopter des réglementations communes, avec pour but essentiel, la rationalisation et l'amélioration des performances dans les domaines jugés prioritaires pour le développement des États membres.

Nous allons tous énumérer ces domaines qui traitent les points suivants :

- **Les transports et télécommunications** (au plan normatif et réglementaire, au plan des infrastructures, au plan des télécommunications). En matière d'infrastructures par exemple, avec l'appui de l'Union européenne (fonds du 7ème et du 8ème FED), la construction des itinéraires dits structurants de l'espace sous-régional de la CEMAC a été entamée. L'objectif est de relier les capitales des États membres entre elles, soit par la route, soit par la voie d'eau, soit en association multimodale railroute.

En matière de Télécommunication plusieurs chantiers sont ouverts : des actions visant l'élaboration de toute la réglementation sont projetées afin d'assurer une meilleure vulgarisation de tous les modes de transport, d'une part, de mettre en place une stratégie de développement des infrastructures visant l'interconnexion des réseaux de communication et d'élaborer le programme régional de facilitation comprenant la gestion de la maîtrise des corridors, d'autre part.

Un autre argument d'insertion de la Zone CEMAC ces cinq premières années se caractérise par les structures productives à savoir :

---

[54] CF Une analyse sur le plan théorique fournie par PIEGAY. P et ROCHON. J-PH (2004), prône l'interventionnisme Étatique pour réguler les crises monétaire et économique de nos institutions actuelles.

- **L'Agriculture, la Sécurité alimentaire et l'Environnement**

Dans le domaine de l'Agriculture, ces actions concernent :

- l'élaboration d'une étude sur le renforcement des structures nationales des statistiques agricoles des États membres de la CEMAC.
- l'élaboration en cours d'un draft relatif à un programme sous régional d'appui à la vulgarisation nutritionnelle.
- l'élaboration de la stratégie agricole commune (SAC). Sa mise en forme définitive nécessite la mobilisation d'une expertise technique et d'une assistance financière nutritionnelle.
- l'élaboration et l'adoption d'un programme régional de sécurité alimentaire (PRSA), assorties d'une identification précise des grandes actions à soumettre aux partenaires au développement et aux bailleurs de fonds. Ce programme sous-régional prévoit également une assistance aux programmes nationaux de sécurité alimentaire (PSSA) en cours dans les pays membres de la CEMAC ;
- la mise au point, en collaboration avec le conseil phytosanitaire de l'Union Africaine, le CROPLIFE, et d'autres partenaires comme la GTZ d'une réglementation commune sur l'homologation des pesticides en zone CEMAC ;
- l'étude de faisabilité sur la dissémination des connaissances en appui à la recherche agricole pour la sécurité alimentaire et le développement durable avec l'appui de la FAO ;
- une étude de faisabilité avec l'appui de la FAO également, sur la promotion de la pêche continentale et aquaculture, assortie d'un programme d'actions dont le coût s'élève à 7 135 000 $ US.
- une étude de faisabilité réalisée en coordination avec la CEBEVIRHA et la FAO sur la création d'un centre multimédia en appui à la sécurité alimentaire ;
- l'élaboration d'un draft sur le renforcement des structures nationales des statistiques agricoles des États membres de la CEMAC. Une requête a été adressée à la FAO aux fins d'une assistance à la réalisation d'une étude approfondie.

Dans le domaine de l'environnement ; entre autres, les accords de coopération signés entre la CEMAC et la Conférence des ministres en charge des Forêts d'Afrique Centrale (COMIF AC), d'une part, et entre la CEMAC et L'Agence Internationale pour le Développement de l'Information Environnementale (ADIE), d'autre part.

- la mise au point d'un projet de plan d'action environnemental de la CEMAC, etc..

Dans les secteurs abordés, les actions dans les programmes de la première étape quinquennale ont été globalement entreprises, conformément au Traité et à la Déclaration de Malabo. Les efforts seront intensifiés pour concrétiser les actions en faveur de la sécurité alimentaire, le développement rural, la protection de l'environnement et la lutte contre la pauvreté. Le soutien technique et financier des partenaires au développement et des bailleurs des fonds pour atteindre ces objectifs est nécessaire.

- **Le commerce, l'industrie et le tourisme**

Dans le champ commercial et industriel, la période sous revue intègre en dehors des questions douanières, quatre grands types d'actions suivantes :

- établissement d'une politique commerciale commune envers les États tiers ;
- institution des règles communes de concurrence applicables aux entreprises et aux aides publiques ;
- mise en œuvre du principe de liberté de circulation des travailleurs, de liberté d'établissement, de liberté des prestations de services, de liberté d'investissement et de mouvements des capitaux ;
- l'harmonisation et la reconnaissance mutuelle des normes techniques ainsi que des procédures d'harmonisation et de certification.

- **Éducation, formation Professionnelle, Recherche, Culture et Travail**

Comme dans les autres secteurs, l'harmonisation et la coordination des politiques dans les domaines de l'éducation, notamment au niveau de l'enseignement supérieur, de la formation professionnelle, de la culture et du travail ont reposé sur les actions édictées dans la Convention régissant l'UEAC et sur celles résultant de la mise en œuvre des actes de la Conférence des Chefs d'États et du Conseil des ministres, ainsi que les instruments de la Coopération Internationale.

7/ La coopération internationale

La coopération internationale est une autre forme d'insertion de la Zone CEMAC dans l'économie mondiale et/ou internationale. Le Secrétariat Exécutif, a engagé, entretenu et intensifié tout au long de cette première phase d'activités, des relations de coopération avec les partenaires au développement. :

- **Au plan multilatéral :**

- **Avec l'Union européenne :** Ces relations avec l'UE se sont traduites par la mise en œuvre du Programme Indicatif Régional (PIR) et le lancement des négociations de l'Accord de Partenariat Économique (APE). Le PIR, d'une dotation de 55 millions d'euros, couvre essentiellement trois secteurs de concentration pour la période 2003-2007. Les trois secteurs sont : les transports et télécommunication, l'intégration régionale et le commerce et la gestion durable des ressources naturelles.
- **Avec la Banque Mondiale/FMI :** les discussions avec la BM ont abouti à l'adoption, par le Conseil d'Administration de cette institution, d'une stratégie d'assistance à l'intégration régionale en Afrique Centrale. Cette stratégie régionale qui complète les stratégies -pays prévoit une enveloppe de 140 millions de dollars dont près 100 millions destinés au développement des infrastructures routières.

D'ores et déjà, la Banque Mondiale a mis en place un don de 400 mille dollars US principalement à la facilitation du commerce et du transport dans la Communauté.

La Banque finance également le processus de libéralisation de l'espace aérien en Afrique de l'Ouest et du Centre pour un montant cumulé de 785 mille dollars US.

Sur le plan macro-économique, les revues annuelles du Fonds Monétaire International (FMI) avec les institutions de la CEMAC se sont déroulées comme prévu.

Sur le plan multilatéral on note : **La FAO, l'UNESCO, ACBF, AIF, BAD, BIT, CEA, PNUE[55].**

- **Au plan bilatéral**

Sur le plan bilatéral, la CEMAC a obtenu de la France, un soutien financier et matériel en faveur de la Force Multinatiale déployée à Bangui. Un appui institutionnel et technique au Secrétariat Exécutif est par ailleurs envisagé.

L'Allemagne a également apporté une contribution de 194. 372 euros à la Force de la CEMAC pour couvrir une partie de l'équipement. L'Espagne examine à son tour les modalités de sa contribution à cette Force.

---

[55] FAO : Organisation des Nations Unies pour l'Agriculture et l'Alimentation UNESCO : Organisation des Nations Unies pour l'Éducation, la Science et la Culture ACBF : Fonds pour le Renforcement des Capacités Africaines (ACBF) ;
AIF : Agence Intergouvernementale de la Francophonie ; BAD : Banque Africaine de Développement ;
BIT : Bureau International du travail
CEA : Commission Économique des Nations Unies pour l'Afrique ; PNUE : Coopération avec le Programme des Nations Unies pour l'Environnement.

Pour conclure sur ce bilan des cinq premières activités de la Zone CEMAC, on peut dire qu'il est très encourageant et donne un exemple de modèle d'intégration économique et monétaire réussi pour la Zone franc. Toutes les institutions sont mises en place, la communauté se dote progressivement des moyens pour répondre à ses missions. Ainsi tout au long de cette période, la CEMAC a su s'adapter à l'évolution rapide de son environnement que nous allons présenter la partie empirique de ce chapitre.

Les fondements de la politique de la libre circulation des personnes, des biens et des capitaux ont été posés, en application des dispositions de la Convention régissant l'UEAC, notamment par l'institution du passeport communautaire et l'instauration des règles d'origine pour les marchandises produites sur le territoire de la Communauté.

Cette expérience, bien que réussie, nous incite à tirer les leçons en définissant l'orientation d'une nouvelle approche, telle l'instauration d'une carte d'identité communautaire et autres instruments permettant de parachever le processus ainsi entamé.

Pour constituer une zone communautaire plus intégrée, l'insertion de L'Afrique Centrale dans l'économie mondiale demeure un défi majeur incontournable, tout comme la lutte contre la précarité, les pandémies et l'insécurité. Bien que cette mission incombe certes aux États membres, mais son succès dépend également d'une approche collective, et à ce titre, la CEMAC, tout devra naturellement jouer son rôle de coordination : une grande solidarité devra marquer cette approche.

Mais la théorie économique n'est pas exclue de l'analyse, car elle apportera aux États membres un cadre de réflexion pour une la recherche d'une approche plus intégrée pour la Zone franc.

II.3 Pallier les déséquilibres des paiements entre la zone franc et la zone euro ?

Dans cette sous-section nous abordons deux aspects de problèmes que la théorie économique et monétaire nous apporte dans les deux zones monétaires.[56]

- le premier concerne le commerce extérieur des pays de la zone franc ;
- le second concerne les échanges avec la France et l'Union européenne.

Il s'agit ici du problème d'insertion des pays de la zone franc dans l'économie mondiale par le commerce extérieur et les échanges intra-zone.

Le problématique du commerce intra-branche est utile dans cette étude. Pour une relecture de la question Assem SLIM aborde la question dans le

[56] Sources : Réunion des Ministres de la Zone franc, Paris, Septembre 2004.

cas de la République tchèque dans l'UE en 2005. Cette étude est utile pour la compréhension de notre approche, bien que statistiquement insuffisante.[57]

Cette étude issue de la nouvelle économie internationale appelée aujourd'hui l'économie géographique, les variables institutionnelles vont jouer notamment l'effet frontière (zone franc-zone euro), car la problématique de l'intra-branche est analysée aussi entre zone monétaire.

L'investissement direct étranger (IDE) va aussi jouer dans l'étude entre la zone franc et la zone euro.

Si en Europe comme l'affirme Assen Slim qui a repris les thèses de L. Fontagné, M. Freudenbery, D. Unal-Kesenci (1995), « une question fréquemment évoquée dans les débats sur l'expérience d'intégration régionale pour les pays moins avancés de la communauté européenne : observe-t-on une spécialisation intra-branche-avec une complémentarité encore plus poussée entre ces pays et les pays riches-ou une spécialisation intra-branche au bénéfice d'une convergence des structures économiques », il est alors intéressant de voir les nouvelles formes de spécialisation ou de régulations entre la zone franc et la zone euro dans le contexte de l'élargissement de l'UE aux pays moins avancés de la communauté Européenne.

L'exemple pris par Assen Slim dans le cas de la République tchèque est fort intéressant pour tirer quelques conclusions utiles à l'économie internationale.

Le recours aux théories de la spécialisation internationale pour illustrer les fonctionnements et dysfonctionnements des zones monétaires est argument théorique qui sous-tend notre étude.

Comme le rappel Assen Slim : « dans les années 60 du XXe Siècle, alors que l'édifice théorique de l'avantage comparatif semble enfin cohérent et complet (approche HOS), alors que le paradoxe de Léontief est enfin surmonté (approches néo-factorielles et néo-technologiques), alors qu'on pense pouvoir tout expliquer de l'échange international et de la spécialisation des pays, le commerce intra-branche fait son apparition dans les statistiques du commerce extérieur » (A. Slim, 2006).

Définie rapidement comme un échange croisé de produits similaires, le commerce intrabranche apparaît plus marqué au sein des Unions régionales et en particulier entre pays industrialisés (à niveau de développement comparable), ce qui donne tout son sens à l'interrogation exprimée dans l'épigraphe de son étude affirme l'auteur.

L'auteur formule dans sa conclusion les facteurs explicatifs de la problématique l'intrabranche qui sont :

- Selon lui les premiers indicateurs mis au point montrent que plus les économies sont ressemblantes (coûts relatifs proches, dotations

[57] Assen SLIM, Le commerce intra-branche, *travaux du CEMJ,* 2006.

factorielles, semblables, prix des facteurs comparables, savoir-faire identiques), plus le commerce intra-branche est significatif. Ce phénomène, dont le cœur est la notion de similarité prend au dépourvu l'ensemble des approches relevant de l'avantage comparatif s'appuyant sur la notion de différence.

- De nouvelles explications ne tardent pas à être formulées (H. G Grubel et P. J. Lloyd, K. Abd-El-Rhaman, B. S. Linder, E. Helpman et P. R. Krugman, Brender et P. R. Krugman), apportant chacune une contribution significative à la compréhension du phénomène d'intra-branche.

D'après l'auteur ces explications placent le commerce intra-branche hors du champ explicatif de la théorie des avantages comparatifs de D. Ricardo et des approches qui lui sont associées. Se pose alors la question, comment, en effet, serait-il possible d'expliquer un commerce de similitude par des théories s'appuyant exclusivement sur la notion de différence (différences de coûts comparatifs, de dotations factorielles, de capital humain, de technologies.)

En théorie on a souvent pris comme références la théorie Ricardienne du commerce international et la théorie HOS qui de manière générale essayent d'expliquer le commerce intra-branche.

Le commerce intra-branche concerne également le post-fordisme où la capacité à produire en masse des investissements est extrêmement différenciée ou personnalisée ; l'intra-branche a un effet statistique d'agrégation (Andreff). Nous verrons dans le chapitre 9 que le post-fordisme soulève la question du rôle de la finance dans l'accumulation du capital.

D'après J. Sapir trois types de problèmes théoriques peuvent être posés dans le concept de l'intra-branche (Séminaires CEMI, 2007) :

- Le problème de l'intra-branche modifie les résultats en sciences économiques et de plus en plus on va vers la désintégration (qui signifie ralentissement de l'inflation) et donc pour justifier théoriquement le concept il faut introduire la notion de compétence de la force de travail (ou la question des inputs) ou industriels, ou la compétence des produits ;
- La notion de la différenciation des prix peu parfaite : les imperfections de la concurrence ne sont pas endogènes, mais plutôt exogènes (Stigliz,) ; question posée par la nouvelle micro-économie.
- La question de la sous-traitance à ajouter avec celle de la chaîne de valeur et à partir de cet élément se développe la stratégie des investissements directs notamment avec le reste du monde.

Nous pouvons affirmer que le commerce intra-branche engendre aussi l'effet frontière et au plan monétaire cette notion explique également les relations commerciales entre deux zones monétaires du point de l'insertion de l'économie mondiale et/ou internationale par la monnaie. Dans ce contexte ces explications trouvent leur justification dans le commerce entre la zone franc et la zone euro.

Notons qu'à l'échelle mondiale, les échanges des pays Afrique appartenant à la zone Franc (PAZF) avec le reste du monde, y compris les échanges intrazone, représentent 0,25 % des importations mondiales.

Ces relations commerciales se caractérisent par une forte concentration géographique, quatre pays, la Côte d'Ivoire, le Gabon, le Cameroun, et le Congo représentent près des deux tiers des échanges de la Zone, et sectoriels (exportations de matières premières et importations de produits industriels).

Les relations commerciales entre la France et les PAZF se caractérisent comme pour les échanges avec le reste du monde par une forte concentration géographique et sectorielle (importations françaises de produits agricoles et exportations de produits industriels et de consommation).

La part de marché de l'Afrique subsaharienne dans les importations des PAZF :

Les exportations de pétrole ont une balance commerciale structurelle excédentaire.

En 2002, le solde commercial devient légèrement négatif de 35 MUSD, en forte baisse par rapport à 2001 et 2000 où il était respectivement de 1,2 et 2,9 Md USD. Cette détérioration s'explique par une hausse importante des importations de plus de 8 % et une quasi-stagnation (-0,86 %) des exportations entre 2001 et 2002.

À l'exception de la Côte d'Ivoire qui présente un solde commercial excédentaire de 1,3 Md USD en 2002, tous les PAZF structurellement excédentaires sont des pays exportateurs de pétrole :

- le Gabon avec 2 Md USD,
- la Guinée Équatoriale avec 1,4 Md USD,
- le Congo avec un excédent de 1Md USD.
- La totalité des autres pays de la zone présente des soldes commerciaux négatifs :
- 1,5 Md USD pour le Sénégal,
- 1,3 Md USD pour le Bénin,
- 1,2 Md USD pour le Mali,
- 455M USD pour le Burkina Faso,
- 360 MUSD pour le Tchad qui rejoint en 2003 les pays exportateurs de pétrole,
- 350 MUSD pour le Niger et
- 337 MUSD pour le Togo.

Schématiquement nous pouvons le représenter sous forme du tableau suivant :

Tableau 4 :
Soldes commerciaux des pays de la zone franc (en Milliards de USD)

PAZF	*Soldes commerciaux(en Milliards de USD)*
Gabon	2
Guinée Equatoriale	1,4
Congo	1
Togo	337
Niger	350
Tchad	360
Burkina Faso	455
Mali	1,2
énin	1,3
Sénégal	1,5

Sources : Réunion des ministres de la Zone FRANC, Paris, Septembre 2004.

Au premier semestre 2003, le solde commercial redevient positif avec un excédent de 596 MUSD et des échanges en hausse.

Le rythme soutenu de progression des exportations depuis 1992 marque le pas depuis 1999 :

Entre 1992 et 2002 les exportations de la zone ont progressé de plus de 50 % en valeur passant de 10,1 Md USD à 15,2 Md USD. Cependant durant les quatre dernières années, entre 1999 et 2002, elles n'ont progressé que de 7,7 %.

Au premier semestre 2003, les exportations des PAZF progressent de 22,3 % par rapport à la même période de 2002 et atteint 8,89 Md USD, ce qui pourrait confirmer un retour à une croissance soutenue des exportations en valeur.

Outre le pétrole, elles sont principalement constituées de produits primaires : cacao, café et bois.

Le rythme de progression des importations s'accélère :

Sur la même période de 1992 à 2002, les importations de la Zone ont progressé de 50 % en valeur passant de 1 Md USD à 15Md USD. Sur les quatre dernières années, entre 1999 et 2002, elles ont progressé de plus de 20 %.

Le premier semestre 2003 confirme cette tendance avec une augmentation des importations des PAZF de 10,9 % par rapport à la même période de 2002. Elles atteignent 8,30 Md USD.

Elles sont constituées en premier lieu de biens intermédiaires.

La part des importations en provenance de l'Afrique subsaharienne augmente :

La part de l'Afrique subsaharienne dans les importations des PAZF est passée de 17,2 % à 26 % entre 1992 et 2001.

Ce rééquilibrage s'opère au détriment des pays industrialisés et principalement de l'Union européenne (UE). En effet, la part de marché des pays industrialisés est passée durant cette période, de 64,7 % à 52,3 %.

Dans le même temps la part de marché de l'UE, premier partenaire de la Zone franc, est passée de 52,9 % à 44,8 %, alors que la part de l'Amérique du Nord, troisième partenaire, se réduisait plus légèrement passant de 5,7 % (5 % pour les États-Unis) à 4,9 % (4,4 % pour les États-Unis).

L'Asie en développement profite également de ce rééquilibrage de la zone et conforte sa position de deuxième partenaire, sa part de marché étant passée de 10,4 % à 13,5 % ; celle de la Chine a presque triplé passant de 2,2 % à 5,3 % dans le même intervalle.

Enfin, le Japon voit toujours dans la même période ses parts de marché avec la Zone franc divisées par plus de deux et passer de 4,2 % à 1,9 %.

Schématiquement on peut le présenter à travers le tableau suivant :

Tableau 5 :
Provenance des importations des pays de la zone franc :

Partenaires de la ZAF	*1992*	*2001*
	52,90o/t	44 80o/t
[Asie	10,40o/t	13,50o/t
mérique du Nord	5,70o/t	4,90o/t
frique subsaharienne	17,20o/t	26,00o/t
Japon	4,20o/t	1,90o/t

Source : Réunion des ministres de la zone franc, Paris septembre 2004

Nous venons ainsi d'aborder le commerce extérieur des pays africains de la zone franc.

Voyons maintenant le cadre macro-économique des échanges commerciaux avec la France.

Les échanges commerciaux avec la France

Des échanges sont concentrés autour de quelques produits : les biens de consommation et d'équipement qui représentent près de la moitié des exportations françaises.

La France est en 2003 le premier pays fournisseur de la zone.

Depuis dix ans, les exportations françaises à destination des pays de la Zone franc ont été de 3,09 Md EURO, en baisse de 7,8 % par rapport à 2002. Cette baisse s'explique principalement par le recul de 17,5 % des ventes de biens d'équipement qui passent de 898,9 M EURO à 741,5 M EURO.

Au cours du premier semestre 2004, les exportations françaises sont en baisse de 4 % par rapport à la même période de 2003. Cette baisse s'explique par le recul de plus de 40 %, parmi les biens intermédiaires, des métaux et des produits métalliques.

En 2003, les biens d'équipement et les biens de consommation ont représenté ensemble près de la moitié des exportations françaises vers les PAZF (47,8 % soit 1,48 Md EURO), devant les biens intermédiaires (22,9 %, soit 708,9 MEORO) et les produits agroalimentaires (20,5 %, soit 633MEURO).

En 2003, tous produits confondus, les principaux clients de la France dans la Zone franc sont la Côte d'Ivoire (560 MEUR en baisse de 15,9 %), le Cameroun (514 MEUR en baisse de 12,1 %), le Sénégal (505 MEUR en baisse de 5,6 %), le Gabon (346 MEUR, en baisse 15,8 %), le Congo (220 MEUR en baisse de 6,8 %), le Bénin et le Burkina Faso (209 MEUR respectivement en baisse de 8,1 % et en hausse de 23,4 %). Ces sept pays représentent plus des trois quarts des exportations françaises vers la zone (80 %).

À l'exception du Burkina et de la Guinée Équatoriale (progression de 95,4 %), les exportations françaises sont en recul sur tous les pays de la Zone franc.

Les importations françaises dominées par les produits du secteur agroalimentaire : La France est en 2003 le deuxième pays client de la zone.

Depuis dix ans, les importations françaises en provenance des pays de la Zone franc fluctuent entre 1,37 Md EUR en 1996 et 1,78 Md EUR en 2001.

En 2003, les importations de la France en provenance de la Zone franc ont été de 1,42 Md EUR contre 1,70 Md EUR en 2002 soit une baisse de 16,5 %.

Au cours du premier semestre 2004, les importations françaises françaises sont en baisse de 13,8 % par rapport à la même période de 2003. Cette baisse s'explique par le recul de 18,4 % des produits des industries agricoles et alimentaires.

Par rapport à 2002, ce secteur est en légère baisse de 2,7 %. Les années 1990 ont été marquées par une chute importante des importations françaises, essentiellement composées de pétrole brut, est passé de 42 % en 1991 à 13,6 % en 1999 (-39 % par rapport à 1998), pour remonter en 2002 à 23,6 % (428 MEUR contre 404 MEUR en 2001) et a reculé à 156,7 MEUR en 2003, soit une baisse de 63,4 %.

Dans un ordre décroissant, les principaux fournisseurs de la France dans la Zone franc ont été la Cote d'Ivoire (47,6 % des importations françaises, soit 696 MEUR et assez largement derrière, le Cameroun (17,9 % soit 264 MEUR), le Gabon (11,9 % soit 176 MEUR), le Sénégal (7,6 % soit 113 MEUR), et le Congo (5,1 % soit 76 MEUR).

Ces cinq pays concentrent 90 % des importations françaises en provenance des 15 pays de la Zone franc.

Une redistribution interne semble s'opérer depuis le début 1998, avec notamment une progression importante de la place de la Côte d'Ivoire dans les importations françaises (40 % en moyenne du total des importations depuis 1998).

La valeur totale des importations françaises en provenance des pays producteurs de pétrole (Congo, Gabon, Guinée Équatoriale) est tributaire du volume de pétrole importé par la France.

En 2003, l'arrêt des importations françaises de pétrole en provenance de Guinée Équatoriale a fait baisser les importations totales en provenance de ce pays de 78,8 % passant de 103 MEUR à 22 MEUR.

Une tendance à la progression sur le long terme, malgré une contraction des échanges en 2003 :

Schématiquement nous pouvons représenter cette évolution des échanges commerciaux entre les pays d'Afrique appartenant à la Zone franc et la France, depuis la dévaluation jusqu'à 2003, dans le tableau ci-après :

Tableau 6 :
Échanges commerciaux entre les pays d'Afrique de la Zone franc et la France

	1994	*1995*	*1996*	*1997*	*1998*	*1999*	*2000*	*2001*	*2002*	*2003*	*Variation 2002-2003*
Exportations Françaises	1,79	2,38	2,41	2,68	3,05	2,77	3,15	3,18	3,36	3,09	-7,80%
Importations Françaises	1,61	1,75	1,37	1,47	1,76	1,54	1,66	1,78	1,7	1,42	-16,50%
Solde	0,18	0,62	1,04	1,21	1,28	1,23	1,49	1,4	1,66	1,67	1,76%
Total échanges	3,4	4,15	4,78	4,15	4,81	4,31	4,81	4,96	5,06	4,51	-10,90%

Sources : Douanes françaises

En 2003, la contraction des échanges entre la France et les PAZF résulte à la fois de la baisse des exportations françaises (-7,8%) et de la forte baisse des importations françaises (-16,5%).

La baisse des exportations françaises vers les PAZF résulte de la baisse enregistrée sur 10 pays, 2 restant stables (Mali, Comores) et 3 (Burkina Faso, Guinée Équatoriale, Guinée Bissau) étant en progression.

Par ailleurs, la baisse des importations françaises résulte en quasi-totalité de la diminution des achats français de pétrole brut en provenance de Guinée Équatoriale, du Gabon, du Congo et du Cameroun.

En 2003, le solde commercial excédentaire pour la France dans ses échanges avec les PAZF est en nette régression avec une baisse de 10,9%, après une hausse de 2% en 2002.

Plus des trois quarts du solde commercial positif sur les PAZF se concentre sur six pays de la Zone : le Sénégal (23,4% de l'excédent sur la zone, soit 392 MEUR), le Cameroun (14,9%, soit 249,5 MEUR), le Bénin (12,3%, soit 205,1MEUR), le Burkina Faso (11,8%, soit 197,5MEUR), le Mali (1 0,9%, soit 197,5MEUR) et le Gabon (1 0,2%, soit 170,3 MEUR). Parmi ces pays, le Sénégal représente régulièrement depuis 1997 environ le quart de l'excédent dans la zone.

Le tableau ci-après confirme bien ces analyses des échanges commerciaux de la France avec les PAZF en 2003.

Tableau 7
Échanges commerciaux de la France avec les pays de la zone franc en 2003 (en millions d'euros)

	Exportations	*Importations*	*Solde*
Bénin	209	4,2	204,8
Burkina Faso	208,7	11,1	197,6
Côte-d' Ivoire	560,3	695,7	-135,4
Guinée Bissau	3,4	0,2	3,2
Mali	189,2	7,7	181,5
iger	75,2	66,5	8,7
Sénégal	504,8	113,2	391,6
Togo	157	8,9	148,1
Total UEMOA	1908,6	920,2	988,4
Cameroun	513,5	264	249,5
Centrafrique	32,8	8,9	23,9
Congo	219,8	75,9	143,9
Gabon	346,2	176	170,2
Guinée Equatoriale	78,7	21,8	56,9
Tchad	78,6	3,6	75
Total CEMAC	1268,3	554,2	714,1

Source : Réunion des ministres de la zone franc à paris, septembre 2004

Les résultats de ces évolutions sont significatifs après 2004, confirmant ainsi l'évolution des relations commerciales bilatérales entre les pays de la zone franc et la France.

Les échanges commerciaux avec l'Union européenne

Des échanges dominés par les échanges bilatéraux avec la France :

En 2003, la balance commerciale des échanges des PAZF avec l'UE se solde par une réduction du déficit pour les PAZF qui passe de 363 MEUR en 2002 à 226 MEUR.

Les relations commerciales de l'Union européenne avec les PAZF sont largement dominées par la place occupée par la France. Ainsi, les caractéristiques mises en relief dans les relations commerciales France/PAZF sont également valables pour les relations commerciales avec l'Union européenne : une forte concentration géographique tant dans la structure des importations que dans celles des exportations.

Les exportations de l'Union européenne vers les PAZF sont concentrées géographiquement :

En 2003 les exportations de l'UE à destination des PAZF ont été de 7,04 Md EUR en légère diminution de 3,3% par rapport à 2002 où elles étaient de 7,28 Md EUR. Elles sont très diversifiées et composées notamment d'automobiles et de pièces détachées (6,5%), de médicaments (5 9%), de produits pétroliers (4,8%), de biens d'équipement et de produits agroalimentaires.

À l'image du premier rôle joué par la Côte d'Ivoire dans son commerce bilatéral avec la France, ce pays représente également en 2003 le premier client de l'Union avec 17,9% du volume exporté.

Le Cameroun, le Sénégal et le Gabon constituent également trois destinations majeures de ces exportations, chacun de ces pays étant destinataire respectivement de 15,9%, 15 2%, et 10 1% des exportations des quinze pays de l'Union.

Les importations de l'Union européenne en provenance des PAZF sont concentrées sur trois secteurs :

Les importations de l'Union européenne en provenance des PAZF se sont élevées à 6 82Md EUR en 2003, en baisse de **1,4%** par rapport à 2001 avec 6,92 Md EUR.

En 2003, trois pays captent plus des trois quarts des importations de **l'**UE : la Côte d'Ivoire (37,1%), le Cameroun (25,3%), la Guinée Équatoriale (14,0%).

Elles se composent principalement de pétrole brut pour 25,7%, de cacao sous ses différentes formes pour 21,5%, de bois pour 12,2% et de bananes pour 3,7%.

En fin de compte nous ne saurions conclure notre étude sur les déséquilibres des paiements respectifs intrazone sans pourtant, noter les performances en matière d'inflation, au sein de la Zone CEMAC pendant la période 1997 à 2003 . (annexes générales, 10 ans d'inflation en CEMAC).

En effet la situation économique, financière et monétaire des États de la CEMAC en 2003 s'est présentée comme suit :

Sur le front des prix, les tensions inflationnistes seraient contenues à 2,6% en moyenne annuelle à la fin 2003 contre 3% en 2002, avec l'approvisionnement plus régulier des marchés en produits vivriers consécutif à de meilleures récoltes de la campagne agricole 2002/2003, l'amélioration des conditions d'approvisionnement en carburant en

République Centrafricaine et au Tchad et la normalisation progressive des approvisionnements en électricité au Cameroun.

À fin juin 2003, le taux de croissance de l'indice global des prix à la consommation de la Zone d'Émission CEMAC s'est élevé à 2,2% en moyenne annuelle contre 3% au 31 décembre 2002 et 4,5% un an plus tôt.

Il est à noter que les tensions inflationnistes resteraient fortes en République Centrafricaine et en Guinée Équatoriale, et dans une moindre mesure au Tchad, au dessus de la norme communautaire de 3%.

Le tableau ci-contre schématise ces tendances du taux d'inflation dans la Zone CEMAC.

Tableau 8
Taux d'inflation dans la CEMAC (en %)

	1997	1998	1999	2000	2001	2002	2003
Cameroun	4,80o/t	3,20o/t	1,90%	1,20o/t	4,50o/t	2,80o/t	2,30%
(République Centrafricaine	1,60o/t	-1,90o/t	-1,50o/t	3,10o/t	3,80o/t	2,30o/t	7,00o/t
Congo	16,60o/t	-1,60o/t	3,60%	-0,30%	0,40o/t	3,80%	2,00o/t
Gabon	4,10o/t	2,30o/t	-0,70o/t	0,50o/t	2,10%	0,20o/t	0,30o/t
Guinée toriale	3,10o/t	7,80o/t	0,60%	4,60o/t	8,80o/t	6,00o/t	6,60o/t
Tchad	5,60o/t	4,30o/t	-8,00%	3,80o/t	12,40%	5,20o/t	4,00o/t
CEMAC	5,90%	2,40o/t	0,50o/t	1,20o/t	4,30o/t	3,00%	2,60o/t

Sources : Administrations nationales, FMI et BEAC. (Une présentation plus détaillée est faite en annexe du chapitre VIII).

Au terme de l'année 2004, l'évolution du niveau général des prix de la CEMAC : s'est caractérisée par la poursuite de la décélération des tensions inflationnistes.

Sur la base des statistiques fournies par les administrations nationales chargées du suivi de l'évolution des prix à la consommation des ménages, d'une part, et des estimations réalisées par les services de la Banque, d'autre part, le taux d'inflation de la CEMAC, mesuré par la variation de la moyenne annuelle de l'indice des prix à la consommation des ménages, s'est situé à 3% au 31 décembre 2004 contre 1,2% au 31 décembre 2003.

En glissement annuel, le taux d'inflation de la région est par contre ressorti en hausse, s'établissant à 1,3% à fin décembre 2004 contre 0,1% à fin décembre 2003.

Cet allègement des tensions inflationnistes est observé dans tous les États, à l'exception du Congo-Brazzaville.

Il en résulte principalement de l'accroissement substantiel de l'offre de produits vivriers, en raison du désenclavement de certaines zones de grande production agricole au Cameroun, de l'amélioration des circuits d'approvisionnement et de distribution en Guinée Équatoriale, de la normalisation progressive de la situation socio-politique en République centrafricaine qui s'est accompagné de la Sécurisation des voies de Communication, et de l'extension des aires consacrées à l'agriculture au Tchad.

D'autres facteurs ont également concouru à cette évolution, en particulier la mise en application effective de la trêve sociale au Gabon, la poursuite de politiques économiques axées sur la relance des économies et l'assainissement des finances publiques et d'une politique monétaire prudente.

Pour l'année 2005, les pressions inflationnistes devraient sensiblement s'accroître, tout en restant contenues au-dessous de la norme communautaire de 3%. Ceci en raison de différents facteurs : le relèvement d'un demi-point de la TVA et l'élargissement de l'assiette fiscale au Cameroun avec l'entrée en vigueur de la loi de finances 2005, l'impact sur la demande globale de la tenue des élections législatives et présidentielles en République Centrafricaine et au Gabon, le regain de vigueur de la demande intérieure au Congo-Brazzaville et en Guinée Équatoriale, la faiblesse de la production agricole au cours de la campagne 2004-2005 au Tchad, et le renchérissement progressif de l'énergie dans la région du fait du maintien des cours du pétrole à des niveaux élevés.

Compte tenu de ces éléments, le taux d'inflation, en moyenne annuelle, de la CEMAC pourrait se situer à 2,3% au 31 décembre 2005, contre 0,3% au 31 décembre 2004.

Au total, on assiste à une remontée de l'économie en Zone CEMAC. En effet l'économie reprend, depuis plus d'un an, sa courbe ascendante dans l'ensemble des six pays membres de la Communauté économique et monétaire de l'Afrique centrale (CEMAC). De son côté la BEAC, s'est réjouie de l'environnement économique de plus en plus favorable dans la Zone CEMAC, qui regroupe le Cameroun, la Centrafrique, le Gabon, la Guinée équatoriale, le Congo-Brazzaville et le Tchad.

Les fondamentaux macro-économiques de la CEMAC au cours de ces dernières années se présentent ainsi :

- Le PIB (produit intérieur brut) en termes réels dans la zone CEMAC a augmenté de 7,7% en 2004 contre 4% en 2003, induisant une progression du revenu réel par habitant de 5,2% contre 1,5% un an plutôt.

Selon la BEAC, pour l'année 2005, le taux de croissance prévisionnel pourrait être de 6 3%, entraînant une appréciation de 3,5% du revenu par tête d'habitant dans la zone CEMAC.

- Comme nous l'avons déjà montré, en 2004, le taux d'inflation s'est établi à 0,3% au lieu 1,3% en 2003, alors que l'excédent budgétaire hors dons s'est élevé à 4,3% du PIB contre 2,8% sur la période de douze mois au 31 décembre 2004.

- Le déficit du compte courant en zone CEMAC s'est replié de 5,5% du PIB à 1,2% sur la même période.
- Sur le plan de la monnaie et du crédit, la Banque note que « les avoirs extérieurs nets du système monétaire ont fait un bond de 87,1% sur 12 mois, soit 1515,3 milliards de francs CFA (plus de 2,3 milliards d'euros) au 31 décembre 2004 ».

Nous voyons également que les variables explicatives de l'intrazone ou l'intra-branche sont le PIB des pays et la distance entre les zones monétaires (effet de frontière).

Ces questions sur le commerce intrazone se trouves confinés dans l'annexe général.

III. Les nouveaux Traités et les structures économiques et sociales de la Zone franc

Il s'agit en gros de montrer le rôle des structures économiques et sociales dans les deux unions économiques et monétaires (Zone CEMAC et Zone UEMOA).

Dans cette section, nous présentons les résultats des unions monétaires africaines qui ont imposé la méthode qui consiste à ajouter à l'objectif de la monnaie unique, celui du marché unique que l'on considère comme nécessaire à l'émergence des efficiences.

L'analyse de l'inflation sera privilégiée dans cette étude. Notons qu'en théorie il n'y a pas un modèle commun d'inflation. Cette argumentation sera nuancée en prenant aussi le cas des pays l'ex-URSS (Russie) ; où plusieurs études ont été faites à ce sujet . Nous verrons surtout dans le chapitre comment certains auteurs ont abordé la question (cf, SAPIR, AGLIETTA, SACHS et al, 1993), au plan théorique.

III.1 Les nouvelles stratégies d'intégration : débats théoriques au sein de la Zone franc

Les débats sur l'optimalité ont montré que l'union monétaire offrait le meilleur potentiel d'intégration, à certaines conditions internes définissant un marché suffisamment étendu, et sans obstacle à la circulation des biens.

« Plus le nombre de conditions satisfaites est élevé, avec une faible possibilité d'évasion (P. De GRAUWE, 1992), plus l'intégration régionale par la monnaie unique sera efficace et crédible dans la régulation des chocs extérieurs qui peuvent néanmoins survenir (Y. ISHIY AMA, 1975) ».

Cela signifie que la monnaie unique a besoin du marché unique, ou encore, que le développement nécessairement ouvert doit être associé à une intégration forte.

Les réformes institutionnelles ambitieuses de janvier 1994, sont venues conforter la dévaluation et au-delà l'intégration et le développement.

On peut aussi dire que l'intérêt que l'Europe, avait en phase avec l'analyse économique en vogue dans les instances internationales, témoigne pour cette expérience africaine, attestée par le soutien permanent de la commission Européenne aux projets d'améliorations structurelles depuis 1991 et l'importance nouvelle que semble prendre la convention de Lomé de 1975, renégociée pour son protocole financier en novembre 1995, n'est probablement pas étranger au souhait des pays africains de voir leur projet converger vers le mode d'intégration européen.

Dans le contexte de la NZFA, les institutions ressemblent de plus en plus à celles de l'Union européenne et cherchent à créer par l'union économique les « effets de levier « optimisant l'union commerciale (cf. L'Acte unique et le marché unique européen), et l'union monétaire (cf Le traité de Maastricht et la monnaie unique européenne).

Toutefois et ce stade d'analyse on peut dire que, le programme reste spécifique et très original, car il s'agit maintenant d'associer un marché unique qui reste à créer, à une union monétaire qui doit être rationalisée.

On peut ajouter que, les Traités de 1994 ont confirmé les cheminements distincts des deux Unions monétaires : « Alors que l'Afrique de l'Ouest a préféré dépasser le stade de l'Union Monétaire en s'engageant directement et plus rapidement dans la voie de l'Union Économique, L'Afrique centrale a privilégié l'évolution essentiellement commerciale, à l'appui d'une union monétaire accentuée ».

III.1.1 L'Union Économique et Monétaire Ouest Africaine (UEMOA)

Les États de l'Afrique de l'OUEST ont choisi d'amender et de prolonger les textes de 1973 par un nouveau Traité, unique, mais plus complet dans le domaine monétaire, mais aussi commercial.

Un retour rapide sur la petite histoire de ce Traité mettra en évidence les changements de comportements des PAZF, en particulier ceux de l'Afrique de L'OUEST qui ont été les premiers à s'engager dans ces réformes.

Conscients des avantages, mais aussi des difficultés de l'intégration monétaire « à la française », ils avaient commencé voilà quelques années à discuter et à négocier en marge des rencontres officielles avec la coopération française, mais aussi à partir de 1989, avec les organisations internationales et la CEE. (A. BECART, 1997).

Au mois d'août 1991, ils adressent une demande à la DGII de la Commission européenne pour solliciter une aide à la constitution d'un dispositif de surveillance conditionnel des politiques économiques mise en oeuvre dans l'UMOA. Il s'agit là d'un changement d'attitude remarquable de la part des autorités politiques, convaincues par les responsables économiques que seul un tel dispositif permettra d'améliorer les performances économiques et financières, et de se soustraire progressivement aux différentes tutelles qui nuisent à leur maturité économique.

Dans un premier temps, il s'agissait encore de maintenir l'intégration derrière des barrières douanières afin de partager les rentes. Mais progressivement l'accord s'est réalisé pour que la protection soit transitoire, et l'ouverture aux marchés internationaux l'objectif.

De nombreuses réunions se sont tenues à Dakar en 1991 et 1992, avec la Coopération française, la BEAC, le FMI, la BM et la CEE, pour aboutir au rapport final qui avait été demandé au Gouverneur de la BCEAO.

En juillet 1992, l'accord politique est obtenu sur ce rapport, et il est demandé la rédaction d'un projet de traité pour une nouvelle intégration. Une aide est demandée à la CEE pour les aspects juridiques et fiscaux, et au FMI pour la réforme douanière ce qui confirme, troisième nouveauté, le changement d'attitude de la BM et du FMI vis-à-vis de l'expérience de la Zone franc Africaine. Le traité est prêt en décembre 1992, mais il faudra toute l'année 1993 pour le faire entériner au niveau politique.

Il prolonge les chantiers déjà ouverts et complète l'intégration monétaire gage de rigueur, par une union commerciale favorable à la flexibilité, et une union économique nécessaire à la crédibilité, le tout complété par un dispositif de surveillance de l'harmonisation et de la convergence.

Dans les dernières semaines, la BEAC qui a toujours participé aux discussions et voyait se moderniser les règles de fonctionnements de la BCEAO, a demandé l'élaboration d'un texte comparable, mais tenant compte des spécificités de l'intégration en cours dans l'Afrique Centrale. Au dernier moment l'accord politique ne s'est pas fait, et seul le nouveau traité de l'UMOA a été validé.

Le traité de l'Union Économique et Monétaire Ouest Africaine (UEMOA), signé le 10 janvier 1994 à Dakar la veille de l'accord sur la dévaluation du FCFA, est entré en application le 1er août 1994 après ratification par les pays membres.

C'est la Conférence des chefs d'État et de Gouvernement qui supervise une fois l'an les grandes orientations économiques, alors que le conseil des ministres définit et dirige la politique économique mise en oeuvre par la commission, Exécutif de 7 membres, un par État, nommés par la conférence, plus le Gouverneur de la BCEAO.

Ainsi, pour veiller à l'application du droit communautaire qui devrait progressivement se mettre en place, et au respect des droits nationaux, il a été crée une haute cour de justice avec 7 magistrats, alors que la Cour des comptes, composée de 3 conseillers nommés, a reçu deux grandes missions, contrôler l'ensemble des comptes de l'union et des États membres, et produire les informations budgétaires pertinentes et fiables nécessaires à la surveillance multilatérale ainsi qu'aux analyses et politiques économiques.

À Cotonou par exemple en 1992, pour répondre aux besoins exprimés de convergence des politiques économiques et de cohérence avec les PAS, des structures ont été mises en place, permettant de faire avancer la réflexion sur un texte de loi organique commune pour les finances publiques et sur un plan comptable budgétaire. Cette loi et ce plan devraient maintenant pouvoir être utilisés.

Il a été également prévu un comité inter-parlementaire de 5 membres par pays, chargé de concevoir la mise en place d'un Parlement de l'union, dès lors que les conditions d'une véritable vie démocratique seront assurées, et une chambre consulaire régionale.

Il faudrait aussi dire que dans le cadre de l'union monétaire, il convenait d'assurer la convergence des performances par l'institution de la procédure de surveillance multilatérale, afin de coordonner les gestions budgétaires et éviter les externalités négatives souvent constatées.

On peut ajouter à cette expérience, une nette évolution qui a confirmé le changement de comportement des États qui jusqu'alors, n'avaient accepté qu'un droit de regard sur la coordination des politiques monétaires et budgétaires dans chaque pays.

Dans ce contexte, le premier budget de l'union qui a été voté le 1er août 1995 et depuis la création des conseils de convergence en 1992 après la réunion de Paris (où avait été proposé sur l'étape ultérieure et de l'Union Économique, la mise en place de l'harmonisation des politiques budgétaires nationales), constitue un argument supplémentaire de cette évolution.

En fin, la règle de la majorité simple lors des délibérations de la commission, dans certains domaines, confirme cette volonté d'accepter un véritable transfert de souveraineté : « le besoin d'une subsidiarité inverse>m'a jamais été aussi évident. Le principe de subsidiarité est très cher aux européens, en vertu duquel, et pour préserver les susceptibilités nationales, l'union ne peut être investie que des seuls pouvoirs qui gagnent à être exercés en commun. Dans les jeunes pays en développement, elle s'avère opposée à l'efficacité qui aurait besoin, au contraire, d'une accentuation du transfert de compétences, éventuellement d'une subsidiarité inversée ; permettant de laisser à l'initiative nationale les seuls projets qui ne peuvent pas être conduits ensemble » (A, BECART, 1997).

Par ailleurs, nous dirons aussi que, les conditions d'un véritable marché unique vont être créées, avec une totale liberté de circulation des biens, des services, des personnes et les capitaux. Cet argument nous renvoi aux arguments développés par C, GNOS sur les vertus négligées d'une monnaie unique/ou commune, et qui sont utiles pour comprendre, l'évolution institutionnelle de la zone UEOMOA et donc de la Zone franc Africaine : '

D'une part, une union douanière créée par l'Acte additionnel du 10 mai 1996, doit progressivement faire disparaître les droits internes et mettre en place un Tarif Extérieur Commun ;

D'autre part, un marché financier régional sera installé, avec pour première étape l'ouverture fin 1996, de la Bourse des valeurs d'Abidjan.

On peut alors conclure que, c'est le domaine des échanges hors Zone qu'un vaste effort de libéralisation a encore été *réalisé, afin de renforcer la compétitivité des activités économiques et financières. La recherche d'une plus grande « vérité »des prix imposait une ouverture des marchés intérieurs à la concurrence internationale, et toute les pratiques discriminatoires aux frontières ont été condamnées. Les protections tant fiscales, que non tarifaires (contingentements, règlements, licences, normes, intermédiaires.)devraient être supprimées à terme sur les importations, afin de réduire les coûts, en particulier ceux des biens échangeables, ainsi que sur les exportations agricoles et industrielles.*

III.1.2 La Communauté Économique Et Monétaire d'Afrique Centrale (CEMAC)

Rappelons ici que c'est depuis les années 1960, que l'Afrique Centrale a choisi un parcours original. Les Traités de 1972 et 1973 étaient déjà différents et depuis, la convergence de fond avec l'UMOA n'a jamais totalement masqué une divergence formelle, volontairement maintenue et affichée.

Parallèlement aux réflexions régulièrement conduites dans le cadre de la ZFA, elle a participé très activement à la, modernisation de l'intégration commerciale au sein de l'UDEAC, et de toute évidence, il s'agissait pour elle de poursuivre le développement de la monnaie unique, mais aussi les adaptations nécessaires de la monnaie unique.

Ce n'est donc pas un hasard si le nouveau projet de communauté a vu le jour dans le cadre de la Zone FRANC, à OUAGADOUGOU en avril, et à PARIS en octobre 1991, mais aussi lors de la réunion de l'UDEAC à LIBREVILLE, en décembre 1991.

La dévaluation du FCFA et le traité de l'UEMOA sont venus bouleverser ce projet original, en tout cas son calendrier qui était à l'origine beaucoup plus étalé : Lors de la réunion de la zone franc à OUAGADOUGOU en avril 1991, où était défini la stratégie de cette voie originale vers l'intégration, on a parlé de démarche pragmatique et progressive, pour bien montrer le souhait d'éviter les erreurs précédentes de programmes plus normatifs et très souvent incompatibles avec les structures économiques et sociales locales.

Le 16 mars 1994, le Traité de la Communauté Économique et Monétaire d'Afrique Centrale (CEMAC) a été signé à N'DJAMENA (TCHAD), par les pays d'Afrique centrale membres de la ZFA.

Ce traité ne remplace pas le traité de 1972 ; encore moins celui de 1973, mais engage les signataires à mettre en place les conditions d'une évolution significative de l'intégration en Afrique centrale, qu'il conviendra plus tard, probablement vers la fin 1997, de finaliser lors d'un sommet, avant de les faire ratifier par les États.

Pour l'essentiel, il propose de transformer L'UDEAC, en Union Économique d'Afrique Ce ntrale (UEAC), et L ' Union Monétaire de la Zone BEAC, en Union Monétaire d'Afrique Centrale (UMAC), deux unions régionales regroupées au sein d'une communauté Économique et monétaire (CEM).

Par ailleurs, pour éviter les perturbations liées aux externalités provenant des mesures budgétaires nationales non coordonnées, la Politique monétaire avait besoin d'une plus grande cohérence.

Sans aller jusqu'à la politique budgétaire commune, l'option minimale a été retenue, comme L'UMOA, c'est-à-dire la mise sous surveillance des programmations budgétaires et de leur gestion.

Ainsi donc, depuis le 1er janvier 1996, les mesures décidées en juillet 1995 sont entrées en application pour améliorer le fonctionnement du marché monétaire crée au 1er juillet 1994.

Les nouveautés consistent à autoriser les appels d'offres négatifs auprès de la Banque Centrale, afin de permettre le placement des liquidités des établissements à excédents, et à admettre au refinancement direct de la BEAC quatre établissements bancaires sur les 22 qui étaient présents dans l'Union.

On peut alors conclure comme l'affirme A. BECART : « de toute évidence, le projet africain a changé de nature et de dimension. Les mentalités sont maintenant acquises à l'évolution, les marchés se sont entrouverts et les institutions se sont adaptées aux conditions d'une gestion moderne. La Nouvelle Zone franc Africaine est devenue une vaste région intégrée, entrée dans la nouvelle logique libérale, et composée de deux unions monétaires dont les règles statutaires n'ont pas changé fondamentalement, mais qui au plan commercial ont mis en place, chacune, un marché unique avec Tarif Extérieur Commun, et des règles de fonctionnement macro-économiques plus cohérentes, et mieux coordonnées » (A, BECART, 1997).

Cette affirmation confirme l'approche évolutive de la zone franc abordée en partie dans la première partie de la thèse.

Nous verrons dans le chapitre 9, comment la monnaie devient un instrument d'unification des territoires et la prise en compte d'autres aspects non économiques dans les processus d'intégration est un argument supplémentaire. Dans le cas de la Zone euro, SAPIR parle de la fin de l'eurolibéralisme (J, SAPIR, 2005).

Dans le cas de la ZFA, les réformes préalables de libéralisation ont-elles permis de résoudre les dysfonctionnements qui en découlent dans les marchés financiers, monétaires et réels, conformément à la problématique des zones monétaires optimales (ZMO) largement abordée dans la première partie.

- Ainsi l'eurolibéralisme est affaibli comme l'affirme SAPIR, et si l'Europe est à la croisée des chemins comme le stipule LAHILLE, comment alors les pays de la zone franc dans ce contexte pourront-ils coopérer dans le domaine d'intégration économique et monétaire ?

Dans le chapitre 9, nous essayons de donner les arguments qui en découlent en s'inspirant de la théorie économique.

Conclusion du chapitre VIII

Ce chapitre prend en compte la dimension institutionnelle des réformes en mettant en relation les arrangements institutionnels avec la structure institutionnelle. L'expérience èt les arguments théoriques montrent à la fois les défaillances des régulations administratives et des biens publics assurées par l'État et les collectivités territoriales et les défaillances des marchés et du financement privé pour prendre en charge des biens communs, collectifs (Hugon, 2004).

Nous sommes partis de la problématique des restructurations du secteur public en Afrique, qui entre autres fonde les privatisations et la libéralisation des entreprises publiques. À partir des faits stylisés, nous avons démontré que les maigres progrès emegistrés jusqu'ici conduisent, à penser qu'il est urgent de reconsidérer la démarche suivie pour la réforme des entreprises publiques en Afrique, en particulier dans la Zone franc Africaine pour les entreprises les plus grandes. Cela interpelle un fort désengagement des États. Le lancement de plus vastes opérations de désengagement semble susciter moins d'objections, et des programmes plus ambitieux sont en cours de préparation.

Nous avons montré qu'en effet, l'absence de toute contrainte exigeant la privatisation n'équivaut toutefois pas à l'absence d'incitations à s'engager dans cette voie. Tant le contrôle renforcé des aides d'États membres à réfléchir sur la place des entreprises publiques dans l'économie nationale. Ils contribuent, chacun à sa manière, au mouvement de la privatisation auquel nous assistons, depuis un certain nombre d'années, dans presque tous les États membres.

Les objectifs et les règles communautaires fournissent donc des motifs supplémentaires pour les privatisations qui s'effectuent à l'intérieur de l'Union européenne.

Cette étude nous a permis de faire la distinction entre libéralisation et privatisation :

- Il est apparu que la privatisation est une opération momentanée. À première vue, il est de même de la libéralisation qui consiste en l'élimination du droit exclusif.
- Dans la réalité, la libéralisation est un processus qui prend du temps, car l'ex-monopoliste de jure reste, pendant de longues années, une entreprise dominante de facto.
- Ces enseignements que nous avons exposés démontrent une différence notable entre privatisation et libéralisation :

- La privatisation facilite normalement l'application des règles de concurrence, notamment de celles sur les aides d'État ;
- La libéralisation crée des problèmes nouveaux et multiples. Pour les résoudre, il est utile de tirer profit des expériences faites dans les pays qui ont pris de l'avance sur ceux des États membres qui sont engagés que récemment dans le courant mondial de la démonopolisation. De tels pays existent à l'intérieur et à l'extérieur de l'Union européenne.

Notre analyse nous a permis de voir dans la cas des pays africains de la Zone franc (premier partenaire commercial de l'UE), comment les privatisations et les libéralisations constituent une des stratégies de développement dans la plupart de ces pays.[58]

À notre avis, le plus urgent pour remettre de l'ordre dans les systèmes financiers des pays africains, est de répartir sur les bases saines :

- Mettre en place des systèmes de paiement rationnels et efficaces ;
- Veiller à la stabilité et à la viabilité des systèmes bancaires ;
- Répartir le crédit efficacement ;
- Et pratiquer la discipline financière.

Les États membres de la Zone franc sont convaincus de la nécessité des privatisations et des partenariats publics privés pour favoriser le développement et l'une des conditions essentielles de la réussite des privatisations est l'existence non pas seulement d'une régulation efficace avant, pendant et après la privatisation pour accompagner et contrôler le processus à toutes ses étapes, mais aussi d'une accumulation et de croissance et donc du développement.

Les arguments développés sur le seigneuriage et la vente des titres, ont aussi contribué sur le plan théorique à la question des réformes économiques et monétaires en Zone franc et Zone Euro.

Les contributions apportées par C. GNOS (1994) sur la question sont très enrichissantes, et nous incitent d'emblée à la prudence quant à analyser les évolutions économiques et monétaires actuelles.

En effet, la théorie économique faisant appel au seigneuriage ou vente de titres, s'applique quand un pays est confronté à un déficit budgétaire. Dans

[58] Nous verrons dans le chapitre 9, que ces notions interpellent plus la notion d'économie de marché pour des besoins de la politique, pour les problèmes culturels, et enfin pour les problèmes économiques et monétaires. Elles constituent des caractéristiques de la politique économique de nombreux pays, notamment en Amérique, en Asie
, en Australie, en Europe et en Afrique. Mais le mouvement de libéralisation et de privatisation est déclenché et entraîné en premier lieu par des contraintes économiques. La globalisation des économies ne peut qu'accélérer ce processus qui est irréversible et permet plus le recours aux remèdes du passé, notamment au protectionnisme (l'exemple des télécommunications).

ce contexte s'offre à celui-ci deux possibilités pour le financer : le seigneuriage ou la vente de titres. SARGENT et WALLACE (1981) l'ont démontré dans le contexte européen. Ainsi ils pensent que la manière dont les politiques sont coordonnées modifie la capacité de la Banque Centrale Européenne à contrôler l'inflation.

Nous avons stipulé que « l'interdépendance des politiques monétaires et budgétaires », est également une question incontournable de la réussite des Unions Monétaires (zone franc, zone Euro).

Avec une politique monétaire indépendante, les autorités budgétaires seront contraints de financer leur déficit par le montant fixe du seigneuriage (fixé par les autorités monétaires) et par les ventes de titres. Cette problématique d'interdépendance monétaire est largement développée dans le chapitre 3, où François PERROUX a contribué sur le plan théorique sur la question.

- Ainsi comme nous l'avons évoqué, C. GNOS (1994)en définissant « le seigneuriage historiquement comme lié à une forme matérielle de la monnaie et au privilège régalien de la frappe monétaire », s'interroge si la monnaie actuelle, de banque, procure-t-elle un seigneuriage à ses émetteurs ?
- Cette référence à la théorie de seigneuriage ne doit pas être considéré comme un retour au Colbertisme du point de vue historique. Cette contribution théorique cherche plutôt à tirer des enseignements qui en découlent.

Mais l'auteur aboutit au constat que même une revue rapide des ouvrages d'économies, et particulièrement des manuels qui traitent de la monnaie reste, aujourd'hui encore, imparfaitement élucidée. Seule la réglementation, soutiennent certains auteurs, empêche les banques de s'enrichir incondérablement en créant de la monnaie ».

Pour A. Cheneau (1992, p209) : « ce pouvoir en créant de la monnaie nécessaire à ses acquisitions est évidemment restreint par la réglementation bancaire, sinon les banques pourraient s'assurer la propriété totale du secteur productif de l'économie ».

Nous avons aussi présenté le point de vue V. LEVY-GARBOUA et B. WEYMULLER (1979) :

« Globalement, le système bancaire crée de la monnaie inconvertible et s'assure un seigneuriage sur le public ».

En développant les arguments distinctifs entre seigneuriages en capitale, en seigneuriage en intérêt, la monnaie manuelle, C. GNOS montre le rôle des banques dans la création monétaire

« opération grâce à laquelle les banques apportent à l'économie un financement net, crée ex-nihilo. Elle permet de « doper » la demande globale. Le rôle des banques n'est nié, il est débarrassé d'un mythe ».

Nous pouvons ainsi affirmer que, la place des interbancaires financières et autres institutions financières est d'une bonne augure afin de reformuler les approches de développement en matière de création monétaire, chose qui n'est pas facilement appréciable dans le cas de la zone franc.

Pour ce faire nous croyons à la nécessité des approches plus réalistes et équitables pour le fonctionnement des zones monétaires dans le cadre institutionnel actuel.

Nous venons de montrer que le processus de création monétaire en Zone franc a été occulté par la dévaluation du Franc CFA de janvier 1994. Cette dévaluation a sanctionné comme le souligne A. BECART, l'incapacité de la zone franc africaine à créer un développement durable. Comme l'affirme l'auteur, « le problème reste entier. Ce qui laisse mal augurer des chances de succès d'une reforme pourtant fondamentale. L'intégration régionale comme stratégie de développement en zone franc avant la dévaluation est non réalisée ».

Comparativement, après la dévaluation du FCFA, les avancées dans ce processus de création monétaire en zone franc africaine, particulièrement en Zone BEAC ou CEMAC, sont significatives et depuis le passage à la monnaie unique européenne comme l'avons exposé au chapitre 3.

ECART (1994), pensent ainsi que : « la stratégie de développement choisie il y a longtemps par la France, et réaffirmée constamment depuis les indépendances des pays membres, repose sur la production de cultures et de produits de rentes, mise en oeuvre de manière centralisée et protégée par des taxes douanières. On était donc loin du Schéma idéal de la spécialisation internationale en économie ouverte et concurrentielle et, les conditions d'existence de la zone optimale n'étant pas satisfaisantes, il est normal que l'intégration régionale souhaitée ne se soit pas réalisée » (les résultats exposés dans l'annexe générale concernant les données statistiques de production en zone CEMAC confirment ce constat).

D'où la question de la recherche d'une approche économique et monétaire plus intégrée en zone franc. Nous aborderons en profondeur cette question dans le chapitre 9, consacré au renouvellement des théories et stratégies de développement en Afrique.

Le chapitre a abordé la question des déséquilibres macro-économiques à l'heure de l'intégration économique et monétaire dans les deux unions monétaires (Zone Euro-Zone franc). Ainsi donc, les déséquilibres des flux monétaires et financiers entraînent nombreuses conséquences, au premier rang desquelles une profonde transformation des relations économiques et financières entre les pays membres. Mais l'unification monétaire complique la tâche des responsables, en donnant aux mouvements de capitaux, au sein de la Zone, une dimension que la levée des entraves réglementaires et pratiques aux transferts monétaires et financiers et la constitution d'un espace intégré ne pouvaient à elles seules imposer. (C. GNOS).

Les déséquilibres des flux monétaires et financiers ont une origine réelle, et l'inégale compétitivité des économies nationales, dépend de tout un ensemble de facteurs comme :

- La productivité ;
- Le niveau des rémunérations des charges sociales et de la fiscalité, qu'il est indispensable d'harmoniser si les pays concernés par notre étude souhaitent préserver un développement équilibré de l'activité économique sur leur territoire (cette question est largement développée dans le chapitre 4 et le chapitre 5, dans le cas de la zone Franc).

À la lumière de toutes ces considérations sur l'environnement économique, monétaire et financier dans les deux zones monétaires (zone euro et zone franc (CEMAC)), un renouvellement des théories et modèles de développement pour une approche plus intégrée nous semble nécessaire et utile à la science économique : Le chapitre 9 apporte alors les arguments pour une vision alternative du développement entre les deux zones monétaires. Précisons aussi que la création monétaire suppose réunies d'autres conditions qui concernent la structure des économies, par exemple en matière d'industrialisation, d'aménagement du territoire ou encore de répartition des revenus. »

Mais les réponses à tous ces aspects de problèmes sont appréhendées dans le cadre du renouvellement des théories et stratégies de développement en vue de l'intégration économique et monétaire.

Ainsi, l'ouverture au commerce et aux capitaux étrangers est généralement jugée propice au développement dans la mesure où elle augmente l'efficacité d'une économie en élargissant l'ensemble des choix possibles pour les agents nationaux. « Mais le développement ne se limite pas seulement au seul critère économique. Il inclut aussi une transformation des sociétés et notamment leur évolution vers un mode de fonctionnement plus démocratique. Ces changements institutionnels sont parfois même considérés comme une condition nécessaire pour une croissance économique satisfaisante : dans cette perspective institutionnelle aussi il existe une relation de double causalité entre ouverture et développement ».[59]

Comme nous l'avons souligné dans les pages précédentes, que la politique keynésienne a été au centre de nos réflexions théoriques, car cette théorie analyse les questions de politique économique et monétaire au sein des unions monétaires. Compte tenu de la mondialisation des économies, ce débat nous incite à réfléchir sur l'incertitude, monnaie et crise de nos économies. La monnaie et le système bancaire jouent un rôle dominant dans le fonctionnement de nos économies actuelles.

---

[59] Pour des modèles traitant spécifiquement cette situation voir Feenstra (1987), Lewis, Feenstra et Ware (1989), Gabaix (1999), Guesnerie (1999), Spector (1999).

Nous retenons l'analyse post-keynésienne, car elle fournit des arguments utiles à la science économique. Dans cette vision nous citons DAVIDSON (1972)qui montre que l'économie est monétaire puisque les relations entre individus se font sous forme de contrats stipulés en monnaie.

Les problèmes des ajustements macro-économiques et des déséquilibres d'un point de vue institutionnaliste renvoient aux notions d'incertitude et de crise sont largement abordées par les Keynes et les post-keynésiens.

Ainsi, Lavoie (1987b, P125) pense que : « dans le monde qui est le nôtre, les agents économiques font continuellement face à l'incertitude. Pour faire face à l'inconnu de façon rationnelle, les agents se fixent des normes, des règles de conduite, des habitudes, des conventions ».

Sans minimiser l'importance du rôle des banques dans la création monétaire, le recours à l'incertitude radicale constitue pour certains post-keynésiens une voie complémentaire pour justifier l'intégration de la monnaie dans l'économie selon deux axes :

- En tant qu'unité de compte, la monnaie intervient tout d'abord dans l'établissement des contrats. (cela reflète le fonctionnement des économies monétaires de production) ;
- En tant que réserve de richesse, la monnaie permet de se prémunir contre les aléas d'un futur radicalement incertain.[60]

Nous verrons aussi que pour les théoriciens du circuit monétaire, la monnaie est également à l'origine du dysfonctionnement des économies d'entrepreneurs. Ils considèrent en effet que la préférence pour la liquidité conduit à un déficit de l'écoulement au pôle entrepris et à une demande globale insuffisante.[61]

Tous ces éléments théoriques sont des outils pertinents pour analyser le fonctionnement de nos économies dans le cadre institutionnel actuel.

Une autre question qui est soulevée dans le chapitre 8 est celle de l'intégration régionale (intrazone), déjà abordée dans les chapitres précédents.

---

[60] Les dimensions d'unité de compte, de moyen de paiement et de réserve de valeur sont intimement liées car « la monnaie-elle-même, c'est-à-dire ce qui libère des contrats de dette ou des contrats de prix et dans la forme de quoi le pouvoir d'achat général est détenu, tire sa nature de la relation à la monnaie de compte puisque les dettes et les prix doivent au départ être exprimés en termes de cette dernière » (KEYNES 1930/1971, P. 3)

[61] L'analyse de la monnaie endogène et des structures actuelles « financement sophistiqués » offre également la possibilité de proposer une explication de l'incertitude de nos économies. (SCHMITH (1984), BAZANZINI ET CENCINI (1996). SCHMITH, par exemple dans sa théorie monétaire, pense que, la nature de la monnaie qui la distingue des actifs financiers n'autorise pas de la concevoir directement à l'origine de la pathologie des économies monétaires de production. Les maux dont elles sont victimes trouvent leur origine dans le processus d'accumulation du capital et dans l'organisation actuelle du système bancaire.

En effet « l'intégration régionale » désigne à la fois l'intégration économique, soit le degré d'interpénétration de l'activité économique des pays appartenant à une même zone géographique et l'intégration « institutionnelle ».

Le degré d'intégration économique dépend de l'intensité des flux commerciaux, financiers et de main-d'oeuvre, de la synchronisation des cycles économiques et de la convergence nominale (taux d'intérêt, inflation et taux de change).

Nous allons poursuivre ces analyses de manière détaillée dans le chapitre 9 qui est consacré aux renouvellements des théories du développement en vue d'une approche économique et monétaire plus intégrée en Afrique.

Mais l'aspect générique des propositions actuelles ne permet pas de définir le niveau d'intégration économique. À cet effet l'expérience des pays européens est significative. Face au marché intérieur, un certain degré de satellisation était devenu le prix politique à payer pour éviter le coût économique de la marginalisation dans plusieurs domaines.

Il convient ainsi de noter le rôle crucial des investissements étrangers, qu'ils soient industriels ou financiers dans l'amélioration de la « transversalité » du processus d'intégration.

Les investissements étrangers contribuent en effet à la modernisation des entreprises locales, à leur compétitivité, ainsi qu'à leur réorientation vers les marchés extérieurs et au développement d'échanges professionnels entre pays de la périphérie. Les investissements nord-sud favorisent aussi la mise en place d'une intégration « de fait » Sud-Sud.

Comme le reste des pays de la périphérie, l'attractivité des pays du Nord-Est demeure faible. Ils attirent peu d'investissements directs étrangers (IDE) et n'ont guère profité de l'accélération de la mondialisation des années 90.

La tendance actuelle est d'étendre l'harmonisation des réglementations et des normes bien au-delà de la sphère des échanges. Mais cette démarche qui consiste à contourner les blocages politiques et institutionnels par des mesures d'ordre technique a ses limites.

Les effets annoncés par les modèles « statiques »de l'intégration régionale, négatifs pour l'essentiel, du moins à court terme, devraient, selon une partie de la littérature économique, être contrebalancés par des effets dynamiques liés au « choc » du libre échange et aux changements structurels qu'il peut provoquer dans les économies du Nord-Est, en particulier, en matière de compétitivité. Selon l'Union européenne, une nouvelle approche vis-à-vis des pays du Nord-Est préconise un cadre cohérent, en référence à deux principes : traiter les pays selon leurs mérites (différenciation) et faire dépendre les relations des progrès des réformes (conditionnalité) : « En bref, ce projet permet de distinguer processus d'intégration économique à l'UE et d'adhésion institutionnelle à l'UEM. »

Cette question soulève d'un point de vue institutionnel ce qui est convenu d'appeler l'effet décalcomanie. Dans le chapitre 9, nous aborderons la question de manière détaillée. Cette question suppose la transposition des débats institutionnalistes du Nord aux Sociétés du Sud (Hugon, 2007).

En effet l'intégration économique comporte également plusieurs degrés, de l'abaissement des tarifs douaniers à la mise en commun des politiques économiques. Elle ne constitue ni une condition nécessaire ni une condition suffisante de l'intégration économique. En effet, les motivations des accords sont souvent plus politiques qu'économiques ; ce qui explique leur impact limité sur l'intégration économique.

Les arguments économiques en faveur des accords d'intégration régionale reposent sur les bénéfices de l'ouverture commerciale.[62]

En définitive, les facteurs institutionnels sont déterminants pour expliquer comme nous venons de le montrer les réussites ou les échecs des privations en Zone franc Africaine.

L'expérience et les argumentaires théoriques montrent à la fois les défaillances des régulations administratives et des biens publics assurés par l'État et les collectivités territoriales et les défaillances des marchés et du financement privé pour prendre en charge des biens communs, collectifs (Hugon, 2004).

Au plan théorique le renouvellement des théories du commerce international peut contribuer à justifier nos analyses. Le chapitre 9 tentera de mobiliser les corpus théoriques de l'analyse institutionnelle des pays du Sud et leurs implications méthodologiques (Hugon, 2007). Il s'agit pour nous de renouveler le débat des institutions ou du régionalisme institutionnel en Zone franc Afri- came.

On peut alors poser la question suivante : la pluralité des configurations institutionnelles abordées dans les pages précédentes ont-elles des implications méthodologiques en Zone franc africaine ?

L'étude a montré que les échecs et réussites des réformes institutionnelles (cas de privatisation)sont contrastés dans la mesure où les institutions héritées du passé sont la matrice possible des nouvelles institutions régulationnistes. Au plan théorique cela interpelle l'économie du développement dans le cadre de la mondialisation. En effet l'économie du développement suppose de repérer la diversité des trajectoires et d'opposer les processus évolutifs de développement économique des processus involutifs d'enveloppement. Le développement économique est un processus de complexification où doivent être pris en compte les indéterminations et les incertitudes. Les trajectoires des sociétés sont plurielles (Hugon, 2007).

---

[62] Selon les théories traditionnelles du commerce international, l'ouverture commerciale accroît la concurrence et donc la productivité, elle permet une spécialisation conforme aux avantages comparatifs des pays, elle augmente la taille des marchés et permet de bénéficier d'économies d'échelle, enfin elle favorise les transferts technologiques.

Cela pose ici le problème des régimes d'accumulation et la réversibilité des trajectoires, il suppose aussi de prendre en compte la relation États et institutions qui permet au-delà de son flou, de voir en quoi dans certaines sociétés les fonctions minimales régaliennes, régulatrices et stabilisatrices de l'État ne sont pas assurées.

« Derrière des États fragiles se cachent des sociétés fragiles souffrant de la diffusion des « maux publics mondiaux » (trafic d'armes, de drogues, de matières premières). La diversité des configurations interdit le prêt-à-penser et à porter et suppose du sur mesure permettant aux décideurs de trouver leur propre mode de ou de gouvernementalité. Cette catégorie ouvre la voix à une catégorisation internationale récente fondant de nouveaux modes d'action, d'aide et d'effort de reconstruction liant sécurité et développement. » (Hugon, 2007).

Les crises institutionnelles de l'école, de la famille, des Églises, des États renvoient dans de nombreuses sociétés à une perte de légitimité ou de moyens de fonctionnement d'où la prolifération des sectes, des identités communautaires, des familles, des éducations informelles. Les trappes à pauvreté traduisent des enchaînements cumulatifs où la pauvreté engendre la pauvreté par la médiation de variables tels l'insécurité ou le faible investissement.

La mondialisation, hiérarchie des formes institutionnelles et pluralité des modes de régulations. Sur ce point face à la mondialisation économique, on observe une régulation transnationale limitée. Il est en revanche peu légitime de privilégier les seules configurations institutionnelles concernant les États-Nations comme le font aussi bien les travaux économétriques ou la théorie de la régulation. La globalisation ou la mondialisation peuvent être analysées comme un processus de changement de frontières, de marchandisation ou de désenchantement du monde voire de destruction des sociétés locales non marchandes. La marchandisation conduit à l'uniformisation et instantanéité des informations, à la généralisation technologique et de l'accumulation, du marché et des valeurs marchandes, à la destruction créatrice de l'innovation capitaliste, mais aussi de droits universels qui s'accompagnent peut-être d'une individualisation plus grande des comportements et d'une émancipation relative des agents vis-à-vis des référents sociaux et culturels. La mondialisation joue dans le champ de l'économique et du politique. La mondialisation n'est pas *unfatum* ou un *deus* ex *machina.* Elle est portée des stratégies d'acteurs dominants publics et privés agissant dans un univers d'asymétrie de pouvoirs et de concurrence imparfaite. Un des mythes concernant la mondialisation supposerait une homonégéisantion du marché mondial porté par la libre circulation des facteurs et des marchandises et une convergence des formes institutionnelles. (Hugon, 2007).

Le capitalisme financier tend à donner un pouvoir dominant aux actionnaires institutionnels et il se traduit par une exubérance entre les capitaux, entre le capital et le travail qualifié et non qualifié et donc à une accentuation des disparités et des inégalités entre pays et à l'intérieur des pays.

Cette étude sera poursuivie dans le chapitre IX où nous aborderons les questions sur les spécificités de l'analyse institutionnelle des pays du Sud.

Références bibliographiques du Chapitre VIII

ANDREFF, W. (2006), in SLIM, A. (2006), Le commerce intra-branche : le cas de la Rép. Tchèque », *Travaux du CEMJ-EHESS.*

BANQUE MONDIALE (1995), *« Ajustement, Réforme, résultat et Chemin à parcourir ».*

Rapport.

BARRERE, A. (1979), *« Déséquilibres Économiques et contre révolution Keynesienne »,* Economica.

BECART, A. (1994), « Nouvelle Zone franc africaine : la question oubliée », *Revue Banque N-550, juillet-août.*

BECART, A. (1997), *« Intégration et Développement : bilan et perspectives de la zone franc en Afrique »,* L'harmattan.

BOYER, R., XAMBER, M. T., DELPAGE, G. et GILLARD, L. (1986), *« Monnaie privée et pouvoir des princes.* Paris, Éditions du CNRS, Presses de la Fondation nationale des sciences politiques, P. 92.

CHAÎNEAU, A. (1970), *« Mécanismes et politiques monétaires »,* Paris PUF, P. 34. CHANÎNEAU, A. (1985), Revue des livres, *Revue d'économie Politique,* Janv-fev, pp109-110. CHAÎNEAU, A. (1992), *« Manuel de macro-économie élémentaire »,* Paris, A. Colin, P. 209. CROSET, Y. et BELLE TANTE, B. (1990), *« L'Europe monétaire etfinancière »,* Paris, Ellipses. Tome 1, P. llü.

CONTAMIN et FAURE (1988), *« La bataille des entreprises publiques en Côte d'Ivoire. L'histoire d'un ajustement interne »,* Kathala-ORSTOM.

CONTAMIN&F AURE (l988), Les interventions économiques de l'État en Afrique, in *les Afriques francophones depuis les indépendances,* Oxford Colloque.

COMELLIAU, C. (1997), « Les défis de la mondialisation », *IUED-Genève.*

DENYSYUK, V. (2005), « Un partenariat entre l'Union et les NEIO : Transition en vue de l'intégration ou intégration pour la transition », *Revue du Marché Commun et de l'Union européenne,* N-487 Avril.

DEVE, M. (1996), « Bilan des privatisations en Afrique », *Marchés tropicaux,* n-1912. Septembre.

DONGOTOU. T. (1997), « Les privatisations des entreprises publiques en Afrique subsaharienne à l'heure de l'ajustement structurel : Deux expériences de désengagement de l'État : le Congo et la Côte d'Ivoire », *Mémoire de DEA EHESS-Paris.* Sous la direction de COMELLIAU. C, IEUD-Genève.

DOUANES FRANÇAISES.

DE LA GENIÈRE (1978), « Monnaie et contre-monnaie », *Revue Banque,* Janvier, P. 16.

EHLERMANN, C. D. (1994), « Le processus de libéralisation d'activités économiques et de la privatisation d'entreprises face au droit de la concurrence ». 16ème congrès de la FIDE, octobre. Rome, in *Revue du Marché unique européen,* Mars.

EMERSON, M. et HUNE, C. (1991), *« L'écu »,* Paris, Economica.

GARBOUA, V. L., et WEYMULLER, B. (1979), *« Macro-économie contemporaine »,* Paris, Economica.

GILBERT, E. (1987), *« Tiers-Monde, controverses et réalités »,* Economica.

GUETAT, !. (2003), « Convergence au sein de la Zone MENA : *analyses théoriques et études empiriques »*

GNOS, C. (1988), *« The macroéconomie foundations of the comparative - cast principle History of Économie* . Ideas. II.

GNOS, C. (1994), « Le seigneuriage bancaire, mythe ou réalité ? », *Revue Banque* N-550 juillet-août, P44-46.

GNOS, C. (), *« Les États-Nations européens à l'épreuve de la monnaie unique », contribution à la dynamique de la démarche communautaire,* sous la Direction de F. HERVOUET, Paris, La Documentation Française.

GNOS, C. (1999), « Les pays de la zone euro doivent-ils se préoccuper des déséquilibres de leurs paiements réciproques ? », in *Économies et Sociétés, série « Monnaie »,* ME, N-1-2, septembre-octobre. P189-204.

GRELLET, G. (1994), *Les Politiques économiques des pays du Sud,* PUF.
JACQUEMONT, P. (1985), *Accumulation et Développement,* Harmattan, Paris.

JACQUEMONT, P. (1988), « Désétatisation en Afrique, enjeux et perspectives », *Revue TiersMonde,* n-11.

JACOUD, 0. (2003), *Système Monétaire et Financier Européen : La monnaie dans la Zone Euro.*

HUGON, PH. (1985), La crise financière en Afrique Subsaharienne et l'intervention du FMI, *Université de Paris X-Nanterre.*

HUGON, PH. (2007), Les spécificités de l'analyse institutionnelle des pays du Sud et leurs implications méthodologiques », École Thématique : les méthodes de l'analyse institutionnelle. La Rochelle 17-21 septembre 2007.

HOBEIKA, 0. (2003), « Transmission de la politique monétaire : cas de la zone·euro. HOMMET, J. M. (1991), *Le système financier français, c'est une expression malheureuse* Paris. Dunod, P. 62.

LA ZONE FRANC, BCEAO, BEAC (1993) : *Rapports annuels.*

LAÏDI, Z. (1989), *Enquête sur la Banque mondiale,* Fayard.

LAÏDI, Z. (2005), Pour une gouvernance social -démocrate, Held, all/ED *SC-POLITIQUE* L'HERITEAU, M-F. (1986), *Le Fonds monétaire international et les pays du tiers-monde,* PUF P. 154.

NARASSIGUIN, P. (2004), « Monnaie : banques et banques centrales dans la zone euro ».

MEDARD, J-F. (1991), États d'Afrique Noire : formation, mécanismes et crise/sous la Direction du Ministère de la Coopération française (1993), *Document.*

PISANI, E. (1998), *Pour l'Afrique,* Éditions Odile Jacob, P. 12.

PLANE, P. (1994), *Ajustement et Développement : l'expérience des pays ACP,* Paris. Rapports, WERNER (1970), DELORS51989), EMERSON (1990).

RAIMBAULT, . G. (2003), « Mille termes pour comprendre l'Union européenne après l'introduction de l'euro : l'Union européenne face aux grands problèmes du moment. » RICARDO, D. (1951), *« Repley ta BOSSANQUET, The wooks and correspondance of Ricard,* Cambridge, At the University Press, Volume IIIP. 222.

SAPIR, 1. (2006), *Séminaires du CEMI*

SAPIR, 1. (2006), *La fin de l'euro libéralisme,* Odile Jacob, Paris.

SAPIR, 1. (2008), Une décade prodigieuse. La crise financière entre temps court et temps long, *Revue de la régulation, Capitalisme, institutions, pouvoirs,* n-2, 2e semestre 2008, Varia, Opinions-débats.

SLIM, A. (2006), Le commerce intra-branche : le cas de la Rep. Tchèque dans L'U. E en 2005 SOUMANA. ABDOULA YE (2002), « Intégration économique, Politique monétaire et Financement du développement, la zone franc à l'épreuve des mutations régionales.

Zone franc-Euro. *Thèse de Doctorat, Orléans.*

VILLEPIN, X. (2004, *« Rapport d'information fait au Nom de la délégation pour l'Union européenne sur l'élargissement de la Zone euro.*

Traité de l'UEMOA (1994), janvier Dakar, Sénégal.

Traité de Maastricht in, *Économies et sociétés,* 1992, tome 26, N-9-12. Septembre-octobre.

Annexes du Chapitre VIII

I. Le taux d'inflation dans la Zone CEMAC (Dix ans d'inflation) - (Voir annexes générales)

Notons que les analyses sur l'inflation dans la littérature économique, bien que multiformes, seront approfondies et développées dans le chapitre 9 dans une démarche comparative.

À ce sujet nous essayerons de transposer les analyses faites par SAPIR pour le cas de la Russie au cas des pays de la Zone franc, notamment des leçons à tirer d'une part de l'analyse standard sur la question et des propositions qui en découlent dans le cadre institutionnel actuel.

De manière générale, notons que la conjoncture économique internationale dans les années 2000 et à partir de 2002 a été marquée par des incertitudes, ce qui s'est traduit par une nouvelle perte de vitalité de l'économie mondiale, avec une érosion du taux de croissance. En dépit de cette conjoncture quelque peu défavorable, les pays d'Afrique Centrale ont affiché des résultats globalement positifs comme le montre l'environnement macro-économique qui s'est assaini et qui s'est poursuivi dans la presque totalité des pays, comme le montre les niveaux des déficits budgétaires et des taux d'inflation (voir Annexe générale). Par exemple le taux de croissance du PIN réel de la sous-région, estimé à 5,8% en 2002, est le plus élevé du continent. Cependant, ce taux cache des disparités entre les pays aussi bien en termes de rythme que de soutenabilité de la croissance. Par ailleurs, cette croissance reste en deçà du seuil minimum pour réduire la pauvreté de moitié d'ici 2015.

Chapitre IX
Le renouvellement des théories et strategies de développement du post-ajustement en afrique, et cadre institutionnel actuel de l'intégration[63]

« Les principaux facteurs explicatifs des écarts de développement entre nations sont les conditions géographiques et les institutions. À propos des premières, les analyses historiques montrent de formidables renversements de situations. Les sociétés héritées de civilisations parmi les plus riches vers 1500 sont aujourd'hui parmi les plus pauvres au monde et beaucoup moins développées que celles de pays situés, par exemple, sur les territoires d'anciennes civilisations moins avancées au XI è siècle en Amérique du Nord ou Océanie. En réalité, la géographie ne condamne pas davantage un pays à la pauvreté qu'elle ne garantit sa réussite économique. Les instituions jouent ainsi un rôle déterminant. L'étude des stratégies coloniales confirme, en effet, que dans les colonies où les Européens se sont installés en masse et ont mis en place de « bonnes » institutions protégeant leurs intérêts, celles-ci, propices à l'investissement et à la croissance, ont permis à des zones géographiques peu développées avant l'époque moderne de connaître par la suite un formidable essor économique. » (DARAN ACEMOGLU, Problèmes économiques, n-2848, mars 2004).

---

[63] « Selon une conception institutionnelle, l'intégration est la mise en place d'un système commun de règles de la part des pouvoirs publics en relation avec les acteurs privés. L'intégration par les règles concerne ainsi dans l'UEMOA, L'harmonisation des fiscalités, un droit social régional, un droit des affaires, des lois uniques d'assurance. Dans les anciennes analyses du régionalisme fermée, les institutions régionales visaient à mettre des écrans vis-à-vis de l'économie mondiale, à favoriser des protections régionales, voire des transferts de souveraineté vers des instances régionales.
Le régionalisme « horizontal » concernait les relations Sud/Sud. Les nouvelles analyses institutionnalistes du régionalisme mettent l'accent sur les relations Nord/Nord et sur les coordinations de politiques économiques. La coopération verticale ou les accords de libre-échange Nord/Sud avec le rôle de tiers garant d'un pays du Nord permettent ainsi une crédibilité des politiques et réduisent les conflits d'intérêts nationaux et les stratégies de passage clandestin. . Les accords régionaux créent un ancrage des politiques favorisant leur prévisibilité et l'attractivité des capitaux et de technologie et réduisant les risques de réversibilité ». (Ph . HUGON, 2002)

Introduction du chapitre IX

L'objectif de ce chapitre est d'offrir un cadre théorique pour approfondir les outils présentés par différents travaux hétérodoxes (d'inspiration keynésienne, marxiste, régulationniste, conventionnaliste, évolutionniste, etc.). Cette étude cherche à faire une synthèse du concept de développement institutionnel en rappelant ces divergences d'hier et en montrant les convergences qui en découlent aujourd'hui.

Comme l'affirme Hugon, « les rencontres entre l'économie du développement et l'institutionnalisme se sont faites sur des voies plurielles, longtemps parallèles, mais aujourd'hui largement convergentes. L'institutionnalisme devient aujourd'hui le paradigme le mieux partagé en économie du développement comme en économie de manière générale. Qui n'est pas aujourd'hui institutionnaliste ? » (Hugon, 2007).

Nous voudrions montrer dans ce chapitre le rôle des institutions dans le développement, car la période qui va des années 1980 à 1998 et jusqu'à 2004 a été marquée au sein de la communauté des économistes par le retour en force du paradigme institutionnaliste ainsi que de la problématique du dialogue entre Droit et Économie. Les travaux empiriques peuvent à cet effet contribuer aux débats sur le rôle des institutions, mais ce chapitre s'inscrit dans une démarche plus théonque.

Notons que l'échec des programmes d'ajustement structurel a été à l'origine du point de vue théorique d'un mouvement de critique du consensus de Washington. En effet la remise en cause de l'équilibre général dans l'analyse des problèmes du sous-développement s'est inspirée du renouvellement en cours dans le champ de la théorie économique et l'émergence de nouvelles contributions qui, à travers le relâchement des hypothèses de base, cherchent à accroître la pertinence du modèle Walrassien.

Cette contribution cherche à examiner d'une manière critique les principaux courants qui dominent le champ de l'analyse des problèmes du développement :

- D'abord, le courant proche des théories de la croissance endogène qui cherche, à travers un retour aux travaux des pères fondateurs, de renouveler la théorie du développement ;
- Le deuxième courant, institutionnaliste, s'intéresse plus particulièrement aux imperfections du marché et étudie le rôle et le poids des institutions dans la régulation et le fonctionnement des économies sous-développées.

- Le troisième courant post-Keynésien, essaye sur la base d'une critique des fondements orthodoxes des modèles de stabilisation de construire de nouvelles stratégies orientées vers la relance de la demande interne.

Mais cette examen critique des différents courants de l'économie du développement du postajustement permet de mettre en valeur leur incapacité à saisir et à expliquer les mutations et les évolutions en cours dans le tiers-monde, tant au plan économique, monétaire et financier.

Ces limites exigent un renouvellement des théories du Développement et la construction d'approches capables d'analyser les dynamiques en cours dans la plupart des pays sous-développés, et de faire ressortir, au-delà des spécificités de chaque économie, les transitions globales que connaissent les économies du Tiers-Monde. Ceci exige de la part des économistes un intérêt particulier pour l'étude de l'articulation des modalités concrètes de l'accumulation et des procédures de régulation qui permettent de gérer les déséquilibres et de maintenir les tensions à des seuils tolérables. Ainsi donc le renouvellement de ces théories et la construction de ces approches est une condition nécessaire pour l'intégration économique et monétaire en Afrique et en Zone franc.

Notons pour ce qui concerne la ZFA que son évolution institutionnelle récente est l'aboutissement logique d'un mouvement inexorable d'intégration, provoqué par l'ouverture accélérée des frontières et la concurrence mondiale accrue. Les adaptations et ajustements multiples dans les années 1980 ont deux événements déstabilisants de grande ampleur et de longue durée sur l'ensemble des marchés internationaux : un retournement de l'économie mondiale et des perturbations de plus en plus erratiques, qui ont conduit à un double mouvement d'intégration. Sont apparues de grandes zones économiques d'échanges (Europe, Amérique du Nord, Amérique Latine, Asie du Sud Est), et pour les plus développés, des « Accords »pour une meilleure harmonisation des politiques économiques (Accord du PLAZZA et du Louvre par le G7 aujourd'hui G8).

Seule l'Europe, convaincu du rôle essentiel qu'elle allait jouer à côté de l'Union douanière dans la coordination des politiques économiques nécessaire à l'Union Économique (l'objectif final étant l'union politique), a mis en place une voie médiane et originale, en créant, après le serpent monétaire puis le SME, une Union Monétaire en cours aujourd'hui.

C'est dans ce contexte global, que le plan de Lagos (Plan d'action pour le développement économique de l'Afrique, Ed. Anthropos, 1982), avait proposé dès 1980 un programme d'intégration pour l'ensemble de l'Afrique Subsaharienne, divisée en trois régions, chargées de s'organiser et de passer par les trois phases traditionnelles, le libre échange, l'union douanière avant l'union économique qui était prévue pour la fin du siècle dernier (D. MAKT AR, 1984).

En juin 1991 à ABUJA, L'organisation de l'unité Africaine (OUA) devenue UA, dont font partie les PAZF, constatant le faible impact de ce plan, a adopté le principe de la création d'un cadre institutionnel nouveau, la Communauté Économique Africaine (CEA), susceptible de promouvoir une intégration commerciale, économique et monétaire.

Dans la ZFA depuis 1986 déjà, à partir de 1989 surtout, avec accélération en 1991 au fur et à mesure que les anticipations sont devenues pessimistes, une autre logique économique est en marche afin de donner la base réelle qui manquait jusqu'alors à l'intégration : Comme l'affirme A. BECART (19997) : « les réformes progressivement introduites en Afrique Centrale et En Afrique de l'Ouest résultent du même constat qui est l'échec des intégrations séparées, commerciales d'abord (UDEAC et CEAO), puis monétaires (UMAC et UMOA), et de la même volonté de mettre en oeuvre une intégration totale ».

Comme nous l'avons évoqué dans la section II du chapitre précédent, les résultats des unions monétaires africaines vont imposer la méthode, qui consiste à ajouter à l'objectif de la monnaie unique, celui du marché unique que l'on considère comme nécessaire à l'émergence des efficl ences.

L'objectif de ce chapitre, est non pas d'analyser ces théories du développement dans l'ensemble, mais plutôt de présenter le renouvellement de l'économie du développement et l'émergence de nouveaux courants qui cherchent à dépasser le consensus de Washington en introduisant les institutions et les conventions dans l'étude des Sociétés sous-développées, comme nous l'avons évoqué si haut. Certains auteurs arrivent même à affirmer que : « ces nouvelles démarches théoriques, en dépit de l'enrichissement des analyses qu'elles permettent, ne sont pas en mesure de construire l'intelligibilité du réel dans le Tiers-Monde et plus particulièrement les mutations et les transformations profondes que connaissent les sociétés sous-développées depuis quelques années »[64]

Ainsi par exemple, la pratique démocratique, l'absence de corruption, une bonne « gouvernance » publique et privée sont souvent évoquées comme facteurs d'attraction des investissements étrangers et plus généralement comme favorables aux relations avec le reste du monde, ou permettant que ces relations débouchent effectivement sur une croissance plus rapide. On insiste plus rarement sur la causalité inverse c'est-à-dire les effets que l'ouverture peut avoir sur l'évolution des institutions nationales, mais elle tout aussi importante.

Mais l'analyse économique suppose souvent une faculté sans limites de redistribution et du partage des gains et ignore purement et simplement les effets non-économiques, sociologiques, culturels ou institutionnels de

---

[64] CF : Hakim Ben Hammouda : « Les théories du Développement du post-ajustement, Conseil pour le Développement de la Recherche en Sciences Sociales en Afrique) CODESRIA, Dakar, Sénégal, in *Économie Appliquée,* Tome LI, 1998, N-2, P 95-121.

l'ouverture. L'histoire montre pourtant que ces aspects peuvent être importants pour la décision d'ouvrir plus ou moins largement une économie aux flux étrangers de marchandises, de capitaux ou de connaissances étrangers.[65]

- Dans cette étude nous allons dans une première section, faire une revue de la littérature sur les théories du développement avant l'ajustement des économies en Afrique ; et cette section traite aussi du renouvellement des théories et stratégies de développement du post-ajustement en Afrique ;
- Dans la Section 2, à partir des faits stylisés, nous allons reformuler les analyses sur la stabilisation monétaire en vue des approches monétaires et économiques plus intégrée en Afrique.
- En fin la Section 3, traitera du renouveau de l'analyse post-keynésienne, en vue d'un développement économique équitable en zone franc, et les visions alternatives du développement et les problèmes de transition.

Ainsi donc, les différentes approches théoriques et recherches comparatives suggèrent une réponse prudente. Un essai de l'analyse anthropologique de la monnaie sera esquissé et sera abordé et approfondi pour des recherches futures.

Dans ce contexte actuel d'analyses post-keynésiennes, « faire la sourde oreille serait une attitude dangereuse. Espérons qu'en leur accordant une audience plus forte, les avertissements issus des enseignements de Keynes trouveront l'écho qu'ils méritent ».

I. Revue et renouvellement des théories et stratégies de développement du post-ajustement en afrique

Dans cette section nous allons aborder, les analyses sur les travaux des pères fondateurs de l'économie du développement, les analyses sur la nouvelle économie institutionnelle, et le renouvellement du courant structuraliste. Il s'agit d'une revue de la littérature sur les théories et stratégies du développement qui va nous conduire à repenser le passé et à prévoir l'avenir dans le cadre institutionnel actuel du fonctionnement de nos économies. Le mythe fondateur de cette réflexion théorique est l'étude faite par le CODERSRIA (Conseil pour le Développement de la Recherche en Sciences Sociales en Afrique, Dakar, Sénégal) par Hakim Ben HAMOUDA[66]. Donc, notre démarche se veut à la fois théorique et pragmatique, ce qui nous conduira dans les sections suivantes à rechercher

[65] CF : Sur l'influence des institutions dans le processus de développement et les effets de l'ouverture voir par exemple Collier (2000) et Rodrik (2000).
[66] CF : Hakim Ben Hammouda, in *Revue Économie Appliquée* n-2, LI-1998

une approche médiane et équitable pour le développement en Afrique, condition nécessaire à l'intégration économique. Il s'agit ici de faire un bref rappel historique pour montrer que l'analyse institutionnaliste a toujours questionné l'économie du développement même si les voies ont été souvent parallèles.[67]

I.1. Le retour aux pères fondateurs

Notons que ces travaux qui cherchent à effectuer un retour aux réflexions des pionniers en matière de développement commencent par constater le déclin de ces approches en faveur des analyses orthodoxes depuis le milieu des années 70. (P. KRUMAN, 1993). Selon ces analyses ce déclin s'explique, par l'échec des expériences du développement et par la faible formulation des modèles fondateurs des théories du développement (P. KRUMAN, 1995).

Dans ce contexte, les résultats récents des recherches économiques sont en train de confirmer les intuitions et les recommandations des différentes analyses des pionniers sur une série de questions, en matière de commerce international.

- Les travaux des premiers théoriciens du développement ont démontré que l'ouverture internationale et l'insertion dans l'économie mondiale étaient défavorables aux pays sous-développés. (G. Myrdal (1957), qui montrait que la diffusion du progrès technique et de la croissance des pays développés et des pays sous-développés, que laissait supposer le modèle Hecksher-Ohlin, était annulée par les effets de retenue).

Ainsi dans la même décennie, les travaux de la CEPAL (Prebisch et Singer) sur la détérioration des termes de l'échange des pays sous-développés à cause de leur participation au commerce international ont exercé une large influence sur les théories du développement, et ont justifié l'élaboration des stratégies d'Import-Substitution orientées vers le marché intérieur.

Ces conceptions ont été fortement critiquées avec le retour en force des analyses néolibérales et de l'approche basée sur l'avantage comparatif des années 70. Comme l'affirme l'auteur (Ben Hammouda), de nombreuses études insistent de plus en plus sur les corrélations positives entre les exportations et la croissance économique (M. MICHAELY, 1977, B. BALASSA, 1978).

Mais les approches introverties des pionniers de la théorie du développement seront surtout remises en cause dans les années 70 par

[67] Un tableau présenté dans les travaux de Hugon qui décrit les quatre périodes de l'économie du développement et l'institutionnalisme est présenté en annexes du chapitre.

l'étude de A. KRUEGER et de J. N. BHAGWATI, 1978). Cette étude a démontré que les dévaluations n'ont pas d'effets inflationnistes, et que la libéralisation est nécessaire pour encourager les efforts d'exportation.

- Cependant, les travaux récents sur les échanges internationaux s'éloignent des représentations des théories néolibérales.

Le point de départ des nouvelles théories de l'échange international se fonde sur une critique des théories de l'avantage comparatif et de leur incapacité à rendre intelligible les relations internationales. (J. HELLIER, 1993 ?[68]

En outre, ces critiques des théories traditionnelles de l'avantage comparatif ont donné lieu à ce qu'il est convenu d'appeler la « nouvelle théorie de l'échange international » (D. GREENA WAY, 197, E. HELPMAN et A. RAZIN, 1991, P. R. KRUGMAN, 1990).

Dans ce sens l'étude montre que si les travaux fondateurs de ce nouveau courant remontent à la fin des années 70, ce n'est qu'au milieu des années 80 que ces développements vont s'imposer comme un nouveau paradigme dominant dans le débat sur les échanges internationaux. Parmi ces travaux, P. KRUGMAN (l981) va s'intéresser aux effets des rendements non constants sur la spécialisation internationale et de développement inégal entre pays. Pour cet auteur les « économies d'échelle vont permettre au pays, disposant du stock du capital le plus élevé, d'avoir un avantage de coût qui favorisera l'accumulation du capital et renforcera son avantage initial. Dans cette perspective, les économies d'échelle seront à l'origine d'un effet cumulatif de croissance et de compétitivité.

D'autres auteurs se sont intéressés à la politique commerciale sur les marchés internationaux en concurrence imparfaite (J. A. BRANDER, 1991 ; J. A. BRANDER ET B. SPENSER, 1985) : ces auteurs recommandent aux économies l'adoption de politiques commerciales stratégiques afin d'accroître les marchés externes des firmes nationales.

Mais ces conclusions analytiques sont nuancées par P. KRUGMAN (1993), qui considèrent qu'il « est difficile de définir une politique autre que la politique du libre échange et qu'il faut continuer à soutenir le libre-échange même si c'est une solution de second rang. Ainsi le libre échangiste pour lui, à défaut d'être meilleur qu'une stratégie protectionniste, est plus facile à mettre en oeuvre et comporte par conséquent moins de distorsions ».

On peut dire que parallèlement aux travaux sur le commerce international, le retour aux travaux des fondateurs s'effectue également sur la question des rendements d'échelle. À ce niveau, il est à signaler que les premiers travaux en

---

[68] Notons à ce sujet que la théorie traditionnelle de l'échange international ne procurait pas d'explications satisfaisantes au fait que l'essentiel des échanges s'effectuaient entre pays développés, ayant des niveaux technologiques et des dotations factorielles comparables, portant sur des produits simulaires.

économie du développement insistaient sur l'importance et le rôle des rendements dans la dynamique de développement économique. [69]

Cette prise en considération des rendements d'échelle est très forte dans les travaux de A. HIRSCHMAN (1964), dans sa réflexion sur la croissance déséquilibrée où il souligne l'idée que les économies d'échelle sont au centre des liaisons inter-industrielles.

D'autres auteurs comme NURKE, SCITOVSKY, LEWIW ou MYRDAL dont une des préoccupations était de comprendre les moyens de transformer dans les économies sous-développées les économies d'échelle au niveau micro-économique en des rendements croissants au niveau de l'économie nationale (P. KRUGMAN, 1993).

Cette question sera marginalisée avec le retour en force de la théorie néo-classique et l'hypothèse des rendements constants des théories traditionnelles de la croissance : cette représentation néo-classique de la croissance a été basée sur les travaux de SOLOW qui a cherché dans le cadre des hypothèses Walrassiennes à construire un modèle de croissance stable (SOLOW, 1956). Pour ce faire, dans ce modèle, la croissance ne peut provenir que de l'évolution démographique et l'augmentation de la productivité du travail provenant d'un progrès technique exogène.

Toutes ces représentations de la croissance ont été critiquées depuis le milieu des années 80, du fait de leur incapacité à rendre compte de l'évolution des dynamiques de croissance durant ces dernières années. C'est pourquoi on va assister à un renouvellement des théories de la croissance notamment en prenant en considération les rendements croissants, ce qui constitue un retour aux travaux des fondateurs en économie du développement, comme P. ROSENSTEIN-RODAN ou A. HIRSCHMAN, ROMER (1986) qui entreprit de relâcher l'hypothèse néoclassique en introduisant des rendements croissants dans la logique marshallienne. ROMER considère ce fait que les conditions de production internes aux entreprises sont celles des rendements non croissants.

Le retour aux travaux des fondateurs de l'économie du développement se fait également à travers l'accent mis par les théories de la croissance endogène sur l'accumulation du capital humain (R. LUCAS, 1988) et l'importance de l'accès et de la maîtrise des nouvelles technologies (P. ROMER).

Les théories de la croissance endogène qui cherchent à renouveler la réflexion sur le développement à travers un retour aux travaux des fondateurs ont eu une influence importante dans les études sur le développement. Ainsi, R. J. BARRO et J. W. LEE (1994), ont cherché à

---

[69] Notons à ce sujet que P. ROSENSTEIN-RODAN (1943/1961) a été un des premiers auteurs à considérer, dans sa théorie du « Big Push », que les économies d'échelle au niveau micro économique et l'offre de travail dans les pays sous-développés seraient à l'origine d'une forte dynamique de croissance

déterminer les facteurs qui ont influencé les dynamiques de croissance dans 116 économies de 1965 à 1985. Cette étude a montré de nouveau, l'importance des facteurs soulignés par les différents courants de la croissance endogène comme le niveau de PIB/Tête, l'éducation, la santé, la part de l'investissement dans le revenu l'ampleur de l'État et de la stabilité politique.

De ce fait d'autres auteurs (A. SAWIDES, 1995) se sont intéressés aux facteurs de croissance en Afrique sur la période 1960-1987. R. E. LUCAS (1990), s'est intéressé aux facteurs qui limitent le déplacement des investissements des pays développés vers les pays sous-développés :

Il s'agit de : (les différences de dotations du capital humain, les imperfections du marché, la stabilité politique).

Ainsi, un des courants du développement du post-ajustement, inspiré par les théories de la croissance endogène, cherche dans un retour aux travaux des fondateurs les moyens et les voies de renouvellement des théories du développement en recherchant à rompre avec le modèle de WALRAS : Ces auteurs s'opposent au modèle de base, en reconnaissant le caractère sous-optimal de l'équilibre et en insistant sur l'importance de l'État afin de corriger ces imperfections et refusent en considération au niveau de leurs recommandations (PROMER, 1993).

En effet, l'ensemble de ces auteurs critique toute forme d'interventionnisme dans la régulation des économies sous-développées du fait de la difficulté de leur conception et de leur mise en place : le laisser-faire reste la meilleure solution pour ces auteurs, même si c'est une solution de second rang (best). Ce courant de l'économie du développement du post-ajustement reste pionnier des thèses néolibérales en matière de stratégie de développement.

L'ambiguïté de ces analyses apparaît encore lorsqu'elles s'intéressent aux nouveaux pays industrialisés (NPI) du sud-est asiatique. P. KRUGMAN (P. KRUGMAN, 1994), étudie les économies du sud-est asiatique arrive à la conclusion qu'il s'agit d'un mythe basé sur les faibles coûts de main-d'oeuvre, et que ces économies ne résisteront pas à la concurrence internationale et s'écrouleront assez rapidement.

Cette ambiguïté entre les analyses et les recommandations est volontairement entretenue par les adeptes de ces nouvelles théories. De ce fait, tout en développant des analyses plus pertinentes sur les échanges internationaux ou la croissance économique, ces économistes ne rompent pas les liens avec le cadre Walrassien et continuent de réclamer du corpus dominant.

Ainsi donc, ces études se refusent d'analyser et de comprendre, les mutations et les transitions en cours dans le Tiers-Monde en considérant les NPI du sud-est asiatique comme des exportateurs de produits intensifs en main-d'oeuvre à faible coût. Ce refus de saisir la spécificité des expériences de ces pays ne se justifie même pas par la volonté de ne pas rompre avec le courant néoclassique dans la mesure où la plupart des courants néolibéraux admettent aujourd'hui le rôle joué par les différentes institutions et interventions non-marchands dans les expériences des NPI.

Au total nous dirons que l'économie du développement a connu, comme, la nouvelle microéconomie, une remise en cause des hypothèses de base du modèle Walrassien. Les imperfections du marché seront prises en compte par le renouvellement des travaux sur les institutions avec la nouvelle économie institutionnelle.

I.2. La nouvelle économie institutionnelle

En effet, ce courant d'économie du développement a été pertinent dans ces analyses, s'est traduit par le relâchement des hypothèses de la concurrence et de l'information parfaite du modèle pur, et des études sur le développement ont commencé à s'intéresser aux imperfections du marché. L'accroissement des recherches sur les institutions et les mécanismes qui corrigent l'action régulatrice du marché dans les économies décentralisées est alors suggéré par ces imperfections.

Toutes ces préoccupations ont été à l'origine du renouvellement des travaux sur les institutions avec la nouvelle économie institutionnelle (NEI) ou le néo-institutionnalisme.

Ce courant va également se développer dans l'économie du développement et dominer progressivement les travaux récents sur les économies sous-développées.

Notons aussi que le développement de ce courant a été influencé par le courant néokeynésien et la synthèse qu'il a voulu construire entre les préoccupations macroéconomiques et les fondements microéconomiques.[70]

Cette évolution théorique a eu des conséquences importantes sur les pratiques et les stratégies du développement. Ces auteurs remettent de plus en plus en cause les recommandations libérales du consensusde Washington. (J. E. Stglitz, 1997)[71]

Le marché est considéré dans l'analyse comme la plus importante institution de régulation des projets des différents agents dans une économie décentralisée, nécessitant une intervention correctrice de l'État. (CHADHURI, 1990).

En effet, une pluralité de courants et de pratiques théoriques se réclamant de l'institutionnalisme va se développer dans le champ de l'économie du développement. Le point de départ de l'ensemble de ces approches néo-

---

[70] A ce niveau, il faut souligner que plusieurs tenants de la nouvelle économie institutionnelle, comme J. E. Stiglitz, viennent du courant néokeynésien.

[71] Cf : J. E. Stiglitz, ancien économiste en chef de la Banque mondial, précise que les expériences de développement » réussies » de l'Asie du Sud-Est ont démontré l'importance d'une intervention de L'État dans la régulation d'une économie marchande.

institutionnelles est l'incapacité de l'équilibre Walrassien pur à saisir les spécificités de l'accumulation et du comportement des agents économiques, dans les pays sous-développés. (Pour ces auteurs, les marchés sont moins harmonieux dans les pays du tiers-monde, la segmentation du travail est très poussée et la situation d'extrême pauvreté donne lieu à des comportements de la part des agents non-conformes aux postulats du modèle Walrassien de base. (J. CBERTHELEMY, J. GDEVEZEAUX De LAVERGNE, 1991). [72]

Pour ce faire, la remise en cause de la capacité du modèle pur à construire, l'intelligibilité des réalités concrètes dans les pays sous-développés ne s'est pas traduite par une rupture entre le néoinstitutionnalisme et le modèle de base. Bien au contraire, la NEI dans le champ du développement est une extension de la théorie néo-classique dans la mesure où elle cherche à expliquer les institutions par le comportement microéconomique des agents (H. YONG, 1994). .

De ce point de vue, les institutions permettent aux agents de maximiser leurs comportements dans un contexte d'information et de concurrence imparfaites.

Nous disons ainsi que la NEI se distingue de la conception de J. R. COMMONS, qui cherche à trouver les fondements des comportements collectifs dans l'analyse des institutions : les institutions se limitent à l'étude des formes de coordination entre les agents résultant des imperfections du marché.

La pluralité des définitions des institutions proposées par les auteurs, pousse à D. NORTH (1994) d'établir la distinction entre institution et organisation :

- L'institution regroupe l'ensemble des règles formelles (lois) et des contraintes conçues par les hommes et qui fournissent une structure d'incitation dans une économie.
- L'organisation est perçue comme les individus ou les groupes d'individus.

L'auteur nous montre en effet que l'interaction entre institution et organisation est à la base du changement social. Cette distinction n'est pas reprise par M. NABLI et J. B. NUGENT (1989), qui définissent l'institution comme un ensemble de règles et de contraintes qui gouvernent le comportement et les relations, entre les individus ou les groupes. Les auteurs affirment que, les organisations comme les syndicats, les différents marchés, les contrats implicites ou explicites et les codes culturels sont analysés comme des institutions dans la mesure où ils produisent des normes de conduite pour les individus ou les groupes d'individus.

[72] Pour ces auteurs pensent que « sous l'influence de facteurs inhabituels dans les pays riches, la rationalité économique peut conduire à des réactions en apparence paradoxales au système des prix ».

Pour J. E. STIGLITZ (1988), l'institution comprend les règles et les normes de fonctionnement ainsi que les organisations comme la famille ou le marché.

Certains auteurs privilégient l'approche des coûts de transactions de R. H : COASE et O. WILLIAM qui considèrent que les entreprises cherchent, dans un contexte d'imperfection du marché, à internaliser un grand nombre d'activités afin d'économiser les coûts occasionnés par tout recours externe (K. BASU, 1984).

Un autre courant institutionnaliste se situe dans le prolongement des travaux de D. NORTH sur l'histoire économique. Dans ce courant le développement est défini comme une dynamique de croissance avec un changement institutionnel efficace.

Soulignons que ces conceptions de NORTH des institutions ont été à l'origine du développement de nombreux travaux en économie du développement. Notamment W. RUTTAN et Y. HAYAMI (1984), ont développé la théorie des innovations institutionnelles induites des interactions entre l'offre et la demande.

D. FEENY (l981) a par ailleurs démontré que l'augmentation des prix de la terre en Thaïlande à partir de 1850 avec l'ouverture sur le commerce international a entraîné un renforcement des droits de propriété sur les terres et l'abandon des systèmes d'esclavage. Ce constat a été fait par M. BENTY et T. OBERHORFER (1981) en Afrique de l'Ouest avec une grande de changement institutionnel suite au développement de la productivité sous l'effet des changements techniques.

Mais, le plus important courant institutionnaliste cherche à comprendre la formation des institutions dans le comportement rationnel des agents économiques (P. BARDHAN, 1988) :

Les travaux les plus représentatifs de ce courant sont ceux de J. E. STIGLITZ (1985, 1986, 1988).

Ainsi d'après cette théorie, le point de départ de l'étude des problèmes du développement et l'analyse des comportements des agents économiques est, l'examen des situations d'information imparfaite : Ce courant s'est intéressé plus particulièrement au comportement des paysans dans le Tiers-Monde, que les analyses classiques considèrent comme irrationnels.

Contrairement aux affirmations du courant standard, les auteurs institutionnalistes ont démontré que les différentes formes contractuelles élaborées par les paysans à la base constituent des réponses rationnelles aux imperfections du marché, et plus particulièrement à l'incertitude qui entoure le monde rural dans les pays sous-développés, du fait du retard technologique et de l'absence de toute forme de soutien de la part des pouvoirs publics (P. BARDHAN, 1989, H. INSWANGER et M. ROSENZWEIG, 1984, M. ESWARAN et A. KOTWAL, 1985, J. E. STIGLITZ, 1988.

D'autres thèmes ont été étudiés par ce courant comme la réussite des pays du Sud-Est asiatique, (J. E. STIGLITZ, S. HAGGARD, 1990). De ce fait comme l'affirment les auteurs, la transition vers un système de promotion des exportations dans les pays asiatiques a exigé la constitution d'une série d'institutions qui ont renforcé l'État et sa capacité à formuler et à mettre en place ses stratégies, en vue de contribuer à leurs dynamiques de croissance. Dans cette perspective, J. STIGLITZ (1996), en analysant les dynamiques de croissance dans ces pays asiatiques, il met l'accent sur la nécessité de l'intervention de l'État dans des marchés incomplets et imparfaits, notamment dans le secteur secteur financier, car l'imperfection est plus importante sur ce marché et peut remettre en cause l'effort de développement.

Au total, le courant de la nouvelle économie institutionnelle (NEI) a joué un rôle important dans la remise en cause du modèle Walrassien pur, en démontrant son incapacité à analyser et à comprendre des comportements spécifiques des agents économiques dans des situations de concurrence et d'information imparfaites. Ces travaux ont participé de la critique du consensus qui a dominé l'économie du développement depuis le début des années 80. Mais malgré cette critique de la microéconomie traditionnelle, cette branche de la NEI, ne coupe pas les ponts avec le courant libéral et inscrit sa démarche théorique dans le prolongement de la nouvelle microéconomie Walrassienne en se fixant comme objectif d'enrichir le modèle de base en lui donnant les moyens de comprendre et d'analyser les imperfections du marché liées à une information imparfaite.

Cette approche analysant l'institution comme une résultante du comportement maximisateur et rationnel des agents en situation d'imperfection du marché, reste donc marquée par l'individualisme méthodologique, et exclut de son champ d'analyse les comportements collectifs que privilégiaient les pères fondateurs du courant institutionnaliste avec les travaux de R. COMMONS.

Ce qui domine dans cette analyse, c'est la non-prise en considération les rapports de force et les relations de pouvoir qui se nouent au sein des institutions et qui sont à l'origine d'un partage inégal des droits de propriété (P. BARDHAN, 1989).

On peut dire que la NEI dans le champ d'économie du développement éprouve des difficultés à expliquer et à analyser la genèse des institutions (formation et renouvellement). En effet, la plupart des contributions se limitent à une vision synchronique des institutions en essayant de les décrire et de comprendre le rôle qu'elles jouent dans les dynamiques d'accumulation et de croissance économique.

Cependant, la dynamique de formation et d'évolution des institutions est rarement analysée, surtout si l'on s'intéresse par exemple aux dynamiques de transition dans les pays du Tiers-monde. Pour l'heure, la NE!, soutient que l'efficacité des institutions mises en place dans les pays asiatiques est à l'origine de l'insertion dynamique et compétitive de ces pays dans l'économie mondiale. Cependant, ce courant ne nous explique pas les raisons qui ont permis à ces économies de construire des institutions efficaces et l'incapacité des autres économies du TiersMonde de poursuivre le même Schéma.

Disons, par ailleurs que, plusieurs travaux institutionnalistes, plus particulièrement dans la littérature francophone, se sont intéressés à la relativisation de la rationalité des acteurs économiques, soumis à des déterminismes sociaux et économiques.

Ces travaux remettent en cause la capacité de la microéconomie traditionnelle à tous ces comportements spécifiques, et cherchent à expliquer le décalage entre la rationalité de ces agents et la rationalité Walrassienne : Ces travaux ont porté sur les économies africaines et ont voulu répondre aux thèses sur l'irrationalité des acteurs économiques africaines.

Dans cette perspective, comme le souligne HUGON (1995) : « l'irrationalité économique serait, liée à la priorité donnée à la dimension symbolique des actes. La valeur des hommes et des relations interpersonnelles l'emporterait sur celle des choses ». Ces études ont mis l'accent sur la soumission de l'agent économique en Afrique à deux systèmes de détermination : les systèmes communautaires qui le lient par une série d'obligations à sa communauté de base et un autre individuel, où l'agent économique cherche à répondre à ces besoins subjectifs.

Ces approches font de la communauté une institution sociale centrale qui joue un rôle important dans l'atténuation des effets des incertitudes et des instabilités en Afrique.

Du point de vue théorique, ce courant se rapproche du courant conventionnaliste français qui cherche à dépasser la théorie standard et la théorie standard élargie et à construire une nouvelle conception de la socialisation des agents en prenant en considération les institutions et les conventions (O. FAVEREAU, 1995).

En effet, les analyses conventionnalistes font une critique des analyses microéconomiques standard et oscillent entre une attitude analytique et un discours normatif en matière de développement. Ces analyses ont fait l'hypothèse de la supériorité des normes de gestion capitaliste sur toute autre forme ou norme de gestion. C'est pourquoi l'objectif pour ce qui concerne les crises économiques en Afrique est de démontrer « la non-conformité des comportements des agents avec qui est censé être la norme rationnelle de comportement ».

Un autre auteur qui a donné sa contribution de l'étude de la communauté comme institution dans la socialisation des agents économiques en Afrique est F. R. MAHIEU (1990).

En effet, l'auteur considère que « la théorie économique est confrontée aux particularités du comportement économique en Afrique à deux niveaux :

le niveau micro-économique de la relation avec la communauté, le niveau macro-économique de la relation entre l'État et ces mêmes communautés » :

Au niveau micro-économique, l'agent économique en Afrique est soumis à des contraintes communautaires qui selon ces analyses viennent se superposer à la logique individualiste maximisatrice du modèle de l'équilibre pur. F.R.MAHIEU, introduit dans son analyse de la communauté, les notions de droits et d'obligations. Dans cette perspective, la communauté est constituée par un réseau dense de droits et d'obligations que les agents entretiennent vis-vis d'autres individus. C'est pourquoi, il pense que, les fondements ne se limitent pas aux aspects économiques, mais comprennent également des motivations politiques, réligieuses et d'autres plus en rapport avec l'univers imaginaire et symbolique. Tout individu est doté d'une carte individuelle de droits et d'obligations vis-à-vis de sa communauté. Cette carte va donner lieu à des échanges et des transferts entre les individus.

Ce système d'obligations et de droits prend sa force dans le système de sanctions que les communautés mettent en place pour imposer un respect strict de la norme à tous ses individus. La communauté représente pour chaque individu un refuge et une garantie dans les périodes d'incertitude.

- Au niveau macro-économique, selon F. R. MAHIEU, la contrainte communautaire et les transferts communautaires sont au centre des rapports entre l'État et les citoyens. C'est-à-dire les rapports entre l'État et les différentes communautés constitutives de l'État-Nation.

Cette approche, en dépit de sa volonté de rompre avec le cadre néoclassique et les analyses standard de la Banque Mondiale, est encore marquée par le caractère a-historique et statique qui caractérisait ces analyses. Dans ce sens selon l'auteur, la contrainte communautaire paraît dans ses grilles de lectures essentialistes comme une caractéristique en dehors du temps et ne subit par conséquent aucune influence de l'évolution historique dans la plupart des pays africains.

C'est qu'il apparaît en effet que les autorités coloniales, dans le but d'introduire les cultures d'exportation, ont réformé les systèmes fiscaux locaux en imposant notamment l'impôt en argent. Ces mutations économiques ont été à l'origine du développement des rapports marchands qui ont entamé la destruction des rapports communautaires.[73]

Précisons d'ailleurs que l'idée de contrainte communautaire n'est pas nouvelle dans l'étude des communautés africaines. En effet, dès 1957, S. AMIN a été le premier à introduire l'hypothèse de la succession de trois modes de production, la famille communautaire, la famille tributaire et le mode de production capitaliste, comme alternative aux hypothèses du mode

[73] CF : H. BEN HAMMOUDA, 1993

de production asiatique ou de la succession des cinq modes de production dans son analyse de l'évolution historique des sociétés.[74]

Ainsi pour l'auteur, la succession de trois formes d'organisation sociale s'est faite par deux ruptures fondamentales à savoir :

- La première a été à l'origine du passage du mode communautaire au mode tributaire où la propriété de la terre se fait sur des bases communautaires et l'idéologie de la parenté domine la société, en jouant un rôle important dans la productivité de la société. Dans les sociétés tributaires, on assiste à une cristallisation du pouvoir social au sein de noyaux étatiques qui vont dominer l'activité économique et la propriété de la terre. L'activité économique dans les deux formes d'organisation est marquée parla valeur d'usage et accorde peu d'importance aux échanges marchands. Les pouvoirs tributaires vont légitimer leur contrôle social dans l'univers idéologique métaphysique et religieux.
- La deuxième grande mutation concerne le passage des sociétés tributaires vers le capitalisme avec le développement des rapports marchands et l'appropriation privée des moyens de production ainsi que l'idéologie économiciste

On peut aussi dire que la thèse développée par S. AMIN n'est qu'une hypothèse de recherche qu'il faut continuer à interroger, notamment à propos des transitions » ratées »vers le capitalisme dans certaines sociétés sous-développées comme le monde arabe ou l'Afrique . Mais cette thèse de l'auteur a l'avantage par rapport aux thèses conventionnalistes de fournir une grille d'explication dynamique et historique qui ne se limite pas au constat empirique du fait communautaire en Afrique, mais tente de le comprendre et de l'analyser.

Au total, les analyses macro-économiques du courant conventionnaliste posent également quelques difficultés et suscitent des critiques. Dans cette analyse, les prélèvements effectués par l'État sur les différentes communautés sont réservés de nouveau dans le cadre des programmes de développement agricole ou d'autres types de dépenses de l'État, notamment les dépenses sociales.

Cette lecture qui exclut les rapports de force entre l'État et les différentes communautés est contredite aujourd'hui par les faits :

- Tout d'abord, l'ouverture démocratique et la remise en cause des pouvoirs autoritaires ont démontré que les États africains, après une brève période moderniste, se sont repliés sur les communautés ethniques ou régionales de leurs dirigeants excluant par conséquent les autres communautés, dans la répartition des fruits de la

[74] CF : S. AMIN, 1979, 1996.

croissance. (exclusion expliquant en partie le caractère identitaire du mouvement de contestation du monopole du politique par l'État en Afrique dans les années 80).

- Par ailleurs, les auteurs conventionnalistes semblent minimiser le poids des prélèvements de l'État sur les paysans d'autant plus qu'ils considèrent que les transferts de l'État permettent d'alimenter les filières de solidarité communautaire. Mais aussi comme le montre H. COCHET (1996), ces analyses sont contredites par des analyses et des enquêtes précises sur le terrain dans différentes économies africaines.[75]

Ces travaux montrent au contraire que les prélèvements sur les paysans ont joué un rôle important dans la mise en place des structures étatiques et ont bloqué l'accumulation au sein des exportations, ce qui explique la faiblesse des productivités agricoles. L'étude des rapports entre l'État et les communautés nous place au coeur des mécanismes de contrôle et de domination sociale exercés par l'État sur les paysanneries africaines.

Enfin, ces auteurs évoquent pour expliquer la faiblesse des productivités agricoles la contrainte communautaire. En effet, les paysanneries africaines accordent selon ces auteurs une plus grande importance au temps communautaire et aux activités sociales par rapport aux activités productives ce qui finit par influencer négativement la productivité agricole.

Au total, les différents courants institutionnalistes en dépit des critères importants apportés au courant de l'équilibre économique généra l, ne permettent pas de dépasser la crise des études du Développement. Nous venons de montrer tout au long de ce paragraphe leur difficulté à analyser et à comprendre, par leur conception synchronique des institutions, la dynamique des mutations dans le Tiers monde.

D'où le renouvellement nécessaire d'autres approches, parmi lesquelles, figure en bonne place l'approche structuraliste.

I.3 Le renouvellement de l'approche structuraliste

Dans ce paragraphe, nous allons beaucoup insister sur des aspects structurels dans l'analyse des économies africaines.

Ce courant structuraliste a joué un rôle important dans l'émergence et le développement de l'économie du développement. Ce courant a pris naissance dans années 40 et 50 en Amérique Latine avec les travaux de la CEPAL et de R. PREBICH, en Europe avec F. PERROUX et G. MYRDAL, et aux États-Unis avec A. HIRSCHMAN.

---

[75] Voir les résultats des enquêtes sur les systèmes de production agricole au BURUNDI par exemple.

Ce courant se distingue du courant néo-classique du fait qu'il remet en cause le modèle d'équilibre et sa capacité à assurer une allocation cohérente des ressources de production.

En effet, influencé par le Keynésianisme, ce courant défendait l'idée d'une intervention de l'État dans la régulation économique et dans la correction des imperfections du marché.[76]

Mais le plus grand apport des analyses structuralistes réside dans la prise en considération des aspects structurels dans l'analyse des économies du tiers-monde. Ainsi, le sous-développement n'est pas analysé comme un phénomène naturel., plutôt comme une situation historiquement liée à la désarticulation des structures productives et aux phénomènes de domination exercée par l'économie Internationale. La prise en compte du poids des structures sera au centre des analyses du courant structuraliste des phénomènes du sous-développement comme le chômage ou la détérioration séculaire des termes de l'échange dans le Tiers-Monde.

Ce courant sera remis en cause à partir de la fin des années 60. Tout d'abord, la stagnation des économies Latina-américaines et de l'ensemble des économies qui ont adopté les stratégies d'import-substitution ont été à l'origine du développement des critiques vis-à-vis du courant structuraliste. On assiste par ailleurs à l'émergence des théories de la dépendance qui ont critiqué les fondements théoriques et les propositions politiques « réformistes » des courants structuralistes. Ces critiques ont été à l'origine d'une marginalisation du courant structuraliste dans les années 70.

Ce courant sera encore plus critiqué dans les années 80 avec le retour en force du courant néoclassique dans le champ de l'économie du développement.

On peut ainsi dire que la crise du consensus de Washington avec l'échec des programmes d'ajustement structurel a été à l'origine d'un renouveau du courant structuraliste et l'émergence d'une nouvelle pensée théorique se réclamant de ce courant à partir de la fin des années 80.

En effet, le point de départ des courants néo-structuralistes est une double critique touchant les fondements théoriques et les choix de développement des Programmes d'Ajustement Structurels (PAS). Du point de vue théorique, ces nouvelles approches critiquaient l'accent mis par le consensus de Washington sur les questions liées à l'offre et à la marginalisation de la demande dans l'analyse des déséquilibres dans les pays sous-développés.

De ce point de vue, ils proposent une réhabilitation de la demande en tant que stratégie analytique et en tant que fondement de nouvelles politiques de développement (J-M. FONTAINE et MC . JACQMART, 1993).

On peut aussi dire que les néo-structuralistes critiquaient, dès le début des années 80, les programmes de stabilisation de la Banque Mondiale et du FMI et considèrent qu'elles sont inadaptées pour résorber les déficits tout en

[76] CF : P. OMAN et G. WIGNARAJA (l991)

maintenant la croissance dans les pays sous-développés (L. TAYLOR, 1981).

Donc, les néo-structuralistes se rattachent au courant structuraliste en essayant de réhabiliter la demande, tout en critiquant les politiques de stabilisation néo-libérales inspirées par le modèle Walrassien. Ils rappellent également que les analyses du développement doivent prendre en considération les spécificités structurelles des sociétés sous-développées et introduisent notamment les rigidités structurelles qui empêchent l'équilibre spontané de l'offre et de la demande, et exigent une intervention régulatrice de l'État. Ces analyses se rapprochent également des approches marxistes et classiques en prenant dans leurs modèles des prix de production, et en analysant l'inflation comme le résultat des conflits de répartition entre les salaires et le profit.

On peut encore ajouter que, les analyses néo-structuralistes se distinguent des fondateurs de l'analyse structuraliste en optant pour des approches en équilibre en statique comparative. En effet, les néo-structuralistes optent pour des modèles à court et moyen terme, dont les modèles IS/LM (L. TAYLOR, 1981).

Comparativement aux travaux des pères fondateurs, les analyses structuralistes, insistaient sur le rôle fondamental de l'État dans la dynamique de croissance économique, les nouvelles analysent remettent en cause l'intervention de l'État dans la dynamique d'accumulation, recommandent une grande discipline dans la gestion des finances publiques en réduisant les subventions aux produits de base, conseillent des privatisations des entreprises publiques non stratégiques et considèrent que la reconstruction de la compétitivité des entreprises, exige parallèlement à la réduction des barrières douanières, l'amélioration du contenu en capital des exportations des entreprises (H. G. ROMO, 1994).

De manière générale, les approches néo-structuralistes sont plurielles et renferment un grand nombre de courants et d'auteurs. Ainsi au-delà de cette diversité, il est possible de distinguer deux principaux courants :

1/ Les courants latina-américains qui parallèlement à la critique des modèles de stabilisation orthodoxes, ont inspiré les expériences de stabilisation hétérodoxes dans certains pays en Amérique latine. Ces modèles ont cherché à travers un contrôle administratif des prix et la suppression de l'indexation des salaires à lutter contre l'hyperinflation essentiellement au Brésil avec le plan austral, et en Argentine avec le plan Cruzado (G. GRELLET, 1994, P. SALAMA et J. VALIER, 1990). Or, ces expériences ont échoué et n'ont pas pu par conséquent endiguer les déficits dans ces pays et lutter efficacement contre l'inflation.

2/ Un deuxième courant néo-structuraliste s'est développé à la suite des travaux et des premiers modèles de L. TAYLOR. Ce courant cherche dans une optique Keynésienne à étudier les effets de différents Scénarios de stabilisation sur les économies des pays sous-développés. Effet, ces travaux sont d'ordre théorique (J. A. OCAMPO, 1987) et se sont également intéressés à des recherches appliquées sur des économies du Tiers-Monde, dont les économies africaines (B. J. NDULU, 1991 ; M. LUNHAL et B. J. NDULU, 1996).

Cependant, L. TAYLOR, comme tous ces auteurs néo-structuralistes, commence par critiquer les modèles de stabilisation orthodoxes et remet en cause leur capacité à lutter contre les déséquilibres dans les économies sous-développées, en maintenant la croissance économique (L. TAYLOR, 1988).

Lorsque, TAYLOR, fait l'étude des politiques macro-économiques, il s'intéresse particulière- ment aux modalités de bouclage. Alors, il distingue deux cas ou modalités :

1/ Un système stagnationniste basé sur une relance de la demande ;
2/ Et un autre système exhilarationniste lié à une restructuration de l'offre.

Cette distinction recoupe la distinction traditionnelle entre les situations de sous-emploi keynésien qui correspond au système stagnationniste et à la situation de plein emploi qui fait référence au système exhilarationniste.

A) Que pouvons-nous retenir de ces deux systèmes ?

Notons que, dans un système stagnationniste, l'accroissement de la demande effective et la redistribution progressive des revenus entraînent un accroissement de la production et une élévation des taux d'utilisation des capacités productive, ce qui permettra une augmentation de l'emploi.

Alors que dans un système exhilarationniste (une situation de plein emploi), l'économie réagit à une distribution régressive des revenus qui peut accroître la part des profits dans le revenu national et entraîne par conséquent une relance de l'investissement.

L. TAYLOR, transpose cette distinction dans le cas des économies sous-développées. Cependant, il précise que les deux régimes peuvent coexister du fait de l'existence dans certaines économies sous-développées de ressources inutilisées avec des rigidités de l'offre.

C'est pourquoi J. M. FONTAINE, 1993 pense que les politiques de stabilisation du FMI cherchent à restructurer l'offre dans les pays sous-développés afin de répondre aux déséquilibres macro-économiques. Ainsi dans ce cadre le contrôle des dépenses publiques joue un rôle important, car il permet un arbitrage au profit de la demande externe par rapport à la demande domestique.

L. TAYLOR, affirme dans son étude axée sur les expériences des pays du Tiers-Monde, que, les élasticités d'offre des exportations sont faibles dans les pays sous-développés alors que les importations on atteint un niveau incompressible, ce qui rend difficile l'équilibre de la balance des paiements. (Nous avons analysé dans le chapitre 7, cette question des déséquilibres des paiements).

Mais la reprise des exportations n'entraîne pas nécessairement une reprise de la croissance sur les marchés internes, car la dévaluation peut avoir des effets récessifs.

L'auteur, nous précise par ailleurs que, la restriction monétaire et la hausse des taux d'intérêt augmentent les coûts de production, et réduisent par conséquent l'investissement . Dans ce sens, le caractère récessif des programmes de stabilisation orthodoxes peut bloquer les réformes structurelles visant une insertion dynamique des économies sous-développées dans l'économie mondiale.

Ces analyses que nous faisons sur les programmes de stabilisation seront systématisées par L. TAYLOR dans différents modèles (L. TAYLOR, 1991) : « ces modèles sont le résultat d'un échange électique entre les enseignements des théories structuralistes et des idées Cambridgiennes et Marxistes. »

S'inspirant de ces modèles, l'auteur analyse, les effets des programmes de stabilisation orthodoxes et met en valeur leur caractère dépressif pour les économies du Tiers-Monde.

Ainsi vu sous cet angle, les analyses des courants structuralistes sont d'un grand intérêt, car ils permettent de saisir les limites des approches orthodoxes en matière de stabilisation.

Cependant, en dépit de cet intérêt, les modèles néo-structuralistes ne peuvent dépasser la crise de l'économie du développement et son incapacité à analyser et à comprendre les mutations et les transformations en cours dans le Tiers-Monde.

Sous cette lignée, les mutations et les transitions auxquelles sont confrontées les économies sous-développées ne résultent pas de choix macro-économiques de court terme, mais sont l'aboutissement de choix et d'options de long terme que les modèles de court terme, comme les modèles néo-structuralistes, ne peuvent ni saisir, ni expliquer.

En fait, même s'ils réclament de la tradition structuraliste, ces modèles n'ont qu'une vision réduite des structures :

- C'est pourquoi cette conception se limite à une analyse de la répartition en termes d'opposition, et lutte entre les salariés et les détenteurs du profit.
- Cette conception, reste limitée, car elle n'accorde pas d'intérêt aux structures productives. (elle nous paraît pas en mesure d'analyser les mutations en cours dans les pays sous-développés.)

L'auteur arrive à la conclusion que, « si les questions de répartition ne sont pas marginalisées dans les transitions différenciées que connaissent les pays sous-développés, il est essentiel d'étudier les structures productives pour les comprendre. »[77]

Nous aborderons en profondeur les problèmes de transition dans les pays sous-développés dans la section IV.

Notons que cet examen critique des différents courants de l'économie du développement du post-ajustement permet de mettre en valeur leur incapacité à saisir et à expliquer les mutations et les évolutions encours dans le Tiers-Monde. Ces limites exigent donc un nouvellement des théories du développement et la construction d'approches capables d'analyser les dynamiques en cours dans la plupart des pays sous-développés en général et en particulier dans les pays de la Zone franc Africaine.

- Comment l'approche de développement en matière de lutte contre la pauvreté est-elle pertinente pour expliquer les mutations actuelles dans les économies sous-développées ?

Dans les années 90, l'économie du développement s'est écartée des explications macro-économiques de Keynes ou Harrod et Domar pour mettre l'accent sur les fondements micro-économiques du développement.

Les économistes du développement et les gouvernants se sont davantage préoccupés des décisions prises au niveau micro-économique, prenant conscience du rôle crucial que jouaient ces décisions dans la croissance d'une économie par exemple, le rôle des femmes dans les décisions des ménages, les effets que pouvait avoir la proportion des ressources du ménage gérée par les femmes sur la santé et la nutrition de leurs enfants, le rôle de la micro-économie dans le marché foncier et les marchés du travail et du crédit, et le rôle joué par les institutions et les réseaux internationaux face aux défaillances du marché.

Ces travaux sur la « micro-économie » du développement ont pour objet de déterminer quelles institutions peuvent intervenir au niveau micro-économique pour remédier à ces défaillances et de définir une politique pour traiter ces problèmes : Nous verrons en fait dans le cas de la zone franc, les perspectives qui sont amorcées en ce sens notamment, le problème de la micro finance78, mais pour cette zone les considérations macro-économiques ne sont pas remises en cause, mais plutôt servent de fondement de la micro-finance.

---

[77] CF : BEN HAMOUDA, OP. CIT

[78] CF les travaux de la réunion des ministres de l'économie et des finances de la zone franc à Cotonou, 8 avril 2005.

B) Les institutions et la gouvernance occupent une place centrale

La conséquence directe de cette évolution est la reconnaissance que les institutions et la gouvernance sont des déterminants fondamentaux d'une croissance soutenue et d'un recul durable de la pauvreté.

Dans les années 80, les stratégies de développement mettaient l'accent sur l'amélioration de la politique gouvernementale et en particulier de la politique macro-économique et commerciale, ainsi que sur la nécessité de laisser les prix s'établir à leur juste niveau en· supprimant les obstacles au bon fonctionnement du marché suscité par l'action gouvernementale.

Les années 90, quant à elles, ont conduit les responsables concernés à s'intéresser aux institutions et à la gouvernance et ce pour quatre raisons à savoir :

> **1/ Les programmes d'ajustement** structurel n'ayant pas réussi à lancer la croissance dans de nombreux pays pendant les années 80, l'attention s'est portée sur le rôle des institutions et de la gouvernance dans le développement.
>
> **2/ Le fait le plus important,** est peut-être la fin de la guerre froide a ôté les oeillères que les pays bailleurs de fonds s'étaient volontairement appliquées.
>
> Jusqu'au début des années 90, les États-Unis et leurs alliés s'étaient abstenus d'examiner de trop près les problèmes de gouvernance des pays satellites, craignant de saper ce qu'ils considéraient comme des remparts contre l'expansion communiste. Mais avec l'effondrement de l'Union soviétique, les populations des pays développés bailleurs de fonds comme celles des pays en développement ont commencé à critiquer la mauvaise gestion des affaires publiques, considérée comme un obstacle au développement.
>
> **3/ Le passage des économies** de l'Europe de l'Est et l'ex-Union soviétique à l'économie de marché au début et au milieu des années 90 passage qui s'est révélé bien plus ambitieux que ne l'avaient pensé de nombreux observateurs a souligné l'importance considérable des fondements institutionnels pour les marchés et pour l'adoption de politiques rationnelles.
>
> **4/ La crise financière**
>
> On peut alors conclure comme l'affirme B ; Chavance que : « l'Économie est un processus institutionnalisé : tel est le consensus qui semble s'établir depuis une quinzaine d'années : admettre l'importance des institutions pour l'étude de l'économie représente toutefois une rupture avec le courant dominant de la pensée au XX è siècle »[79]

---

[79] B. CHA VENCE : « *L'Économie Institutionnelle,* Paris, La Découverte, Collection

Pour l'auteur il existe quatre grandes familles institutionnelles en économie :

- L'institutionnalisme originaire ;
- L'école autrichienne et l'ordolibéralisme ;
- La nouvelle économie institutionnelle ;
- Les courants européens contemporains : la théorie de la régulation : une macro-économie historique).

II. La reformulation des analyses sur la stabilisation macro-économiques en Zone franc Africaine (ZFA) et problèmes de transition institutionnelle (analyses empruntées à Orléans, Aglietta, Sapir, Hugon)

Dans cette section nous cherchons à traiter les problèmes de transition institutionnelles à partir des faits stylisés puis ressortir les corpus théoriques pour les Pays africains de la Zone franc (avec les risques de décalcomanie).

Malgré la diversité des modèles de stabilisation, dans cette section, nous montrons l'importance de la stabilisation monétaire dans nos économies actuelles. Il s'agira aussi de voir dans la zone franc africaine comment reformuler ces analyses en vue d'une zone monétaire plus intégrée. Aujourd'hui plus d'un millier d'économistes s'emploient à analyser les facteurs économiques et financiers qui détermineront les tendances d'évolution mondiale de demain. À ce titre le rapport sur les perspectives de l'économie mondiale nous offre une analyse des échanges et des marchés financiers dans un monde de plus en plus intégré : « taux d'intérêt, marché des changes, balance commerciale, épargne, investissement et dette, prix des produits de base, politique économique. Tant de facteurs influent sur l'économie mondiale qu'il est souvent difficile d'avoir une vision bien claire de l'avenir. Et pourtant, c'est cette vision même que nous devons absolument avoir pour prendre aujourd'hui des décisions bien informées qui serviront au mieux nos intérêts de demain. »80

Conscient que la politique budgétaire peut favoriser la croissance et le développement humain par des circuits divers, la stabilisation monétaire est l'un des piliers du développement économique et donc de la croissance de nos économies actuelles.

- Mais comment ces circuits fonctionnent-ils exactement dans les pays en développement et notamment dans la zone franc Africaine ?

Repères., 2007

[80] FMI, Perspectives de l'économie mondiale, avril 2004

- Quelle politique fiscale et quelle politique de dépenses les pays de la zone franc devraient-ils appliquer pour atteindre les objectifs du millénaire pour le développement ?
- Et comment rendre l'aide internationale (aide publique au développement) ?

En s'inspirant des travaux théoriques et de l'expérience des pays de la zone franc (voir annexe générale), cette étude met à profit la politique monétaire pour stimuler le développement économique.

Bien que la discipline budgétaire est la clé d'une croissance favorable aux pauvres et les dépenses sociales financées par l'aide extérieure sont souvent source de gaspillage et de corruption ; lorsque le la gouvernance reste faible, il y a éventuellement arbitrage entre aide et mobilisation des recettes intérieures » (Nancy Birdsall, Centre pour le développement mondial FMI). La politique monétaire joue un rôle important pour la croissance économique.

A. Fondements théoriques et analyses (Faits stylisés)

Sachs, Sapir, Moutot, de Boissieu ont abordé théoriquement les questions des controverses sur la stabilisation macro-économique en s'inspirant des exemples de la Russie de l'ex-URSS.

Ces analyses empruntées à ces auteurs nous incitent à réfléchir pour le cas des pays africains de la zone franc sur la possibilité d'une création monétaire monétaire spécifique, notamment l'application des politiques de stabilisation, d'une part et la proposition d'approche nouvelle au « moment où l'eurolibéralisme est affaiblie, où l'Europe est la croisée des chemins ». Une analyse beaucoup nuancée est démontrée par Sapir concernant les éléments du concept de taux d'inflation « naturel ».

Pour mieux cerner le débat, il faut partir de la situation du rouble dans les années 92, qui est comparable à la situation du franc CFA dans la zone Franc.

Comprendre ces phénomènes comme l'affirment ces auteurs est un défi pour les économistes. C'est aussi une nécessité pour ceux qui ont la responsabilité des politiques de réforme et pour la communauté internationale qui les soutient.

Jeffrey SACHS, qui après avoir conseillé le gouvernement Polonais au moment du lancement du plan Balcerowicz, joue un rôle actif auprès du gouvernement de la Russie, propose une analyse orthodoxe des déboires de la stabilisation et donne les grandes lignes d'un programme visant à franchir en 1993, l'obstacle macro-économique.

L'auteur analyse l'inflation qui s'est développée en 1992 comme résultant de la création monétaire induite par le crédit accordé aux entreprises, à l'État et aux autres Républiques. Cette émission de monnaie centrale a pour une part été une réponse forcée à l'explosion du crédit interentreprises, à la chute des ressources fiscales et la contraction des échanges inter-républicains.

SACHS juge qu'il est possible de conduire une politique monétaire rigoureuse à condition d'assainir au préalable la situation financière des entreprises (qui, du fait qu'elles sont créditrices

, sont en fait victime de l'inflation), d'affecter une partie de l'aide internationale (et parallèlement d'en réduire l'ampleur), et de franchir le pas de la création de monnaies nationales dans les ex-républiques. Complété par la convertibilité du rouble, le dispositif devrait selon lui permettre d'arrêter l'inflation en quelques mois.

D'autres auteurs comme 1. SAPIR, M. AGLIETTA, P. MOUTOT soulignent le caractère endogène de la création monétaire :

L'article de Jacques SAPIR et celui de Michel Aglietta et Philippe Moutot, défendent un point de vue opposé :

- SAPIR, consacre une grande partie de son argumentation à combattre la thèse de l'origine monétaire de l'inflation.

L'auteur considère que ni l'observation des liaisons entre monnaie et prix, ni la comparaison de la situation russe avec les hyperinflations classiques ne conduisent à cette conclusion, et s'attache à montrer que la persistance de pénuries et les écarts de prix entre les régions témoignent du caractère partiel de l'approche macro-économique.

L'auteur fait alors un examen des mouvements de prix relatifs en mettant en évidence la persistance de rationnements par les quantités, générant des situations de pénurie.

Il conclut de ce fait à l'impossibilité d'exercer sur l'économie une contrainte monétaire globale, dès lors que ses répercussions micro-économiques sont au mieux aveugles et plus probablement induisent une sélection à rebours des branches des entreprises, débouchant sur une restructuration perverse. L'inflation russe combine, selon lui, des éléments d'inflation pénurique qui subsistent en dépit de la libéralisation des prix, *une inflation de type inertiel et une inflation de demande.*

- Comme SAPIR, AGLIETTA ET MOUTOT, soulignent le caractère endogène de la création monétaire. Mais ils mettent l'accent sur deux phénomènes à leurs yeux essentiels :

Le premier est l'absence de marché du travail et d'institutions de protection sociales distinctes de l'entreprise, qui bloque la réallocation du facteur travail et conduit l'entreprise à faire passer la protection de ses salariés avant la rentabilité. Plus largement, l'absence de séparation entre les fonctions de l'État et celles des entreprises interdit à celles-ci de prendre le profit pour objectif.

Le second est la contagion des risques de faillite, qui en raison des interdépendances productives, comme de la fragilité d'un système financier sous-capitalisé et sous-réglementé, débouche sur un risque de système généralisé. Aux yeux des auteurs cette situation interdit à la Banque centrale d'exercer une contrainte monétaire dure.

Pour eux il faut donc repenser la stratégie de reforme : donner priorité aux transformations structurelles comme la création d'un système de protection sociale, l'organisation de l'intermédiation financière, la restructuration des grandes entreprises sous l'égide de holdings publics, dans l'intervalle mettre en oeuvre une politique macro-économique prudente prenant appui sur les instruments de l'économie mixte : le contrôle quantitatif du crédit et une politique contractuelle de prix.

L'article de Christian DE BOISSIEU, Daniel COHEN et Gael DE PONTBRIAND proposent une analyse détaillée du crédit inter-entreprises, qui atteint un tiers du PIB environ.

Les auteurs ont conduit une enquête approfondie auprès d'un échantillon d'entreprises, mettent en avant l'inertie des transactions réelles dans un contexte de libéralisation des prix, les contraintes issues de la politique monétaire, l'inefficience du système de paiement soviétique.

L'article révèle que contrairement à l'image couramment répandue, les entreprises russes ne sont pas restées passives. Elles ont ensuite tenté de se protéger du risque d'impayés en développant le troc et en généralisant le prépaiement des échanges. Si bien qu'un critère de bonne gestion est aujourd'hui pour une entreprise de réduire au minimum ses créances et ses dettes. Un tel régime prive évidemment l'appareil productif des amortisseurs que procure ordinairement le système financier :

- C'est pourquoi, les auteurs proposent d'y réintroduire de la souplesse financière en misant sur des instruments robustes comme le découvert bancaire, la lettre de change, l'escompte de traites commerciales.

L'article Daniel GROS, est consacré à la situation monétaire qui prévaut entre les ex-républiques soviétiques, à ses conséquences pour les échanges (selon certaines estimations, le commerce intra-CEI aurait déjà baissé de 50%) et aux remèdes possibles.

Après la nationalisation du rouble soviétique par les autorités russes, au début 1992, les autres ex-républiques ont tardé à introduire leur propre monnaie. Mais elles ont fait usage de leur contrôle sur les banques centrales. S'est ainsi crée une situation confuse marquée par la coexistence de plusieurs banques centrales émettant la même monnaie. Comme le rapporte Gros, l'introduction par la Russie de comptes de correspondants, qui fixent une limite aux découverts des banques centrales républicaines auprès de la Banque de Russie, n'a que progressivement exercé ses effets . Mas surtout, elle conduit à généraliser le bilatéralisme, et donc à déprimer encore les échanges : C'est pourquoi Gros envisage positivement la mise sur pied d'une Banque inter-États (dont la création a été décidée en octobre 1992)qui pourrait organiser la compensation multilatérale, et déboucher sur une union de paiements. Il propose une évaluation des gains qu'elles pourront procurer, et qui pourraient selon lui excéder ceux de l'Union européenne des paiements de l'après -guerre. Cette référence à l'exemple russe peut paraître inutile, mais sert d'arguments supplémentaires pour comprendre le dysfonctionnement d'une économie monétaire en période de transition.

Plusieurs des éléments analysés dans les articles précédents se retrouvent dans celui de Hélène PITIOT et Laurance SCIALOM, qui adoptent un point de vue transversal : elles examinent quelles ont été en 1992 les sources du dérapage monétaire. Passant en revue le financement du déficit budgétaire, les crédits aux entreprises, et les crédits aux républiques, elles s'attachent à mettre en évidence d'une part les contraintes économiques, et d'autre part les vides juridiques et institutionnels qui font obstacle au contrôle monétaire.

Elles concluent à la nécessité de réformes micro-économiques et institutionnelles qui seules pourront assurer l'efficacité de la politique monétaire.

Cette situation que nous venons d'exposer peut être ramenée à la situation de la zone franc des années 1992-1993, où les économies des pays concernées étaient touchées par les déséquilibres de leurs paiements respectifs qui ont soldé en 1994, l'incapacité de ces pays à assurer un développement durable. Cette référence à l'exemple russe n'étant pas l'objet de notre étude montre juste au plan théorique, comment les auteurs ont abordé les questions des controverses sur la stabilisation macro-économique. Ce qui est donc utile pour analyser les dérapages monétaires et institutionnels dans le contexte actuel des pays africains zone franc et hors zone franc.

Les post keynésiens y trouvent d'ailleurs une place prépondérante comme nous le démontrent les analyses précédentes.

Nous verrons également que la question de l'inflation peut être vue sous l'angle structurel, une étude axée sur la question fait l'objet d'un papier que nous traitons dans les travaux du CEMIEHESS, notamment le lien avec la dévaluation dans le contexte de la zone franc et zone euro.

II.1 Les éléments d'investigation du concept du « taux d'inflation naturel » (analyses empruntées à Sapir sur le concept de taux d'inflation naturel).

Notons ici que la référence à l'exemple Russe est très utile pour comprendre comment la théorie standard de l'inflation peut-elle être remise en cause et démontre qu'il n'existe pas un modèle commun d'inflation. Cette analyse est aussi valable pour les pays de la zone franc.

Sapir, nous développe dans son article (cf travaux de CEMI, 2006), les éléments de remise en cause de la théorie standard de l'inflation ; les fondements théoriques du « taux naturel d'inflation

»et les éléments de sa détermination, et il démontre à travers un modèle hétérodoxe bi-sectoriel l'articulation entre inflation monétaire et inflation « naturelle ».

Remarquons que la « question de l'inflation mobilise des réactions émotionnelles tout autant si ce n'est plus qu'une analyse économique scientifique, l'auteur montre que l'accumulation de travaux qui, quoi que provenant de cadres théoriques différents, convergent vers la conclusion qu'une certaine inflation correspond à un état normal de l'économie ne peut plus être niée. L'idée que la recherche par les autorités monétaires de l'inflation la plus basse puisse être contre-productive tend aujourd'hui à s'affirmer. »

Nous nous sommes intéressés sur les fondements théoriques du taux naturel d'inflation et les éléments de détermination de ce dernier.

D'après Sapir « formuler une théorie du taux naturel d'inflation nécessite un retour sur la méthodologie de la théorie macro-économique notamment :

- Le problème de la cohérence argumentaire des nouvelles approches de l'inflation (Fisher. Bernanke et Mishnkin, Ball, Mankyv et Reis ; Akerloff) ;
- Les conséquences d'une analyse réaliste des comportements des acteurs individuels (George Stigler, George Shackle) ;
- Les fondements d'un taux naturel d'inflation (les politiques monétaires liées au contrôle de l'inflation ont tendance de manière naturelle à souligner les asymétries de pouvoir (effectif ou virtuel) des agents dans le cadre de leurs transactions ;
- Les éléments pour une première synthèse (ces éléments permettent de reprendre les différents éléments avancés dans les interprétations des dynamiques inflationnistes).

L'auteur conclut que tous ces éléments convergent vers une constatation de la plus grande importance à la fois normative et perscriptive . Non seulement il existe pour toute économie un taux d'inflation que l'on peut qualifier de naturel, car correspondant à des contraintes de l'ordre du réel prenant naissance au sein des structures de l'appareil productif et des configurations de la population des entreprises dans les différentes branches d'activité, mais encore tout indique que ce taux peut être substantiellement différent entre économies, mais aussi entre périodes pour une même économie. On peut alors en déduire qu'il n'est possible d'avoir une politique de ciblage du taux d'inflation de la part des autorités monétaires que dans la mesure où ces dernières prennent en compte les éléments structurels de l'économie, mais aussi les éléments contextuels. Ils devient impossible de formuler une cible unique pour les économies sauf à supposer leur homogénéité structurelle et contextuelle. De la même manière le niveau visé devrait être régulièrement réajusté afin de tenir comte des évolutions structurelles et contextuelles ».

B) Les leçons à tirer dans le cas de la Russie

En se situant dans le contexte de la Russie Sapir pense qu'« une leçon que l'on peut tirer et dont la généralité dépasse de loin le cas de la Russie, est que la politique macro-économique est globale. ***Les dimensions structurelles et conjoncturelles ne peuvent être séparées.*** Il en est ainsi en raison des boucles de rétroaction qui se manifestent dans les écarts de gains de productivité ; la différenciation de l'accès au financement, ou l'existence de structures générales ou locales de retard d'investissement ou inversement allant du conjoncturel vers le structurel à travers les effets qu'une inflation monétaire trop faible peut avoir sur les structures de l'appareil productif ou les conditions d'investissement ».

Mais, si la notion de politique macro-économique globale s'impose, elle ne fait pas disparaître l'importance de la spécialisation des compétences. La diversité des instruments à mettre en oeuvre implique des savoirs techniques et institutionnels eux-mêmes spécialisées. Cette nécessaire spécialisation est le fondement de l'autonomie de certaines institutions, comme la Banque centrale, l'organisme de surveillance des marchés financiers, une caisse publique des investissements à long terme, mais aussi des administrations d'État (ministère des Finances, de l'industrie,.). Globalité et spécialisation doivent se combiner ceci exclu les solutions d'indépendance des institutions, et en particulier de la Banque Centrale ».

Pour Sapir, « *la maîtrise des phénomènes inflationnistes passe justement par l'insertion de la Banque Centrale dans un ensemble de politiques dont elle est un élément, mais qui la dépasse. La nécessité d'une instance assurant la coordination globale et les décisions politiques sur les arbitrages entre croissance et inflation s'impose. Une telle instance ne peut être que politique et ne saurait s'incarner dans un ministère particulier* ».

En appliquant les résultats au cas de l'économie russe, l'auteur tente de déterminer ce que pourrait être une politique monétaire cohérente avec la notion de taux « naturel » d'inflation.

Les arguments avancés par les auteurs comme George Stiger, George SCHACKLE sur les conséquences d'une analyse réaliste des comportements des acteurs individuels présentés dans l'article de Sapir d'une part et les fondements d'un « taux naturel d'inflation » d'autre part peuvent expliquer dans le cas de la zone franc la question de l'inflation tout d'abord pour deux raisons essentielles :

- La référence à l'école de la Régulation courant européen contemporain (une macroéconomie historique) qui s'inscrit dans la cadre de l'approche de développement institutionnel largement exposée dans une des sections précédentes de ce chapitre et le recours aux politiques monétaires liées au contrôle de l'inflation comme l'un des fondements d'un « taux naturel »d'inflation qui ont tendance de manière naturelle à souligner les asymétries de pouvoir (effectif ou virtuel) des agents dans le cadre de leurs transactions montrent des convergences de vue sur la question.

Sapir, montre que « l'École de la Régulation » a bien produit une théorie de la crise endogène des régimes d'accumulation, mais elle a été confrontée à la nécessité de retour vers des hypothèses micro-économiques, qui rapidement ont pris la dimension d'ajouts ad-hoc dans le raisonnement.81

Il est donc indiscutable que la question des fondements micro-économiques de l'analyse macro-économique est posée. De ce point de vue l'analyse de l'inflation ne fait que mettre en lumière un problème général. À cet égard, la prise en compte des éléments scientifiques apportés par les approches cognitives est certainement l'élément le plus important d'une solution à ce problème (B. Walliser, 2000).

Sapir reconnaît dans sa contribution les mérites des auteurs comme Kerlof ou encore Bail, Mankyw et Reis le fait d'avoir posé cette perspective dans l'analyse de l'inflation.

Mais on peut récuser ce point de vue méthodologique de l'économie standard, car de « telles théories seraient par définition non -généralisables et non comparables ».

L'auteur pense pour le cas de la Russie l'objectif de déterminer si la notion de taux naturel d'inflation peut avoir un sens et quelles en seraient ces implications, implique une réflexion articulant les différents niveaux. La prise en compte des résultats scientifiques des approches cognitives doit aboutir à la reformulation globale des hypothèses de base quant au modèle de rationalité des agents. (Cf Sapir, troc, inflation et monnaie en Russie, 2002, L'harmattan).

Ces éléments ont alors une importance considérable sur la réaction possible des agents face aux différentes contraintes matérielles et cognitives auxquelles ils doivent faire face : les grandeurs nominales constituent bien le repère principal, sauf si la variation de grandeurs réelles atteint des niveaux tels que la situation de l'agent est directement changée » (Sapir. J, 2006).

La préférence pour la liquidité traduit la compréhension par les agents de leurs propres limitations cognitives. La diversification des instruments financiers, supposée leur fournir une meilleure gamme d'opportunités et donc réduire l'incertitude, parce qu'elle engendre une multiplication des signaux complexes à traiter renforce en réalité l'importance de routines décisionnelles pour tous les agents ne disposant pas de compétences

[81] J. Sapir, *Quelle économie pour le XXI è Siècle,* 2006.

hautement spécialisées. Dans ces conditions, toute évolution institutionnelle qui menace ces routines provoque des réactions de précaution de la part des agents. Le lien entre incertitude et fuite vers la liquidité est plus important que celui entre cette dernière et le taux d'intérêt.

C'est pourquoi Keynes avait pressenti que, « *la modification des revenus relatifs qu'engendre l'évolution des prix nominaux a sur des agents aux dotations différentes des effets eux-mêmes différenciés. Il s'en déduit que l'inflation est toujours un problème de répartition du revenu national entre groupes sociaux* ».

C'est dans ce contexte que D. Powers, pense que « Les politiques monétaires liées au contrôle de l'inflation ont tendance de manière naturelle à souligner les asymétries de pouvoir (effectif ou virtuel)des agents dans le cadre de leurs transactions ».

Sapir propose un modèle hétérodoxe bi-sectoriel présentant les articulations entre inflation monétaire et inflation « naturelle » dont nous ne développant pas dans le cadre de ce travail. Lle constat est que la question de l'objectif d'inflation que doit se fixer la Banque Centrale synthétise en réalité toutes les dimensions récentes concernant le niveau « optimal »d'inflation, mais aussi la nature purement monétaire ou non de l'inflation. Le fait que l'on considère généralement que la question de l'inflation soit du seul ressort de la Banque Centrale est en soi une forme de réponse. Pourtant, les doutes quant à la nature purement monétaire de l'inflation se font de plus en plus insistants. Des notions comme celle de noyau d'inflation ou « encore inflation », ou l'indice des prix assurant la stabilité de l'activité économique, reviennent à supposer que l'on ne saurait confondre l'inflation observée et la composante monétaire de cette inflation observée. Dès lors, la question de la politique monétaire la plus efficace face à des changements de prix relatifs induits par des facteurs non monétaires se pose.

Ce qui est plus pertinent dans le travail de Sapir est la conclusion à laquelle il aboutit : « *La notion de taux d'inflation émerge implicitement des travaux réalisés depuis les 15 dernières années sur les objectifs de la politique monétaire, y compris pour des travaux solidement enracinés dans le paradigme standard. Une introduction cohérente des avancées théoriques actuelles en économie, mais aussi en psychologie expérimentale, conduit à reformuler un bon nombre des intuitions keynésiennes ; à travers une redéfinition de la relation macro-micro, il devient possible de donner à des concepts comme l'illusion nominale ou la préférence pour la liquidité une définition à la fois proche de leur formulation originelle et scientifiquement fondée. En revanche, des notions comme celle de revenu permanent ou d'anticipations rationnelles doivent être définitivement abandonnées* ».

Il devient désormais possible d'envisager l'inflation comme la manifestation dans l'espace des prix monétaires de déterminants qui, pour bon nombre d'entre eux, prennent naissance hors de la dimension monétaire, au sein des structures techniques et technologiques, sociales et institutionnelles de l'appareil productif. Dès lors, la notion de taux d'inflation, dans la mesure où elle serait rigoureusement articulée à un cadre théorique capable d'intégrer sans incohérence argumentaire ou méthodologique les récentes avancées en économie et psychologie, s'avère un instrument essentiel de l'analyse économique » (Sapir, 2006). Cette théorie du taux d'inflation naturel exprime pour l'auteur dans une forme moderne, l'intuition des historiens de l'économie et en particulier ceux de l'École des Annales qui affirmaient à la suite de Lucien Febvre qui affirmait qu'une économie avait la conjoncture de ses structures. Elle donne à cette intuition une base théorique rigoureuse ».

Pour l'auteur il « devient dès lors possible d'affirmer que toute économie a, pour une configuration donnée de ses structures productives, de ses institutions et de ses relations sociales, un taux d'inflation qui constitue la limite de la politique monétaire. Toute tentative pour faire baisser l'inflation en dessous de ce taux a pour effet à court terme de détériorer le niveau d'activité et d'emploi et à moyen terme d'induire des reconfigurations perverses du système productif qui seront la base d'un niveau ultérieur plus élevé du taux naturel. ».

Cette affirmation a plusieurs conséquences importantes :

- La première est que la politique des autorités monétaires et de la Banque centrale ne peut pas être définie en abstraction des politiques portant sur les dimensions structurelles, techniques, institutionnelles et sociales de l'économie. Dans ce contexte si la mise en oeuvre d'une politique monétaire peut se faire de manière autonome, sa détermination est nécessairement soumise à un jugement général sur la situation de l'économie et de la société ;
- La seconde conséquence est que des pays voisins peuvent avoir des taux naturels d'inflation différent pour des périodes relativement longues. La flexibilité des taux de change est nécessaire pour compenser ces différences, sauf si l'on démontre une convergence forte des éléments structurels, institutionnels et sociaux.

C'est pourquoi Sapir conclut en affirmant que l'on ne saurait passer de la notion de « zone commerciale optimale à celle de zone monétaire optimale »sans avoir au préalable fait la démonstration d'une homogénéité et d'une comptabilité des dynamiques structurelles, institutionnelles et sociales des pays considérés.

Gnos aborde la question de la prise en compte des dimensions structurelles, environnementales et sociales lorsqu'ils étudient les conditions de création d'une monnaie unique et/ou commune et d'une zone monétaire (voir chapitre 6).

Notre étude prône la constitution d'une zone monétaire optimale en Afrique avec prise en compte des aspects structurels, institutionnels, sociaux, environnementaux. À condition qu'il ait homogénéisation de ces dynamiques. Cette zone s'inscrit alors dans la logique du régionalisme institutionnel en Afrique. À ce sujet HUGON, P (2002), Ben HAMMOUDA, Moustapha, KASSE (200 1), nous livrent des arguments pertinents sur le régionalisme institutionnel.

C. Les perspectives théoriques pour la zone franc

Pour les pays de la zone franc dont pour certains ont opté pour une union commerciale (CEMAC) et d'autres pour l'Union monétaire (UEMOA), doivent au préalable rendre homogène les dynamiques structurelles institutionnelles et sociales.

Donc cette analyse de l'inflation dans le cadre d'une zone monétaire intégrée nous semble très utile pour repenser l'analyse économique dans les zones monétaires (zone franc, zone euro).

Nous avons vu dans le chapitre 8 concernant le bilan des privatisations en zone franc, bien que mitigé et contrasté, l'existence d'une régulation nationale est essentielle dans la réussite du processus de privatisation des services publics, à condition qu'elle soit suffisamment efficace. Cette régulation est à la fois le fait des autorités de régulation sectorielle et des structures en charge des opérations ; avant la privatisation clarifier les engagements des repreneurs (qualité de service, tarifs, gestion) et répartir les responsabilités entre l'État et repreneur privé dans le financement des investissements et définir les modalités de fourniture du service public universel.

Nous avons également montré que, malgré de grandes disparités sectorielles, mais aussi nationales, on constate dans l'ensemble une faiblesse des agences de régulations nationales en Zone franc due souvent à une mise en place trop tardive, un manque de moyens (humains et financiers)et des missions et prérogatives mal définies.

Dès lors une régulation régionale en zone franc doit ouvrir un large champ d'action pour mutualiser les bonnes pratiques et les informations, mettre en place des politiques de convergence sectorielle et harmoniser les réglementations :

- En prévoyant des mécanismes de concertation des AR (Agences de Régulation), entamer une réflexion sur une régulation régionale dans le respect des prindpes de subsidiarité et créer les associations patronales et de consommateurs ;
- En envisageant au niveau régional des actions de formation de haut niveau pour les régalateurs, pouvant s'appuyer sur le partage d'expérience de bonnes pratiques dans les différents pays de la ZF et hors ZF ;

- Élargir le champ des PPP (Partenariat public -privé), car dans la plupart des cas, les PPP ont été noués avec un opérateur étranger au pays, avec un bilan mitigé ;
- Les multipartenariats associant secteur privé local, société civile et collectivités territoriales revêtent une dimension participative, en plus des dimensions contractuelles et institutionnelles.

On voit là que la théorie de régulation du capitale est un outil important pour expliquer les différentes régulations en zone franc dans le cadre institutionnel actuel, bien que cette théorie a présenté quelques limites au sein de l'économie française. Bien que les études des questions institutionnamites au plan théorique montrent aujourd'hui des points de convergence, il y a pas à penser d'un effet de décalcomanie.

Plusieurs contributions théoriques sur les nouvelles régulations et nouveaux régimes d'accumulation sont faites dans l'ouvrage collectif intitulé « The Hardship of Nations-Exploring the Paths ofModem Capitalism », B. Coriot, P. Petit, G. Schmeder (dir), Elgar, 2006.[82]

L'ouvrage fait une analyse du nouveau capitalisme, nouvelles régulations d'une part et dans l'espace national (B. Coriat, P. Petit, R. Boyer, B. Paulré) et aborde les questions sur l'intégration, conflits, régulations au niveau mondiale (Geneviève Schmeder, B. Chavance, Luis Miotti, El Mouhoud, Xavier Pasco).

C'est une autre façon d'aborder la question des institutions en mettant en avant le rôle de la finance dans les régimes d'accumulation d'une part et les questions liées à la mondialisation, dont certains ont été déjà abordés dans nos développements. Cette façon de voir les choses nous permet aussi d'analyser les fonctionnements et dysfonctionnements des zones monétaires actuelles.

- La question se pose au niveau national a trait au rôle de la finance dans les régimes d'accumulation c'est-à-dire si la finance est -elle à même d'assurer le support d'un nouveau régime d'accumulation ?

Pour certains si il y a dominance de la finance on ne peut pas parler d'un régime d'accumulation capable d'assurer la reproduction de la société pour d'autres ils présentent les limites de la finance.

Dans le volet mondialisation, les auteurs concluent sur l'existence des régulations nationales d'une part et supranationales dans la finance, dans l'innovation, dans l'environnement d'autre part : il ne peut pas y avoir des réponses valables partout ; la multiplication des conflits oblige à l'échelle

[82] Séminaire ARC 2 « Accumulation, Régulation, Croissance et Crise), CEPREMAP-GERME (Paris VII)IRIS (Paris IX), CEPN/CNRS (Paris XIII)-MATISSE (Paris I), 20 NOVEMBRE 2006

nationale et internationale le non-accès aux ressources naturelles (confert Maltus).

Il se pose alors le problème de la coexistence des différents régimes d'accumulation et 1 capacité de la finance à assurer un régime d'accumulation est questionnée. (le post-fordisme, la diversité de capitalisme, le débat sur la mondialisation) (cfR. Boyer).

Les questions du non-capitalisme sont développées en ce qui concerne par exemple les sociétés affectées par la maladie hollandaise (Le Venezuela.), l'exemple de la Chine montre des régimes non capitalistes.

Pour certains le capitalisme devient explicitement cognitif. Les facteurs monétaires et financiers, les externalités institutionnelles et politiques sont très déterminantes dans l'espace mondiale.

Les intégrations ne permettent pas de réduire les disparités entre régions (parmi les plus pauvres) : l'exemple de l'Argentine montre les limites de l'intégration.

La référence aux pays de la zone franc peut contribuer à nuancer ces limites aujourd'hui, car cette zone monétaire tend vers une zone monétaire beaucoup plus progressiste depuis la dévaluation du FCFA de janvier 1994.

On ne peut pas alors parler de la non-régulation ou de la dérégulation en zone franc sur le plan de l'intégration économique et monétaire.

Les politiques de régulations sont utiles dans la zone franc tout comme dans la zone euro avec la prise en compte d'autres dimensions sociales, contractuelles, structurelles et institutionnelles, voire environnementales.

La référence traditionnelle à l'État nation est importante. Ni le marché, ni les régimes libéraux n'ont apporté des nouveaux régimes d'accumulation ; l'interdépendance écologique aussi comme l'un des facteurs de cet échec.

L'ouvrage montre qu'il y a un double mouvement d'intégration et d'homogénéisation à l'échelle mondiale et une diversification et localisation accrues qui s'accompagnent des nouveaux fronts de violences et d'insécurité.

Dans les ex-pays socialistes où les changements sont assez plus radicales, la transition néo-libérale imposée de l'extérieur (Sapir) ont entraîné de fortes différenciations. La principale réponse des États nations c'est l'intégration régionale comme moyen efficace pour lutter contre les crises financières.

Au sein des zones intégrées comme facteur de convergence, il y a pas eu suppression de toutes les tensions.

Il y a difficultés des États nations face à la mondialisation : l'exemple des pays africains est justifiable le fait de l'existence des conflits qui détruisent les fondements du processus d'État Nation : « l'État fait la guerre - la guerre fait l'État ». Ün est là dans un cercle vicieux sans frein.

Les conséquences conflictuelles de la mondialisation (exemple de la Chine) sont dues aussi à la prédominance des dépenses militaires ; des déséquilibres financiers ; crise financières de l'environnement.

B. Chavance fait une relecture sur les questions de « la convergence et diversité »en Europe post-socialiste, les questions de l'intégration européenne.

D'après l'auteur les trajectoires nationales sont conditionnées et très diverses, le libéralisme politique est très poussé.

La référence à ces nouvelles dynamiques d'accumulation et de régulation doit servir de cadre théorique pour nos économies actuelles sujettes à des mutations institutionnelles sociales et environnementales.

II.2 Les échecs et les réussites des transitions institutionnelles (Corpus théoriques) (analyses empruntées à Hugon)

Notons ici que le renouveau ou le « tournant institutionnaliste » conduit à inclure les institutions dans les corpus théoriques opposées depuis la micro-économie fondée sur l'individualisme méthodologique jusqu'à l'holisme sociologique, avec toutes les ambiguïtés et incohérences qui en résultent.La réalité complexe et évolutive des sociétés oblige à dépasser le clivage entre anthropologie holiste et l'économie individualiste, institutionnalisme rationnel et historique » (Hugon, 2007).

De cette étude découle l'idée que l'approche holindividualisme permet d'analyser l'interdépendance entre les formes institutionnelles favorisant les innovations des acteurs et le rôle de ceux-ci dans les innovations institutionnelles. D'après Hugon pour comprendre les changements institutionnels il importe de partir de faits stylisés ou modèles de référence et voir comment celui a été altéré dans l'histoire. L'évolution des sociétés conduit à des changements des agencements et hiérarchies entre institutions. C'est en partant de ces noyaux institutionnels que l'on peut comprendre leur évolution et leur transformation : le développement de la marchandise et de la monnaie conduit à casser certaines limites ou bornes en termes d'interdit et à donner le pouvoir à la valeur d'échange et rendre l'économie dominante.

Face à ces noyaux institutionnels, les pays en développement mettent en place, sous l'impulsion des bailleurs de fonds et des institutions de Bretton Woods des réformes institutionnelles. Elles visent à favoriser le passage d'économies administrées à des économies de marché, de régimes autocratiques à des régimes démocratiques et d'État de non-droit à des États de droit, à protéger les droits de propriété. Les reformes concernent les règles de droit, les droits de propriété, les modes de gouvernance, la démocratie formelle. Il y a débat quant au rythme souhaitable des réformes (réformes graduelles versus big bang), quant aux séquences (réformes des institutions économiques versus institutions politiques). Pour Hugon, les résultats de ces réformes institutionnelles sont contrastés :

- L'on observe des réussites quant au changement des droits de propriété et des effets positifs proches de ceux qu'ont connus après guerre les États d'Asie de l'Est notamment par la réforme foncière imposée par les États-Unis.

- L'on constate souvent un environnement institutionnel amélioré alors que le contexte économique reste quasiment inchangé. On peut citer le régionalisme de *jure* des pays de la Zone franc (Union monétaire, union douanière, réformes juridiques de l'OHADA) alors que la régionalisation de facto demeure limitée du fait du sous-développement économique et des trappes à pauvreté.
- Dans d'autres cas, les réformes institutionnelles ont échoué, car elles ont accentué la conflictualité (cas des réformes foncières en Côte d'Ivoire).

L'auteur pose ainsi la question de savoir pourquoi existe-t-il de « mauvaises institutions alors que selon North l'histoire sélectionne les meilleurs ?

À cette question Hugon donne deux réponses possibles :

- Soit, il existe de référents socioculturels s'opposant à des institutions efficientes. Il faut alors analyser les conflits entre rationalité économique et logiques sociales.
- Soit, les autorités politiques ont intérêt à choisir des institutions inadéquates. Il faut alors remonter aux logiques de pouvoirs. Plusieurs exemples peuvent être pris. Par exemple une réforme comme la privatisation ou la libéralisation (voir Chapitre 9)des prix peut être rationnelle économiquement. Elle peut également remettre en question les équilibres régionaux et sociopolitiques qui rétroagissent sur la sécurité et mettre en place quelques greffes institutionnelles sans prendre en compte l'architecture.

Nous pouvons poursuivre cette analyse faite Hugon en ce concerne également l'emboitement et l'enchevêtrement des normes, des règles et des droits de propriété, car pour l'auteur si l'on adopte une conception génétique des institutions, on peut noter que la violence de l'histoire a conduit à une stratification de règles multiples et à des formations institutionnelles construites à l'instar des formations géopolitiques par empilement, enchevêtrement, pluralité des référents sans hiérarchie claire.

On peut parler dans les économies en développement de formations institutionnelles et juridiques avec à la fois superposition enchevêtrement des règles : droits coutumiers ou communautaires, droits issus des conquêtes (islamique, anglo-saxon, romano germanique), droits sui generis des indépendances (voir annexes générales annexes 19), droits issus des conditionnalités des Institutions de Bretton Woods.

Si l'on prend l'exemple des droits de propriété au coeur des débats du néo-institutionnalisme, on peut constater une très grande complexité dans les sociétés en développement.

Cette étude, bien qu'incomplète, nous montre que la diversité des règles peut se décrypter selon le rapport de la légalité et de la légitimité que Hugon présente dans le tableau ci-après :

Tableau 1 :
Typologie des institutions sociales dans les économies en développement

	légitimes	*Non légitimes*
Légales	officielles	Violence légale, village Potemkine
Non légales	A-légales, informelles	Illégitimes, criminelles

Sources : Hugon, 2007

On voit très que l'économie politique des institutions joue un rôle important dans les transitions institutionnelles et suppose ainsi, d'analyser les conflits générés par les réformes institutionnelles : On voit aussi que la question de droit de propriété est illustrative, qu'il s'agisse de droits de propriété intellectuelle et de brevets médicaux face aux droits à la santé des pauvres ou des conflits liés à la terre. Prendre en compte cette dimension politique des réformes institutionnelles est stratégique pour une appropriation des réformes, une endogénéisation des institutions et une faisabilité des reformes. Nous avons vu que les privatisations comme régulation institutionnelle en Zone franc peuvent nous permettre de comprendre les argumentaires théoriques ainsi développés qui montrent à la fois les défaillances des régulations administratives et des biens et services publics assurés par l'État et les collectivités territoriales et les défaillances des marchés et du financement privé pour prendre en charge les biens communs, collectifs (Hugon, 2004).

On comprend là que les transitions institutionnelles sont plurielles et permettent d'opposer les processus évolutifs des processus involutifs, car les configurations institutionnelles diffèrent radicalement entre les pays émergents, les pays pauvres pris dans des trappes à pauvreté ou en conflits connaissant des processus évolutifs.

Ainsi pour nous ces corpus théoriques et expériences plurielles nous poussent à rechercher une transition institutionnelle susceptible de dépasser les divergences historiques. Ainsi le renouveau de l'analyse post-keynésienne en Zone franc africaine est intéressant à analyser tout en sachant que l'évolution de la Zone franc est sui généris et le plan anthropologique cette question de la création monétaire soit abordée étant donné que 5% de la population de cette zone est bancarisée, la monnaie non équivalente d'échange dans plusieurs espaces géographiques.

III. Le renouveau de l'analyse post-keynesienne en zone franc africaine (zfa) et les visions alternatives de développement et les problèmes de transitions institutionnelles

III.1 Approches anthropologiques et social de l'intégration économique et monétaire (analyses empruntées à PARGUEZ)

Dans ce paragraphe, nous abordons la à la fois la monnaie comme un système de paiement et comme une question souveraine. Ces deux visions apparaissent dans les écrits de Aglietta et Cartelier.[83]

Le fonctionnement des unions monétaires actuelles ne peut se concevoir sans un système de paiement et sans tenir compte des institutions. Aborder la question de la monnaie souveraine soulève également le débat de zone monétaire optimale déjà traitée dans la première partie, mais dans ce paragraphe nous présentons les points de vue des monétaristes et des économistes .

A) La monnaie comme système de paiement est-elle vecteur de développement socio-économique ?

La nature du problème que toute théorie économique doit résoudre, c'est de « montrer comment, dans une économie de marché, les individus sont socialisés par l'évaluation objective par le marché des richesses individuelles. Il s'agit là de la question fondamentale de l'économie politique et c'est sur la capacité à répondre à cette question que les diverses théories économiques doivent être appréciées » (Aglietta et Cartelier).

Les auteurs arrivent à la conclusion que la dépolitisation contemporaine de la monnaie à travers l'examen de la norme qui paraît s'imposer aujourd'hui : l'indépendance de la Banque Centrale est à éclairer.

Dans une économie de marché, la division sociale des activités est caractérisée par une combinaison particulière de décentralisation et d'interdépendance.

Une économie de marché comporte simultanément :

1/ Un principe d'action décentralisée selon lequel un individu donné est libre et peut agir sans préjuger de l'état de l'ensemble de l'économie.

2/ La décentralisation requiert que les conditions d'actions individuelles locales : existence d'un coéchangiste consentant par

---

[83] CF : Aglietta, M, Cartelier, J « *Ordre monétaires des Économies de marché* », Aglietta M : « *La monnaie souveraine* » Aglietta « Macro-économie internationale »

exemple ; il en résulte que la situation globale de l'économie est la conséquence involontaire des actions individuelles privées ;
3/ Un principe d'interdépendance imposant aux individus les conséquences collectives de leurs actions décentralisées ; ce principe est l'équivalence dans l'échange ; les écarts à cette norme se révèlent à l'issue de la confrontation des actions individuelles entraînant des ajustements : « les sanctions du marché ».

Cette vision du marché est présentée chez tous les grands économistes, de Smith à Walras en passant par Marx et Ricardo. Toutefois, elle se retrouve difficilement dans les systèmes formels de détermination des prix, censés être l'expression analytique de leurs conceptions générales.

En d'autres termes, les théories de la valeur ne réussissent pas à traduire de façon cohérente l'idée générale que tout un chacun, y compris les économistes, se fait du marché.

Les auteurs pensent en effet, qu'il est nécessaire, semble-t-il d'adopter un point de vue radicalement différent de celui de la théorie de la valeur et d'admettre que la coordination par le marché est indissociable de la monnaie. Plus précisément, la monnaie comme institution doit être le point de départ de la démarche économique, car seule, semble-t-il, elle permet de rendre compte de la combinaison particulière des principes de décentralisation et d'interdépendance précités.

Agliétta et Cartellier pensent que puisque la monnaie est ici présupposée, il est claire que sa genèse économique n'est pas un objet possible de recherche. Mais cela ne signifie pas que l'on renonce à une théorie économique de la monnaie, ni à une approche non économique plus générale.

En effet par théorie économique de la monnaie, il faut entendre l'énoncé des propriétés minimales que l'institution « monnaie »doit posséder pour rendre compte de la coordination des actions privées par le marché. Dans cette perspective la monnaie n'est pas un bien particulier soumis à la loi de la valeur. Elle n'est pas non plus une hypothèse réaliste reproduisant de façon stylisée une réalité empirique.

Elle est au contraire, un système de paiement défini par un ensemble minimal de règles à partir duquel il est possible de décrire un maximum de situations possibles.

Il est en bref pour ces auteurs de monter que le marché n'est pensable que sur la base d'un présupposé institutionnel précis appelé *« Système de paiement »* et que les diverses systèmes monétaires historiquement observables dans les économies de marché relevant tous dune théorie unitaire fondée sur cette notion de système de paiement.

Bernard SCHMITT, parle de la théorie unitaire de la monnaie en abordant la question de l'approche de la monnaie supranationale.

Une telle théorie économique de la monnaie est indissociable d'une représentation plus large du lien social. C'est bien parce que la monnaie, comme dispositif formel, concerne d'autres relations que les rapports marchands, qu'il est vain de tenter de la déduire du marché ou de la marchandise, ainsi que prétendent le faire les théoriciens de la valeur.

La théorie de la monnaie est donc, en ce sens, nécessairement non économique. Elle ne se réduit pas à un fonctionnalisme du marché, les différentes contributions des auteurs l'attestent, mais c'est aussi parce que la monnaie modèle plus que jamais la forme de nos sociétés qu'il convient de l'interroger dans ses aspects contemporains.

« L'individu est à la fois la monnaie et le coin qui la frappe » (N. ELIAS, 1991).

On peut alors conclure comme stipule les auteurs que les deux principes constitutifs de l'économie de marché : décentralisation et interdépendance, sont combinées de façon particulière. Ils ne sont pas formulables indépendamment l'un de l'autre : le fait de pouvoir agir de façon décentralisée n'est possible que parce que l'interdépendance entre les actions établit un principe collectif s'imposant à tous : *l'équivalence dans l'échange.*

Réciproquement l'équivalence dans l'échange n'aurait aucun sens sans l'autonomie des individus . Mais il n'est pas suffisant de rester à ce niveau d'abstraction. Il faut montrer comment cette combinaison particulière de l'autonomie des individus et l'équivalence dans l'échange s'incarne socialement et comment elle est mise en oeuvre pratiquement. *La notion de Système de paiement, en élucidant les rapports entre monnaie et dette, tente de répondre à cette exigence, précisent les auteurs.*

Au total, un système paiement, au niveau le plus général, comporte trois composantes minimales :

- *une unité de compte commune :* qui permet d'exprimer les grandeurs économiques (prix ou richesses individuelles) ;
- *un principe de monnayage* : qui est la condition de l'action décentralisée des individus ;
- *et un principe de règlement des soldes* : qui explicite comment l'équivalence dans l'échange détermine les grandeurs économiques.

Ces trois composantes forment le mécanisme de marché, absent des théories de la valeur.

Aglietta et Cartelier fournissent des arguments en marquant bien leur contenu social par -delà leur aspect technique.

Ainsi donc partir de la monnaie pour élucider le fonctionnement d'une économie de marché, c'est accepter deux propositions essentielles :

- la monnaie est logiquement antérieure aux relations de marché : les formes modernes de la monnaie révèlent comment le marché s'inscrit dans une société déjà là, elles ne sont l'effet des relations d'échange entre individus indépendants ;
- la monnaie est un lien social plus fondamental que le marché : une approche pluridisciplinaire en vue d'établir les limites dans le temps et l'espace de ce mode de solidarité et de ses effets et non seulement légitime pour appréhender la monnaie en général, mais également nécessaire à la compréhension en profondeur des relations marchandes elles-mêmes.

Certains auteurs comme TOURE MAMADOU (1994), en s'inspirant de l'approche de Schmitt, pense que l'hypothèse qui consiste à dire que la coopération monétaire internationale entre espaces monétaires est porteuse, si elle est vectrice de développement socio-économique : l'auteur prend le cas de la zone franc.

Cette question soulève à notre avis un autre problème qui aurait pu être abordé, celui de l'économie politique de l'aide internationale.

B) Les arguments pour la monnaie souveraine dans le processus d'une union monétaire

André Orléans et Michel Aglietta ont abordé la problématique de la monnaie souveraine en théorie notamment lorsque nous présentons les points des monétaristes et des économistes sur la question de la zone monétaire optimale.

Bernard Schmitt, en a mené une réflexion en terme de la monnaie supranationale que nous avons abordé dans le chapitre 7.

Il s'agit à la fois du débat sur les systèmes de paiement à l'intérieur de l'espace monétaire et entre les espaces monétaires (Problématique de l'emprunt extérieur). La compréhension du concept d'espace monétaire permet de mener une analyse réaliste des stratégies monétaires et financières qui déterminent l'évolution socio-économique des pays africains de la zone franc.

Au regard des critères traditionnels de la théorie des zones monétaires optimales, la Zone franc tout comme la Zone Euro, s'avère former des Zones monétaires sous-optimales. Le débat de la monnaie souveraine soulève de la mondialisation qui supposerait une homogénéisation du marché mondial porté par la lire circulation des facteurs et des marchandises et une convergence des formes institutionnelles.

« On peut au contraire constater une très forte différenciation des taux de salaires et de profitabilité, de nombreux obstacles à la mobilité du travail. On observe une multiplicité des formes institutionnelles et des modes de régulation. Il existe un capitalisme hiérarchisé avec forte différenciation des taux de rentabilité du capital, des taux d'intérêt et des primes de risque.

La vitesse de rotation des capitaux des capitaux, l'emporte sur l'internationationalisation du capital ou sur l'intégration financière croissante mesurée par l'écart entre les taux d'épargne et d'investissement nationaux » (Hugon, 2007).

Le capitalisme financier tend à donner un pouvoir dominant aux actionnaires institutionnels et il se traduit par une exubérance irrationnelle des marchés financiers. La mondialisation conduit à une accentuation de la concurrence entre les capitaux, entre le capital et le travail, entre le travail qualifié et non qualifié et donc à une accentuation des disparités et des inégalités entre pays et à l'intérieur des pays.

En Afrique, une monnaie unique ne pourrait voir le jour sans relance préalable de l'intégration commerciale et sans établir des règles de gouvernance macro-économique assurant sa stabilité.

« Or la monnaie, expression de la souveraineté nationale, a un pouvoir légat dans un espace national, voire régional dans le cas européen, tout en étant validé socialement dans des espaces infra ou supranationaux. La gestion du social, marché et mobilité du travail, salaire, protection sociale, système éducatif et sanitaire, concerne également principalement, voire exclusivement, l'espace national. Les taux de rentabilité sont estimés entre 25 et 30% pour l'Afrique, entre 16 et 19% pour les pays en développement et autour de 15% pour les fonds de pension dans les pays industrialisés. Il y a en revanche de grandes disparités des risques » (Hugon, 2007).

C) L'Euro et la théorie des zones monétaires optimales : Les Points de vue des monétaristes et des Économistes

Les arguments développés par Elie COHEN (2001) selon lesquels les fondateurs de la théorie monétaire moderne : Milton Friedman, père de l'économie monétaire moderne et Robert Mundell, père de la théorie des zones monétaires optimales (optimal currency areas), tous deux Prix Nobel, ont émis à quelques mois de distance des avis diamétralement opposés sur l'avènement et la viabilité de l'euro.

L'auteur part du constat suivant :

« Le 1er janvier 1999, onze pays européens, pour la première fois depuis l'Antiquité romaine, se dotent d'une monnaie unique : l'Euro. À compter de cette date, toutes les transactions qui ne requièrent pas l'usage de pièces et de billets se font en euros. Le 1er janvier 2002, les signes monétaires nationaux disparaîtront complètement et les consommateurs français, belges, autrichiens utiliseront les mêmes pièces de monnaie pour acheter leur pain ou leur journal. Et, pourtant, cet événement imminent, programmé, a suscité jusqu'en 1997 le scepticisme de la communauté financière internationale, des médias anglo-américains et d'éminents économistes américains. Paradoxe ultime : C'est l'économiste le plus spécialisé dans la question des zones monétaires optimales, l'homme dont les propos avaient si souvent étayé les thèses hostiles à l'euro, qui l'a finalement défendu avec brio, contre ses disciplines même. » (E. COHEN, 2001).

Présentons ces deux points de vue en réponse à la question posée au printemps 1996 : « *Croyez-vous à la possibilité d'une monnaie unique en Europe ?* »

1/ Les Arguments de FRIEDMAN

FRIEDMAN répond « Pas de mon vivant en tout cas. Je ne crois pas à la création d'une monnaie unique en Europe dans]es années à venir. Pas plus en 1997, la date originelle mentionnée, qu'en 1999, celle qui est maintenant avancée, qu'en 2002. » Et d'ajouter : « Ün peut avoir une unification économique sans unification politique, à condition de combiner la liberté du commerce et des mouvements de capitaux avec des changes flottants, car ceux-ci préservent l'autonomie des politiques économiques des pays concernés. Si les changes sont fixes, cette autonomie disparaît ». Pour finir : « A mon avis, pour que la BCE puisse imposer son autorité, il faut que la zone couverte soit politiquement unique unifiée.[84]

La thèse de Friedman est simple précise COHEN et est résumée en ces termes :

- La monnaie unique est une atteinte à la souveraineté ;
- Elle prive d'un outil indispensable de politique économique ;
- Elle ne se fera donc pas et, si elle se fait, elle échouera.

2/ Les Arguments de Robert Mundell

Robert Mundell donne, dans une série d'articles du Wall Street Journal en date du 24 et du 25 mars 1998, une réponse remarquable de finesse et d'intelligence. Son argumentation s'organise de la manière suivante :

- Ni les États-Unis, ni l'Europe Unie ne sont des zones monétaires optimales. Pourtant, le dollar existe, et l'euro existera. L'Union Européenne n'est pas une zone monétaire optimale à cause des niveaux de développement inégaux des pays qui la composent, à cause du caractère non synchrone des cycles économiques ;
- La dévaluation, théoriquement à la disposition des États souverains, n'apporte qu'un répit momentanné. Sur le long terme, la manipulation des taux de change n'apporte aucun avantage. Lorsque le besoin d'adaptation se fait sentir, notamment en cas de décrochage compétitif, l'ajustement doit être réalisé en termes réels

[84] Problèmes économiques, 5 juin 1996.

par la mobilité du facteur travail, par l'ajustement des salaires réels ou par un plus grand effort rédistributif du budget fédéral ;

- L'euro fournit une impulsion décisive à la concurrence intra-communautaire et à la rationalisation des structures ;
- L'euro stimulera la concurrence et donc, à terme, l'égalisation des systèmes de protection sociale.

Robert Mundell a développé récemment ces arguments concernant le bilan de l'euro (Problèmes Économiques, voir chapitre 7).

Il ressort de cette présentation théorique que les arguments Mundell ont retenu l'attention des décideurs politiques et constituent une grande avancée dans le processus d'intégration économique et monétaire. Cette théorie reste de nos jours d'actualité et la plupart des économistes prennent comme référence la théorie des Zones Monétaires Optimales (ZMO).

Dans un article parue dans l'Hebdomadaire Russe EKSPERT, SAPIR. J, développe des arguments sur l'oublie de la pensée de FRIDMAN : « Oublier MILTON FRIEDMAN ». Jeudi 3 avril 2006).

Ainsi pour nous réduire l'instabilité macro-financière par la gestion collective de l'épargne est une double tâche pour remettre le capitalisme contemporain dans la voie du progrès social.

Ces analyses institutionnalistes révèlent la diversité des institutions et des asymétries entre des centres et périphéries entraînées ou marginalisées. « Certains espaces bénéficient fortement de la mondialisation alors que d'autres espaces sont pris dans un processus de marginalisation. Globalement, les pays pauvres sont pris dans un processus de divergence économique vis-à-vis des pays industriels et des pays émergents. On constate des convergences pour les pays émergents et des divergences pour les pays pris dans les trappes à pauvreté. Celles-ci peuvent s'expliquer par des effets de seuil, par les différences de trajectoires initiales, par une hétérogénéité mondiale en termes d'accès aux technologies ou/et aux capitaux. On retrouve l'explication ancienne de Gerschekrone (1962) selon laquelle un retard initial signifie pour le pays une potentialité de modernisation accélérée, dès lors qu'il y a accès à la frontière technique des pays leaders. Mais l'efficacité de ce rattrapage dépend de l'invention d'institutions adéquates qui en permettent l'impulsion et la gestion ». (Hugon, 2007).

C'est dans ce cas que Hugon affirme : « à la différence des pays est asiatiques caractérisés par une contagion régionale de la croissance, les pays africains ont été des périphéries non entraînées par les centres européens. Historiquement, les pays asiatiques ont été entraînés dans un processus de croissance régionale par suite des firmes, au départ japonaises et par le rôle de la diaspora chinoise. Au contraire, les pays africains ont peu bénéficié de la part de l'Europe d'un effet de diffusion d'un modèle de croissance par les transferts de technologie, par les investissements directs et par une ouverture des marchés européens sur des produits industriels permettant une montée en gamme. Ils ont rarement été capables de construire de nouveaux avantages comparatifs et de maîtriser l'ouverture extérieure par une combinaison de politiques macro-économiques rigoureuse et de politiques sélectives industrielles » (Hugon, 2007).

Les analyses institutionnalistes inspirées des auteurs post-keynésiens nous livrent des arguments convaincants sur le débat entre monnaie et capitalisme qui nous semble transposable dans les PVD.

III.2 La monnaie d'État et la monnaie chartaliste : la théorie générale du circuit au cœur du débat monnaie et capitalisme

Cette question ne sera pas développée dans le cadre de cette recherche ; non pas parce que cette approche chartaliste de la théorie du circuit monétaire a été largement critiquée par des auteurs par exemple C, GNOS qui a fait une analyse critique sur cette théorie dont nous tentons ici de présenter ces fondements. Mais ces fondements théoriques nécessitent seulement un bref résumé.

Ainsi nous retrouvons les fondements de cette approche dans un exposé fait par PARGUEZ où l'auteur décrit les principes essentiels de la théorie du circuit monétaire : « il faut selon lui renoncer au mythe du troc et de définir la monnaie par rapport au mode de production des économies concrètes. Celui-ci comprend l'ensemble des institutions qui régissent la production et sa répartition entre consommation et accumulation. Ainsi, une économie est ou non monétaire selon que la monnaie est ou non la condition d'existence de son mode de production. Ceci constitue selon l'auteur, le principe d'essentialité de la monnaie ».

PARGUEZ identifie deux modes de production : le mode de production coercitif et le mode de production monétaire :

- Le premier repose sur la pure contrainte exercée par l'autorité politique suprême ;
- Le second sur la création monétaire.

Cet enseignement de la théorie économique est traditionnellement fondé sur la distinction entre micro et macro-économie comme l'affirme GRAZZIANI. Il est généralement admis que la micro-économie analyse le comportement d'un agent isolé, très souvent rationnel, poursuivant des buts prédéterminés, tandis que la macro-économie analyse le fonctionnement du système économique dans son ensemble.

De même, le lien entre micro et macro serait unidirectionnel, la théorie macro-économique étant simplement déduite des résultats de l'analyse micro-économique par un processus d'agrégation.

Grazziani illustre différentes versions de cette conception dominante en montrant en particulier que les développements de l'analyse micro-économique, présentés comme des constructions macro-économiques critiques de l'approche néoclassique, ne sont en fait que des prolongements de l'approche standard consistant à abandonner l'une ou l'autre des hypothèses du modèle néoclassique.

Selon lui, il faut donc remonter aux pères fondateurs de la théorie économique pour trouver une approche de la macro-économie radicalement différente ; pour les classiques, le problème crucial concernait les conditions nécessaires pour assurer la pérennité et l'évolution de la société. Dans ce cadre, l'analyse du comportement individuel n'apparaît pas comme le point de départ prioritaire. Au contraire, elle n'intervient que dans une seconde phase, le comportement des agents étant déduit des conditions macro-économiques comme celui qu'ils devraient adopter afin d'assurer la pérennité du système économique.

Il est donc clair qu'au sein d'une véritable approche macro-économique, qui apparaît de la façon la plus éclatante dans la théorie de la circulation monétaire, on déduit le comportement individuel sur la base des conditions de l'équilibre macro-économique.

Notre étude devient plus pertinente en reconsidérant les argumentations de PARQUEZ. L'auteur nous rappelle que le modèle de sociétés régies par le mode de production monétaire est celui des économies capitalistes depuis la révolution industrielle, dans lesquelles la monnaie y remplace le pouvoir coercitif de l'État.

PARGUEZ définit alors cinq propriétés fondamentales du capitalisme :

- *Les entreprises* sont les propriétés privées des ressources productives, dont l'équipement industriel, ce qui les métamorphose en capital ;
- *Le travail est* parfaitement libre ; la valeur de la production se réalise en outre dans les achats qui sont une dépense de monnaie. La loi de Say est invalidée et la monnaie permet aux entreprises de produire et d'augmenter leur capital.
- *D'État* coercitif, l'État a par ailleurs été métamorphosé en État monétaire qui crée de la monnaie pour dépenser afin d'assurer la production des biens collectifs.
- *Le pouvoir monétaire de l'État* est le support du pouvoir qu'ont les banques de créer de la monnaie pour les entreprises. Toute la monnaie est libellée en une unité de compte fixée par l'État.
- *Enfin, les entreprises déterminent* librement l'investissement sans être liées par l'épargne. Au lieu d'être la source du capital, l'épargne comprime les achats et donc la valeur de la production. La loi de la rareté en son sens classique et néoclassique est invalidée.

Ces cinq propositions sont selon l'auteur le cœur de la théorie générale du circuit quand elle explique le capitalisme moderne. La monnaie est par conséquent toujours neutre, elle est étrangère au désir subjectif de se protéger contre l'incertitude.

D'autres arguments sont développés par LAVOIE. L'auteur entreprend dans sa contribution de mettre les outils forgés par GODLEY au sein de la représentation du circuit monétaire. Depuis plus de deux décennies affirme l'auteur, GODLEY s'est en effet efforcé de développer une théorie économique construite à partir d'un cadre comptable cohérent qui fasse la jonction entre la comptabilité des flux et celle des stocks, tout en intégrant adéquatement la monnaie, à la fois sous l'angle du crédit bancaire, et sous celui du choix de portefeuille des ménages.

LAVOIE pense que la théorie de GODLEY est intimement liée à une vision circuitiste de la monnaie endogène : LAVOIE présente la méthode prônée par GODLEY et montre comment elle permet de bien représenter les principales étapes du circuit monétaire, et par là même de mieux comprendre la théorie de la monnaie endogène, quelque soit le cadre institutionnel dans lequel on se trouve ».

LAVOIE veut dans sa contribution montrer que GODLEY a réussi là où bon nombre d'économistes ont échoué : sa méthode permet de faire la jonction entre la monnaie-flux, celle qui apparaît en début de période au moment où les crédits sont consentis aux entreprises, et la monnaiestock, celle qui survit en fin de période et qui résulte des choix de portefeuille.

L'utilisation systématique des matrices de bilans et des matrices de flux d'opérations évite d'omettre certains flux et permet de prendre en compte toutes les interdépendances.

La méthode matricielle proposée par GODLEY, permet de formaliser la théorie du circuit et de justifier les principales affirmations de la thèse de la monnaie endogène.

D'autres auteurs ont aussi proposé d'examiner le rôle de l'État et des impôts dans le cadre de la théorie du circuit monétaire (BOUGRINE et SECCARECCIA, 2003). Notons que ces arguments sont développés dans le chapitre V de ce travail. Pour ces auteurs cela implique de déterminer précisément la signification et le rôle de la monnaie. Les auteurs analysent tout d'abord la nature du circuit monétaire qui fournit une explication réaliste des relations entre banques, entreprises et ménages, avant d'intégrer l'État.

Dans ce contexte la prise en compte de l'État complique les relations monétaires parce qu'il faut tenir compte de l'existence de deux institutions supplémentaires : la banque centrale (ce qui peut être considérée comme le secteur bancaire de l'État, à la fois dans son rôle définancement des dépenses gouvernementales et dans sa gestion des taux d'intérêt à court terme), et le Trésor (qui exécute les opérations fiscales de l'État, c'est-à-

dire l'imposition et les dépenses du gouvernement). Ces deux facettes de l'État sont d'une importance cruciale, car :

- elles affectent le niveau global du revenu en raison de l'impact direct des activités de dépenses et d'imposition du Trésor sur la disponibilité du revenu du secteur privé, et,
- elles influencent les décisions de dépenses du secteur privé du fait du rôle moteur de la Banque centrale dans la détermination des taux d'intérêt et son contrôle du taux au jour le jour.

BOUGRINE et SECCARECCIA, en déduisant l'explication du rôle des impôts dans la dynamique des économies monétaires modernes, et en tirent les conclusions sur les politiques macroéconomiques qui devraient être mises en place pour stabiliser l'économie : contrairement à la croyance générale, les impôts font partie de la phase de reflux du circuit monétaire et, en tant que tels, ils détruisent, et non ne créent, de la monnaie. Les impôts ne peuvent donc logiquement financer les dépenses du secteur public. La compréhension des impôts dans cette structure circuitiste est essentielle parce qu'elle libère effectivement le gouvernement d'une contrainte budgétaire artificielle et imposée.

On peut alors dire qu'au plan théorique et macro-économique, la fonction première des impôts est de réguler l'économie en prévenant l'inflation (quand la dépense privée est trop élevée) et le chômage (quand elle est trop faible).

Nous avons montré dans les pages précédentes en particulier la question de l'inflation qui mobilise des réactions émotionnelles tout en autant si ce n'est plus qu'une analyse économique scientifique comme l'affirme SAPIR.

Une autre critique de la théorie du circuit monétaire a été faite par ROCHON et VERNENGO. En prenant comme appui sur les enseignements de la théorie du circuit monétaires, ces derniers souhaitent proposer une critique « horizontaliste » de l'interprétation néo-chartaliste de la monnaie, en débit des avancées effectuées par les post-keynésiens chartalistes. Selon ces auteurs il subsiste certaines restrictions concernant la relation entre monnaie d'État et monnaie endogène.

Dans le cadre du circuit monétaire, les Banques jouent un rôle central lorsque les entreprises leur empruntent des fonds pour payer les coûts de production (salaires et achats de biens capitaux). L'idée est que la production ne peut être mise en œuvre sans un recours préalable au crédit bancaire.

Production et crédit bancaire doivent, selon les auteurs, demeurer la préoccupation principale de la théorie de la monnaie endogène.

Les impôts et la monnaie d'État n'entrent dans le circuit que plus tard ; ils s'avèrent importants dans la mesure où les banques décident effectivement d'octroyer des crédits en monnaie d'État. C'est également le pouvoir des banques d'octroyer des crédits, ou de les refuser à ceux qui n'acceptent pas les règles du jeu, qui explique la domination des monnaies d'État sur les marchés internationaux avant les marchés intérieurs :

« En dernière analyse, pour ROCHON et VERNENGO la souveraineté, comprise comme le pouvoir de prélever les impôts et de les collecter sous la forme monétaire de son choix, n'est pas l'explication principe de l'existence de la monnaie même si la monnaie moderne est finalement chartaliste ».

Une critique plus nuancée de la théorie chartaliste de la monnaie dans sa version post-keynésienne et, a été faite par C. GNOS[85] . Cette critique est très pertinente pour la compréhension du débat de la monnaie d'État.

Au total nous pouvons dire que cette explication chartaliste de la monnaie moderne bien que critiquable, est d'une utilité évidente pour comprendre les dysfonctionnements de nos économies modernes dans le cadre institutionnel actuel.

Car très clairement, les théories sont censées reproduire la réalité économique observable en synthétisant les inter-relations des grandes variables macro-économiques. Mais parallèlement, elles doivent permettre d'aider à la mesure empirique de ces relations. La difficulté à trouver le sens de causalité entre la théorie et les faits empiriques peut être illustrée par la problématique de la convergence/divergence des taux de croissance.

À notre avis nous essayons plutôt de montrer que ce cadre théorique permet juste d'apprécier les outils présentés par les différents travaux hétérodoxes d'inspiration keynésienne, marxiste, régulationniste, conventionnaliste, évolutionniste), en accordant une analyse privilégiée sur les récents travaux théoriques issus de l'école Schmittienne qui trouvent d'ailleurs un grand échomobilisateur sur le rôle de la monnaie comme l'avons évoqués ci- haut.

III.3 Le débat théorique sur la question de la souveraineté ou de la légitimité de la monnaie

Ce débat est utile pour comprendre le fonctionnement de nos économies monétaires actuelles.

Certains auteurs ont abordé la question de la souveraineté ou de la légitimité de la monnaie qui constitue une pierre d'échappement dans le camp des économistes depuis au moins trois siècles, comme, d'une façon plus générale, la question monétaire elle-même.

Les pères fondateurs de l'économie politique ont relégué la monnaie dans une fonction ancillaire ou lui ont seulement assigné une notion de mesure, pondérale ou légale de la valeur Les positions résolument hostiles aux politiques monétaires et financières des monarchies européenne expliquent ce concert polyphonique que l'on peut suivre en France, par exemple, de

[85] C. GNOS, in *International Journal of Political Economy,* Fall, 2002, vol. 32, n-3, pp. 41-57.

Boisguilbert à Wolowski ou Michel Chevalier, d'Arnauné, Colson ou Nogaro jusqu'à Allais aujourd'hui.

« Ce débat demeure et s'accentue davantage dans le contexte de la mondialisation de l'économie, de l'extension des marchés financiers, du prétendu dessaisissement des États en matière financière et monétaire » (Secrétariat général de la Défense nationale, L'État -Nation et son avenir, Paris, La Documentation Française, 1995).

En effet cette « question de la souveraineté et de la légitimité de la monnaie pose moins de problèmes à l'historien, dans la mesure où elle s'impose au travers des faits, des pratiques et des mentalités depuis quasiment l'origine de l'humanité. Toute idée de la souveraineté de type politique par essence, se trouve exclue des théories économiques et à fortiori de celle de la monnaie qui est elle-même, ou bien absente de la théorie ou bien, depuis le XVIII siècle, subordonnée à l'échange marchand. En revanche, les autres disciplines philosophie, histoire, droit, sciences politiques, etc.font dériver la légitimité du principe de la souveraineté par référence à l'enchaînement temporel ou structurel des institutions politiques et sociales.

Néanmoins, la position est logique du côté des économistes, puisque toute la modélisation de cette nouvelle science de l'économie politique s'est opérée partout, en Europe, au XVIIIe Siècle, contre l'État et ses abus, notamment financiers excessifs du monde monarchique ou plus globalement politique. En outre, les mécanismes d'abstraction et de rationalisation de la science économique ont, par nature, une fonction réductrice ou simplificatrice, incapable de gérer cet ensemble archaïque et irrationnel issu du sacré et dont procède toute souveraineté. » (THIVEAUD, J-M, 2001)

Ainsi la lecture des ouvrages de bon nombre d'auteurs européens du Siècle des lumières témoigne de refus de regard en arrière, vers le moyen âge, l'Antiquité et davantage encore les sociétés archaïques. Cette attitude s'explique aisément, car, comme l'écrivait Tocqueville : « Le passé est pour les économistes (du XVII siècle), l'objet d'un mépris sans bornes » (à de Tocqueville, L'ancien Régime et la Révolution, Paris, Guillimard, 1952).

« L'encadrement par l'économie du domaine politique portant fondé sur le principe de la souveraineté, implique alors une réduction de champ que l'économiste résumera finalement dans le concept ambigu de légitimité qui signifie, au bout du compte quoique sous un angle plus étroit, ce que l'historien ou le juriste essaie d'exprimer en parlant de souveraineté. Or, si l'idée économique de légitimité/souveraineté tend à se rétrécir à l'intérieur des modèles et des équations d'aujourd'hui, le principe de la souveraineté est plus manifeste pour les historiens contemporains qui peuvent, mieux que leurs prédécesseurs des siècles passés, s'appuyer sur des découvertes et des travaux réalisés depuis une centaine d'années grâce au développement de ce que l'on a appelé, dans les années 1960, les sciences humaines. » (THIVEAU, Jean-Marie, 2001).

Nous verrons dans le cadre de nos recherches futures la question de la souveraineté et de la légitimité de la monnaie renvoie à la notion de la recherche d'un nouvel ordre planétaire (COHEN, 2001).

Il s'agit ici d'aborder par la question de la « Régulation monétaire et de responsabilité politique pour un ordre économique économe, car depuis plus de vingt ans, les États déréglementent, privatisent et libéralisent leurs économies ; simultanément, ils transfèrent des compétences aux organisations internationales, donnent leur indépendance aux Banques centrales et renforcent les unions régionales » (E. Cohen, 2001)[86] . Il s'agit aussi d'aborder les questions de l'Économie Politique de l'Aide Internationale ; du concept de Développement institutionnel : à ce sujet la littérature est très abondante. C'est dans cette partie que la thèse cherche à enrichir le débat de la conception de l'État en tant qu'institution régulatrice.

L'ouvrage de E. Cohen pose les fondements de ce débat, car il esquisse, la carte des nouvelles instances de gouvernement planétaire en matière commerciale, financière, monétaire et économique, en décrivant les mécanismes à l'œuvre dans les grandes institutions que sont notamment, l'OMC, FMI ou BCE. I 1 montre clairement qu'aujourd'hui le problème n'est pas de savoir si ce sont les intégristes du marché qui ont raison ou les adversaires antimondialistes, mais comment les architectes du nouvel ordre économique vont pouvoir bâtir un monde plus efficace, plus juste, plus légitime. Ce concept de l'ordre économique mondiale que nous avons appelé « ordre économique économe », inclut toutes questions à débattre au cours de nos recherches futures.

Jacques Sapir apporte un éclairage à ces questions dans ces ouvrages récents :

Ainsi, dans « Quelle économie pour le XXIe siècle, 2005), Jacques Sapir pose les interrogations suivantes : l'économie n'est-elle que jeu d'intérêts particuliers ? La globalisation met-elle fin au rôle de l'État ? Les privatisations sont-elles un simple retour à la normale ? Les délocalisations sont-elles un mal inéluctable ? Il plaide ainsi pour une conception de l'économie où les institutions seraient des tuteurs de comportement la régulant et la maintenant sur le sentier de la croissance. L'auteur conclut que la liberté des agents économiques est inconcevable sans institutions régulatrices.

En se référant à l'Union européenne, dans son ouvrage « La fin de l'euro libéralisme, 2006, seuil », Sapir démontre tous les non-sens économiques sur lesquels repose le discours eurolibéral dominant. Dans une forme accessible, il explique comment la science économique réduit à néant le culte de concurrence » libre et non faussée « sur lequel repose la construction européenne depuis vingt ans. Il présente les fondements d'un modèle

[86] E. Cohen (2001), « Régulation monétaire et responsabilité politique », dans » l'ordre économique mondiale, éssai sur les autorités de régulation », Fayard, 2001.

alternatif pour l'Union européenne : l'économie mixte organisée plutôt que l'économie dérégulée. Selon l'auteur, le 29 mai, espérons-le, marque le commencement de la fin d'une illusion dangereuse : l'eurolibélarisme.

Enfin dans son ouvrage : Le Nouveau XXIe Siècle, seuil, 2 008, un ouvrage qui aborde entre autres des questions de sciences politiques, « La dissolution de l'URSS et la guerre du Koweit ont signé en 1991 la fin du XXe siècle. On imaginait alors un XXIe siècle dominé par les États-Unis, hyper puissance militaire et économique. Mais ce « siècle américain » a avorté entre 1997 et 2003. La crise financière internationale de 1997-1998 a suscité l'irruption de nouvelles stratégies économiques, le sursaut de la Russie, la rupture de nombreux pays latina-américains avec le modèle américain et l'émergence de la Chine comme pivot de la stabilité en Extême-Orient. ».

L'auteur stipule « qu'en tentant de restaurer leur hégémonie par la force, les États-Unis ont engendré, en Afghanistan et en Irak, deux désastres militaires et politiques. Alors qu'ils faisaient figure de victimes le 11 septembre 2001. Ils sont aujourd'hui isolés diplomatiquement et doivent affronter l'image de Guantanamo et des tortures à Abou Grahaib. Sous nos yeux naît un nouveau XXIe siècle, sans puissance régulatrice, marquée par un monde multipolaire et où la souveraineté nationale redevient un axe clé de la pensée politique. Las, les élites européennes tardent à reconsidérer leurs politiques à l'aune de cette nouvelle donne. Comme leurs ainés incapables de comprendre le XXe siècle ouvert par la « Grande Guerre », elles s'accrochent à des prismes politiques obsolètes. Pour combattre la répétition de cette erreur funeste, Jacques Sapir s'attache à montrer quelles leçons la France et l'Europe devraient tirer d'une perception plus juste du siècle qui vient » (SAPIR, 2008).

Voici ainsi brossé le contexte dans lequel cette approche de l'Économie politique économe de L'État sera abordée dans nos recherches futures qui nous permettront certainement d'enrichir par d'autres approches ce débat dans le cas de l'Union africaine. Les contributions de Hugon sur les spécificités de l'analyse institutionnaliste dans les pays du Sud et leurs implications méthodologiques nous fournis des outils très pertinents sur le débat. (Hugon, 2007).

Conclusion du chapitre IX

Ce chapitre permet de réactualiser le débat de l'intégration économique et monétaire en zone franc, en rapport avec la problématique du développent d'une part et de la création monétaire d'autre part. En s'inspirant des travaux des pères fondateurs en économie du développement, sciences relativement nouvelles en vogue dans les années des indépendances dans la plupart des pays en développement, en passant les courants structuralistes, institutionnaliste et la nouvelle économie institutionnaliste, jusqu'au post-keynésiens : tel est le socle théorique qui nous a permis d'aborder les théories et stratégies de développement en vue d'une approche plus intégrée en Zone franc africaine.

La question de la création d'une zone monétaire en Afrique a fait l'objet d'un débat ancien que nous avons tenté de renouveler à l'heure de la construction européenne. Une abondante littérature sur la nécessité de l'intégration économique et monétaire a permis de bien· comprendre les mauvaises performances de la zone franc africaine :

- La théorie des zones monétaires optimales est mise en exergue en même temps l'étude cherche à montrer la causalité de cette théorie avec la théorie de l'intégration de Bella Balassa en référence aux différentes étapes de croissance et développement de Rostow.
- Malgré l'apport des uns et des autres, ces approches de développement sont dans l'incapacité à expliquer le développement de l'Afrique dans le cadre institutionnel actuel.
- Tout au moins selon les arguments que nous avons présentés dans le chapitre, il a été pris en compte la problématique de la lutte contre la pauvreté en Afrique où nous avons abordé des aspects de la pauvreté monétaire, une approche de la Banque Mondiale, notamment la question de la pauvreté monétaire et le problème de la bonne gouvernance[87]
- Nous avons estimé que l'approche post-keynésienne peut fournir des arguments utiles pour la création monétaire en Afrique et cet apport constitue un argument qui nous a permis de se poser la question de savoir si la monnaie FCFA actuelle peut-être intégrée dans l'analyse macro-économique post-keynésienne, et cela nous

[87] Les enseignements sont tirées en conclusion générale de la thèse sur les enjeux de l'endettement extérieure des pays de la Zone franc (initiatives PPTE, IADM)

repose encore le débat sur l'optimalité des zones monétaires largement abordé en première partie.

L'analyse anthropologique et sociale de la monnaie a été privilégiée d'une part et la vision des circuitiste et cartaliste nous a permis d'aborder la création monétaire en zone franc et ferra l'objet d'articles que nous rédigerons.

Nous venons de montrer que la politique monétaire joue un rôle important dans la croissance économique et favoriser le développement humain par des circuits divers.

- Au plan théorique ce chapitre nous a montré le rôle joué par les politiques de stabilisation macro-économique, difficiles à mettre en œuvre en absence d'un cadre institutionnel crédible. Dans les cas étudiés dans notre travail, les apports des théoriciens institutionnalistes du développement, des nouveaux institutionnalistes ont été utiles pour appréhender le fonctionnement institutionnel de nos économies. Cette analyse sera plus approfondie pour les recherches futures.

En gros les pays Africains de la zone franc tout comme de la zone Euro, constituent bien un cadre approprié pour mener de telles réflexions même à court terme quand on aborde les questions sur les taux de change surtout.

- La question de la recherche d'une approche optimale dans le contexte de la Russie dont les fondements théoriques se retrouvent dans les travaux de Sapir dans le cadre du CEMI, notamment quand on aborde la question de l'inflation « du taux d'inflation naturel » nous a permis de réfléchir sur la dimension régionale de l'inflation qui pose un problème de données.

Pour la zone franc, cette question nécessite une réflexion approfondie. Les données de l'inflation en Zone franc sont présentées en annexe générale. Mais la confrontation entre l'approche des monétaristes et des économistes sur la question du taux d'inflation « naturel ou normal » développée par Sapir nous semble très utile pour comprendre les dysfonctionnements et le fonctionnement d'une zone monétaire.

De cette confrontation nous en déduisons que l'économie politique a une trajectoire Keynésienne à cause de l'inflation, vu sous cet angle on est non pas seulement à un retour à Keynes, mais aussi à une interprétation néo-classique de Keynes.

L'indice des prix à la consommation n'est pas seulement un bon indicateur de l'inflation (L'approche en terme de synthèse de Mankyv). Mais il faut faire allusion à la question de la diffusion des gains de productivité (le cas de la Chine est un bel exemple surtout qu'on compare l'inflation des années 1990 qui est différent de celui de 2006).

Nous adhérons à cette analyse faite par Sapir surtout quand on tient en compte de la sensibilité de la croissance par rapport à l'inflation comme indicateur à utiliser notamment la prise en compte de la dimension structurelle.

Lorsqu'on fait une lecture de l'auteur sur les fondements du taux d'inflation naturel, il est montré que, « les politiques monétaires liées au contrôle de l'inflation ont tendance de manière naturelle à souligner les asymétries de pouvoir (effectif ou virtuel) des agents dans le cadre de liens de transaction » (Sapir, 2006).

L'auteur montre que formuler une théorie du taux naturel d'inflation nécessite un retour sur la méthodologie de la théorie macro-économique (problèmes de la cohérence argumentaire des nouvelles approches de l'inflation, les conséquences d'une analyse réaliste des comportements individuels) : tous ces éléments convergent vers une constatation de la plus grande importante à la fois normative et perscriptive dans la mesure où non seulement il existe pour toute économie un taux d'inflation que l'on peut qualifier de « naturel », car correspondant à des contraintes de l'ordre du réel prenant naissance au sein des structures de l'appareil productif et des configurations de la population des entreprises dans les différentes branches d'activité. D'après l'auteur ce taux peut être substantiellement différent entre économies, mais aussi entre périodes pour une même économie. On peut dans ce contexte déduire qu'il n'est possible d'avoir une politique de « ciblage » du taux d'inflation de la part des autorités monétaires que dans la mesure où ces dernières prennent en compte les éléments structurels de l'économie, mais aussi les éléments contextuels : Il devient impossible de formuler une « cible » unique pour des économies sauf à supposer leur homogénéité structurelle et contextuelle ».

Dans le modèle bi-sectoriel développé par l'auteur que nous n'avons pas abordé ici, bien que critiqué par certains, ouvre un espace de réflexion pour des économies qui utilisent un modèle muli-sectoriel, quand il s'agit de faire les analyses dynamiques inflationnistes.

Pour nous la prise en compte des dimensions structurelles et contextuelles, voir environnementales pour expliquer les dynamiques inflationnistes dans une zone monétaire, peut converger vers une analyse réaliste de l'inflation pour des zones monétaires actuelles.

- En termes alternatifs ce chapitre a introduit en dehors des aspects anthropologiques et social, le débat l'ordre monétaire des économies de marché que nous retrouvons dans les écrits de Aglietta et Cartelier.

Ces auteurs pensent que « l'individu est à la fois la monnaie et le coin qui la frappe » (N, Elias, *la Société des individus,* Paris, Fayard, p. 97, 1991).

Les auteurs stipulent que » la théorie économique moderne est issue d'un pari extraordinaire tenté dès le milieu du XVIIe siècle par les théoriciens de la valeur : penser l'économie de marché en faisant table rase des institutions. » Les auteurs poursuivant leurs analyses, pensent aussi que contrairement aux présupposés des théories de la valeur qui tentent, en vain, de penser la monnaie comme une conséquence du marché, il est possible de soutenir que la monnaie est à la fois une condition d'intelligibilité de la division marchande du travail ou, pour adopter un vocabulaire plus moderne, d'une économie décentralisée de propriété privée.

Partir de la monnaie pour élucider le fonctionnement d'une économie de marché c'est accepter deux propositions essentielles :

- la monnaie est logiquement antérieure aux relations de marché : les formes modernes de la monnaie révèlent comment le marché s'inscrit dans une société déjà là, elles ne sont pas l'effet des relations d'échange entre individus indépendants ;
- la monnaie est un lien social plus fondamental que le marché : une approche pluridisciplinaire en vue d'établir les limites dans le temps et l'espace de ce mode de solidarité et de ses effets et non seulement légitime pour appréhender la monnaie en général, mais également nécessaire à la compréhension en profondeur des relations marchandes elles-mêmes.

La monnaie comme système de paiement rappelle la question de la nature du problème théorique que toute théorie économique doit résoudre : montrer comment, dans une économie de marché, les individus sont socialisés par l'évaluation objective par le marché des richesses individuelles . Il s'agit là de la question fondatrice de l'économie politique et c'est sur la capacité à répondre à cette question que les diverses théories économiques doivent apprécier.

En effet ce débat sur de la dépolitisation de contemporaine de la monnaie à travers par exemple l'examen de la nouvelle norme qui paraît s'imposer aujourd'hui : l'indépendance de la Banque Centrale dans le fonctionnement des unions monétaires.

N'oublions pas que la monnaie, « instrument de pouvoir », selon l'expression de F, PERROUX, occupe une place centrale dans le processus du développement.

En 1989, les monnaies de quatorze pays africains et la France sont émises au sein d'un système monétaire commun : la zone franc. Nous avons vu à la partie introductive, les fondements de la zone franc à travers, un résumé sur l'étude des ses composantes institutionnelles verticales et horizontales, qui ont engendré plutôt un effet de domination et d'intégration d'après l'expression de Hubert Gérardin.

Enfin pour terminer cette étude anthropologique, économique, historique et philosophique, notre démarche consiste à montrer en gros le lien entre développement institutionnel dans le cadre de la mondialisation, en se posant les questions suivantes :

- Nos économies actuelles sont elles institutionnelles ?
- Nos zones monétaires actuelles s'inscrivent elles dans le contexte du développement institutionnel ?

On voit que le débat de la théorie des zones monétaires optimales et de la monnaie nous renvoie à aborder son lien avec le concept du développement institutionnel qui est pertinent pour appréhender le fonctionnement de nos économies modernes.

Plusieurs approches de ce concept ont été exposées dans les sections précédentes, mais l'approche de développement institutionnel qui a retenu notre attention est celle développée par Arturio Israël, a été critiqué par la suite par les auteurs comme SEN Amartyria, qui pense que « l'économie est avant tout une science morale ».

Donc la recherche d'une approche médiane et équitable entre la Zone franc et la zone Euro et donc la recherche d'une dynamique intégrationniste entre les deux zones peut être analysée en mettant en avant ce concept de développement institutionnel.

Peut-être les post-keynésiens fournissent mieux des arguments convaincants pour expliquer l'intelligibilité du tiers-monde, mais l'approche du développement institutionnel dans le cadre du nouveau paradigme de l'économie internationale semble mieux adapter pour expliquer la relation de causalité entre les deux zones monétaires qui vont dans le sens du progrès social.

La question de l'économie politique de l'aide internationale trouve encore sa place dans ce contexte, bien qu'historiquement datée lorsqu'on regarde son évolution historique dans les années 50 et 60, alors que la zone franc venait d'être constituée, alors la théorie de la zone monétaire optimale trouve son explication historique.

Le concept du développement institutionnel, nécessite une réflexion (Annexes du chapitre 8), notamment en se référant à l'approche de Arturio ISRAEL, plusieurs arguments peuvent être présentés sur cette théorie.

Tout d'abord, il semblerait qu'elle possède deux qualités incontestables :

- La première est qu'elle contribue effectivement à enrichir la compréhension d'un concept fondamental, mais jusqu'alors traité principalement par la science politique.
- La deuxième est qu'elle lie développement institutionnel et bonne gouvernance. La bonne gouvernance est un mode de gouvernement efficient, car il aboutit à développer les institutions en les rendant plus concurrentes et spécialisées, ce qui, selon l'auteur, optimise les ressources humaines et financières du pays. Il faut également souligner que l'auteur évite-t-il l'écueil de nombreuses publications de la Banque Mondiale sur ce sujet, dans la mesure où

il justifie en quoi ce mode de gouvernance est efficient et ne le proclame pas « bon » à priori.

En dehors de cette théorisation il faut noter que, celle-ci repose sur un nombre de travaux d'évaluation et de perfectionnement des futurs programmes mise en œuvre par la Banque Mondiale.

En fin l'ouvrage révèle l'importance des stratégies de développement institutionnel des bailleurs de fonds occidentaux, stratégies dont la plupart des spécialistes du développement n'avaient pas conscience à la fin des 1980. Dans ce contexte un des premiers séminaires organisés sur ce thème au début des années 1990 par ECDPM identifie clairement ce enjeu.

On peut pour toutes ces raisons affirmer que, la Théorie d'A. ISRAËL peut servir de base à une reformulation du concept de développement institutionnel, notamment à travers les limites que cette approche théorique présente par l'apport d'autres courants de pensée que nous essayerons d'aborder.

A) Les Limites de l'approche D'A. ISRAËL

Dans son ouvrage qui fonde son approche, il est clair de montrer quelques limites principales du développement institutionnel selon l'auteur.

Deux principales limites qui nous semblent critiquables :

1/ Tout d'abord, l'auteur établit une lecture économiciste du développement institutionnel, basée sur des postulats néoclassiques dont il ne se réclame pas directement. La définition de son approche omet d'indiquer qu'il applique la théorie du marché au développement institutionnel.

En effet, la littérature néoclassique insiste sur le fait que le marché est le mode d'allocation optimal des ressources, car il engendre la concurrence, source d'une utilisation optimale des ressources par la fixation de prix incitant la spécialisation comparative. Selon les néoclassiques, le marché pousse le producteur à se concentrer sur son secteur d'activité et à externaliser la partie du processus de production sur laquelle il ne possède pas d'avantage comparatif. L'auteur ne fait qu'appliquer les principes de l'efficience du marché au développement institutionnel :

- C'est une théorie économiciste, car elle repose sur un modèle économique non clairement exprimé.
- De plus, elle réduit le développement institutionnel au modèle politique sur lequel repose le marché, modèle constitué d'entités concurrentielles recherchant la spécificité. Il explique cette tendance par une variable géopolitique, la fin de la guerre froide qui aurait permis de vérifier la supériorité du marché au niveau même du développement institutionnel (A. ISRAËL, 1996).

Vu sous cet angle, l'ouvrage d'A. ISRAËL, entretient une confusion récurrente entre le développement institutionnel de l'aide à la modernisation impliquée par le projet. Ainsi les projets évalués portent au total sur des organisations et non sur des institutions. L'auteur note enfin du livre que la problématique du changement institutionnel requiert une vision d'ensemble.

2/ La deuxième argumentation tient au fait que si la théorie d'A. ISRAËL constitue une des références essentielles sur le développement institutionnel, elle a le défaut de donner qu'une lecture économique du concept. Or, le développement institutionnel est un processus social complexe qui ne peut être réduit à un processus économique. De la même façon, ce n'est pas un processus purement politique. Une approche pluridisciplinaire du concept est à proposer afin d'emichir sa compréhension.

À ce niveau d'analyse, il est intéressant de montrer que les différentes expériences de démocratisation qui se sont réalisées en Afrique Subsaharienne et en Zone franc, dans les années 1990 sont à ce sujet justifiables, car elles soulèvent pour la plupart des auteurs qui les ont étudiés des pistes heuristiques très enrichissantes. Il faut d'ailleurs souligner l'implication de nombreuses ONG dans le champ du développement institutionnel dans les années 1990, lesquelles, de par le contrôle et l'observation qu'elles ont opérés de l'évolution du processus de démocratisation et respect des droits de l'homme, ont contribué à enrichir le concept (FOWLER, A, 1996).

Ainsi nous pensons que cette limite omet ce lien fort entre démocratie et développement économique qui sous-entend aussi la question de l'économie politique de l'aide internationale .

Ainsi l'approche d'A. ISRAËL paraît aujourd'hui limité, car un certain nombre de courants de pensée ont apporté des éclairages directs ou indirects sur la question qu'il n'est pas possible d'occulter, mais aussi par l'expérience acquise par les bailleurs de fonds occidentaux et ONG depuis maintenant plus de dix permettent de jeter un regard rétrospectif qui permet d'enrichir ce concept.

SENOBLE, R (2002), nous fournit une analyse approfondit sur la question de la reformulation du concept de développement institutionnel qu'il se propose et construit sur une méthodologie pluridisciplinaire L'auteur parle de marchéisation et de démocratisation qui sont des processus de développement institutionnel car ces processus sont sociaux et leur développement a des conséquences sur d'autres champs que leur champ d'origine : Il en découle donc qu'une compréhension exacte du processus de développement institutionnel passe aussi par une lecture pluridisciplinaire du concept conclut-il : Que ce soit en Science politique, en sciences économique, en sociologie, en anthropologie ou en relations internationales, de nombreux spécialistes ont indirectement étudié le concept de développement institutionnel comme le montre le tableau sur les sources d'enrichissements du concept.

- En gros, l'approche recherchée dans notre étude est la théorie des ZMO, la théorie de l'intégration de Bella Balassa s'inscrivant dans la continuité de l'approche de Rostow, et les apports des post-keynésiens sur la question avec prise en compte des aspects anthropologiques, sociales, historiques, où est, privilégié le régionalisme institutionnel : telles sont les dynamiques de l'intégration économique et monétaire en Zone franc à l'heure de l'euro.
- Notre objectif final étant celui d'offrir un cadre théorique pour approfondir les outils présentés par les différents travaux hétérodoxes (d'inspiration keynésienne, marxiste, régulationniste, conventionnaliste, évolutionniste).
- Notons enfin que le concept de développement institutionnel gui est construit réellement à travers ces courants institutionnels est pour certains dans l'incapacité à expliquer les problèmes de développement dans les PVD, mais pour nous les analyses issues de ces travaux offrent à travers plusieurs fronts théoriques des outils nécessaires pour analyser les dysfonctionnements de nos économies monétaires de production, de répartition et de préservation : car comme l'affirme Hugon» les transitions institutionnelles sont plurielles et permettent d'opposer les processus évolutifs des processus involutifs. Les configurations institutionnelles diffèrent radicalement entre les pays émergents, les pays pauvres pris dans des trappes à pauvreté et les États faillis ou en ce que l'on appelait il y a peu le Tiers-Monde, la périphérie ou le Sud réduit fortement l'altérité voire l'exotisme d'un monde sous-développé radicalement différent. Symétriquement, la montée de l'exclusion, de la pauvreté, de la marginalité ou de l'informel au Nord, rapproche des questionnements de l'économie du développement » (Hugon, 2007)

Encadré du Chapitre IX

Encadré 1 :

Que nous enseigne la théorie économique sur les politiques de stabilisation et comment accroître l'efficacité des politiques monétaire et budgétaire dans un contexte d'économie fermée et ouverte ?

1/ Définition de la politique de stabilisation

Pour aborder ces questions posées, il est intéressant de savoir qu'est-ce qu'une politique de stabilisation.

En effet, on appelle « politique de stabilisation, les mesures économiques, visant à maintenir la production et l'emploi à leurs taux naturels. »[88]

Pour mieux cerner ces questions, les économistes font souvent la distinction entre le court et le long terme en étudiant les effets d'une modification de la politique monétaire.

2/ Distinction entre le court et le long terme

« Pour la plupart des économistes, la différence fondamentale entre le court et le long terme réside dans le comportement des prix ».

- À long terme, les prix sont flexibles et réagissent aux variations de l'offre et de la demande ;
- À court terme, de nombreux prix restent « fixés » à un niveau prédéterminé.

C'est parce que les prix se comportent différemment à court et à long terme que les politiques économiques ont des impacts différents à des horizons temporels différents.

Pour comprendre la différence entre le court et le long terme, Gregory Mankiv (1999), étudie les effets de modification de la politique monétaire.

Ainsi son raisonnement est le suivant :

Supposons que la banque centrale réduise brutalement de 5 % la masse monétaire :

[88] CF : Regorgiez. Nankin : Macro-économie, traduction de la 3 è édition américaine par Jean Houa De BOECK UNIVERSITÉ 1999.

- Selon le modèle classique, dont la plupart des économistes conviennent qu'il décrit correctement l'économie à long terme, l'offre de monnaie affecte les variations nominales, soit les variables mesurées en termes monétaires, mais non les variables réelles : c'est la dichotomie classique.
- À long terme, une réduction de 5 % de l'offre de monnaie induit une baisse de 5 % de tous les prix (y compris les salaires nominaux), toutes les variations réelles restent quant à elles inchangées. À long terme, donc, les variations de l'offre de monnaie n'induisent aucune fluctuation de la production ou de l'emploi.

Encadré 2 :

La vision post-keynésienne sur la création monétaire

Les post-keynésiens considèrent le taux d'intérêt comme un objectif intermédiaire, l'objectif final est quant à lui une répartition du revenu susceptible de conduire au plein-emploi, et non prioritairement la lutte contre l'inflation. Ils croient qu'un seul taux d'intérêt (le taux naturel) soit compatible avec une situation de plein-emploi.

Si l'on adopte une politique fiscale destinée à corriger les inégalités de revenus, le plein-emploi peut d'ailleurs être atteint pour différents niveaux de taux.

BRADFORD DELONG (2001, P.) affirme que la courbe LM devait être rejetée parce que l'hypothèse selon laquelle » La Banque Centrale fixe le stock de monnaie est tout simplement fausse ».

KEYNES, prônait une politique de baisse des taux d'intérêt et » l'euthanasie des rentiers ».89

Selon les post-keynésiens, le taux d'intérêt est une variable redistributive90, car des taux d'intérêt élevés pénalisent à la fois les entreprises dans le développement de leur activité et les salariés par un chômage en hausse, mais bénéficient à ceux qui tirent leurs revenus des intérêts de leur richesse. Les hausses des taux ne réduisent pas nécessairement les pressions inflationnistes.

Les post-keynésiens apportent de ce fait une réponse au paradoxe de GIBSON en expliquant pourquoi des taux d'intérêt élevés peuvent s'accompagner d'une hausse des prix fixés sur la base d'une marge appliquée sur les coûts de production. Ainsi l'augmentation du taux d'intérêt accroît les

[89] Selon SMITHIN (2003), il faut considérer les politiques de hausse de taux comme une « revanche des rentiers ».
[90] CF : ROGERS (1989), LAVOIE (1992) et SMITHIN (2003).

charges d'emprunts que les entreprises récupèrent sur les prix. (Les salariés peuvent évidemment détenir des actifs financiers porteurs d'intérêt.

Pour les post-keynésiens, la poursuite d'une politique de hausse des taux pourrait éventuellement limiter les pressions inflationnistes, mais au prix d'une réduction de la demande globale qui plongerait l'économie dans la récession.

- *Le second pilier de l'approche post-keynésienne est le concept d'offre de monnaie* endogène, celui-ci faisant l'objet d'un consensus très large : plutôt que de postuler une offre de monnaie exogène sous le contrôle de la Banque centrale, les post-keynésiens considèrent que la monnaie est créée par les banques commerciales en réponse aux demandes de crédits.

« La création de la monnaie centrale est induite par la création des banques commerciales, selon l'optique du diviseur de crédit, « les crédits font les dépôts et les dépôts font les réserves ».[91]
Cette conception soulève deux questions :

- Celle du rôle de la Banque Centrale) ;[92]
- Et celle de l'implication des Banques Commerciales dans le processus de création monétaire.

Il ressort des analyses sur ces questions, d'après les post-keynésiens, que les Banques centrales ne peuvent pas contrôler l'offre de monnaie. La diminution (voir la suppression) généralisée des réserves obligatoires et la présence de procédures de refinancement automatique en sont une illustration. De ce fait le taux d'intérêt

constitue l'instrument privilégié des banques centrales, que ce soit dans les systèmes fondés principalement sur le crédit ou principalement sur les titres financiers.

Nous développerons ces argumentations dans le chapitre 9 où nous sont abordées de manière détaillée.

Notons ainsi que selon le point de vue horizontaliste la courbe d'offre de monnaie est horizontale, l'offre de monnaie étant déterminée de manière endogène au taux d'intérêt fixé par la Banque Centrale. Ce point de vue comme le soulève PIEAGA Y (2001) et ROCHON (1999)), a été l'objet de nombreux débats au sein de l'école post-keynésienne avec la controverse entre les horizontalistes et les structuralistes, partisans pour leur part d'une courbe d'offre de monnaie ascendante.

[91] CF : LAVOIE (2003), P. 252 et LE BOURYA (l959)

[92] Les post-keynésiens affirment que la Banque Centrale alimente le système de liquidité outre la détermination du taux d'intérêt, elle assure le bon fonctionnement du système financier . CF : ROCHON et ROSSI (2004) ont développé une analyse du rôle de la Banque centrale dans la cadre des évolutions institutionnelles récentes.

- La deuxième question soulevée par les post-keynésiens concerne le rôle des banques dans la création monétaire. Selon eux l'intégration de la monnaie a lieu grâce aux activités de prêts des banques commerciales. Elles ne sont donc pas cantonnées à un simple rôle d'intermédiaire financier. Les entreprises obtiennent des banques les fonds nécessaires à court terme, par exemple sous forme de lignes de crédit, et empruntent à plus long terme pour le financement de l'investissement.

Les post-keynésiens considèrent que tous les emprunts jugés solvables par les banques reçoivent les fonds demandés. L'octroi des crédits donne naissance à des dépôts réflexes. En sens, MOORE affirme que la création monétaire est déterminée par la demande et guidée par le crédit.[93]

Les banques enregistrent les opérations et réalisent les paiements pour le compte de leurs clients. Ces paiements donnent ensuite lieu à des mouvements des comptes des banques à la banque centrale en raison de la hiérarchie du système bancaire. Le rôle des banques est donc essentiel, car leur activité permet à la fois la création monétaire et le financement de la croissance.

Comme le stipule WOLFSON, « Les banques ont donc la capacité de déterminer à qui elles prêtent, les banquiers accommodent toutes les demandes solvables de crédit et rationnent celles qui sont jugées insolvables. »94 Pour l'auteur « l'hypothèse postkeynésienne la plus appropriée est que le prêteur comme l'emprunteur sont sujet à l'incertitude fondamentale sur le futur », dans cette optique, la capacité de l'emprunteur à rembourser sa dette peut-être modifiée par l'évolution des taux d'intérêt et de la demande globale. Alors que l'offre de crédits est déterminée par la demande, elle dépend également de la solvabilité de l'emprunteur et du niveau de ses garanties.

Au total, ces éléments que nous venons d'aborder peuvent être influencés à la fois par la politique monétaire et fiscale :

- La politique monétaire joue un rôle central, car en maintenant des taux d'intérêt faibles, la banque centrale peut sou- tenir à la fois la demande globale et la solvabilité des emprunteurs.
- La politique fiscale est également déterminante, car elle peut alimenter la demande et éviter une dégradation de la solvabilité des emprunteurs.

Ainsi exposée, la politique fiscale peut avoir un impact sur répartition du revenu dans le but de stimuler la croissance.

[93] Selon MOORE (2001), ce débat s'est finalement avéré être une » tempête dans un verre d'eau » et ne semble pas être poursuivi dans les développements actuels.
[94] CF : WOLFSON (1996, P455).

Références bibliographiques du chapitre IX

ACEMOGLU, D. (2004), « Le Rôle des institutions dans le développement », *Finances et Développement In Problèmes Economiques* n-2848, P39-42.

AGHION, P., CAROLI, E. et GARCIA-PENALOSA, C (1999), Inequality and Economie Growth : The Perspective ofthe New Growth theories, *Journal ofEconomic Littérature* 37, 1615- 60.

AGLIETTA, M. (1990), « La convertibilité du rouble, fondements théoriques et conclusions pratiques », *Économie prospective internationale,* 4e Trimestre.

AGLIETTA, M. (1998), (sous la direction de M, AGLIETTA et A, ORLEAN), *La monnaie souveraine,* Odile Jacob

AGLIETTA, M., et MOUTOT. PH (1993) Rédeployer les reforme : comment adapter la stratégie de transition » ? in *Revue Économie Internationale CEPII, N-54,* 2e Trimestre, Russie : l'An II de la Transition.

AGLIETTA, M., CARTELIER, J, *Ordre monétaire des économies de marché,* Macroeconomie Internationale.,

AMIN, S. (1965), « Trois expériences de Développement en Afrique : Le Ma li, la Guinée, le Ghana », *Cahiers du tiers monde,* 1, Paris, PUF.

AMIN, S. (1973), *Le Développement inégal,* Les Éditions de Minuit, Paris.

AMIN, S. (1979), Classe et Nation dans l'histoire et la crise contemporaine, Ed de inuit, Paris. AMIN, S. (1996), *Les défis de la mondialisation.* L'Harmattan, Collection Forum du tiers--monde, Paris.

ASSELAIN, J. C. (1991), « Convertibility and Economie Transformation », *European Economy.*

ASSIGA, E. M (2004a), « Détérioration des termes de l'échange des matières premières africaines : réalités ou illusion statistique ? », *Revue Économie Appliquée* Tome LVII, N-3, septembre, p. 15.

BALASSA, B. (1961), *The Theory ofEconomic Integration,* Allen and UnWin, London. BALASSA, *B., Comment : Regional Monetary integration of the Developing countries* in Mundell (R. A) and Swoboda (A. K) (eds), pp151-156.

BALASSA, B. (1975), *European economie,* p89, 416, Nord Holland, amercianc, Elservier, Amsterdam, New.

BALASSA, B., and STOUJESDISK, A (1975), « Economie integration among Developing countries », *In Journal of the Common Market studies,* Sept, pp37-56.

BALASSA, B. (1977), *Policy reform in developing countries* A/ST ed/Pergamon Press BALASSA, B. (1978, « Exports and Economie Growth », *Journal ad Development Economies,* Vol. 5, n-2, juin.

BALASSA, B. (1979), *World trade : Countries and opportunities in the 80's.*

BANQUE AFRICAINE DE DÉVELOPPEMENT (1999), *Rapport sur le Développement : Le développement des infrastructures en Afrique,* Economica

BARDHAN, P. K. (1988), « Alternatives Approaches to Development Economies », in H. Chenery et T. Srinivasan (editors), *Handbook of Development Economies,* Vol. I, Elsevier Science publisher, Amsterdam.

BARDHAN, P. K. (1989), « The New Institutional Economies and Development », *Journal of Economie Perspectives,* n-2, spring.

BARRO, R. (1996), « Democracy and Growth », *Journal of Economie Growth,* 1-27. BASU, K. (1975), In BHATIA (R. J) et BASU (A), « Présentation analytique et schématique du système monétaire de la Zone franc de la coopération financière d'Afrique Centrale », *Revue Tiers-monde* tome XVI, N-64 oct-déc, pp795-804.

BASU, K. (1994), *Agrian questions,* 251, Oxford university Press, Delhi, New York BATHA, R. (1985), The WEST African Monetary Union : an analytical review, FMI, occasional papers, n3 5.

BECART, A. (1997), *Intégration et Développement : bilan et perspectives de la Zone franc en Afrique.,* L'Harmattan.

BEN HAMMOUDA, H. (1993), « Développement des rapports marchands et prélèvements : in hypothèse explicative de la crise du mode d'accumulation au Burundi », *Mondes en Développement,* tome 21, n-82.

BEN HAMMOUDA, H. (1995), *Burundi : Histoire politique et économique d'un conflit,* L'harmattan.

BEN HAMMOUDA, H. (1997), *Les pensées uniques en économie,* L'Harmattan.

BEN HAMMOUDA, H. (1998), « Les théories du Développement du post-ajustement », Conseil pour le Développement de la Recherche en Sciences Sociales en Afrique, CODESRIA, Dakar, Sénégal, in *Économie Appliquée* tome LI, N-2, P95-121.

BEN HAMMOUDA, H., KASSE MOUSTAPHA (2001), *L'avenir de la Zone franc, perspectives Africaines,* Préface d'Aboudoulaye Jennetti Collection CODSRIA-Karthala.

BEN HAMMOUDA, H. (2003), *L'intégration régionale en Afrique Centrale : Bilan et perspectives,* Editions Karthala.

BERG, D., PORTES, R. (1992), « Entreprise Debtand Economie Transformation : Financial restructuring in Central and Eastern Europe », *CEPR Discussion Paper* N-695, JUIN BERTRAND, J-P., HILLCOAT, G, *Bresil et Argentine : La compétitivité agro-alimentaire en question.*

BINET, 1. (1970), *Psychologie économique africaine (éléments de d'une recherche interdisciplinaire),* Paris Éd, PAYOT.

BOURGUIGNON, F, et VERDIER, T. (2000a), « ls financial openness bad for education ? A Political economy perspective on development », *European Economie Review,* 44,891-903.

BOURGUIGNON, F., VERDIER, T. (2000a), « Ouverture et Développement : considérations d'économie politique », *Document* n-2000-23, *DELTA, CNRS, CERAS, BANQUE MONDIALE.* BOURGUIGNON, F. et VERDIER, T. (2000b), « Oligarchy, Democraty, inequality and Growth », *Journal of Development,* 62, 285-313.

BOURGUIGNON, F., WOLFONSOHN, J. D. (2004), « Développement et réduction de la pauvreté. Revoir le passé, penser l'avenir », Banque Mondiale.

BOFINGER, P. (1992), « The experience with monetary policy m an environnement with spong micronomic distorsions », in *CEPR,* The Économie conséquences of East, Londres Nuti, MD (1993).

BOYER, R. SAILLARD, Y. (eds), *Théorie de la régulation ; État des savoirs,* Paris la Découverte 143p.

BOYER, M. XAMBER, T-G., DELPAGE, G. et GILLARD, L. (1986), *Monnaie privée et pouvoir des princes,* Paris, Éditions du CNRS, Press de la Fondation nationale des sciences politiques, p. 92.

BLANCHARD & al (1991), *Reform in EASTERN Europe,* MIT Press.

LIPTON, D. &, SACHS, 1. (1990-1), « Privatisation in EASTER Europe : The case of Poland », *Brookings Papers on Economie Activity.*

BLOOMFIELD, A., « La politique Monétaire dans les pays sous-développés »

BRADY, H., VERBA, S., et SCHLOZMAN, K. L (1995), « Beyond SES : A ressource Model of Political Participation », *American Political Science Review,* 89 (2), 271-294.

BRANDER, J. A. (1981), « lntra-Industry in Identical commodities », *Journal of nternational Economies,* n-11.

BRANDER, J., SPENSER, B. (1985), « Export subsidies and international markets share rivalry », *Journal of International Economies,* n-18.

CARLUER, F. (2005), « Mise en évidence des déterminants macro-économiques et géographiques »

CHAVENCE, B. (2007), *Les grandes familles institutionnelles en Économie,* La Découverte, Paris.

CLERC, J-M. (2004), « La nature de la monnaie : une approche métrique », in *Revue Économie Appliquée* Tome LVII, N-2, JUIN, P. 43.

COHEN, *E. (2001), Régulation monétaire et responsabilité politique dans l'ordre économique mondiale : essai sur les autorités de régulation,* Fayard.

COMELLIAU, C. (1985), « Les propositions de transferts massifs de ressources du nord vers le Sud », in *Économie du développement, Recherches économiques et sociales,* n-11-12, 1984, p95-120.

COMELLIAU, C. (1997), *« Les défis de la mondialisation »,* ADA, IUED-Genève.

COMELLIAU, C. (2000), Les impasses de la modernité : critique de la marchandisation du monde, Seuil, Paris, 260 p.

CONTAMIN, B. (1988), *La bataille des entreprises publiques en Côte d'Ivoire, L'histoire d'un ajustement interne,* Karthala-ORSTOM.

CONTAMIN, B. & FAURE, M. (1988), « Les interventions économiques de l'État en Afrique », in *les Afriques Francophones depuis les indépendances,* Oxford *Colloque.*

DAVIDSON, P. (2003), *Quels sont les éléments essentiels de la théorie monétaire post- keynésienne,* in PIEGA Y, P. et ROCHON, L-P, dir, *Théories monétaires post- keynésienne,* Economica, Paris, P19-40.

DE BOISSIEU, C. (1992), in *Revue Économies et Sociétés », T. 26,* N-9-12, SERIE ECONOMIE MONETAIRE.

DE BOISSIEU, C., COHEN, D., DE PONTBRIAND (1993), « Gérer la dette interentreprises : l'accumulation des impayés, les risques qui en résultent », in *Revue Économie Internationale CEPII,* N-54, 2E Trimestre : RUSSIE, L'AN II de transition.

DENYSUK VITALI, Y. (2005), « Un partenariat entre l'union et les NEIO : Transition en vue de l'intégration ou intégration pour la transition ? », in *Revue du marché Commun et de l'Union européenne,* n-488 mai.

DEVE, M. (1996), « Bilan des privatisations en Afrique : l'exemple de la zone franc », *Marchés tropicaux,* n-1912, septembre.

DIATKINE, S. (1995), *Théories et Politiques monétaires,* A. Collin, Paris.

DONGOTOU, TH. (1997), « Les privatisations des entreprises publiques en Afrique Subsaharienne à l'heure de l'ajustement structurale ! : deux expériences de désengagement de l'État, Le Congo et la Côte d'Ivoire », *Mémoire de DEA,* EHESS-Paris, sous la direction de COMELLIAU, C, Prof IUED-Genève Suisse.

DONGOTOU, TH. (2005), *« Arbitrage Financier en Zone franc »,* Documents. DOSTALER, G. (1998), « La théorie post-keynésienne, la théorie Générale et Kalecki », in Maurisson, P., dir, La « THÉORIE Générale » de JOHN MAYNARD KEYNES : Un Cinquantenaire, *Cahiers d'économie Politique,* n-14-15, L'Harmattan, Paris, p123-142. FMI, PERSPECTIVES DE L'ECONOMIOE MONDIALE 2004.

DUMONT, R. (1965), « Le Développement agricole africain » *(Études tiers monde),* Paris PUF.

ELIAS, N. (1991), *La société des individus,* Paris Fayard, p97.

ESSOMBE EDIMO NYA BONABEBBY (1995), « Quel avenir pour *l'Afrique » ? Financement et Développement. Silex/Nouvelles du Sud.*

FAVEREAU, 0. (1995), « Développement et économie des conventions » in PH. HUGON ; G. POURCET et S. QUIERS-VALETTE (Sous la direction), L'Afrique ces incertitudes, *IEDES* /PUF, Paris.

FAVEREAU, 0. (1988), « Probability and Uncertainty : After All, Keynes, Was *Right », Economies et Sociétés,* Tome XXII, N-10, P. 133-167.

FAVEREAU, 0, *La théorie des conventions,* Economica.

FEENSTRA, R. (1987), « Incentive Compatible Trade Policies, Scandinavian », *Journal of Economies,* 89 (3), 373-387.

FMI, Perspectives de l'Économie mondiale, avril 2004.

FONTAINE, J. M. (1993), « Demande et investissement dans le processus d'ajustement », *Tiers-Monde,* tome XXXLV, N-135, Juillet-Septembre.

FONTAINE, J. M., JACMART, M. C. (1993), « La réhabilitation de la demande. Points de repère et analyses *appliquées », tiers-monde* tome XXXIV, N-135, juillet septembre.

FOWLER, A. (1996), *Institutional Development and NGOS in Africa. Policy perspectives for European Development Agences,* Intrac, Oxford, ip.

ISRAEL, Arturio (1996)

GABAIX, X. (1999), *Technical progress Leading to social regress and the lasses on trade, Mineo,* Harvard University Cambridge, USA.

GERARLDIN, H. (1997), *Intégration et Développement : Bilan et perspectives de la Zone franc en Afrique,* L'Harmattan.

GNOS, C. (1997), « L'agriculture et la monnaie unique », Contribution au Démetier. *Économie et stratégies agricoles,* Paris, Armand Colin, p 13-51.

GNOS, C. (1998), « La théorie de Keynes : les enseignements du plan d'une Union de Compensation », In *Revue Économie Appliquée* Tome LI, N-2, Publiée avec le concours du CNRS, PUG (Presses Universitaire de Grenoble).

GNOS, . C. (2003), « Circuit Theory as an Explanation of the complex Real Worl », in Rochon

et ROSSI ed, modern théories of money. The Nature and rôle of money in capitalist Économies, Edaward Elgar, Cheltenham, p322-338.

GOUX, J. F. (1996), « Une explication monétaire non monétariste : la théorie post-keynésienne », *Revue française d'économie* vol XI, N-3, P69-94.

GRAZZIANI, A. (1990), « The theory of the monetray circuit », *Économies et sociétés,* vol. XXIV, N-6, P. 7-36.

GREENAWAY, D. (1987), « The New Theories of intra-industry Trade », *Bulletin of Economie Research,* april.

GRELLET, G. (1986), « Structures et stratégies du développement économique », *PUF.*

GRELLET, G. (1994), « Les politiques économiques des pays du Sud », *IEDES/PUF*

GROS, D. (1993), « Mettre un terme à la désintégration monétaire dans la CEl : Une banque inter-États pour le financement des échanges », In *Revue Économie internationale CEP!!,* N-54-, 2E Trimestre, Russie l'AN II de transition.

GUILLAUMONT, P. (1995), « Déclin et renouveau de l'économie du développement », *Revue française d'économie,* vol, X, N-1.

HAGGARD, S. (1990), « Pathways from the periphery : the poltic of Growth in the Newly industrialising countries », *Corne!! University Press,* Ithaca.

HAYEK, F. (1976), *Dénationalisation of money,* HOBAT.

HELLIER, 1. (1993), « La similitude dans l'échange international : une revue critique des approches théoriques », *Revue française d'économie,* Vol . VIII, N-1.

HELPMAN, E., RAZIN, A. (1991) (Sous la direction de), « International Trade and Trade policy », *The MIT Press.*

HEPP, B. (1967), *« Monnaie et crédit en Afrique noire »,* PARIS, Mars.

HERLAND (l998), « Concillier liberté économique et justice sociale », *Cahiers d'économie politique,* L'Harmattan. Les solutions de Keynes.

HIRSCHMAN, A. (1964), *La Stratégie du développement économique,* Éditions ouvrières Pans.

HOSTMADSEN, P. (1967), « Les problèmes de la balance de paiements des pays en voie de développement », vol, n-4, n-2 juin.

HUGON, PH. (1995), « Robison ou vendredi ? La rationalité économique en Afrique », *Sciences humaines,* n-47, février, pll.

KRUEGER, A. 0. (1983), « The Effects ofTrade Stratégies on Growth », *Finance and Development,* 20Gun), 6-8.

KRUEGER, A. 0. (1984), « Trade Policies in Developing countries, in Ronald Jonas and PeterKenan », eds, *Handbook of International Economies* Voll, Asmterdam, North-Holland

KRUEGER. A., BHAGWATI, J-N. (1978).

KRUGMAN, P. R. (1981). « Trade, Accumulation and Uneven Development », *Journal of Development Economies* n-8.

KRUGMAN, P. R. (1990), *Policy Problem of a Monetary Union, in the European Monetary système in the 1990's.*

KRUGMAN, P. R. (1990), « Rethinking International Trade », *The MIT Press.*

KRUGMAN, P. R. (l991), « Has the Adjustment Process Worked ? », Washington, D. C. Institution for International Economies, *Policy Analysis in International Economies,* n-34, october.

KRUGMAN, P. R. (1993), « Toward a Counter-Counterrevolution in Development theory », Proceedings of the World *Bank. Annual Conference on Development Economies* 1992, Washington.

KRUGMAN, P. R. (1994), « The Myth of Asias's Miracle », *Foreign Affairs, November/Decem*ber.

KRUGMAN, P. R. (1995), *Development, Geography and Economie, Theory,* MIT Press, Cambridge and London.

KUZNETS

LACATELLI, C. (2004), « L'échec du consensus de Washington dans les secteurs des hydrocarbure Russes : la déficience des institutions formelles de marché », *Économie Appliquée* Tome LVII, N-3, P. 51.

LAFAY, G. (1996), *Comprendre la mondialisation,* Economica. LAFAY, G (1997), *L ' éuro contre l'Europe,* Arléa.

LAÏDI, Z. (1989), *Enquête sur la Banque Mondiale,* Fayard.

LAÏDI, Z. (2005), « Pour une gouvernance social-démocrate », Held, alui/Ed *Sc-Politique, Les Press Économie Internationale et Mondialisation,* vol. l, 112p.

LEWIS, W. A. (1978), The Evolution of The international Economie Order, Princeton, N. J, *Princeton University Press.*

LEWIS, T., FEENSTRA, R and WARE, R. (1989), « Eliminating Priee Supports : A Political Perspective », *Journal of Public Economies,* 40 (2), 159-185.

LUCAS, R. (1990), « Why Doesn't Capital Flow from Rich to Poor Countries » ?, *American Economie Review,* 80 (May), 92-6.

MAHIEU, F. R. (1990), *Les fondements de la crise économique en Afrique,* L'Harmattan, P. 9. MAHIEU, F. R. (1995), « Les stratégies individuelles face à la pauvreté : Côte d'Ivoire versus Burundi », in L'Afrique des incertitudes des *PUF,* PH, Hugon, G. Pourcet et S. Quiers-Valette.

MAHIEU, F. R., JARRET, M. F (2E et 3E doc) (2002), *La Côte d'Ivoire : de la déstabilisation à la refondation,* L'Harmattan, Paris, 144p.

MICHAEL Y, M. (1977), « Exports and Growth : an Emprical Investigation », *Journal of Development Economies,* Vol. 4.

MOUTOT, PH., AGLIETTA, M. (1993), « Comment adapter la stratégie de Transition », *Revue Économie Internationale (Opcit).*

MUNDELL, R. (1998), In *Wall street Journal,* 24 et 25 mars.

MUNDELL, R. (2004), « Dans Euro et les dysfonctionnements du SMI », *Problèmes Économique,* 2848.

MYRDAL, G. (1957), *Rich and Poor, Harper,* New-York.

NARASSIGUIN, P. (2004), « Monnaie : banques et banques centrales dans la zone euro » NDULI, 1. (1991), « Growth and Adjustment in Sub-saharan Africa », in A. Chiber et S. Fischer (editors), Economie Reform in sub-saharan, *World Bank, Washington.*

NORRO, M. (1998), *Analyse économiques d'Afrique Subsaharienne,* De BOECK University Presse.

NORTH, D. C. (1980), *« L'essor du monde occidental : une nouvelle histoire économique »,* in Robert Paul, Flammarion, 228p, Paris.

NORTH, D. C. (1988), « Intégration monétaire dans les pays en Développement », *Finances et Développement,* Vol. 18, n-4, dec, P41-44.

NORTH, D. C. (1994), *Institutions change and Économie Performance, Cambridge,* Cambridge University Press.

NORTH, D. C. (1994), « The New Institutional Economies and Development », *Forum,* n-2, Voll, may.

NORTH, D. C. (2005), *Le processus du développement économique,* Présentation de Claude MENA, PARIS, Ed. D'organisation 23p.

NORTH, DOUGLAS, C. (2005), *Understanding vthe processus of economie change, Princeton,* N. J., Pricneton University Press.

NSOULI, S. M. et ZULU, B. (1984), « Les Programmes d'Ajustement Structurels en Afrique », *Finances et Développement,* Vol. 21, n-1, mars, p5-9.

PALMERO, S. (2004), « Intégration et Régionalisation : une approche par les modèles de bloc », in *Revue Économie Appliquée* Tome LVII, N-1, Mars.

PEPITA OULD-Ahmed (2004), « Sortir de l'Alternance troc/monnaie : le cas de l'Hystérisis du troc en Russie dans les années 90 », . In Révue *Économie Appliquée* Tome LVII, N-2, juin.

PERROUX, F. (1958), *La coexistence pacifique,* PUF, 3VOL (XI-666P).

PERROUX, F. (1966), « Qui intégré ? Au bénéfice de qui se fait l'intégration » ?, *économie Appliquée, Archives de l'JSEA,* N-3-4, PP 387-414.

PERROUX, F. (1969), *L'économie du vingtième siècle,* Paris, PUF.

PERROUX, F. (1980), « Une reforme monétaire internationale par régionalisation », *Le monde* du 12 août.

PIAGA Y, P. Et ROCHON, L. P. (2004), « Théories monétaires post keynésiennes », *Revue économie Applique,* n-4, Tome LVII décembre, p. 163-186.

PINTO, B., BELKA& JEWSKI (1993), « Transforming stade Entteprises in Poland : Evidence of Adjustement by Manufacturing firms », *Brookings Papers on Économie Activity, 1,* pp. 213- 270.

PITIOT, H., SCIALOM, L. (1993), « Système bancaire et dérapage monétaire : Réformes du secteur bancaire et création monétaire », In *Revue Économie Internationale CEP!!,* N-54, 2E Russie : l'an II de la Transition.

PORTES, R. (1989), « Économie Reforms, International Capital Flows and The Development ofDomestic capital Markets », *European Économie Review,* Mars.

PORTES, R. (ed) (1993), « Économie Transformation in central Europe, a Progress Report »,

CEPR et Communautés européennes, 294p.

RIBOUD, 1. (1978), Préface de Henri GUITTON : *Mécanismes des Monnaies d'aujourd'hui et de demain,* éditions de la RPP.

ROGOFF (1985), « Can International Monetary Policy Coopération be counterproductive ? », *Journal of international Economies,* 18, p 199-217.

ROMO, H. G (1994), « De la pensée de la CEPAL au néo-libéralisme, du néo-libéralisme au néo-structuralisme : une revue de la littérature Sud-américaine », *Tiers-monde,* n-140, oct-dec.

ROMER, P. (1986), « Increasing Returns and ling-Run Growth », *Journal of Political Economy,* n-94.

ROMER, P. (1993), « Two stratégies for Economie Development : using idems and producing Ideas », Proceedings of the world bank, *Annual conference on Development Economies* 1992, Washington.

ROSENSTAIN-RODAN, P. (1943), « Industrialisation of Eastern and South Eastern Europe », *Economie journal,* Vol. 53.

ROSENSTAIN-RODAN, P. (1961), « Notes on the theory of the Big Push », H-S. Elis etH. Wallich (editors), *Economie Development for Latin American,* st Martin's Press, New- York.

RUTTAN, W et WAYAM, Y (1984), « Toward a theory oflnduced Institutionnal Innovation », *Journal of Development studies,* n-20.

SACHS, J. (1993), « Réussir la stabilisation monétaire en 1993 : pourquoi la stabilisation macro-économique est urgente ? » in *Revue Économie Internationale CEP!!,* N-54-2È Trimestre : La RUSSIE L'AN II de la Transition.

SALAMA, P., VALlER, 1. (1990), *L'économie grangrenée,* La Découverte, Paris.

SAPIR, J . (1993), « Formes et nature de l'inflation : Pourquoi les thérapies classiques sont vouées à l'échec ? », (Opcit).

SAPIR, J. (2005), *Quelle économie pour le XXIe Siècle ? Odile* Jacob. SAPIR, J (2005), *La jin de l'eurolibéralisme,* Seuil, Paris.

SAPIR, J. (2008), Une décade prodigieuse. La crise financière entre temps court et temps long, *Revue de la régulation Capitalisme, institutions, pouvoirs,* n-2 2e semestre 2008, varia, Opinions-débats

SARGENT, T., WALLACE, N. (1981), « Sorne Unpleasant Monetarist Arithmetics », *Federal Reserve Bank of Minneaolis Quarterly Review,* 5, n-3.

SAWIDES, A. (1995), « Economie Growth in Africa », *World Development,* Vol. 23, n-3. SECRETARIAT GÉNÉRAL DE LA DÉFENSE NATIONALE : L'ÉTAT-NATION ET SON

AVENIR, Paris, *la Documentation Française (1995).*

SENOBLE, R. (2002), *Thèse de doctorat, EHESS.*

SEN. A., DREZE, 1. (1989), *Hunger and Public Action,* Clarendon Press, Oxford, 373p SEN, A. (l999), *Développment as Freedom,* Oxford University Press, Oxford, 366p SEN, A. (2005), *Rationalité et liberté en Économie,* Odile Jacob, Paris, Vol 1, 559p,

SCHMID, D. (2005), « La présidence stable de l'Eurogroupe : une amélioration toute relative de la gouvernance économique européenne », *Revue du Marché Commun et de l'Union européenne,* N-485 février.

SCHMIIT, B. (1975), *La génération des monnaies europeennes,* Castella.

SGARD, 1. (1993), « La transition en Europe de l'Est : vieux débats et nouveaux arguments », controverses sur la transition, in *Revue Économie Internationale,* N-56, 4E Trimestre. SOLOW, R. (l956), « Acontribution to the theory of Economie Growth », *Quarterly Journal of Economies,* n-70, february.

SOUTHARD, A. F . (1968), « Le rôle de la Banque Centrale dans la politique économique générale », *JR,* VOL. 5, N-2, JUIN.

SOUMONA, ABDOULA YE (2002), Intégration Économique, Politique Monétaire et Financementdu développement : la zone franc à l'épreuve des mutations Régionales. Zone franc -Zone euro Afrique occidentale. *Thèses de Doctorat, Orléans.*

SPECTOR, D. (1999), « Is ' t possible to redistribute the gams from trade usmg mcome taxation ? », *Mimeo, MIT, Cambridge,* USA

STERN, N. H. (1991), *Le rôle del ' État dans le développement économique. Conférences Walras-Pareto* Édition Fayot, Lausanne.

STERN, N., DETHIER ET ROGERS ET BANQUE MONDIALE, 2004C.

STIGLITZ, J. E. (1985), « Economies oflnformation and the yheory ofEconomic development » *Revistra de econometrica,* n-1.

STIGLITZ, J. E. (1986), « The New Development Economies », *World Development,* Vol 14, n-2.

STIGLITZ, J. E. (1988), « Economie organisation, Information and Development », H. Chenery et T. N. SRINIVASAN (editors), Handbook of Development Economies, Vol. I, Elsevier Science, Piblishers, Amsterdam.

STIGLITZ, J. E. (1994) « The rôle of State in Financial Markets », *Proceedings of the World Bank, Annual Conference on Development Economies,* 1993, Washington.

STIGLITZ, J. E. (1996), « Somme Lessons from The East Asian Miracle », *The World Bank Re- search. Observer,* Vol. 11, n-2, August.

STIGLITZ, J. E. (1997), « The rôle of Government in Economie Development », M. Bruno et B. Pleskovic (editors), Annual *World Bank conference on Development Economies* 1996, The World Bank, Washington.

STIGLITZ, J. E., GREENA WA, B. (2005), *Économie monétaire : un nouveau paradigme,* Paris, Economica.

SZÉ KELY *I. P&D. M. G. Newbert (ed), Hungary : an Economy in Transition,* CEPR et Cambridge University Press, 361p.

VIALLON, S. (1998), La construction monétaire européenne et la zone franc, sous la direction de C. GNOS, Dijon, *Thèse de doctorat.*

TAYLOR, L. (1979), Macro Models for Developing Countries, Mc Graw Hill.

TAYLOR, L. (1981), « <S-LM in the Topics : Diagrammatics ofthe New Structuralist Macro-critique », W. R. Cline et Weitraubns (editors), Economie stabilisation in Developing countries, *the Brookings Institution, Washigton.*

TAYLOR, L. (1988), Varieties of stabilization Experience. Towards sensible Macroeconomies in the Third Word, WIDER/Claredon Press, Oxford.

TAYLOR, L (ed) (1992), *Socially Relevant Policy Analysis, Structuralist Computable General Equilibrium Modelsfor the Developing World,* The MIT Press, 379p.

TOURE MAMADOU (1998), La construction monétaire européenne et la zone franc Sous la Direction de C, GNOS, *Thèse de doctorat, Dijon.*

TRIFFIN, R. (1954), « Convertibilité ou intégration ? Convertility or integration ? », *Revue Économie Appliquée* Tome VII, 1954, N-4, OCT-DEC, PUF.

TRIFFIN, R. (1964), « Les possibilités d'établir une union de compensation et des paiements en Afrique », *Rapport TRIFFIN, R,* N-103, février.

TROTIGNOM, 1. (2004), « Une Union Monétaire de l'Argentine et du Brésil est-elle réalisable ? », *Revue Économie appliquée* Tome LVII, N-4 Décembr, p 97.

VILAS BOAS, PH. (200 1), Réflexion sur la constitution d'une Zone monétaire optimale au sein des principaux pays du MERCOSUR : L'Argentine et le Brésil, *Mémoire.*

YONG, H. (1994), « Économie-néo-institutionnelle et développement : une analyse synthétique », *Revue d'économie du développement ;* n-4.

ZIOTOWSKI, Y. (1993), « La politique monétaire et « thérapie de choc » en Pologne : les limites de l'expérience 1990-1991. Pourquoi les canaux usuels de la politique économique n'ont pas joué ? » *Revue Économie Prospective internationale* N-53, 1ER Trimestre, La Documentation Française, CEPII.

Annexes du Chapitre IX

Annexes 1 :
Les arguments théoriques du concept du développement institutionnel : l'économie politique du développement institutionnel (approches historique et moderne)

Les arguments que nous développons dans ces pages qui suivent, bien qu'abordés en partie dans la section I, portent sur les stratégies du développement institutionnel qui nous semblent utiles pour expliquer le rôle de l'économie politique du développement institutionnel dans nos économies modernes.

Cette approche est diversifiée selon que l'on se trouve dans une logique Française (où l'on parle de stratégie régalienne) et Anglaise (où l'on parle de stratégie défensive) :

- Ces stratégies du développement institutionnel ont elles un lien avec la nouvelle économie institutionnelle et les autres écoles de pensée ?

En effet, il semblerait que la nouvelle économie institutionnelle ait contribué à enrichir le concept de développement institutionnel à deux niveaux :

- « Tout d'abord, ce courant aurait réussi à crédibiliser le concept de développement institutionnel auprès des économistes définissant les programmes de développement. La percée du paradigme institutionnel des années 1990 a en partie été réalisée par ce courant, lequel à travers la remise en cause de l'omnipotence de la macro-économie néoclassique en économie du développement a contribué à recentrer les programmes de développement sur des composantes institutionnelles.[95]

Dans ce contexte, la nouvelle économie institutionnelle a indirectement redonné une place centrale au développement institutionnel.

- D'autres courants de pensée ont aussi enrichi ce concept, il s'agit notamment de : l'école de la régulation (les travaux du CEMI), l'économie du développement ; le développement politique, le culturalisme politique, enfin l'économie politique (voir travaux de A. SEN)

[95] CF, TOYE, J. « The new Institutionnal Economies and its implications for Development theory », in (Harriss, hunter, Lewis), pp. 27-49. Notons que cette analyse sur ce concept est abordée par SENOBLE Romain dans sa thèse à l'EHESS, 2002.

D'autres études portant sur ce concept s'inscrivent dans une optique de reformulation du développement institutionnel : À ce sujet différentes lectures du concept abordées permettent de voir qu'il semble fondamental de ne pas asseoir exclusivement le concept de développement institutionnel sur des bases exclusivement économiques, telle démarche aboutit en effet à occulter nombreuses de ses dimensions qui ne se situent pas exclusivement dans le champ économique (R. SENOBLE, 2002).

L'auteur estime que le développement peut être défini comme la croissance économique associée à un processus de changement institutionnel. Cette définition nous incite à réfléchir sur les institutions actuelles de la zone Franc qui nécessitent des changements importants à l'heure de la zone Euro.

Le tableau ci-après nous présente les différentes formes prédominants de développent institutionnel depuis les A 1970 dans une vision historique et actuelle.

Tableau 1 :

Les formes prédominantes de développement institutionnel depuis les années 1970. : développement institutionnel versus organisationnel

période	formes de développement institutionnel	niveau
1970	Amélioration de la capacité administrative d'une organisation(ONG,Entreprises syndicats) Amélioration de l'organisation d'une filière d'activité	local régional
1980	Aide à la définition d'un projet de développement par un acteur public local	local
	Renforcement de l'appareil judiciaire d'un pays	national
	Aide à la création destructures régionales	régional
1990	Bonne gouvernance	national
	Appui aux processus de marcheïsation et de démocratisation)	national

Source : Thèse, R. SENOBLE, 2002

En effet la reformulation du concept de développement dont la consécration correspond globalement à la reconnaissance des théories économiques néo-institutionnalistes au sein des institutions financières internationnales, FMI, et Banque Mondiale s'avère indispensable pour la compréhension des théories en vogue dans les années 1980

Cette consécration est une forme de réaction aux théories monétaristes, très influentes depuis les années 1980 qui sont d'ailleurs à la base des programmes d'ajustement structurel, mais ont paradoxalement posé indirectement le problème du développement institutionnel des pays en développement.

Or, les PAS furent fortement critiqués au début des années 1990, car les résultats escomptés étaient pour beaucoup de pays en développement absent.

Il faut nous faut dans ce contexte souligner une grande différence entre les théories monétaristes et les théories néo-institutionnalistes :

- Les premiers postulent l'existence des grands équilibres macro-économiques comme base du développement économique ;
- alors que les seconds insistent plus sur le rôle que jouent les structures institutionnelles sur le développement économique du pays.

Ainsi donc, on peut dire que, le retard emegistré par de nombreux pays en développement proviendrait plus d'une défaillance institutionnelle marquée, que d'une gestion laxiste des équilibres macro-économiques.

Nous avons également montré que pour mieux cerner cette question dans le cas de la zone franc et la zone euro, le point de vue des économistes est à souligner en opposition avec celui des monétaristes : la théorie des zones monétaires optimales en est une bonne illustration pour faire un rapprochement avec le concept du développement institutionnel ou du néo-institutionnalisme sur le développement économique. On peut bien voir ces résultats aux grands auteurs sur la question comme R. Mundell. Cette théorie à notre avis est d'actualité lorsqu'on regarde l'évolution actuelle des économies monétaires.

Comme l'affirme R. SENOBLE : « Dans la perspective de sa problématique, notamment le développement économique marchand ne serait pas permis par une simple libéralisation monétariste de l'économie, mais par une marcheïsation progressive du système économique, assurée par le développement d'institutions cruciales L'auteur cite en particulier l'économiste D, C, NORTH comme références théoriques » (R, SENOBLE, 2002).

En effet NORTH, est parmi les économistes qui dans les années 1990, publia « Institutions, Institutional change and Economie performance ». Son choix axé sur les organisations internationales fut d'une grande influence, au point qu'il est souvent régulièrement cité en Bibliographie.

D'autres auteurs ont abordé la question du développement institutionnel, il s'agit notamment de l'approche de Arturio ISRAEL, au début des années 1990 : « une lecture économique du concept ».

Le Développement institutionnel Selon Arturio ISRAËL.

Cette approche bien que critiquable, nécessité une reformulation et qui permettra à la nouvelle économie du développement institutionnel.

Notons que Arturio ISRAEL est l'un des premiers économistes de la Banque Mondiale à se spécialiser sur le concept du développement institutionnel en vogue au début des années 1990 : son ouvrage fondamental qu'il a publié à la fin des années 1980 en est une illustration (Israel, 1996).

En effet la recherche a été faite sur la base de l'analyse de 222 projets de développement institutionnel et 175 évaluations de la Banque Mondiale. Dans son livre, l'auteur affirme que le développement institutionnel est une composante clef des stratégies de développement des Bailleurs de fonds : « Du point de vue des pays en développement, le besoin de renforcer les institutions d'un pays est maintenant considéré comme un des facteurs-clefs de toute stratégie de développement ».

L'auteur est à proposer une théorie nouvelle du développement institutionnel dont il définit comme étant « essentiellement le moyen par lesquels on rend les institutions aptes à mobiliser de manière efficace les ressources humaines et financières disponibles » (CLAISSE, A, in Israel, 1996, p. l).

Cette approche insiste beaucoup plus sur la capacité optimisatrice des institutions que sur leur fonction régulatrice, traditionnellement mise en avant Ainsi donc, les institutions seraient à la base de l'optimisation des ressources humaines d'un pays De ce fait, Arturio ISRAEL, préconise le modèle de la Bonne gouvernance que nous avons développé dans la section 2 du chapitre 9, selon l'approche de Bourguignon et Wolfonson, modèle qui vise à développer les capacités institutionnelles d'un pays selon deux principes fondamentaux *: La concurrence et la spécificité.*

Dans ce contexte, aider à développer des institutions serait les aider à restaurer une concurrence entre ces entités spécialisées selon un processus de différenciation progressive.

Par ailleurs, l'auteur envisage des liens fortement intéressants entre *spécificité institutionnelle et technologie.* Il estime que la technologie permet aux administrations d'améliorer leur différenciation par plus grande spécialisation. De ce fait, aider le développement institutionnel passerait par une aide au financement de la technologie nécessaire à la spécialisation.

Enfin Arturio SRAEL, note les progrès effectués par la nouvelle économie institutionnelle qui a permis un élargissement du concept d'institution aux organisations, procédures, règles, comportements et normes qui régulent formellement ou informellement une Société. L'auteur démontre par ailleurs qu'une des difficultés récurrentes dans la gestion de tels projets provenait de la capacité à gérer parallèlement les composantes physiques et institutionnelles du projet.

Tableau 2 :

Les sources d'enrichissement du concept de développement institutionnel

Discipline	Courant de pensée	Principaux auteurs	Recherches effectuées	Apports
Science économique	Nouvelle économie institutionnelle(NIE)	OC NORTH(1990) OE WILLIAMSON(1985)	Institutions, organisations	Différenciations comparative entre développement institutionnel et développement organisationnel
	École de la régulation	R.BOYER(1996) B.CHAVANCE J.SAPIR(1990)	structures régulatoires du capitalisme, transition post-socialistes	gradualisme et développement institutionnel
	Économie du développement	COLLIER& DOLLAR(1998)	Efficience des allocations d'aide au développement	Vide institutionnel et inefficacité de l'aide au développement
Science Politique	École du développement politique	B.BADIE(1992) P.BIRNBAUM	Évolutionnisme politique, transfert institutionnel	Développement institutionnel et démocratisation
	Culturalisme politique	J.F.BOUYAR(1992) E.LEROY	hybridation et appropriation institutionnelle	Développement institutionnel et transfert d'institutions
Économie Politique	Nouvelle économie politique	S.STRANGE (1988)	Interdépendance entre processus de développement politique et économique	Développement institutionnel d'institutions clefs(entités cruçiales)
Philosophie Politique		A.SEN(1989)	Articulation entre libertés positive et négative	Développement institutionnel, choix et libertés
Relations Internationales	Mondialisation	S.HUNTINGTON(1993) F.FUKAYAMA (1989)	Dynamique institutionnelle de la mondialisation	mimétisme institutionnel

Source : Thèse R. SENOBLE, 2002

Ce tableau présente la plupart des courants de pensée qui ont directement ou indirectement enrichi le concept de développement institutionnel. La méthodologie pluridisciplinaire permet de voir que ce ne sont pas exclusivement la Science politique et la Science économique qui abordent ce champ de recherche, mais indirectement d'autres disciplines, comme la philosophie et les relations internationales aussi.

Conclusion de la quatrième partie

La prise en compte des aspects institutionnels a été fort utile pour comprendre les dynamiques économiques et monétaires mobilisant les questions juridiques, anthropologiques, environnementales, structurelles dans l'analyse des problèmes régulationnistes.

Cet objectif nous a permis de comprendre les fonctionnements et les dysfonctionnements dans la zone franc et dans la zone euro. Le but de la recherche étant celui d'une tentative de recherche nouvelle d'approche d'intégration que nous avons appelé ici l'Économie Politique de l'Intégration (EPI) ou l'économie politique institutionnelle.

Les chapitres développés ici nous ont permis d'introduire des aspects institutionnels dans notre problématique. En effet les dynamiques d'intégration économiques et monétaires entre les deux zones monétaires jusqu'alors sous-optimales sont repérées dans les travaux théoriques et approches institutionnalistes du développement. L'apport des post-keynésiens a été d'un soutien formidable, car il présente des analyses très pertinentes pour appréhender les fonctionnements et dysfonctionnements dans les deux zones monétaires (zone franc et zone euro) dans le cadre institutionnel actuel.

C'est pourquoi nous affirmons que l'économie politique de l'intégration en zone franc et en zone euro ne peut pas s'analyser sans prendre en compte cette dimension institutionnelle (voir annexe du chapitre 9).

Ainsi donc la période analysée qui va des années 1980 (période d'ajustement structurel en zone franc africaine) et surtout 1988 (où les pays de la zone franc ne pouvant plus s'endetter) à 2004 (dix ans après après la dévaluation du FCFA et l'avènement de l'Euro), période marquée au sein de la communauté des économistes par le retour en force du paradigme institutionnaliste ainsi que de la problématique du dialogue entre droit et économies a retenue notre attention. « Ce basculement des paradigmes auquel on a assisté correspond, dans une large mesure, aux effets de la confrontation des économies à un changement systémique majeur et chaotique dans les économies socialistes » (CEMI). Nous avons défini les programmes d'ajustement structurel, assujetti de conditionnalité comme un moyen de résoudre la mauvaise gestion passée des États et de crédibiliser les politiques des pays sous programme. Néanmoins, la priorité donnée à la stabilisation des finances publiques et à la libéralisation généralisée, a provoqué l'accroissement de la pauvreté et des inégalités ainsi que la chute des investissements. La stratégie de développement a donc élargi son champ d'action en évoluant vers la micro-finance et en intégrant des phénomènes non économiques dans l'analyse économique du développement, dont la durée s'est allongée. C'est dons ce contexte que nous optons pour une approche pluridisciplinaire pour atteindre l'objectif d'une économie équilibrée en vue d'une croissance qui impose une politique cohérente incluant : politiques conjoncturelles, structurelles et financières. Les analyses issues des travaux de Jacques Sapir sur les crises financières ouvrent ce débat. D'où l'intérêt de rompre avec des schémas cloisonnés en cherchant à trouver un équilibre entre État/Secteur privé, secteur industriel secteur agricole, secteur informel-secteur formel. Ces approches institutionnelles sont donc pris en compte dans l'étude.

Mais la difficulté réside certes dans les travaux empiriques pour vérifier le bien-fondé des approches institutionnalistes. Tout au moins nous avons essayé de démontrer que », les travaux empiriques doivent s'articuler sur une double réflexion théorique, concernant d'une part le modèle de l'agent qui serait le plus pertinent pour rendre compte des dynamiques institutionnelles, et d'autre part le statut de ce modèle de l'agent dans le discours économique » (CEMI).

La thèse recherche également les fondements micro-économique de la macro-économie qui jusqu'alors plusieurs fronts s'affrontent :

- En partant de la crise financière américaine avec un risque d'un effondrement du Dollar pourrait susciter une réaction concertée des Banques Centrales du G7. Des différentes politiques et stratégiques peuvent avoir des conséquences économiques et financières incalculables. La généralisation de la crise, le fait qu'elle se déploie aujourd'hui depuis des éléments inscrits dans le temps long comme l'hégémonie financière jusqu'à des éléments du temps court (la crise décisionnelle), laisse à penser que la régulation dit « patrimonial » qui se prétendait le successeur du mode « fordiste » est aujourd'hui en état d'incohérence systémique. (J, SAPIR, 2008).
- Les mécanismes d'extension de la crise en Europe est un autre front qui se présente. Pour Sapir, les économies européenne ne constituent plus un ensemble relativement cohérent à l'échelle des modèles d'accumulation. L'émergence de » clones » du modèle américain, y compris au sein de la Zone euro (l'Espagne) souligne l'hétérogénéité systémique de la zone, que soulignaient déjà des études économétriques. L'existence d'un processus de dé-corrélation par rapport aux dynamiques du « noyau » de l'UE chez les « nouveaux entrants » doit aussi être pris en compte.
- Enfin l'auteur que le front de la théorie est important, car la crise actuelle valide un certain nombre de points clés de l'analyse régulationniste. En même temps, elle souligne l'inachèvement, et en particulier le manque criant d'une théorie micro-économique hétérodoxe fondée sur une approche des déterminants collectifs de la subjectivité individuelle. Une telle théorie permettrait de dépasser des notions comme l'aléa moral ou la relation d'agence qui sont méthodologiquement incohérents, rendrait possible une analyse

globale des institutions et de leurs effets sur l'ensemble du spectre des niveaux d'observations (du micro au macro en passant par le meso) sur l'ensemble des temporalités.

Ces apports régulationnistes en zone franc et en zone euro où la question sur les privatisations a fait l'objet d'une section sont bien utiles dans le contexte actuel. Ainsi dans le contexte de la zone euro, on tend vers la fin de l'eurolibéralisme (Sapir) ou encore l'Union européenne est à la croisée des chemins (Lahille).

En zone franc africaine, il est clair que les différentes régulations nationales et régionales sont des voies qui sont encouragées. Mais en théorie ces approches présentent des limites d'où l'intérêt d'opter vers d'autres formes de régulations qui incluent non pas les aspects contractuels, mais aussi structurels et institutionnels, sociales, environnementaux.

Tout au moins ces approches institutionnelles du développement nécessitent, l'émergence d'autres approches capables de créer des nouveaux dynamismes économiques et sociales dans nos unions monétaires, ce qui renforcera des politiques dites des zones monétaires optimales : les apports de Mundell sur la question dans son entretien (voir annexe du chapitre 6), et les analyses théoriques faites par certains notamment comme Sapir sur l'inflation (Séminaire du CEMI, 2006), nous semblent fournir des arguments supplémentaires.

Les pays de la zone franc tout comme ceux de la zone euro doivent tenir compte ces configurations institutionnelles pour créer des zones monétaires optimales. La théorie de l'inflation a fait l'objet de plusieurs apports des uns et des autres des auteurs, Sapir développe des arguments qui nous semblent très utiles pour comprendre les dysfonctionnements de nos économies monétaires de production, de répartition, de croissance et de développement. Bien que la question de l'inflation mobilise des réactions émotionnelles comme l'affirme l'auteur. La monnaie elle-même est aussi considérée comme institution. D'autres apports sur la question de l'inflation sont exposés dans l'article que nous avons rédigé montrant les liens historiques entre dévaluation et inflation d'une part et inflation et désinflation d'autre part (travaux du CEM-EHESS, 2008).

Nous espérons aussi que les post-keynésiens dans leur version chartaliste, bien que critiquée apporteront aux États les moyens de créer de la monnaie : d'où la question de savoir dans quelle mesure dans une zone économique et monétaire plus intégrée comment cette version chartaliste peut-elle aussi constituer un cadre théorique dans le cadre institutionnel de nos économies monétaire de production où les déficits budgétaires sont souvent considérés comme noyau dure des politiques de stabilisations économiques ? Une critique constructive de cette théorie est faite par C, GNOS, qui est très pertinente.

Il se pose alors la question des nouvelles dynamiques de régulation et d'accumulation en zone monétaire pour la compréhension à long terme des phénomènes non pas seulement monétaires internationaux et/ou régionaux, mais aussi les phénomènes non monétaires de l'intégration économique et monétaire : telle est l'économie politique de l'intégration en zone franc et en zone euro. Nous aborderons la question dans nos recherches futures. Dans un ouvrage consacré aux institutions, Bernard Chavence (B. Chavence, 2007), présente les quatre grandes familles institutionnelles en économie ; cette analyse nous sert de support théorique pour appréhender les questions institutionnelles au XXIe siècle.

Bien que critique sur les approches orthodoxes des finances publiques, cette partie de la thèse a essayé de reformuler ces questions qui mobilisent des réactions émotionnelles telles : renouvellement des stratégies du développement, pré-ajustements et post-ajustements structurels, privatisation, inflation, bonne gouvernance, rôle de l'État, approches institutionnelles, approches anthropologique et historique, sociologique, régionalisme institutionnel.. Ces approches nous semblent plus pertinentes, car elles nous renvoient à l'utilisation des outils hétérodoxes d'inspiration keynésienne, marxiste, régulationniste, conventionnaliste, évolutionnniste dans le cadre institutionnel actuel de nos économies.

C'est pourquoi la théorie nouvelle du développement institutionnel proposée par CLAISSE, A 1996, insiste beaucoup plus sur la capacité optimisatrice des institutions que sur leur fonction régulatrice, traditionnellement mise en avant. Arturio ISRAEL préconise pour lui le modèle de bonne gouvernance qui vise selon Bourguignon et Wolfonson, à développer les capacités institutionnelles d'un pays selon deux principes fondamentaux : la concurrence et la spécificité. Il note les progrès effectués par la nouvelle économie institutionnelle qui a permis un élargissement du concept d'institution aux organisations, procédures, règles, comportements et normes qui régulent formellement ou informellement une société.

Enfin nous pouvons dire : [11] *il n'existe aujourd'hui dans un monde à la fois un et pluriel que de situations ambiguës, que des pratiques contradictoires et des référents pluriels. Les relations sociales ne peuvent être analysées que dans une relation dialectique d'extériorité et d'intériorité. Le monde se traduit par des asymétries spatiales et des dynamiques inégalitaires croissantes qui interdisent de penser l'uniformisation. Une approche institutionnaliste incorporant l'histoire doit étudier les conflits, les luttes, les contre-pouvoirs et voir comment, dans un contexte donné, il y a pluralité des institutions et domination de certaines. La question du développement est celle du sens que les hommes donnent aux histoires qu'ils subissent ou qu'ils sonstruisent » (Hugon, 2007).*

Conclusion générale

Cette thèse a étudié en rapport avec les crises économiques, la dynamique de l'intégration en zone franc à l'heure de l'euro et propose une analyse pertinente réactive et stratégique pluridisciplinaire fondée sur le concept de développement institutionnel ou le régionalisme institutionnel : la thèse aborde les questions économiques, monétaires et financières des pays africains de la Zone franc et les questions théoriques autour de l'analyse institutionnelle des PVD.

Après avoir contextualisée et spécifiée l'évolution de la Zone franc africaine à travers ces dimensions spatiales et temporelles en présentant les facteurs qui permettent les comparaisons entre les zones monétaires coloniales, nous avons mobilisé de nombreuses analyses théoriques et empiriques, à partir d'une lecture importante. Par contre nous n'avons pas élaboré ici un travail original d'un point de vue empirique ou économétrique. La méthodologie est appliquée à plusieurs objets repérés au sein de la Zone franc Africaine : Zones monétaires coloniales, Théories des ZMO, approches par intégration fiscale et par les règles, analyses de la monnaie supranationale, économie politique internationale de l'intégration, régionalisme institutionnel).

Les résultats de nos recherches nous imposent, trois conclusions (au plan contextuel, au plan méthodologique et sur le plan des perspectives) :

Conclusion 1 - Au plan contextuel

Nous montrons comme l'affirme J-M SIROEN (2004) : « alors que l'Europe poursuit son processus d'intégration économique et a mis en place sa monnaie unique, on assiste aujourd'hui à une multiplication des accords « régionaux »de libre-échange, notamment en Amérique du Nord (ALENA) et en Amérique latine (MERCOSUR). Ces accords ne sont-ils qu'une phase dans le processus de mondialisation ? Sont-ils au contraire une alternative au multilatéralisme tel qu'il est incarné par l'OMC » ?[96]

Ainsi la question de l'avenir du Franc CFA se pose et constitue selon Hakim Ben Hammouda et Moustapha Kassé « un sujet de préoccupation pour les responsables politiques, les décideurs économiques ainsi que les

[96] J. M. SIROEN (2004), *La régionalisation de l'économie mondiale,* Nouvelle édition, La Découverte, Paris.

universitaires. La dévaluation de 1994 (chapitre 2) a été à l'origine d'une grande inquiétude sur la capacité de cette zone à faire face aux mutations économiques et à maintenir son rattachement au Franc Français . L'avènement de l'Euro a été un nouveau motif d'inquiétude sur les perspectives d'avenir du Franc CFA. Certes, l'Europe a entériné le rattachement du franc CFA à la monnaie commune. Cependant des questionnements subsistent sur l'avenir du Franc CFA et d'une manière générale celui des monnaies nationales en Afrique dans un contexte de globalisation »97

Il est donc utile de noter qu'avec l'apparition de blocs monétaires flottants, la question de la zone d'ancrage est devenue essentielle (Frankel et Wei, 1992 ; Benassy-Queré, Collignon, 1997).

La dimension historique de l'intégration en Zone franc est riche d'enseignements. Ainsi, il faut souligner que l'organisation monétaire de cette zone est à la fois verticale et horizontale. Elle est sui generis et liée à l'histoire coloniale avec la France et est évolutive (Hugon, 1999). Notons encore que la zone franc est traitée comme les autres zones monétaires coloniales (sterling, escudo, rouble), issues d'un processus asymétrique. La thèse insiste beaucoup plus sur les nouvelles dynamiques de l'intégration en zone Franc depuis les années 80 où l'Afrique en général et la zone franc en particulier ont subit un nouveau contexte international (Programmes d'Ajustement Structurel, Dévaluation du Franc CFA de janvier 1994, arrimage du Franc CFA à l'euro en 1999).

Cette dimension historique est beaucoup plus intéressante dans le cas européen où la thèse aborde les dimensions économiques et monétaires de l'intégration européenne dans toutes ces facettes bien que cette analyse ne soit partielle où le traité de Masstricht a été analysé, car cette période correspond à la période où les pays de la Zone franc (avec le franc CFA), la zone sterling et le SME, la zone rouble, escudo étaient touchés par une crise monétaire. Ces développements ne doivent pas être considérés comme hors propos et ne sont pas non plus transposables à d'autres zones. Sur ce point le modèle européen est un bel exemple d'intégration dans le sens de Bella Balassa.

L'étude montre l'importance des dimensions spatiales et temporaires de la Zone franc analysées ici à fin de définir le rôle des pays africains dans ce processus d'intégration. C'est-à-dire, nous montrons que, les fondements de la Zone franc sont issus de ses composantes verticales (relations franco-africaines) et de ses composantes horizontales (relations intra-africaines). Ces composantes sont porteuses d'effets de domination (intégration

---

[97] Hakim Ben HAMMOUDA et Moustapha KASSE (éds) : *« l'avenir de la Zone franc,* Perspectives africaines, Préface d ' ABDOULIE JENNEH CODESRIA-KARTHALA, 2001

monétaire sous contrainte) et d'effets d'intégration (intégration monétaire sous tutelle).

La Zone franc constitue aujourd'hui un espace monétaire, économique et culturel sans équivalent dans le monde. Cet ensemble, formé d'États et de territoires parfois très différents les uns des autres, est issu de l'évolution et des transformations de l'ancien Empire colonial français. Après l'accession à l'indépendance, la plupart des nouveaux États ont choisi de rester dans un ensemble homogène, dont le cadre institutionnel a été rénové et qui a été structuré par un système de change commun.

La Zone franc rassemble la France et les territoires du Pacifique et **15 pays africains** répartis en quatre groupes.

- L'étude montre aussi que les développements sur l'histoire de l'intégration économique européenne ne conclut pas sur l'idée de transposer ce modèle aux pays de la zone franc, il ne s'agit pas d'effet de calcomanie. La thèse tire plutôt des enseignements théoriques, car l'intégration économique européenne est la plus concrète qui a accompli le schéma élaboré par Bela Balassa, alors que la Zone franc a emprunté le schéma inverse.
- Nous avons abordé en rapport avec les crises internationales (un rappel sur les crises économiques des années 20-30, crises économiques des années 70-80 avec les Politiques d'ajustement structurel, de la dévaluation du FCFA), la dynamique d'intégration en Zone franc à l'heure de l'euro.

Les analyses montrent que cette zone est le fruit de la colonisation et est apparue comme entité économique en 1929, puis comme une Zone monétaire en 1939. La délimitation temporaire de l'étude se calque ici sur l'histoire de la Zone franc, celle-ci a été façonnée par des aménagements successifs des institutions préexistantes et des règles de fonctionnement en vigueur ; l'examen de l'organisation monétaire mise en place sous la colonisation, et son évolution est riche d'enseignements pour la compréhension des mécanismes actuels de la Zone franc.

Les changements de statut politique des anciennes colonies françaises et certaines critiques formulées à l'encontre de la Zone franc ayant à l'origine de profondes modifications dans l'organisa de ce système monétaire, la période des indépendances constitue la charnière de l'analyse historique et institutionnelle. Nous avons montré comment la Zone franc a été instaurée, puis relevé les justifications sous-jacentes aux options retenues et mis en évidence les impératifs auxquels avait répondu cette orientation monétaire longtemps très centralisée. L'examen des aménagements réalisés dans la Zone franc depuis 1960 a permis d'apprécier, ensuite, le contenu et la portée du système monétaire.

Nous avons de ce fait montré que la dimension historique de la Zone franc ne peut s'analyser dans la prise en compte de l'évolution des autres zones monétaires coloniales (zone sterling, zone rouble, zone escudo.). Les quatre principaux facteurs qui ont favorisé le maintien de la zone franc sont présentés en encadrés de cette conclusion rapprochent les caractéristiques de cette zone de celle des autres zones monétaires coloniales, car au départ certains éléments caractéristiques étaient communs à toutes les zones ; puis ensuite, elles présentaient les caractéristiques distinctes selon les options politiques choisies, enfin ces facteurs se caractérisaient par l'organisation des structures monétaires conditionnant leur fonctionnement.

C'est pourquoi : en 1959, « *les liaisons monétaires y sont plus ou moins étroites. Celles qui impliquaient la plus grande dépendance concernent surtout la Grande-Bretagne et les colonies de la Couronne britannique. Les plus lâches unissent la Belgique au Congo belge. Les plus généreuses, celles qui témoignent le mieux de la volonté de soutenir les économies d'outre-mer, se rapportant au système appliqué dans ce qu'on appelait récemment encore l'Unionfrançaise. Le régime portugais réalise une communauté monétaire relativement économe de sacrifices métropolitains* » (L. Bourcier de Carbon, 1959, p. 12).

Ainsi nous distinguons quatre facteurs permettant d'analyser et de comparer ces zones monétaires coloniales·[98]

– **le degré d'homogénéité,** car en 1960, la zone franc était plus homogène que les autres zones monétaires : Il faut noter ici qu'en zone franc cette distinction majeure entre pays africains côtiers et sahéliens n'était pas déterminante pour la définition d'une politique monétaire commune, alors que les membres des autres zones monétaires se différenciaient plus nettement, pendant la période sur le plan géographique par leurs ressources naturelles et par leur poids démographique.

Ici la comparaison zone franc-zone sterling est de portée significative en ce sens que plusieurs des territoires britanniques les plus importants – dont l'Inde – ont accédé à l'indépendance après la Seconde Guerre mondiale, puis ont exercé, par leurs choix, une influence déterminante sur l'évolution de la zone sterling ; dans le même moment, le poids économique des pays africains demeurait réduit par rapport à celui de la France dans la zone franc. La différence entre les deux zones monétaires était manifeste au plan monétaire, en particulier au niveau de la répartition des avoirs extérieurs : alors que dans la zone franc, les avoirs des pays africains n'ont jamais représenté plus du septième des réserves françaises ; dans la zone sterling, les balances sterling avaient un poids considérable certaines années, sur les réserves britanniques.

[98] Une étude comparative des différentes zones monétaires coloniales est présentée en Annexes générales (Annexes 19)

Dans la zone escudo, la dispersion des colonies et leur difficile accession à l'indépendance expliquent leurs choix radicaux en faveur de l'autonomie monétaire. Tandis que dans la zone peseta, composée de petits territoires disséminés, était hétérogène, de me que la zone monétaire belge qui groupait des territoires inégalement pourvus en ressources naturelles exploitables.

On peut alors conclure que dans les zones monétaires coloniales, (Zone franc, Zone sterling, Zone escudo, Zone peseta), l'insuffisante homogénéité des pays nouvellement indépendants a constitué un handicap difficile à surmonter pour prolonger, après la période des indépendances, le processus d'intégration monétaire qui a caractérisé l'évolution comparative ces pays.

– **l'organisation institutionnelle,** car les différences traditionnelles entre la Grande-Bretagne et la France en matière de théorie monétaire ont exercé une influence prédominante sur l'organisation des institutions monétaires, et sur la politique monétaire appliquée outre-mer. Ainsi donc pour Mundell : « la tradition française a insisté sur la nature passive de la politique monétaire, sur l'importance de la stabilité des changes et sur la convertibilité (interne à la zone franc) ; la stabilité a été atteinte au prix d'un développement institutionnel et d'une expérience monétaire. Les pays britanniques, en optant pour l'indépendance monétaire, ont sacrifié la stabilité, mais gagné en expérience et en institutions monétaires mieux développées » (R. MUNDELL, in R. TREMBLA Y (ed), 1972, P. 43)
– **le rôle de la monnaie directrice,** car le franc français avait tenu, au plan international, un rôle comparable à celui de la livre qui a incontestablement contribué, pendant plusieurs décennies, à donner une solide assise à la zone sterling vis-à-vis de l'extérieur. Par exemple de 1939 à 1958, l'inconvertibilité des monnaies européennes avait renforcé le pouvoir attractif de chaque monnaie directrice à l'intérieur de sa propre zone ; ensuite le retour à la convertibilité, l'indépendance des anciennes colonies et la diversification des échanges extérieurs atténuèrent les effets de ce pouvoir. Cependant la livre sterling avait profité, en diverses occasions, d'une confiance fondée sur son prestige passé. C'est pourquoi le rôle international de la livre sterling a constitué par la suite, un facteur coercitif et déstabilisant pour les membres de zone sterling lorsque les problèmes liés à l'existence des balances sterling et leur résorption se posèrent.

On peut affirmer que ces contraintes externes n'ont pas eu d'incidences dans les proportions similaires la zone franc et le franc français ce qui confirme qu'au plan organisation des relations monétaires et financières internationales, le franc français avait tenu une place très importante plus que la peseta, l'escudo et le franc belge.

Comme ces monnaies, le franc français a cependant été soumis à de multiples pressions extérieures, notamment par le biais des marchés des euro-monnaies (C. DE BOISSIEU, 1983), même si les effets de ces pressions furent parfois atténués pour le franc français.

- **la relation intégration économique-intégration monétaire** en ce sens que la promotion concomitante d'une intégration économique et d'une intégration monétaire régionale plaide en faveur de la zone franc, malgré les nombreuses difficultés d'ordre politique, économique et sociologique rencontrées ; en plus ces pays de petite taille qui disposent de structures et d'outils monétaires communs, se sont de ce fait efforcés, depuis les indépendances, d'intégrer leurs économies, dans le cadre de communautés économiques régionales et de groupements d'inspiration fonctionnaliste.

C'est pourquoi comme l'affirme Gérardin : « l'intégration monétaire constitue un facteur positif pour la mise en place d'espaces économiques sou-régionaux qui bénéficient du soutien technique et financier de la France et, sous diverses formes, de la communauté internationale. Des réformes ont atténué sensiblement le rôle de la France sur le plan de la définition des pratiques monétaires des pays africains, mais des contraintes monétaires fortes et une dépendance externe demeurent, en particulier, au niveau des relations de change avec l'extérieur » (H, Gérardin, 1988).

De 1948 à 1994, la parité de franc CFA par rapport au franc français est restée inchangée. La dévaluation du franc CFA de 1994 est venue modifier cette parité.

La dévaluation du franc CFA et le traité de L'UEMOA ont sanctionné l'incapacité de la zone franc africaine à créer un développement durable. Or, le problème reste entier . Ce qui laisse mal augurer des chances de succès d'une réforme pourtant fondamentale (A, BÉCART, 1994).

Comme l'affirme Philippe HUGON : « la Zone franc est en profonde mutation depuis la dévaluation des francs CFA et Comorien en janvier 1994 et leur arrimage à l'euro. Mais de nombreuses interrogations se font jour quant à son avenir. Le maintien de la zone est-il compatible avec les règles et avec les pratiques de l'Union européenne ? Le découplage de la sphère monétaire (CFA fort, faible inflation, convertibilité) et de la sphère réelle (faible croissance et faible progrès de productivité des facteurs) peut-il être atténué ? » (P. HUGON, 1999).

Enfin nous pouvons justifier le choix de la période allant de 1980 à 2004 par l'émergence des approches institutionnalistes qui ont fait l'objet de notre travail. Ce choix se confirme de plus dans la période qui va des années 1988 à 2004 marquée au sein de la communauté des économistes par le retour en force du paradigme institutionnaliste et de la problématique du dialogue entre droit et économie telle que nous l'avions montré dans le chapitre 5 et 6 et dans le dernier chapitre. La thèse n'exclut pas les développements portant sur la période post 2004 comme le démontre l'amélioration de la situation des pays pauvres très endettés (PPTE) et l'initiative d'annulation de leur dette multilatérale (IADM).

Voilà comment nous avons abordé à la fois la délimitation spatiale et temporelle de l'intégration en Zone franc qui s'inscrit dans une méthodologie comparative rétrospective et prospective du développement.

Conclusion 2 - Au plan méthodologique

L'objectif a été de rechercher, « une approche optimale » d'une part, et des approches institutionnelles d'autre part. Ces approches soulèvent les débats sur l'équité quand on aborde la problématique d'intégration économique et monétaire en terme de développement, et donc la prise en compte des aspects institutionnels (par exemple le régionalisme institutionnel), sociaux, structurels, environnementaux, ou fonctionnalistes dans l'analyse (par exemple l'approche de Bela Balassa.).

La thèse juxtapose plusieurs objets repérés en Zone franc afin de construire les corpus théoriques et empiriques appropriés, en mobilisant des outils issus des travaux d'auteurs orthodoxes (dans leur version critique), hétérodoxes d'inspiration keynésienne, marxiste, conventionnaliste, régulationnistes, évolutionniste, et donc institutionnaliste.

Nous avons abordé dans l'ensemble les problèmes des pays en développement et particulièrement ceux de la Zone franc en matières monétaires et financières en mobilisant plusieurs corpus théoriques à savoir : théories des ZMO, approches par intégration fiscale et règles, analyses de la monnaie supranationale, économie politique internationale de l'intégration, régionalisme institutionnel et apports post-keynésiens.

L'objectif a été de rechercher une approche optimale de l'intégration en zone franc à l'heure de l'euro et des perspectives de la zone en tenant compte des spécificités institutionnelles des pays du Sud qui montrent des résultats théoriques et méthodologiques diversifiés.

Les résultats de la recherche sont obtenus en faisant une analyse des données que nous avons repérées et qui sont issues des travaux théoriques et empiriques des pays de la Zone franc dans une méthodologie comparative à la fois rétrospective et prospective du développement :

- **Le recours à la théorie des ZMO** nous a permis de vérifier si la Zone franc et la Zone euro sont des ZMO en sens de Mundell. Par Zone monétaire Optimale, « les Nations qui s'engagent à constituer une zone monétaire renoncent à utiliser, entre elles, le taux de change comme instrument de politique économique, soit en fixant leur taux de façon irréversible, soit en adoptant une monnaie commune ; les relations avec le reste du monde continuent de s'effectuer à taux de change variable ». Nous avons vu que, la théorie des zones monétaires optimales, définie au départ par Mundell, s'intéresse aux conditions permettant de minimiser le coût d'un tel renoncement ; autrement dit, les conditions qui permettent que les bénéfices réels des pays ayant renoncé à l'utilisation du taux de change surcompensent les coûts réels.

Plusieurs pistes ont été explorées : « la théorie économique et monétaire, les études empiriques et des expériences de pays tant de la zone Franc et hors zone Franc que de la zone Euro » ont servi d'arguments pour nourrir cette problématique d'optimalité des zones monétaires s'inscrivant dans la dimension institutionnelle du régionalisme. Les apports des auteurs sur toutes les questions abordées par la théorie économique ont été d'une portée très significative.

Nous avons de ce fait présenté ces critères d'optimalité dans la théorie économique et monétaire. En effet l'approche classique de la théorie des « optimum currency areas » consiste à mettre en exergue un critère, généralement de nature économique, permettant d'identifier les frontières d'une zone optimale. Cependant, l'unicité du critère retenu est bien évidemment critiquable, puisque un même pays pourra vérifier un critère en faveur de l'optimalité de la zone tout en s'écartant d'un autre critère proposé. Néanmoins nous pouvons affirmer que, ces critères ont l'avantage d'être simples et statistiquement mesurables. Ils révèlent en fait la grande complexité dans l'arbitrage entre l'appartenance à une zone monétaire, et donc le renoncement à certains instruments de politique économique, et le refus d'intégrer au détriment de la stabilité qu'elle peut procurer.

On peut donc résumer les critères d'une zone monétaire optimale dans le tableau ci-dessous :

L_Les critères d'une zone monétaire optimale
Mobilité du travail(Mundell, 1961)
Flexibilité des prix et des salaires(Mundell, 1961)
Ouverture(Mac Kinon, 1963)
Diversité des productions(Kennen, 1969)
Intégration financière et fiscale (Ingram J, 1969)
Homogénéité(convergences) des préférences(Cooper, 1977), (Kindlerberger, 1986)

Ainsi la mise en œuvre d'une union monétaire implique, la prise en compte des critères en terme de convergences :

- une convergence des performances économiques (mais pas seulement de l'inflation).
- une cohérence des politiques économiques (cohérence des politiques entre elles et cohérences entre politiques nationales et communautaires).

Précisons que la convergence doit être comprise à trois niveaux : convergence nominale (taux d'inflation), convergence réelle (taux de croissance), convergence structurelle (qualité de la spécialisation, structure par produit des échanges).

La stabilité monétaire sera d'autant mieux assurée que la contrainte extérieure sera moins forte, d'où la nécessité :

- d'une bonne adaptation de l'appareil productif à la demande (internationale et nationale) soit une élasticité /revenu du commerce extérieur.
- d'une forte spécialisation dans des productions à faible concurrence par les pnx soit une élasticité/prix.

En effet nous avons montré que la Zone franc comme la Zone Euro, ne sont pas des zones monétaires optimales au sens de Mundell, mais un certain nombre d'indicateurs laissent à penser que ces deux zones monétaires pourraient, un jour voir se développer un processus d'intégration largement plus progressiste.

Cette question qui a été à l'origine du débat initial sur la Zone monétaire Optimale (ZMO) lorsque les difficultés rencontrées par le système de Bretton Woods ont conduit à s'interroger sur l'optimalité des différents régimes de changes, sur leur capacité à atteindre les trois grands équilibres macro-économiques : *stabilité des prix, plein emploi et équilibre extérieur, sans intervention publique.*

La théorie des Zones monétaires (Y. ISHIYAMA, 1975) a d'abord évalué les avantages et les coûts de la participation à une union monétaire, ainsi que les critères permettant à un pays de se déterminer sur l'éventuelle adhésion à une telle union. Plus récemment, la question de la durée de l'union a également été posée.

Ainsi nous avons monté que l'union monétaire a deux objectifs :

- être crédible à moyen terme, pour assurer une évolution équilibrée (prix, emploi, extérieur), et pour cela elle dispose de deux arguments forts, elle réduit l'incertitude et assure une allocation efficace des ressources.
- être efficace à court terme, pour permettre l'ajustement lors d'un choc éventuel, en s'appuyant sur une politique économique pertinente et praticable.

Nous pouvons remarquer également que le Système Monétaire Européen n'a pas voulu aller jusqu'à l'installation immédiate de taux fixes, et a choisi d'assouplir l'union en instaurant dans un premier temps, une « Zone cible » avec des marges de fluctuations pour les différentes monnaies du « panier » de référence.

La Zone franc est donc à la recherche de l'optimalité et dans ce débat, les arguments ont porté, au moins à l'origine, sur les conditions « structurelles » d'adhésion à une union monétaire, et lorsqu'elles sont réunies, chacun semble convaincu de l'intérêt de la stabilité à moyen terme procurée par la crédibilité et la pertinence de la politique économique.

De nombreuses études ont cherché à vérifier que si par exemple, les États-Unis d'Amérique ainsi que l'Union européenne avec comparaison des deux expériences, peuvent être présentés comme des ZMO (OCDE 1986, EMERSON 1990et 1991, B. EICHENGREEN 1990, J. SACHS et X. SALA I MARIN 1991, T. BAYOUMI et B. EICHEIGREEN. 1992, L. BINI-SMAGHI et S. VORI 1993).

Il est admis que ces « efficiences semblent plus manifestes aux USA que dans l'UE, les travaux se poursuivent toutefois pour tenir compte de l'évolution des structures dans un schéma cette fois dynamique » (A. BECART, 1997).

Nous venons de démonter que l'optimalité de la zone franc en tant que zone monétaire est difficilement appréciable, que soit à travers, les critères élaborés dans les années 1960 ou grâce l'utilisation de certains modèles . Ainsi donc, les comparaisons des indicateurs macro-économiques des pays de la zone et hors zone franc ne fournissent pas d'arguments supplémentaires.

Au total, la diversité des approches proposées et des conclusions obtenues met en relief toute l'ambiguïté des zones monétaires. Suivant la priorité du pays, un argument en faveur de l'union a souvent sa contre partie en défaveur de l'Union :

- d'un point de vue strictement économique, il est tout de même que privilégié le long terme plaide plutôt en faveur de l'union (harmonisation des taux, objectifs communs) alors que l'outil de change s'inscrit dans le court terme, en réponse à une situation donnée.
- D'un point de vue plus politique, la renonciation à certaines formes de souveraineté nationale (perte d'un instrument de politique économique) doit s'apprécier au regard de l'histoire du pays et de ses ambitions géopolitiques.

- ***Les effets de la dévaluation des franc CFA***

La dévaluation du FCFA de janvier 1994, abordée dans le chapitre 2 et les réformes qui se sont suivi tant dans la zone CEMAC que la Zone UEMOA, sont une bonne illustration qui nous a permis de bien comprendre les fonctionnements et dysfonctionnements de la zone franc en vue d'une approche économique et monétaire plus intégrée.

Nous avons à nouveau posé la problématique des zones monétaires optimales. La théorie économique et monétaire nous enseigne que la dévaluation a des effets favorables et défavorables pour le développement. Les fondamentaux macro-économiques au sein de la CEMAC ont montré une évolution très favorable depuis la dévaluation du FCFA. Un essai sur la libéralisation des institutions monétaires de la Zone BEAC a fait l'objet d'une étude approfondie en encadrés.

Cette question a été largement approfondie dans la deuxième partie et la quatrième partie où nous avons montré que la dévaluation du FCFA a été soldée par l'incapacité des pays de la zone franc à assurer un développement durable. Cet argument est développé par A. BECART : « cela laisse augurer les chances d'une réforme pourtant indispensable ».

Malgré la dévaluation du FCFA, l'arrimage de cette monnaie à l'Euro comme ancre monétaire n'a pas eu des incidences sur les relations avec la France (chapitre 6). Cette relation de causalité entre la zone Franc et la zone Euro est d'une importance capitale et justifie l'hypothèse d'une approche économique et monétaire plus intégrée en Zone franc africaine.

Les effets de la dévaluation du franc CFA de 1994, montrent des résultats différenciés en Zone franc pour plusieurs raisons :

- Notons qu'après une période de forte croissance de 1995à 1998, les pays africains de la Zone franc (PAZF) sont entrés en 1999 dans une phase de consolidation. Pour permettre de mieux assurer leur potentiel de croissance et tirer le meilleur parti possible de l'atout que représente la stabilité de leur devise dans le contexte de l'arrimage réussi à l'euro au 1er janvier 1999, ils sont convenus de progresser sur la voie de la surveillance multinationale au sein de l'ensemble de la zone franc pour accompagner et prolonger les progrès effectués dans ce domaine depuis 1994 dans chacune des deux sous-régions.
- la politique économique en Zone franc est largement déterminée par l'engagement de parité fixe avec l'euro et les mécanismes institutionnels visant notamment à encadrer strictement le financement direct des déficits budgétaires par la Banque centrale.
- Les différences de structures économiques des deux régions (CEMAC et UEMOA) est une illustration des effets différenciés de la dévaluation (dans le chapitre 9 nous avons aussi abordé cette question de structures économiques et sociales des deux sous-zones) :

• **L'économie de la Zone CEMAC** dans son ensemble est fortement liée au pétrole. Les exportations de pétrole représentent ainsi plus des deux tiers des exportations de la zone. Si la production est, pour le moment, concentrée dans les pays du Sud de la zone (Congo, Gabon, Guinée Équatoriale) et si la production camerounaise n'a plus l'importance qu'elle a pu avoir par le passé (elle ne représente qu'environ un tiers des exportations de ce pays aujourd'hui contre plus de la moitié au début des années 1990, la croissance de la zone devrait rester durablement dépendante du secteur pétrolier, ce qui ne pourrait que se renforcer avec la réalisation du projet Doba au Tchad. Cette dépendance vis-à-vis du pétrole a des conséquences sur les principales caractéristiques de la zone : la balance commerciale est structurellement excédentaire (elle représente, selon la conjoncture sur les prix du pétrole, entre 5 et 15 % du PIB), mais elle est très volatile. Par ailleurs, les recettes des États de la zone dépendaient encore pour moitié des recettes pétrolières en 1997 : la gestion budgétaire dans ce cas est fortement dépendante de l'évolution des prix du brut. Faute de constituer des réserves les années où les prix sont élevés, le caractère difficilement réversible des dépenses publiques place ces pays dans une situation délicate lorsque les prix du pétrole sont orientés à la baisse.

- **Á l'opposé, l'économie de la zone UEMOA** apparaît relativement plus diversifiée. Elle s'appuie sur un ensemble de production agricole d'exportation (coton, cacao, café essentiellement) et de cultures vivrières (riz, mil, manioc, igname), ainsi que sur le développement du secteur secondaire (industries agro-alimentaires, industrie textile, **BTP),** ce qui a permis à ces économies de mieux tirer parti de la dévaluation de 1994. Dans ces conditions, les soldes commerciaux de la zone présentent des caractéristiques sensiblement différentes de la CEMAC : la balance commerciale n'est que faiblement positive (entre 1 et 4 % entre 1994 et 1999), mais son profil est moins cyclique. Les recettes de l'État, suite aux réformes structurelles engagées dans un certain nombre de filières agricoles, sont également plus diversifiées et moins dépendantes des variations des cours des matières premières.

On peut dire qu'il y a bien une spécificité de la zone d'Afrique centrale, spécificité liée à la forte sensibilité des soldes budgétaires publics aux variations des cours du pétrole, qui appelle à la mise en place de mécanismes ad hoc. La différence de structure entre ces deux zones économiques se matérialise notamment en 1998 et en 1999 par un écart de croissance significatif entre l'UEMOA, qui a fondé sa croissance sur l'augmentation du pouvoir d'achat de ses producteurs agricoles et par suite sur le dynamisme de la demande intérieure alors que la CEMAC a souffert de la dépréciation des prix du pétrole et de la nécessaire correction des dérapages budgétaires importants de certains de ses pays membres.

De la dévaluation, il était attendu deux séries de résultats :

- à court terme sur les variables nominales ;
- à plus long terme sur les grandeurs réelles.

Apparemment les prévisions ont été réalisées dans un environnement international favorable, avec quelques difficultés qui expliquent peut-être la lenteur de la convergence.

L'atout majeur de cette dévaluation semble être un environnement international particulièrement favorable. Le retournement de l'activité économique internationale tant attendu ne s'est pas totalement confirmé, mais en 1994, une hausse sensible des taux de croissance mondiale (3,7 %) s'est néanmoins manifestée, en particulier dans les pays industrialisés

(2,8 %), mais aussi ans les PVD (6,4 %), dont l'Afrique (2,4 %), après 2,5 % en 1993, et 0,7 % en 1992.

Le commerce mondial a été très dynamique en 1994 (+9 %), avec une augmentation très vive des exportations (+8 %), en particulier ans les PVD. Il est probable que le regain d'activité qui se poursuit au ralenti est corrélé avec les multiples accords de libéralisation négociés pendant cette période. Au multilatéral la clause de la nation la plus favorisée se généralise, et partout on assiste à l'élimination des barrières tarifaires et, plus difficilement non tarifaires comme en témoigne la création de l'organisation mondiale du commerce qui se substitue depuis le 1er janvier 1995 aux accords du GATT.

Les termes de l'échange se sont améliorés, et le cours des matières premières, sauf le pétrole ont continué leur hausse jusqu'au second semestre 1997 où la tendance s'est renversée, plusieurs produits alimentaires et miniers atteignant leur cours le plus bas. *Mais pour la période 1994 à 1997,* les cours n'ont cessé d'augmenter avec un pic à l'été 1997 où l'indice de la Banque de France était à son maximum (148,1, base 100 en 1985). Les conditions climatiques ont été localement bonnes.

En gros, les effets de la dévaluation à court terme ont été positifs et se sont rapidement manifestés. À la surprise générale, l'inflation créée a été rapidement contrôlée. Dans les semaines qui ont suivi la dévaluation, la hausse brutale des prix a atteint plus de 60 %[2], avant de redescendre à un niveau stationnaire de l'ordre de 35 % à 45 %, un peu plus élevé dans la CEMAC avec toujours des écarts significatifs entre les pays dans les deux unions monétaires.

Les graves tensions sociales attendues sont restées modérées et transitoires grâce à la mise en place d'un Fonds Spécial de Développement, chargé de veiller aux difficultés quotidiennes nées de la dévaluation. La taxe d'inflation a joué, et la hausse des rémunérations publiques et privées est restée limitée à environ 15 %, ce qui a permis de prolonger la baisse de l'inflation au second semestre 1994. Les importations se sont ralenties, en particulier industrielles, surtout celles de produits de luxe, avec au contraire une relance des exportations vivrières, primaires de rente et industrielle.

À moyen terme, la situation des pays de la zone franc semble plutôt positive. On note une progression du PIB pour la zone, faiblement ralentie en 1998 par la crise asiatique (+4,8 %), qui passerait sous la barre des 4 % en 1999 et 2000, suivant un profil inverse dans les deux sous zones :

Croissance non négligeable en 1999 en UEMOA (5,1 %), ralentie en 2000 (4 %), ralentissement marqué en CEMAC en 1999 (+2,3 %) et léger redressement en 2000 (3,7 %).

L'inflation est restée sous contrôle. Dans un premier temps, celle-ci était de 33 % en moyenne c'est-à-dire légèrement inférieur aux prévisions du FMI. Les effets inflationnistes immédiats de la dévaluation ont été fonction de facteurs mécaniques (hausse des prix des intrants, des équipements et des biens de consommation importés), mais également des changements des comportements des agents (évolution des anticipations, acceptation ou non de la baisse des revenus réels de la part des agents subissant l'érosion monétaire, réduction des marges) et de mesures politiques et économiques (tel le montant des droits de douane, contrôle des prix sur certains biens de première nécessité et sur les services publics, évolution de la fiscalité).

De cette étude sur la dévaluation du franc CFA et comorien on peut retenir trois enjeux fondamentaux :

1/ Les enjeux économiques et sociaux internes

Notons qu'après l'échec des tentatives d'ajustement réel, les pays de la zone franc ont décidé la dévaluation afin de résorber les déséquilibres économiques et financiers profonds apparus au cours de la seconde moitié des années 80. Pour l'ensemble, les résultats de la dévaluation, en termes d'inflation et de croissance, ont été assez proches des effets attendus. Les pays africains de la Zone franc ont, dans l'ensemble renoué avec une croissance soutenue. Il est vrai que la dévaluation est intervenue dans un environnement international favorable caractérisé par la reprise de l'activité dans les pays industrialisés et la hausse des cours des produits de base, à l'exception du pétrole.

Après la forte reprise économique de la croissance consécutive à la dévaluation, la croissance a connu un fléchissement à partir de 1998.

En 2000, les pays de la Zone franc ont connu une évolution économique contrastée. Les pays d'Afrique de l'Ouest ont enregistré un net ralentissement de l'activité, alors que ceux d'Afrique centrale ont bénéficié d'un regain de croissance. Dans l'ensemble, la Zone franc a connu une croissance économique de l'ordre de 2,4 %, plus modérée que celle de l'Afrique Subsaharienne, tout en parvenant à maintenir une stabilité du cadre macro-économique mieux maîtrisée.

2/ Les enjeux externes : le cas de la Côte d'Ivoire et du Cameroun

Notons que la dévaluation des FCFA qui intervint en janvier 1994 a suscité de nombreuses controverses. Avant cette date, les débats ont porté sur la surévaluation du taux de change, le maintien de la crédibilité de la monnaie, les risques de contraction du revenu global.

En raison de son poids économique, la Côte d'Ivoire a retenu notre attention. Le Cameroun, deuxième économie de la zone est ainsi analysé dans cette étude.

En 1994, les deux économies en crise depuis près de deux dix ans, en comparaison d'autres pays africains de structure similaire et à taux de change flexible, comme le Ghana notamment, leurs performances macro-économiques n'avaient cessé de se dégrader depuis le milieu des années 80, malgré des efforts d'ajustement notables.

Sur le plan budgétaire, les deux pays paraissent engagés dans une impasse marquée par un endettement extérieur atteignant des niveaux records, des difficultés chroniques à honorer les engagements auprès des créanciers intérieurs et extérieurs, ou même à payer les fonctionnaires, et une position devenue durablement déficitaire auprès du Compte d'opérations de la Zone franc géré par le Trésor Public français.

Le niveau très bas atteint par les prix des principales exportations primaires, et dans le cas du Cameroun le tarissement progressif des gisements pétroliers à partir de 1990, constituent une contrainte majeure pour des pays dont les recettes fiscales dépendent fortement du commerce extérieur.

De surcroît, les pays perdaient des parts de marché par rapport à leurs concurrents asiatiques ou africains qui avaient tous considérablement dévalué leur monnaie au cours des années 80.

Un certain nombre d'études montré que « l'ajustement réel » et la politique de désinflation compétitive avaient leurs limites et que seul un ajustement monétaire permettait de résorber durablement les déficits (Nashashibi, Bazzoni, 1994) :

D'un côté, les possibilités d'importations et les élasticités d'exportation semblaient faibles, la légitimité contestée des gouvernements pourrait laisser craindre un dérapage inflationniste, le développement de la fraude et de l'incivisme fiscal, et finalement une contraction sévère du revenu. La dévaluation pourrait se révéler « contractionniste », selon une configuration connue pour plusieurs pays d'Amérique latine (Krugman, Taylor, 1978, Agénor, Montiel, 1996).

Depuis 1994, ces risques ont été pour le moins démentis par les faits. Dans l'ensemble de la Zone franc, l'inflation a été maîtrisée, la croissance est repartie, et le rétablissement des comptes publics a été positif, et même dans les deux cas, assez exceptionnel.

Les apparences plaident donc en faveur de la dévaluation. Cependant, à partir de 1993 les termes de l'échange des économies ont aussi commencé à se relever, associés à des conditions climatiques favorables.

Depuis la dévaluation s'est accompagné d'une reprise forte du financement multilatéral et bilatéral qui a permis, tout au moins en Côte d'Ivoire, une relance considérable des dépenses publiques. I 1 demeure donc légitime de s'interroger sur la part des différents facteurs qui ont contribué à l'embellie actuelle, et sur l'impact propre du changement de parité.

Était-il indispensable de dévaluer le FCFA ? Dans le cas de la Côte d'Ivoire, la réponse la plus récente à cette question est apportée par Calipel et Guillaumont Jeanneney (1996), reste assez nuancée.

3/ *L'endettement extérieur et pauvreté des ménages*

Comme en 1999, les pays africains de la Zone franc (PAZF) ont subi des chocs exogènes dus à de fortes variations des termes de l'échange. La hausse du prix du pétrole et du cours du dollar observée depuis le début de l'année 1999, jointe au rétablissement des cours des bois tropicaux, a entraîné une appréciation des termes de l'échange des pays de la Communauté économique et monétaire d'Afrique centrale (CEMAC), estimée à près de 50 % en 2000, qui s'ajoute à celle de 20 % enregistrée en 1999. À l'inverse, la dépréciation des cours des denrées tropicales et du coton a produit un impact récessif sur les économies des pays de l'Union économique et monétaire Ouest-africaine (UEMOA). Pour cette zone, le choc a été aggravé par la forte augmentation des prix des produits pétroliers qui constituent près de 28 % des importations. Sur les deux années 1999 et 2000, la dégradation estimée des termes de l'échange en UEMOA pourrait dépasser 12 %.

En gros ce ralentissement de l'activité souligne la persistance des handicaps structurels des pays de la Zone franc et les limites des stratégies d'ajustement axées sur le seul rétablissement des équilibres macro-économiques. La croissance moyenne demeure inférieure au seuil nécessaire pur entraîner une réduction de la pauvreté.

Or, la pauvreté reste très répandue en Zone franc, touchant près de la moitié de la population. Environ un cinquième des habitants de la zone vit dans des conditions d'extrême pauvreté. Comme dans le reste de l'Afrique subsaharienne, cette forte prévalence de la pauvreté résulte en partie de l'accumulation d'un retard considérable dans le développement des infrastructures de base et des secteurs sociaux.

La mise en œuvre de programme de réduction de la pauvreté bénéficiant de l'appui des institutions de Bretton Woods (FMI et groupe de la BM) et l'ensemble des bailleurs de fonds devrait aider les pays de la Zone franc à relever ce défi. Des remises de dette dans le cadre de l'initiative pour les pays pauvres très endettés (PPTE), initiative lancée lors du sommet du G7 de Lyon en 1996 et a été renforcée lors du sommet de Cologne de 1999.

Depuis que le sommet de Cologne a assoupli les conditions d'éligibilité, tous les pays de la Zone franc, à l'exception du Gabon, de la Guinée Équatoriale, pays à revenu intermédiaire et des Comores, en raison d'un endettement relativement contenu, sont susceptibles d'en bénéficier. Les annulations de dette doivent permettre une augmentation des dépenses sociales, du taux d'épargne et du taux d'investissement des pays concernés.

Il n'est donc pas toujours évident de montrer les relations directes qui existent entre le niveau d'endettement extérieur d'un pays et celui de la pauvreté des ménages. Cependant, l'on sait que l'ajustement a été proposé pour réduire les déficits internes et externes tout en restaurant à l'économie sa capacité de remboursement . Parmi les mécanismes générateurs de la pauvreté, les PAS jouent un rôle de premier plan en raison des contraintes fortes qu'ils font peser sur l'économie.

Il y a donc deux raisons fondamentales, qui justifiaient le recours à la dévaluation du FCFA : d'une part, le rééquilibrage du commerce extérieur de la zone et d'autre part, le rééquilibrage du budget de l'État.

La dévaluation exerce un impact négatif sur le pouvoir d'achat et doit donc réduire l'absorption et améliorer le solde extérieur.

De cette étude liée aux enjeux de l'endettement extérieur des pays de la Zone franc, on peut retenir deux leçons suivantes :

1) Certaines études montrent aujourd'hui les risques de réendettement des pays en développement après les annulations de dettes.
2) Ainsi en mettant en œuvre l'initiative en faveur des pays pauvres très endettés (PPTE) et l'initiative d'annulation de leur dette multilatérale (IADAM), les principaux créanciers bilatéraux et les institutions financières internationales se sont engagés dans une action importante de réduction de la dette des pays en développement. La question de leur réendettement fait désormais l'objet des discussions au sein des instances internationales. De fait tant les besoins financiers des pays pauvres que la restauration de leur situation financière laissent augurer une certaine reprise des flux d'endettement.

En effet, le point d'achèvement constitue la dernière étape du processus du bénéfice de l'initiative PPTE et consacre un traitement de fond de la dette extérieure pour la rendre viable, l'objectif principal de cette initiative étant de permettre à la dette des pays bénéficiaires de retrouver une position viable après un allègement substantiel au point d'achèvement tout en recherchant à financer partiellement les programmes de lutte conte la pauvreté avec les ressources que dégagerait l'allègement.

On peut noter que l'initiative PPTE, lancée en 1996, a permis aux pays (dont 17 en Afrique) ayant atteint le point d'achèvement de bénéficier d'une annulation quasi intégrale du stock de leur dette bilatérale par les créanciers du Club de Paris et d'annulation partielle de leur dette par les créanciers multilatéraux (FML Banque mondiale et banques régionales de développement). Avant même que soit atteint le point d'achèvement, le dispositif PPTE prévoit par ailleurs, dès le point de décision qui marque l'entrée d'un pays débiteur dans l'initiative, des mesures d'allègements de leur dette par les créanciers (e. ffort de flux réduisant très fortement le service de la dette au point de décision) (voir tableau "Annexes générales").

Par contre la reprise de l'endettement dans certains pays en développement s'inscrit dans un contexte international marqué par l'apparition de nouveaux prêteurs (pays émergents d'Asie et d'Amérique Latine, pays du Golfe), dont les pratiques de financement diffèrent à plusieurs titres de celles observées par les bailleurs « traditionnels ». Par exemple : La République du Congo, qui a atteint en mars 2006 le point de décision de l'initiative PPTE, a obtenu de la Chine, en 2005et juin 2006, deux prêts de, respectivement, 552 millions de dollars et 32 millions de dollars (dont le plus récent est non concessionnel). Le Congo avait bénéficié en décembre 2004 d'annulations de dette de la part des créanciers du Club de Paris et de la mise en place, par le FMI, d'une Facilité pour la réduction de la pauvreté et la croissance (FRPC), d'un montant de 81,3 millions de dollars. À Jin 2005, la dette extérieure de ce pays représente encore près de 120 % de ses recettes d'exportation, soit un niveau supérieur au seuil jugé soutenable dans le cadre du DSF (1 00 % pour les pays à performances faibles).

On peut aussi ajouter que ces risques de réendettement s'analysent également à travers la contribution additionnelle des institutions multilatérales (IADM) : annoncée lors du sommet du G8 de Gleneagles de juillet 2005, l'IADM permet aux pays ayant franchi le point d'achèvement PPTE de bénéficier d'une annulation de 100 % de leur dette contractée auprès du FMI, de l'association internationale pour le développement (AJD), guichet concessionnel de la Banque mondiale et Fonds africain de développement (FAD), guichet de la BAD. Ainsi au 31 décembre 2006, 23 pays (dont 17 pays d'Afrique subsaharienne, notamment 6 en Zone franc) ont bénéficié de l'IADM : aux 21 pays ayant atteint le point d'achèvement PPTE (voir tableau "Annexes générales").

Pour les 6 pays de la Zone franc ayant atteint le point d'achèvement, le montant total de dollars (dont 6,2 milliards de dollars pour la Banque mondiale, 2,1 milliards pour la BAD, et 0,7 milliard de dollars pour le FMI

De cette nouvelle situation d'endettement pour les pays en développement, on peut dire que la mise en œuvre des initiatives PPTE et IADM en faveur des pays à bas revenus permet ainsi une amélioration sensible de leur situation financière. Cette amélioration du profil du risque de ces pays est d'ailleurs reflétée par l'évolution de leurs notes souveraines, plusieurs d'entre elles ayant été récemment rehaussées par les agences de notation internationales.

Dans un article publié récemment (E, ROCHER, 2008), il est mis exergue l'importance de l'amélioration de la situation d'endettement des pays post-PPTE et IADM suite à l'effort d'annulation de dettes consenti par la Communauté internationale. Des illustrations sont données, notamment, par les pays de la Zone franc. (voir annexes générales). Il met aussi en exergue, les risques que font peser sur les économies en développement les politiques actuelles de réendettement de certains, conduites en particulier sous l'influence de nouveaux prêteurs internationaux. Enfin il explore les pistes de réflexion pour développer des stratégies coordonnées. La recherche d'un dialogue constructif avec les prêteurs émergents figure parmi les pistes.

La thèse montre qu'il y a un consensus de plus en plus large pour considérer que l'intégration régionale est un des moyens les plus efficaces pour réduire certains des handicaps les plus lourds des pays africains : *taille réduite des économies, marginalisation dans les flux mondiaux de biens et de capitaux, enclavement, spécialisation excessive dans la production de matières premières.*

L'intensification des échanges intrazones, et les tensions qui en découlent des systèmes de change actuel, poussera les autorités respectives des deux zones monétaires à se concerter pour établir une harmonisation monétaire plus crédible, en vue de garantir le développement économique entre la zone franc actuelle et la zone euro et de leurs pays membres respectifs.

De ce fait, nous sommes du même avis que A. Becart (1997), selon lequel : « le développement économique est le résultat d'une longue et difficile transformation des structures de la société, le temps et l'espace évoluant conjointement dans un processus de dépassement continu des contraintes. Le choix de la monnaie comme facteur d'unification des territoires va être le tournant dans l'histoire de l'intégration et du développement africain. Pour que la rigueur de gestion reste compatible avec la flexibilité, la convertibilité illimitée de la monnaie unique locale a été retenue. Elle permet la souplesse dans la gestion des échanges extérieurs, la garantie de la France assurant la crédibilité à moyen terme. Les résultats ont d'abord été bons, faisant de la Zone franc africaine une région au devenir prometteur. Mais durant les années 1980, la tendance s'est inversée, et progressivement les équilibres macro-économiques se sont rompus, faisant apparaître des dysfonctionnements majeurs, révélateurs d'une sous-optimalité non prévue. En janvier 1994, le FCFA était dévalué pour la première fois depuis 1948, et surtout, les unions monétaires africaines étaient totalement restructurées, afin de mettre en place des conditions d'intégration plus efficientes, plus proches au plan théorique des recommandations en vigueur de la Nouvelle Économie classique : la théorie des zones monétaires optimales ».

- **La recherche d'une approche d'intégration par la fiscalité et règles** nous a permis d'étudier le fonctionnement et l'évolution des mécanismes de la Zone franc en ayant recours à la problématique de la fiscalité dans les PED par les réformes fiscalo-douanières. Nous avons mobilisé entre autres les outils d'auteurs post-keynésiens pour expliquer les dysfonctionnements de cette zone en matière monétaire et financière. Nous sommes inspiré des analyses de Bougrine-Seccareccia et celles de Parguez en faisant une critique de la théorie orthodoxe des finances publiques. Nous montrons à ce sujet qu'il, faux de dire que les analyses Post-keynésiennes et circuitistes ne s'appliquent pas aux PVD. Cette question constitue un des noyaux dur de la thèse.

Dans le cadre de la Zone franc, nous avons définie cette d'approche d'intégration par la fiscalité et règles en empruntant la définition de HUGON (2002) : « selon une conception institutionnaliste, l'intégration est la mise en place d'un système commun de règles de la part des pouvoirs publies en relation avec les acteurs privés. L'intégration par les règles concerne ainsi dans l'UEMOA, l'harmonisation des fiscalités, un droit social régional, un droit des affaires, des lois uniques d'assurance. Les règles et l'encadrement normatif jouent un rôle croissant dans les relations économiques intergouvernementales. Mettre en place un cadre juridique dans un espace régional a deux principaux avantages : les juridictions sont moins sensibles aux lobbies et aux interventions politiques. Le régionalisme crée des économies d'envergure pour s'intégrer internationalement par les normes : normes de qualité, certification des produits. Ainsi ont été mis en place, au sein de la zone franc, une cour de justice, une cour des comptes, un droit commun des assurances (OHADA). L'harmonisation du droit accompagne l'homogénéité des États sur le plan monétaire, linguistique et des structures administratives »[99]

L'auteur montre également que « l'intégration par les règles et la production des biens publics régionaux est un des aspects du caractère institutionnel du régionalisme. Tout comme dans le cas des accords monétaires, les coordinations ou les unifications des politiques monétaires sont des composantes essentielles des processus d'intégration régionale. Dans le cas de l'Union européenne, elles se situent à la fin du processus. Dans le cas de la CMA ou de la zone franc, elles sont au contraire au cœur du processus d'intégration régionale. À l'opposé, les coordinations de politiques monétaires sont absentes des autres zones d'intégration économique régionale. Elles ne se réalisent qu'indirectement lorsque les pays membres d'une même zone ont choisi un même ancrage à une monnaie clé (cas de l'ancrage au dollar des pays de l'ASEAN entre 1985 et 1997. La question de la coordination des politiques monétaires pose toutefois avec acuité dans les différentes zones d'intégration du fait de la volatilité des capitaux à court terme, des attaques contre les monnaies et des effets désintégrateurs des dévaluations non concertés (cf la dévaluation de 30 % du réal Brésilien en janvier 1999 ».

Mais dans les chapitres 4 et 5, la thèse analyse les liens entre fiscalité et développement et la vision post-keynésienne qui en découle. La réforme fiscalo-douanière développée dans le chapitre 5 nous a permis de lier les outils théoriques avec les données empiriques des pays de la Zone franc et hors zone Franc. En effet l'harmonisation de la fiscalité est le point commun entre la zone Franc et la zone Euro pour assurer la convergence de leurs économies respectives. Cet argument rapproche de près la zone Franc d'une zone monétaire au sens de J. C INGRAM. Donc au plan théorique, et en première approche, il semblerait que l'organisation financière de la Zone franc africaine soit proche de l'idéal prévue par INGRAM. Ainsi L'existence d'un marché financier intégré et confronté par cette

[99] HUGON, 2002

mutualisation des réserves, devrait assurer à la Zone franc Africaine une régulation efficiente.

Nous avons aussi montré que le fonctionnement des systèmes fiscaux est comme dans le cas français fondé sur la prépondérance des régimes déclaratifs contrôlés. Les petits contribuables sont imposés à travers des forfaits négociés tandis que des régimes partiellement indiciaires ont été maintenus pour les collectivités locales. La plupart des systèmes fiscaux africains, malgré de nombreux aménagements et réformes mis en œuvre ces dernières années, présentent encore beaucoup de dispositions défavorables au développement économique :

- L'expérience de divers pays a mis en évidence les effets néfastes du système de taxation des exportations des produits agricoles, car les États ont eu souvent tendance à maximiser leur prélèvement à court terme au détriment de la solvabilité à long terme des productions concernées.
- En raison d'une structure des taux d'imposition inadaptée et aussi de taux de taxation excessifs, le système de fiscalité douanière constitue, dans la mesure où il est appliqué, un handicap majeur, pour les activités productives, contrairement à un système de TVA « pure », les droits de porte sont à l'origine de phénomènes de rémanence qui handicapent la compétitivité des exportations même si ces dernières bénéficient d'un régime économique suspensif. De plus, le niveau élevé de protection en alourdissant les coûts de production rend les entreprises locales de substitution à l'importation vulnérables à la fraude. Ce dernier effet est d'autant plus important qu'une protection excessive a favorisé le développement d'activités peu efficaces.

Dans le cas concret, traditionnellement nous avons montré que, la Côte d'Ivoire (UEMOA), pays dont l'économie repose sur l'agriculture, a taxé fortement ses exportations de produits agricoles, en particulier celles du café et de cacao. L'État ivoirien a ainsi pu dégager à son profit des recettes substantielles, mais instables. À la fin des années quatre-vingt à la suite d'une forte baisse des cours internationaux, la Côte d'Ivoire a dû renoncer à taxer le café et le cacao pendant plusieurs campagnes agricoles. À partir de 1994, contrairement à un pays comme le Cameroun (CEMAC) a mis à profit la dévaluation du FCFA et la reprise des cours internationaux pour imposer à nouveau fortement les filières café et cacao qui produisent environ 40 % des exportations totales et fournissent 30 % des recettes de l'État, soit plus de 6 % du PIB. Un tel choix de politique fiscale apparaît paradoxale du point de vue de la gestion des finances publiques, car il conduit à réintroduire une source importante d'instabilité des recettes, alors que les booms de 1976-78 et 1984-85 ont mis en évidence les effets néfastes de l'instabilité des ressources publiques pour la gestion des finances publiques ivoiriennes.

Face à l'expansion des recettes d'exportations engendrée par la dévaluation du FCFA, et la remontée des cours des matières premières agricoles en 1994-1995, l'État ivoirien paraît ne pas avoir modifié significativement sa politique de prélèvement sur l'agriculture d'exportation dont les conséquences sur les finances publiques et le développement du secteur agricole d'exportation se sont avérées néfastes. Ainsi l'application d'un principe de neutralité fiscale pour la taxation des cultures d'exportation conduirait à de moindres recettes pour l'État et il conviendrait alors dans le cadre d'une réforme fiscale d'ensemble de rechercher des ressources fiscales alternatives ce qui est d'autant plus difficile que l'abaissement des tarifs dans le cadre de L'UEMOA a également pour effet une baisse des recettes.

Ainsi comme l'affirme Cuddington (1989) : « Les États devraient améliorer leur capacité de gestion de ressources instables notamment par une plus grande flexibilité de ses recettes et dépenses, car le principe de neutralité n'apporte pas non plus de solution pour optimiser la rente de monopole sur le marché international de cacao, il faudrait donc rechercher quel objectif de production doit être poursuivi et quels instruments (taxation complémentaire à l'impôt sur le bénéfice, quotas de production ou surface) devraient être retenus ».

Les pays de la zone franc africaine, comme celle de la Zone Euro doivent à notre avis harmoniser leur système fiscal respectif.

Mais concrètement, les comptes d'opérations ont davantage agi comme substitut au marché financier défaillant, afin d'assurer le financement régulier des économies, au risque peut-être d'un relâchement de la vigilance.

Ainsi donc l'outil fiscal est apparu comme un instrument pour isoler les économies des chocs extérieurs. Cet outil joue un rôle déterminant dans le développement. La littérature sur la question est très abondante comme nous venons de le montrer dans le chapitre 4.

Les expériences sur la réforme fiscalo-douanière dans les cas Ivoirien et Camerounais d'une part et la taxation des exportations agricoles en Côte d'Ivoire d'autre part nous confirment le rôle joué par la théorie et modèles économiques entre autres le modèle d'équilibre général calculable. La plupart des pays africains et particulièrement ceux de la zone franc sont confrontés à des problèmes de fiscalité qu'il convient de réformer. Le système fiscal des pays africains de la zone franc hérité du système fiscal français nous a permis de comprendre le fonctionnement de cette zone monétaire. Nous avons ainsi justifié le Choix de ces pays raisons d'une part de leur poids économique dans la Zone (Cas du Cameroun, deuxième économie de la zone, et la cas de la Côted'Ivoire) en raison de leur endettement extérieur.

Enfin la recherche d'une approche par intégration fiscale a fait l'objet de réflexions théoriques renouvelées notamment, les apports des post-keynésiens sur l'impôt et la politique fiscale. Ce corpus théorique nous semble pertinent pour expliquer les problèmes économiques et monétaire dans les PVD. Ainsi les outils élaborés par les auteurs non-orthodoxes comme Bourgrine, Parguez, Gnos sont intéressants à analyser.

On peut affirmer que les systèmes fiscaux contemporains se caractérisent par la structure des impôts et l'intérêt accordé à son impact sur la politique fiscale a toujours préoccupé les économistes c'est en cela que nous avons essayé de répondre dans les chapitres 4 et 5.

Mais il est avant tout ressorti que les systèmes fiscaux africains prévoient des droits de porte dont le niveau et la structure constituent un handicap important pour la compétitivité de beaucoup d'activités. Les tentatives de réaménagement des tarifs se sont heurtées à des obstacles considérables et n'ont pas permis d'obtenir à la fois une intensification des échanges intrazones et les tensions qui en découlent des systèmes de change actuels.

La nouveauté que nous avons apportée dans cette étude est, l'introduction des dimensions anthropologique et sociologique dans l'analyse de l'intégration économique et monétaire. Notamment « les questions de l'intégration par la fiscalité » : la taxation des exportations agricoles en Côte d'Ivoire au sein de l'UEMOA et la transition fiscalo-douanière au Cameroun au sein de la CEMAC par exemple ont été largement abordé en vue d'une approche médiane et équitable en Zone franc CFA. Il faut souligner qu'au plan sociologique et anthropologique la monnaie FCFA est non équivalent général dans les échanges dans plusieurs espaces, en plus ce cela 5 % de la population est bancarisée.

Sur ce point la thèse n'y consacre pas trop d'analyses. La loi des pauvres anglaises » aux XVIIe et XVIIIe siècles, première forme historique de protection sociale fiscalisée, nous a montré sous l'aspect anthropologique et sociologique le rôle de la politique fiscale. Basée sur l'impôt agricole, elle nous a permis de voir dans le cas la zone franc comment les impôts agricoles sont-ils taxés et servent de références théoriques dans le débat. Mais il ne s'agit pas d'un retour au protectionnisme anglais.

En introduisant les aspects anthropologiques et sociologiques dans l'étude, nous avons pris l'exemple historique de la protection sociale fiscalisée en Angleterre basée sur l'agriculture : « la loi des pauvres » en Angleterre des XVIIe et XVIIIe siècles.

L'examen des différentes approches développées montre que les arguments économiques, qu'ils soient théoriques ou empiriques, ne permettent pas de trancher sur l'efficacité des intégrations régionales.

De ce fait le débat relatif qui a conduit à la création d'une union monétaire récemment en Europe et demain en Afrique nous semble être une bonne illustration.

- ***Approches internationales de la création monétaire***

Tout en montrant que la création monétaire est endogène, la thèse montre ici les relations de causalité entre la zone franc et la zone euro en rapport avec les crises internationales et propose des scénarios du futur pour la constitution d'une monnaie internationale et/ou supranationale nationale en Zone franc africaine.

Concernant les scénarios du futur, ils s'inscrivent également dans la même vision que ceux présentés dans la thèse, issus des travaux de l'équipe conduit par Christian DE BOISSIEU. Ces analyses se trouvent également dans un papier que nous avons présenté dans les travaux du CEMI-EHESS.

Dans la troisième partie, nous avons présenté et analysé les différents scénarios de la création monétaire en Zone franc à l'heure de l'euro. À la question de savoir s'il est possible de créer une monnaie unique et/ou commune spécifique en Afrique à l'heure de l'euro), nous avons vérifié si le FCFA et l'Euro remplissent les fonctions d'une monnaie internationale. Cette partie tente de faire montrer que, ce sont les mécanismes de marché et les processus d'intégration qui donnent comme l'affirme Aglietta, « aux nations des destins économiques à la fois concurrents et solidaires. » (Aglietta, M, 1997).

Cette troisième partie présente des outils théoriques pour éclairer ce débat sur le fonctionnement de nos Unions Monétaires.

Comme l'affirme Pascal FONTAINE : « dans le cadre de la résolution sur la coordination des politiques économiques qu'il a adoptée à Luxembourg en décembre 1997, le conseil européen a pris une décision importante en prévoyant que les ministres des États participants à la zone euro peuvent se réunir de façon informelle pour discuter de questions liées aux responsabilités spécifiques qu'ils partagent en matière de monnaie unique. Les chefs de gouvernements des quinze ont ainsi ouvert la voie à un processus de renforcement d'une appartenance commune, qui au-delà de l'union monétaire, pourrait rapprocher plus encore les pays ayant adopté l'euro dans leurs politiques conjoncturelles, budgétaires, sociales et fiscales ».

La réalisation progressive de l'UEM a facilité et consolidé l'ouverture du marché intérieur. Malgré les secousses économiques et financiers qui ont ébranlé le monde (guerre en Irak, crises boursières, attentats terroristes), la Zone Euro a bénéficié de la stabilité prédictibilité dont ont besoin les investisseurs et les consommateurs.

La réussite de l'introduction des pièces et des billets a été plus rapide que prévu, dès le premier trimestre de 2002, a également confirmé l'adhésion des citoyens.

L'EURO est devenu la deuxième monnaie du monde et à vocation à devenir une monnaie de réserve et de paiement à côté du dollar. Le rythme d'intégration des marchés financiers de la zone euro s'est nettement accéléré et se traduit par des regroupements entre les intermédiaires et les bourses des valeurs (l'Union européenne avait fixé à 2005 la mise en œuvre d'un plan d'action pour les services financiers).

Les arguments développés dans cette partie sur les fonctions de la monnaie internationale confirment bien que l'euro a vocation de devenir une monnaie internationale.

Bien que la parité entre le FCFA et l'Euro (par le biais du FF) est restée inchangée, le FCFA ne peut être assimilé à une monnaie internationale, malgré le fait que l'Union européenne est le premier partenaire commercial de la zone franc.

La recherche d'une approche pour une économie des espaces financiers intégrés a été aussi abordée, notamment dans le modèle Mundell-Fleming.

Nous montrons que la réalisation d'une initiative intégrationniste plus ambitieuse dépend avant tout de la volonté politique des gouvernements à la concrétisation d'un tel projet.

Actuellement, il est évident que les résultats sont satisfaisants pour que les pays et les unions, soient proches des objectifs :

- un rapprochement précoce vers l'Union européenne ou à défaut vers le modèle européen apporterait une flexibilité certes réduite et une crédibilité plus faible, mais permettrait d'éliminer les causes des difficultés internes encore présents.
- une des possibilités permettant l'essor de la Zone franc africaine avec l'arrimage du FCFA à l'Euro, réside dans la création d'une monnaie commune entre les pays africains. Ce choix bien que surprenant, devrait apporter à chacun des pays membres des avantages conséquents, en terme d'image de crédibilité envers les investisseurs étrangers, mais aussi, en terme de stabilité économique réelle. (toutes ces questions ont été abordées d'une part dans la deuxième partie et approfondies dans la troisième partie).

La mise en place d'une telle proposition doit s'effectuer après la libéralisation totale des marchés nationaux, et en étroite collaboration avec les autorités des pays africains. Mais cette idée d'une union monétaire en Afrique bien qu'ancienne est trop tôt pour la réaliser.

D'autres propositions pour la création d'une zone monétaire en Afrique sont analysées . Ainsi, les scénarios du futur de la création monétaire en Afrique analysés dans la thèse présentent une vision d'avenir de la Zone franc Africaine :

Tout au moins de préférence pour nous il s'agit ici des propositions pour un ancrage aux monnaies fortes et zones monétaires régionales. Plusieurs études ont été faites, notre étude consiste à approfondir le schéma d'intégration en Afrique proposé par C. DE BOISSIEU à l'horizon 2010 en s'inspirant des récentes analyses faites pour le CODESRIA :

1/ De l'ancrage au Franc CFA à l'UEMASS

Le processus se ferait en deux étapes pour la création d'une zone monétaire :

- La première étape consisterait en l'élargissement de l'union Économique et Monétaire Ouest Africaine (UEMOA) et de la Communauté Économique et Monétaire de l'Afrique Centrale (CEMAC) respectivement aux pays de la CEDEAO (Communauté Économique des États de l'Afrique de l'Ouest et de la CEEAC (Communauté Économique des États de l'Afrique Centrale).
- La seconde étape se situerait dans le cadre de la fusion des deux zones monétaires élargies.

2/ Les arguments de l'élargissement de l'UEMOA aux autres pays de la CEDEAO

Le but recherché ici est celui d'une union monétaire plus équitable en Afrique de l'Ouest. Cette vision confère au Nigéria un rôle important, celui d'établir d'abord une parité fixe entre le naira et le FCFA, après une période d'observation, ce dernier rejoindra la zone franc à la suite des négociations avec les pays de l'UEMOA. L'entrée du géant nigérian dans la zone franc attirerait automatiquement le Ghana, le Liberia, la Sierra Léone, et la Gambie qui se verront contraints de chercher à s'intégrer. Le seul et unique problème réside dans la coopération entre le Nigéria d'une part et d'autre part l'UEMOA. Il suffit que l'UEMOA et le Nigéria forment une zone monétaire et le processus serait lancé. Les autres pays suivraient. Il en est de même de la Sierra Léone et de la Guinée Conakry. Il faudrait souligner ici que l'idée est déjà très avancée en Afrique de l'Ouest qui prévoie l'adoption d'une monnaie régionale dans le cadre de l'élargissement de l'UEMOA aux autres pays. Le rattachement pourrait durer aussi longtemps que la plupart des pays (les trois quarts par exemple) ne répondraient pas à quelques critères de convergence liés aux taux d'inflation, aux déficits budgétaires et à la stabilité politique.

Pendant ce temps l'Afrique Centrale adopterait le même schéma.

3/ Les arguments de l'élargissement de la CEMAC

Dans ce scénario, la République Démocratique du Congo, le Burundi, le Rwanda, Sao Tomé et l'Angola acceptent rejoindre la CEMAC dans le cadre d'une intégration régionale élargie. La libre circulation des personnes et des biens recherchée au sein de la CEMAC s'élargirait alors à l'ensemble des pays de l'Afrique Centrale. L'intégration économique se renforcerait par l'adoption du FCFA comme monnaie communautaire. Les pays rattacheraient leurs monnaies au FCFA ou adopteront purement et simplement cette monnaie. Ce qui est intéressant ici c'est que trois pays de la CEEAC non membres de la CEMAC utilisent le franc. I 1 s'agit du Burundi, du Rwanda et de la RDC. En rejoignant la zone franc, ces pays bénéficieront d'une stabilité monétaire qui leur fait défaut.

Il faut dire que dans ce scénario la zone CEMAC élargie à la CEEAC maintiendrait son rattachement à l'euro, le temps que les pays structurent leurs économies dans le cadre d'une intégration renforcée. Pendant la durée du rattachement, les deux zones monétaires (UEMOA élargie et CEMAC élargie) mettraient sur pied des institutions leur permettant à long terme de fusionner.

« À ce niveau, le problème ne devrait pas se poser étant donné que les zones BEAC et BCEAO sont étroitement liées du fait de leur appartenance à la zone franc. Au début d'une période purgatoire au cours de laquelle les pays membres des deux zones monétaires présenteraient des critères de convergence bien définis, l'on pourrait passer à la dernière étape, celle de la fusion. » (H. G. NKAMA, CODESRIA, Accra, Ghana 23-26 avril 2002).

4/ Les arguments de la fusion des deux zones monétaires.

Ce scénario prévoit que le Nigéria devrait d'abord être admis dans l'UEMOA, même si les autres pays de la CEDEAO et de la CEEAC tardent à se manifester. L'entrée du géant nigérian constituerait une incitation pour les autres pays.

À ce niveau le problème ne devrait pas se poser dans l'appellation de la nouvelle unité monétaire. Ainsi les États peuvent décider d'un commun accord de l'adoption d'une nouvelle unité monétaire. Cette situation serait plus intéressante compte tenu de la transformation de la vision monétaire du continent. L'unité monétaire serait alors tout ce qu'on peut deviner : « l'AFRIC », « l'African Currency Unit-ACU »., peut importe la dénomination, pourvu que la monnaie soit au départ rattaché au dollar ou à l'euro. La durée du rattachement dépendrait des difficultés et facilités rencontrées après la fusion ».

Après cette période d'observation, l'Afrique du Congo et de la RCA au Sénégal-ou Burundi au Sénégal, en passant par la RDC, le Cameroun, le Nigéria et la Côte d'Ivoire, selon que ces pays seraient favorables à l'union, pourrait décrocher sa monnaie de l'euro (ou au dollar selon les cas) et le faire flotter de façon contrôlée. Cela permettrait à l'Afrique d'une part de se soustraire des systèmes de change dont l'évolution ne reflète pas la santé économique du continent et d'autre part de favoriser les échanges intra-africains qui sont aujourd'hui très insignifiants.

Une des questions serait alors de savoir ce que deviendraient les Banques Centrales de chaque zone ou pays. Ces dernières deviendraient des directions régionales de la nouvelle Banque Centrale Africaine « l'African

Central Bank » (l'ACB). Les directions régionales ne devraient pas dépasser cinq en nombre : Une au Nigéria qui abriterait aussi la Banque Centrale Africaine, deux dans l'UEMOA élargie aux membres de la CEDEAO, sauf le Nigéria, et deux dans la zone CEMAC élargie aux autres membres de la CEEAC. En plus de ces directions régionales, chaque pays abriterait une direction nationale.

Voilà présenter les scénarios du futur pour l'avenir des unions monétaires africaines.

De cette étude on peut se demander au plan théorique quelles sont les vertus négligées d'une monnaie unique et commune. La réponse à cette question se trouve dans les analyses empruntées à C. GNOS.

Cette question a soulevé le problème des réformes monétaires internationales que KEYNES avait préconisé après la crise des années 30. Dans le chapitre 4, de son livre sur la Réforme monétaire, J. M. Keynes répondait de façon très pédagogique aux trois questions fondamentales qu'il a évoqué au cours des deux années précédentes à la crise à savoir :

- « Dévaluation ou Déflation ? »
- « Stabilité des prix ou stabilité du change ? »
- « Faut-il rétablir l'étalon-or ? »

• A la première question, J. M. KEYNES répondait en disant : « l'inflation est injuste et la déflation inopportune. Peut-être la déflation est-elle la pire des deux, si on fait abstraction des inflations extraordinaires comme celle de l'Allemagne. En effet, dans un monde appauvri, il est pire de provoquer le chômage que de frustrer le rentier dans ses espoirs ».
• La réponse à la deuxième question ne fait pas non plus de doute : « le cours auquel une monnaie s'échange contre la monnaie du reste du monde, dépend sous certaines réserves, du rapport entre le niveau des prix intérieurs et le niveau des prix extérieurs. Le change ne peut être stable que si le niveau des prix intérieurs et le niveau des prix extérieurs demeurent stables tous les deux. Dans le cas où la stabilité des prix intérieurs et la stabilité du change sont incompatibles, il est préférable de rechercher la première ».
• J. M. Keynes expliquait enfin que la réponse à la troisième question doit provenir « d'une discussion rationnelle des idées de réforme monétaire ».

Alors que les dimensions de l'intégration économique européenne nous ont permis de ressortir des approches historiques, économiques et structurelles pour mieux appréhender la construction européenne actuelle (chapitre 7), nous avons présenté entre autres les vertus négligées d'une monnaie unique et/ou commune. Les arguments de C. GNOS sur la question fournissent les réponses satisfaisantes et convaincantes lorsqu'on aborde le fonctionnement d'une zone monétaire. En effet la non-prise en compte des facteurs environnementaux, structurels, dans les unions monétaires peut entraver le processus d'union monétaire. (L'exemple de l'ecu au sein du système monétaire européen est illustratif).

Dans l'analyse empruntée à GNOS, C : « la création de la monnaie unique est située dans une double perspective : celle de l'instabilité monétaire internationale et celle de la stratégie d'intégration économique et politique de l'union. Elle est également examinée à la lumière d'un double défi, celui de la convergence des économies européennes et celui de la conduite des politiques économiques européennes » (GNOS, 1999).

Nous avons montré que l'approche de Bernard Schmitt de la monnaie supranationale donne des arguments pertinents pour la création monétaire en Zone franc Africaine.

- **L'Approche de Bernard SCHMITT de la monnaie supranationale et son utilité dans nos zones monétaires actuelles**

Avant de présenter, les arguments théoriques et et décisifs pour la réforme de la monnaie internationale, Schmitt faisait une appréciation générale de la nouvelle monnaie européenne.

Dans l'hypothèse où l'euro apparaît dans le monde actuel, privé de monnaie internationale.

L'auteur, stipule que, le déficit de la balance des paiements américaine, n'est pas « structurel », car l'économie américaine n'en est nullement responsable. La cause du déséquilibre persistant se trouve dans l'utilisation du dollar ordinaire pour les paiements internationaux.

En effet trois conséquences fondamentales découlent du fait que le rôle de la monnaie internationale est tenu par une monnaie nationale :

- En l'absence de monnaie supranationale, aucun pays ne peut distinguer sa balance des paiements financière de sa balance de paiements nominale : ainsi, tout excédent de sa balance unique signifie des ventes non payées ;
- Les dollars disponibles dans les trésoreries des entreprises et particulièrement des multinationales, pour servir de monnaie véhiculaire transnationale, faussent la définition de la valeur extérieure du dollar.

L'auteur souligne à ce sujet que, les économistes ont eu raison de noter que le marché des euro-dollars diminue l'emprise des Autorités sur les marchés monétaires, nationaux. Or, la contrainte s'exerce aussi sur le marché des changes. Le Gouvernement américain ne peut pas fixer en toute liberté la valeur extérieure du dollar, car la masse des euro-dollars, égale au déficit cumulatif de la balance des paiements américaine, apporte par ses mouvements incontrôlés des écarts de change du dollar dans les différentes espaces nationales. Et dire que le taux de change du dollar échappe partiellement à la souveraineté des États-Unis, c'est dire réciproquement que le taux de change entre les monnaies nationales et le dollar échappe partiellement à la souveraineté des pays qui acceptent le « Dollar-Exchange Standard » ;

– Les euros dollars amassés dans les réserves, privées et officielles, sont des pseudo-richesses, car ils représentent la dette d'un pays insolvable.

B. Schmitt pense que, pour développer la démonstration de l'utilité de l'euro dans un monde doté du dollar international, il faudrait recourir à des connaissances nouvelles, notamment en *théorie de la valeur, de l'inflation, des salaires et de la répartition au sein des économies nationales.*

Mais dans cette étude, nous présentons les arguments qui selon l'auteur sont élémentaires, notamment la nécessité de l'institution de l'euro face au dollar international.

L'auteur aborde les aspects suivants :

• *Grâce à l'euro, les excédents en dollar international* de la Communauté sont eux aussi tenus sous strict contrôle des autorités monétaires européennes.

Nous voyons que ces arguments présentés par Schmitt, nous semblent utiles pour comprendre les fonctionnements et dysfonctionnements des systèmes monétaires actuels, notamment le système de la Zone franc actuel et la zone euro., dans un contexte de monnaie internationale.

L'approche de Bernard SCHMIIT de la monnaie supranationale stipule que les arguments théoriques et décisifs contre la flexibilité des taux de change sont une solution de rechange à la création d'une monnaie internationale.

- *L'euro est une monnaie nationale.* D'après SCHMITT, dans la communauté tournée vers l'intérieur, l'euro est une monnaie supranationale. En revanche, l'euro est une monnaie nationale pour la communauté tournée vers l'extérieur. Cette distinction permet de trancher le grand débat entre « monétaristes » et « économistes » :

– *À l'intérieur de la communauté, l'euro est une monnaie supranationale,* dont, l'institution repose sur une seule condition préalable, l'égalisation des taux d'accroissement des salaires nominaux. Si l'euro n'existait pas, les « économistes » auraient raison, car les excédents commerciaux ne seraient pas nécessairement confrontés à des mouvements de capitaux compensatoires.

Véritable monnaie supranationale, l'euro respecte pleinement la personnalité de chaque pays membre. Il est inutile désormais de veiller à l'équilibre des balances commerciales, car l'uniformisation des taux de croissance n'est pas une question préjudiciable. La causalité inverse : l'euro offre une contribution déterminante à l'équilibre des taux de croissance des économies intracommunautaires.

– *À l'extérieur de la communauté, l'euro est une monnaie nationale, l'euro est une monnaie nationale*

Sur ce nouveau terrain, les « économistes » l'emportent. La transformation de l'euro, monnaie nationale de l'Europe face au dollar international, en monnaie nationale des pays européens ne pourra être obtenue que plus tard. Les dollars internationaux-titres du FME sont l'amorce. Il est tout à fait concevable que le Fonds Monétaire Européen devienne un jour l'unique banque centrale de tous les pays de la communauté. Le remplacement des espèces nationales par l'euro est la finalité logique de la nouvelle monnaie européenne » (B. SCHMITT, 1975).

Dans son chapitre consacré à la réforme de la monnaie internationale, l'auteur se propose de mettre en lumière les défauts dérimants que comporte tout système qui fait l'économie de la création d'une monnaie des monnaies nationales.

La flexibilité des taux de change ne remplace pas la monnaie internationale.

1/ L'argument théorique contre la flexibilité des taux comme solution de recherche à la création d'une monnaie internationale

Ces analyses sont présentées ainsi qu'il suit :

– L'auteur pense qu'en l'absence d'une monnaie internationale, les taux de change sont des prix relatifs : l'auteur conçoit ce raisonnement par des équations monétaires, et par conséquent les taux de change d'équilibre ne sont cohérents entre eux.
– La raison fondamentale de l'impossibilité d'une solution est l'exigence que toutes opérations qui entrent dans la détermination des taux de change soient des offres et des demandes de biens économiques réels, car, dès qu'un ajustement se rapporte aux monnaies elles-mêmes, il en surnombre. Pour qu'une solution soit concevable, il est nécessaire que toute « équation monétaire » soit écartée.

Pour lui, le circuit offre donc la solution recherchée : il faut et il suffit que les nmonnaies soient prises dans la contrainte du circuit : dès lors, leurs taux de change en numéraire ne peuvent pas ne pas être cohérents entre eux.
Pourquoi établir le circuit international ?

- on ne le peut pas si la circulation comprend plusieurs monnaies nationales ;

- on ne le peut même pas si une seule monnaie nationale se déplace dans le « circuit ».

Le circuit international ne peut être établi que sur une monnaie qui soit elle-même internationale.

- le dollar international résout le problème de la cohérence des monnaies nationales, car il est leur numéraire.
- La création du dollar international est une implication logique de la thèse des « flexibilistes », même s'ils ne le soupçonnent pas : c'est que la flexibilité des taux de change laisse subsister l'incohérence ou la disparité des monnaies nationales.

2/ L' argument décisif contre la flexibilité des taux de change comme solution de rechange à la création d'une monnaie internationale

L'auteur pense que cet argument est très convaincant à condition toutefois que l'on ait compris *la théorie de l'intégration de la monnaie.*

Parmi ces arguments avancés, l'auteur stipule qu'en chaque pays, la monnaie nationale admet une correspondance logique avec le produit national, en termes simples, cette correspondance est le pouvoir d'achat de la monnaie. La monnaie d'une économie n'a pas un pouvoir d'achat indéterminé, mais le pouvoir exact d'acheter l'ensemble de la production en biens et en services des facteurs payés en monnaie.

La théorie du circuit enseigne que le pouvoir d'achat monétaire dépensé sur le marché des biens produits ne peut être ni inférieur ni supérieur au pouvoir d'achat monétaire crée sur le marché des services producteurs : toute différence est purement nominale ou arithmétique. Le circuit ne tolère aucune différence réelle entre le pouvoir d'achat formé et le pouvoir d'achat dépensé ; l'homme ne peut donc choisir qu'entre deux possibilités, précise-t-il :

- Ou bien, il gère la monnaie de telle sorte que le circuit s'accomplisse dans l'égalité arithmétique du pouvoir d'achat formé et du pouvoir d'achat dépensé ; on dit alors que la monnaie est équilibrée
- Ou bien sa gestion est défectueuse, sans doute parce qu'il maîtrise la théorie du circuit, et le circuit s'accomplit néanmoins, mais dans l'inégalité arithmétique du pouvoir d'achat formé et du pouvoir d'achat dépensé, auquel cas on assiste à l'inflation ou à la déflation, ou encore aux deux déséquilibres monétaires à la fois.

Nous adhérons très fermement aux arguments de Bernard Schmitt et autres auteurs non orthodoxes sur le rôle de la monnaie dans l'économie. L'analyse que fait Schmitt sur la monnaie supranationale est pertinente et nous semble très utile pour analyser et comprendre les dysfonctionnements de nos économies monétaires. Cela nous permet d'offrir un cadre théorique pour approfondir les outils que présentent les auteurs hétérodoxes dont nous avons compris l'esprit. En ce qui concerne les scénarios du futur en Zone franc Africaine l'approche de Bernard Schmitt qui en découle est pertinente. La monnaie unique africaine sera une monnaie supranationale à l'intérieur de la communauté (Zone franc Africaine) et une monnaie nationale à l'extérieur de la communauté (Zone franc africaine).

Voyons comment Robert Mundell analyse les dysfonctionnements de nos économies monétaires dans un contexte de l'Euro au SMI (et donc face au Dollar international). L'objet repéré ici est d'aborder la question de la monnaie du point de vue des relations économiques et monétaires internationales (et donc de l'économie politique internationale de l'intégration.)

- **Les nouvelles régulations économiques et monétaires en zone franc et l'Économie politique international de l'intégration ou régionalisme institutionnel.**

Il ressort de cette étude comme l'affirme Hugon que l'institutionnalisme devient aujourd'hui le paradigme le mieux partagé en économie du développement comme en économie de manière générale.

Enfin dans la quatrième partie, la thèse se divise en deux chapitres :

– **Dans le chapitre 8,** les questions des déséquilibres des paiements intrazone et des nouvelles régulations macro-économiques, micro-économiques ont été traitées avec beaucoup d'acuité.

Des questions monétaires et budgétaires au sein de la zone franc et de la zone euro ont servi d'éléments justificatifs et montrent surtout pour ce qui est de la zone franc que les fondamentaux macro-économiques ont évolué depuis la dévaluation du FCFA qui a occulté le processus des réformes engagées dans cette zone. Des propositions en vue de la réforme de la zone franc ont été avancées. Cela dit, la problématique de la privatisation en zone franc africaine a été repensée et a fait l'objet d'une abondante littérature (l'exemple du Congo et de la Côte d'Ivoire en est une bonne illustration, TH.Dongotou, DEA, EHESS, 97). En effet la problématique de la privatisation en Afrique est un des volets des politiques d'ajustement structurel et de stabilisation du FMI et la Banque Mondiale.

« Dévaluation, déséquilibres des fondamentaux macro-économiques intra-zone, réformes économiques et monétaires renforcées, seigneuriage ou vente de titres », ont été parmi les arguments avancés pour la création monétaire en zone franc africaine dans la cadre institutionnel actuel.

Les privatisations sont apparues comme un modèle de régulation en zone franc comme des transitions institutionnelles. « Les résultats de ces réformes institutionnelles sont contrastés :

- L'on observe des réussites quant aux changements des droits de propriété et des effets positifs proches de ceux qu'ont connu après la guerre les États d'Asie de l'Est notamment par la réforme foncière imposée par les État-Unis. -l'on constate souvent un environnement institutionnel amélioré que le contexte économique reste quasiment inchangé. On peut citer le régionalisme de jure des pays de la zone franc (union monétaire, union douanière, réformes juridiques de l'OHADA) alors que la régionalisation de facto demeure limitée du fait du sous-développement économique et des trappes à pauvreté.
- Dans d'autres cas, les réformes institutionnelles ont échoué, car elles ont accentué la conflictualité (cas des réformes foncières en Côte d'Ivoire).

La question de la convergence des politiques qui consiste à consolidé les fondements de l'intégration en Zone franc (cas de la CEMAC), mais également œuvré à une intégration effective de l'ensemble des pays de CEAC, a été d'une portée très significative. La CEMAC a progressé dans la voie de l'intégration en franchissant une série d'étapes. Elle apparaît du fait aujourd'hui comme une référence sans être un modèle dans la sous-région. Elle a, à cet effet tendance à s'imposer en tant que cadre dynamique et stable à partir duquel peuvent s'envisager les perspectives de l'intégration en Afrique Centrale. Nos recherches montrent que l'expérience de la CEMAC en matière d'effort d'intégration et plus spécifiquement du bilan de la mise en œuvre de la surveillance multinationale est une belle illustration, pour explorer les voies et moyens qui peuvent aider à impulser une nouvelle dynamique en Afrique Centrale. Mais cette démarche n'est pas nouvelle, car l'histoire du regroupent de certains pays est riche en repère : L'Europe est un exemple actuel et le plus accompli puisqu'il nous enseigne sa conception de l'intégration à partir des acquis (les étapes de Balassa se vérifient).

Nous avons montré qu'en Afrique de l'Ouest, les mêmes préoccupations s'observent et des éléments de réponse se dessinent.

En rapprochant les critères de la surveillance multinationale pratiquée en Zone CEMAC du dispositif en vigueur en Zone UEMOA, on note une relative similarité entre les objectifs des dispositifs, mais avec des séquences différenciées.

La Zone franc Africaine ne devrait-elle pas, à la lumière des récentes évolutions, repenser sa stratégie en matière d'intégration ?

À ce sujet les enseignements issus de la théorie traditionnelle de l'intégration développée par Bella Balassa (1962) constituent une référence. Cette théorie enseigne que l'intégration économique est un processus séquentiel qui se déroule en cinq étapes : (zone de libre-échange, l'union douanière ; le marché commun, l'union économique, l'intégration économique parfaite celle-ci repose sur l'unification des politiques monétaires fiscales, commerciales, sociales). Cette analyse est comparable à celle initiée par Rostow qui distinguait également cinq étapes par lesquelles toute société devrait passer pour atteindre le développement économique.

- **Enfin le chapitre 9** a abordé la question du renouvellement des théories et stratégie du développement en Afrique, comme une condition nécessaire de l'intégration économique.

En s'inspirant de la théorie monétaire post-keynésienne pour rechercher une approche plus intégrée dans la zone franc, les arguments des circuitistes et chartalistes nous ont permis de repenser la théorie des zones monétaires optimales de Mundell.

En effet, « l'existence de la monnaie et les débats qui en découlent pour la création d'une monétaire spécifique en Afrique et d'une monnaie unique est au cœur du macro-keynésianisme africam ».

Cela nous incite à réfléchir sur la question de savoir si la monnaie FCFA actuelle est-elle une monnaie d'État selon la logique chartaliste et comment cette monnaie arrimée à l'Euro peut -elle être intégrée dans l'analyse macro-économique.

Ainsi depuis les travaux des pères fondateurs en économie du développement, en passant par les approches institutionnalistes jusqu'aux keynésiens, ces approches ne nous fournissent pas les arguments convaincants pour l'intelligibilité dans le tiers-monde, malgré leur emichissement.

Tout en rappelant que les rencontres entre l'économie du développement (et/ou l'économie en. générale) et l'institutionnalisme se sont faites sur des voies plurielles, longtemps parallèles, mais aujourd'hui largement convergentes (Hugon, 2007), nous montrons que, les approches post-keynésiennes de la création monétaire sont susceptibles d'apporter les éléments pertinents pour expliquer les évolutions de nos économies modernes dans le cadre institutionnel actuel.

Ainsi, selon les post-keynésiens : « l'existence de la monnaie est au cœur de la macro-économie. En fait, l'une des différences fondamentales entre les traditions orthodoxe et hétérodoxe concerne précisément la manière dont la monnaie est intégrée à l'analyse macro-économique. La monnaie est en premier lieu le résultat d'une relation d'endettement entre les entreprises productives et les Banques ; elle est introduite dans le système économique par la production et le paiement des salaires (Rochon, 2003).

Selon les post-keynésiens, les entreprises empruntent aux banques les sommes nécessaires au paiement des salaires (dette à court terme) et aux achats de biens capitaux (crédit à long terme), dont la dépense crée simultanément le revenu.

Ainsi les Banques ne prêtent qu'à celles qu'elles jugent solvables. Les entreprises utilisent leurs recettes qu'elles jugent solvables. Les entreprises utilisent leurs recettes pour rembourser les banques. Tout manque à gagner, lié par exemple à la préférence pour l'épargne, sera compensé par la vente de titres qui capteront une part de cette épargne.

Toute monnaie refluant vers les entreprises, soit par le canal de la consommation, soit celui de l'épargne permet d'éteindre la dette initiale contractée auprès des Banques : c'est l'essence de la théorie du circuit monétaire qui conforte le point de vue de Keynes selon lequel" « la consommation est tout aussi efficace que l'épargne pour liquider la finance à court terme ».

Au total, nous pouvons conclure, comme l'affirme Rochon, dans un ouvrage récent : « Dans un environnement économique mondialisé, où les flux de capitaux ont une influence de plus en plus importante, les théories monétaires post-keynésiennes ont l'intérêt d'apporter une analyse novatrice et précise des rouages des systèmes monétaires et financiers (rôle des banques centrales, des institutions bancaires et de l'État, analyses de la création monétaire, de la politique monétaire, du chômage, des crises financières, etc.).

Les théories monétaires post-keynésiennes se focalisent sur les aspects les plus originaux, et néanmoins largement délaissés, de l'analyse de Keynes. Elles ont donné lieu à des travaux importants aussi bien par leur portée théorique que par leurs conséquences en termes de politique économique ».[100]

En regroupant les contributions de spécialistes de cette thématique, l'ouvrage de Rochon fournit au public francophone une vision large et synthétique des développements actuels de ces analyses.

Ainsi donc nous avons montré que l'objectif du chapitre 9 est d'offrir un cadre théorique pour approfondir les outils présentés par les différents travaux hétérodoxes (d'inspiration keynésienne, marxiste, régulationniste, conventionnaliste, évolutionniste.).

Pour Sapir, « les économies européennes par exemple ne constituent plus un ensemble relativement cohérent à l'échelle des modes d'accumulation, car l'émergence de « clones » du modèle américain y compris au sein de la Zone euro (l'Espagne) souligne l'hétérogénéité systémique de la zone, que souligne déjà des études économétriques. Il conclut au plan théorique, que la crise actuel de mode d'accumulation valide un certain nombre de points clés de l'analyse régulationniste ». En même temps, elle souligne l'inachèvement, et en particulier le manque criant d'une théorie microéconomique hétérodoxe fondée sur une approche des déterminants collectifs de la subjectivité individuelle. Une telle théorie souligne-t-il, qui permettrait de dépasser des notions comme l'aléa moral ou la relation d'agence qui sont méthodologiquement incohérents, rendrait possible une analyse globale des institutions et de leurs effets sur

[100] Cf Ph. ROCHON (2003) : *Les théories monétaires post-keynésiennes,* Economica.

l'ensemble du spectre des niveaux d'observations (du micro au macro en passant par le meso) et sur l'ensemble des temporalités (Sapir, 2008).

Une lecture des auteurs non-orthodoxes comme Schmitt, Gnos, Parguez et autres auteurs circuitistes a retenu notre attention et pour nous il est faux de prétendre dire que les analyses post-keynésiennes et circuitistes ne s'appliqueraient pas aux PVD. Nous avons essayé de lier, les analyses théoriques et les données empiriques des pays de la zone franc. Ainsi la critique de la théorie orthodoxe des finances publiques, suivant les analyses de Bougrine-Séccareccia, a été très pertinente.

Conclusion 3 - Sur le plan des perspectives

On peut conclure que les perspectives en Afrique en général et en Zone franc (à l'heure de l'euro) en particulier sont nombreuses, car les Régions auront besoin de temps pour mettre en place une harmonisation cohérente. Ainsi pour aller de l'avant dans l'intégration économique et monétaire, un partenariat beaucoup plus fort entre les unions monétaires devrait se mettre en place, afin que les enjeux politiques individuels se transforment en moteur de convergence macro-économique future. (les exemples récemment de la création d'une union monétaire en Afrique de l'Ouest et de la CEMAC sont illustratifs). Il importe pour cela de mettre en relation les arrangements institutionnels avec la structure institutionnelle. Cette question soulève le débat sur ce qui est convenu d'appeler l'effet décalcomanie c'est-à-dire la transposition des débats institutionnels du Nord aux sociétés du Sud.

« Si les travaux dominants en économie du développement et en économie en générale sont devenus institutionnalistes, l'essentiel de la recherche est focalisée sur les questions des sociétés industrielles et se réduit le plus souvent à la transposition des catégories forgées au Nord pour le Sud » (Hugon, 2007).

Les analyses institutionnelles appliquées aux pays en développement peuvent se référer à l'institutionnalisme conventionaliste, cognitive ou sociologique, à l'institutionnalisme historique (la théorie de la régulation). Ces approches ne présentent-elles pas des risques de décalcomanie ?

La théorie de la régulation se rapproche des réalités des pays en développement dans la mesure où elle pense l'universel par la comparaison des configurations institutionnelles. Elle n'est pas exempte du risque de décalcomanie (Hugon, 2007).

Nous avons montré que les nouvelles régulations économiques et monétaires ou le régionalisme institutionnel signifient également ce que nous avons appelé l'Économie politique de l'intégration (EPI).

Cette problématique soulève également la question des réformes institutionnelles dans les pays en développement impulsées par les bailleurs de fonds et des institutions de Bretton Woods. « Ces réformes visent à favoriser le passage d'économies administrées à des économies de marché, de régimes autocratiques à des régimes démocratiques et d'État de non-droit à des États de droit, à protéger les droits de propriété. Les réformes concernant les règles de droit, les droits de propriété, les modes de gouvernance, la démocratie formelle. Il y a débat quant au rythme souhaitable des réformes (réformes graduelles versus big bang), quant aux séquences (réformes des institutions économiques versus institutions politiques) » (Hugon, 2007). En prenant le problème des pays de la Zone franc qui ont mis en œuvre l'initiative en faveur des pays pauvres très endettés (PPTE) et l'initiative d'annulation de leur dette multinationale (IADM), malgré des améliorations de la situation financière après les annulations de leur dette, la question de leur réendettement fait désormais l'objet de discussions au sein des instances internationales (cette question les risques de réendettement.

L'économie politique des institutions suppose, ainsi, d'analyser les conflits générés par les réformes institutionnelles, car prendre en compte la dimension politique des réformes institutionnelles est stratégique pour une appropriation des réformes, une endogénéisation des institutions et une faisabilité des réformes. L'expérience et les argumentaires théoriques montrent à la fois les défaillances des régulations administratives et des biens et services publics assurés par l'État et les collectivités territoriales et les défaillances des marchés et du financement privé pour prendre en charge des biens communs, collectifs (Hugon, 2004). Hugon, précise que dans certains contextes, la privatisation et les relations contractuelles peuvent avoir des effets d'efficience (ex des filières coton ou de la gestion de l'eau). Ainsi ces facteurs institutionnels sont déterminants pour expliquer les réussites ou les échecs des privatisations comme le montre la comparaison (voir tableau sur les régulations sectorielles en Zone franc).

On peut dire comme le démontre Hugon, que les transitions institutionnelles sont plurielles et permettent d'opposer les processus évolutifs des processus évolutifs. Les configurations institutionnelles diffèrent radicalement entre les pays émergents, les pays pauvres pris dans des frappes à pauvreté et les États faillis ou en conflits connaissant des processus involutifs.

En prenant le cas de la zone CEMAC, cette zone a connu depuis 2002 une croissance relativement forte, tirée essentiellement par la demande externe suite à un essoufflement des potentialités de croissance interne (voir annexes générales). Par ailleurs, on a enregistré une réduction importante des déséquilibres macro-économiques comme nous l'avions mentionné dans le chapitre 7. Certains pays souffrent du poids élevé de la dette et de son remboursement (Congo, Gabon, RCA). L'effort de stabilisation entrepris par la plupart des pays d'Afrique Centrale est en train de porter ses fruits dans la mesure où on note une réduction des déséquilibres macro-économiques, une baisse sensible de l'inflation et le maintien d'un niveau élevé de croissance.

Cet effort de stabilisation devrait ouvrir la voie à des stratégies orientées vers une relance plus forte de la croissance.

Ces stratégies devraient identifier de nouveaux secteurs porteurs capables d'attirer les investissements et de favoriser une transition dynamique des économies de la CEMAC d'une insertion traditionnelle basée sur le pétrole et les activités de rente[101], vers des activités nouvelles et ayant un potentiel plus dynamique sur les marchés internationaux.

Selon HUGON : « les unions monétaires de la zone franc ont peu stimulé l'intégration économique et financière de leurs membres ; elles n'ont pas conduit à un changement de spécialisation ou à une plus grande attraction des capitaux extérieurs. En ce sens elles sont emblématiques d'un certain échec du « régionalisme institutionnalisé » en Afrique. Mais à cet effet relatif, on ne peut opposer valablement aucun système plus performant en Afrique ». Ce constat est aussi valable pour la zone UEMOA.

Il nous semble alors urgent de réinventer le régionalisme institutionnel en Afrique. Nous espérons que nos recherches futures seront axées la question en mobilisant tous les acteurs sociaux .

« En somme, si l'effort de stabilisation des économies africaines a permis une réduction sensible des déséquilibres internes et externes, les réformes de structure sont loin d'avoir initié un nouveau mode de croissance soutenue et porteuse de développement. L'Afrique se trouve non seulement confrontée à cette crise économique et à la nécessité de définir un nouvel agenda pour le développement, mais elle doit également faire face aux défis de la globalisation et à la libéralisation des échanges que cette dernière impose. Un nouveau contexte historique s'ouvre pour l'Afrique. Pour faire face à ces nouveaux enjeux, l'Afrique doit réinventer de nouveaux projets de développement prenant en considération les profondes mutations économiques locales et internationales. Cette réflexion stratégique devrait s'attaquer à toutes les questions relatives à l'avenir des économies africaines, y compris les questions monétaires. » (Abdoulie JANNEH, 2001). C'est en cela que le Nouveau Partenariat pour le développement de l'Afrique (NEPAD) s'inscrit.

Les économies africaines doivent à notre avis négocier une nouvelle insertion dynamique dans l'économie internationale et/ou mondiale en redéfinissant entre autres des nouvelles dynamiques de l'intégration économique et monétaire et donc un nouveau régionalisme institutionnel.[102]

---

[101] Notons ici que les exportations africaines restent dominées par les produits de rente avec une très faible transformation au niveau local et donc une faible Valeur Ajoutée. Comme par le passé, les dynamiques de croissance sont tirées par les secteurs agricoles et miniers.

[102] Notons ici que « le taux de change reste sans doute un instrument d'ajustement efficace en cas de choc asymétrique important, mais il ne permet pas de résoudre durablement les carences structurelles d'un pays. Le principale avantage commercial des taux de change fixes tient à la prévisibilité des prix qui favorise non seulement

Il s'agit ici d'aborder par la question de la « Régulation monétaire et de responsabilité politique pour un ordre économique économe, car depuis plus de vingt ans, les États déréglementent, privatisent et libéralisent leurs économies ; Simultanément, ils transfèrent des compétences aux organisations internationales, donnent leur indépendance aux Banques centrales et renforcent les unions régionales » (E. Cohen, 2001[103] . Il s'agit aussi d'aborder les questions de l'Économie Politique de l'Aide Internationale ; du concept de Développement institutionnel : à ce sujet la littérature est très abondante. C'est dans la quatrième partie la thèse que nous avons chercher à enrichir le débat de la conception de l'État en tant qu'institution régulatrice.

L'ouvrage de E. Cohen pose les fondements de ce débat, car il esquisse, la carte des nouvelles instances de gouvernement planétaire en matière commerciale, financière, monétaire et économique, en décrivant les mécanismes à l'œuvre dans les grandes institutions que sont notamment, l'OMC, FMI ou BCE. Il montre clairement qu'aujourd'hui le problème n'est pas de savoir si ce sont les intégristes du marché qui ont raison ou les adversaires antimondialistes, mais comment les architectes du nouvel ordre économique vont pouvoir bâtir un monde plus efficace, plus juste, plus légitime. Ce concept de l'ordre économique mondiale que nous avons appelé « ordre économique économe », inclut toutes questions à débattre au cours de nos recherches futures.

Jacques Sapir apporte un éclairage à ces questions dans ces ouvrages récents : ainsi, dans son ouvrage : « *Quelle économie pour le XXIe siècle,* 2005), l'auteur conclut que la liberté des agents économiques est inconcevables sans institutions régulatrices.

En se référant à l'Union européenne, dans son ouvrage : « *La fin de l'euro libéralisme,* 2006, seuil », Sapir démontre tous les non-sens économiques sur lesquels repose le discours eurolibéral dominant. Il explique comment la science économique réduit à néant le culte de concurrence » libre et non faussée « sur lequel repose la construction européenne depuis vingt ans.

On peut encore ajouter selon Hugon, « le capitalisme financier tend à donner un pouvoir dominant aux actionnaires institutionnels et il se traduit par une exubérance irrationnelle des marchés financiers. La mondialisation conduit à une accentuation de la concurrence entre les capitaux, entre le capital et le travail, entre le travail qualifié et non qualifié et donc à une

---

l'échange, mais également la production. Cette garantie rend la libéralisation des échanges plus facile à négocier. Par ailleurs, un système de change fixe soutient la crédibilité des politiques anti-inflationnistes. En effet, a perte d'indépendance a pour corollaire des contraintes supplémentaires sur les politiques discrétionnaires des gouvernements. »1-M. SI- ROEN, 2004.

[103] E. Cohen (2001), « Régulation monétaire et responsabilité politique », dans » l'ordre économique mondiale, éssai sur les autorités de régulation », Fayard, 2001.

accentuation des disparités et des inégalités entre pays et à l'intérieur des pays. La monnaie, expression de la souveraineté nationale, a pouvoir légal dans un espace national, voire régional dans le cas européen, tout en étant validé socialement dans des espaces infra ou supra-nationaux. Certains espaces bénéficient fortement de la mondialisation alors que d'autres espaces sont pris dans un processus de marginalisation » (Hugon, 2007).

Voici ainsi brossé le contexte dans lequel cette approche de **l'Économie Politique Économe de l'État** sera abordée dans nos recherches futures qui permettront certainement d'enrichir par d'autres approches ce débat dans le cas de l'Union Africaine.

C'est pourquoi comme le stipule Hugon : « il n'existe aujourd'hui dans un monde à la fois un et pluriel que des situations ambiguës, que des pratiques contradictoires et des référents pluriels. Les relations sociales ne peuvent être analysées que dans une relation dialectique d'extériorité et d'intériorité. Le monde se traduit par des asymétries spatiales et des dynamiques inégalitaires croissantes qui interdisent de penser l'uniformisation. Une approche institutionnelle incorporant l'histoire doit étudier les conflits, les luttes, les contre-pouvoirs et voir comment, dans un contexte donné, il y a pluralité des institutions et domination de certaines. La question du développement est celle du sens que les hommes donnent aux histoires qu'ils subissent ou qu'ils construisent. » (Hugon, 2007).

On peut aussi ajouter que : l'Afrique en général et la zone franc arrimée à la zone euro en particulier sont à la recherche du régionalisme institutionnel selon le terme utilisé par HUGON (2002) dans un contexte marqué par la mondialisation et/ou globalisation. Une nouvelle phase historique de !"Afrique s'ouvre alors. Comme le prouve Joseph. E. STIGLITZ : « l'économie mondiale a connu de bonnes années. La croissance a été forte, le fossé entre pays développés et pays en développement s'est rétréci, avec une forte croissance en Inde et en Chine. Même l'Afrique ne s'en est pas si mal sortie, avec une croissance de plus de 5 % en 2006 et 2007. Mais cette période faste touche peut-être à sa fin. » (J. E. STIGLITZ, 2008, Les ÉCHOS N-20082, janvier 2008).

La référence à J. E. STIGLITZ, un des tenants de la nouvelle économie institutionnelle (N. E. I) issu du courant néo-keynésien ne doit pas être considérée ici comme étant le vrai fondateur de la théorie monétaire où l'auteur prône l'interventionnisme Étatique (le cas de l'Asie de Sud-Est est fort significatif, car l'intervention de l'État dans la régulation marchande est nécessaire). Il ne contredit pas le rôle de la monnaie considérée comme une institution. Par institution on entend « l'ensemble des règles et normes de fonctionnement aussi que les organisations comme la famille ou le marché ». Le plus important pour ce courant institutionnaliste est de comprendre la formation des institutions dans le comportement rationnel des agents économiques. Les travaux les plus représentatifs de ce courant sont ceux de J. E. STIGLITZ (1985, 1986, 1988, 2005). Mais comme nous l'avons évoqué, la NEI dans le champ d'économie du développement éprouve des difficultés à expliquer des institutions (formation et renouvellement). Ce courant se rapproche du courant conventionnaliste français qui cherche à dépasser la théorie standard et la théorie standard élargie et construire une nouvelle conception de la socialisation des agents en prenant en considération les institutions et les conventions (O. F AVEREAU, 1995). Influencée par le Keynésiannisme, l'approche structuraliste défend plutôt l'idée d'une intervention de l'État dans la régulation économique et dans la correction des imperfections du marché.

La prise en compte des dimensions comparatives du développement d'une part et la mise en exergue des analyses rétrospective et prospective du développement s'inscrivent dans cette vision. Ainsi les arguments avancés dans ce travail de recherche donnent des réponses qui se reconnaissent à travers les questions ainsi énumérées :

- Les fondements de la Zone franc issus de ses composantes institutionnelles sont-ils porteurs d'effets de domination ou d'effets d'intégration ?
- La Zone franc et La Zone Euro sont-elles des Zones monétaires optimales au sens de Mundell ?
- L'intégration économique et monétaire a-t-elle permis ou entravé le processus du développement en Zone franc Africaine avant et après la dévaluation du FCFA ?
- Quel est l'intérêt de l'impôt et de la politique fiscale dans le développement et dans la problématique des zones monétaires optimales en Zone franc Africaine ?
- Quels sont les vertus négligées d'une monnaie unique et/ou commune ? (Cf. Claude GNOS).
- Quels sont les apports de la théorie économique et monétaire dans le débat sur la création mo- nétaire en Zone franc Africaine à l'heure de l'Euro ?
- Quelles sont les apports des théories institutionnelles du développement dans les économies membres des unions monétaires actuelles (la prise en compte de l'approche institutionnelle) ?
- La prise en compte de nouvelles approches inflationnistes dans le débat de la constitution d'une zone monétaire plus intégrée en zone franc (et *lou* hors zone franc) et en zone euro et hors zone euro est - elle utile ?
- Le recours à d'autres approches d'accumulation et de régulation économique et monétaire favoriserait-il (dans un contexte de conflits, de crises et de la mondialisation), l'intégration entre zones monétaires ?

C'est donc à toutes ces questions que la thèse a essayé de répondre. Sans l'introduction des dimensions économiques, anthropologiques, sociologiques, historiques, politiques, philosophiques, structurels, environnementaux, dans l'étude, nos recherches auraient pu souffrir d'une carence majeure.

En résumé notre étude a consisté d'analyser en rapport avec les crises économiques la dynamique de l'intégration en Zone franc à l'heure de l'euro en mobilisant plusieurs objets repérés dans la littérature économique et monétaire.

La thèse fait dans une démarche comparative pluridisciplinaire, l'évaluation et l'approfondissement des politiques économique et monétaire des périodes pré et post-dévaluation du FCFA ; ensuite depuis l'arrimage de ce dernier à l'euro (approches théoriques et empiriques). Elle expose, analyse et compare les dynamiques (du temps court et temps long) d'intégration en zone franc à l'heure de l'euro et propose les nouvelles régulations économiques et monétaires comme approches de développement institutionnel. En effet, la recherche d'une approche économique et monétaire plus intégré en Zone franc à l'heure de l'euro, nous a permis d'étudier en premier lieu la problématique de la Zone franc à travers son histoire institutionnelle en recourant à la théorie des Zones Monétaires Optimales depuis les travaux théoriques de R. Mundell et des travaux récents. S'inscrivant dans une perspective rétrospective du développement, cette étude nous a permis d'aborder l'exemple de dévaluation d'une monnaie unique et/ou commune (le cas du FCFA). Ainsi cette dévaluation a créé une dynamique d'intégration en soldant l'incapacité de la zone franc à réaliser un développement durable : d'où la nécessité des réformes (Première Partie).

Dans la deuxième Partie, consacrée à une étude prospective du développement, nous avons examiné les conditions de la constitution d'une zone monétaire plus intégrée en Zone franc Africaine (ZFA), notamment l'approche par l'intégration fiscale dans les PED. L'évaluation des réformes fiscalo-douanières (RFD) dans les cas de la CEMAC (au Cameroun) et de l'UEMOA (cas de la Côte d'Ivoire) est ainsi analysée. L'un de nos apports est l'introduction des dimensions sociologique et anthropologique de la fiscalité en prenant le cas de la protection sociale fiscalisée en Angleterre (la loi des pauvres « poor laws » en Angleterre du XVIIIe et XIXe siècle), comme première forme de protection sociale fiscalisée d'une part et les apports des post-keynésiens sur le rôle de l'impôt et de la politique fiscale dans une économie nationale et/ou supranationale de production comme outils conceptuels d'autre part.

La troisième partie est consacrée à la fois à une étude rétrospective et prospective du développement, présente les dynamiques d'intégration économique et sociale qui s'imposent en Zone franc Africaine. Nous recherchons une approche internationale de l'intégration entre la zone franc et la zone euro pour le développement de la politique économique et monétaire internationale. Cette partie s'est proposé de définir la nouvelle zone franc Africaine (NZFA), depuis l'arrimage du FCFA à l'euro, étudie les différents scénarios qui se présentent dans cette zone (et en Afrique) dans la théorie économique. Cette partie a présenté en rapport avec les crises monétaires internationales, les dimensions économiques de l'intégration européenne et a analysé les différentes fonctions d'une monnaie internationale (approche de Henri Bourguinat) et l'approche de la monnaie supranationale (approche de Bernard Schmitt) qui en découlent. L'étude montre que la recherche d'une approche comparative en zone franc à l'heure de l'euro est fondée sur la création d'une monnaie unique spécifique et d'une zone monétaire en Afrique ; celle-ci bien que difficile à réaliser nécessite certes, une libéralisation complète à long terme des économies africaines bien que l'outil de change s'inscrit dans le court terme, mais aussi la nécessité du régionalisme institutionnel (et donc d'une régulation institutionnelle).

Enfin la quatrième partie, prend en compte les Partenariats Public-Privé (PPP) ; les dimensions institutionnelles, sociales, structurelles, anthropologique, juridique, philosophiques comme nouvelles régulations macro-économiques et micro-économiques en zone franc à [' heure de l'euro. La thèse propose en même temps le renouvellement des stratégies du développement du post-ajustement où l'apport des post-keynésiens est fort intéressant, et opte pour une nouvelle économie institutionnelle et le rôle de la bonne gouvernance[104]où le rôle de l'État est nécessaire. La monnaie comme institution devient alors un instrument d'unification des territoires. Ainsi nous montrons que les réalisations des initiatives intégrationnistes tant en Zone euro, en Afrique, en Amérique Latine, en Asie, au Maghreb ne peuvent se faire sans la prise en compte de la question de l'inflation qui mobilise des réactions émotionnelles : telle est l'Économie politique de l'Intégration (EPI) en zone franc à l'heure de l'euro.

Cette partie de la thèse montre également que plusieurs fronts théoriques se présentent dans l'analyse des problèmes de développement et suggère que les transitions institutionnelles sont plurielles et permettent d'opposer les processus évolutifs des processus involutifs. L'institutionnalisme devient aujourd'hui le paradigme le mieux partagé en économie du développement comme en économie de manière générale et la plupart des travaux aujourd'hui convergent.

Globalement, il est entendu par gouvernance « mode de gouvernement ou de gestion », selon le contexte on parle de notion de corporate governance

---

[104] La conception de la bonne gouvernance diffère selon les approches de la Banque Mondiale, du PNUD. En effet l'émergence du paradigme institutionnel chez les bailleurs de fonds peut se lire à travers la montée en puissance du concept de gouvernance, concept qui a connu un succès extraordinaire dans les études sur le développement à partir des années 1990.

(mode de gestion entrepreneurial) ; de Global gouvernance (mécanismes de régulation globaux) ; de Good governance (concept de la Banque Mondiale se référant à un un ensemble de mécanismes régulatoires sociétaux dits » optimaux ») ; de Démocratie gouvernance selon le PNUD (mode de gestion démocratique de l'action collectivité) ; de concept de creative governance (modes de régulation sociale innovants).

« Le concept de gouvernance a d'abord été utilisé au sein des agences d'aide, pour être ensuite examiné par le monde académique intéressé par le développement. La gouvernance est un concept qui est apparu au moment où les institutions financières ont admis l'insuffisance des outils macroécomiques dans la mise en œuvre des réformes, de même que les approches purement quantitatives » (Cf . Sindzingre, A, « Le concept de gouvernance : éléments d'économie politique » in HCCT, 2001. Les non-dits de la bonne gouvernance. Pour un débat politique sur la pauvreté et gouvernance, Karthala, Paris, 266P.

Selon le CAD (Comité d'aide au Développement de l'OCDE » Un processus de développement durable, fondé sur la participation et davantage axé sur l'être humain doit répondre à des objectifs beaucoup plus nombreux, à savoir : renforcer les capacités humaines et institutionnelles des Nations afin de leur permettre de relever leurs propres défis ; accélérer la transformation des institutions et l'évolution des politiques afin d'aider les PED et les économies en transition à devenir des partenaires de plus en plus importants dans les relations d'échange et d'investissement à l'échelle mondiale » (IDID, Le rôle de la coopération pour le développement à l'aube du XXIe siècle (1996).

Selon l'approche des Nations-UNIES : La gouvernance démocratique : Le PNUD a lui-même suivi le virage institutionnel par la Banque Mondiale à la fin des années 80. Le PNUD a globalement souligné l'importance de l'État et des structures institutionnelles dans le développement économique marchand dans les années 90. À la différence de la Banque Mondiale, le PNUD préféra quant à lui le concept de gouvernement démocratique (UNDP, Bureau of Development Policy, 2001, Management Dévelopment and Governance Division). Cette vision du PNUD converge avec celle de la Banque Mondiale qui préfère le terme de bonne gouvernance.

En gros cette thèse offre un cadre théorique accordant une grande importance aux outils présentés par différents travaux hétérodoxes (d'inspiration keynésienne, marxiste, régulationniste, conventionnaliste, évolutionniste, etc...) qui permettent d'expliquer et comprendre le fonctionnement de nos économies monétaires dans le cadre institutionnel actuel.

À ce sujet les post-keynésiens et circuitistes fournissent des arguments convaincants. Ce débat sera poursuivi dans nos recherches futures notamment dans nos recherches post-doctorales.

C'est pourquoi ces analyses non-orthodoxes se reconnaissent dans les travaux de Jacques Sapir, Phlippe Hugon, Bernard Schmitt, Alain Parguez, Claude Gnos.

Bibliographie générale

ACEMOGLU, D. (2004), « Le rôle des institutions dans le développement », *Finance et Développement, Problèmes économiques,* n-2848, p39-42.

AGEN OR, P. R., MURAT, E. (1995), « Exchange rate reform, inflation, and fiscal déficits », *IMF, Working Paper* WP/95/78 : 39.

AGENOR, P. R., MONTIEL, P. J. (1996), *Development Macroeconomies,* Princeton University Press, Princeton, NJ.

AGLIETTA, M. (1989), « Régimes monétaires, monnaie supranationale, monnaie commune », *colloque monnaie unique européenne et polycentrisme monétaire international.* AGLIETTA, M. (1990), « La convertibilité du rouble, fondements théoriques et conclusions pratiques », *Économie prospective Internationale,* 4e Trimestre.

AGLIETTA, M., MOUTOT, PH. (1993), « Redéployer les reformes : comment adapter la stratégie de transition 7 », in *Revue Économie Internationale CEP!!,* N-54, 2E Trimestre, Russie : l'An II de la Transition.

AGLIETTA, M., BAULANT, C. (1994), « Contrainte extérieure et compétitivité dans la transition vers l'Union économique et monétaire », *Observations et Diagnostics économiques,* n-8.

AGLIETTA, M. (l998), *La monnaie souveraine,* sous la direction de (Michel Aglietta et André Orléan), Paris Odile Jacob.

AGLIETTA, M., CARTELIER, 1 (1998), L'Ordre monétaire des économies de marché, *in la monnaie souveraine.*

AKITOBY, B. (1998), « Dévaluation, ajustement structurel et équilibre général intertemporel : Une analyse de la dévaluation du FCFA au Bénin », *Development Resaerch Group, Room MC2,* Washington.

ALLECHIM, et NIAMKEY, M. (1994), « Évaluating the net gains from the CFA franc zone membership : a different perspective », *World Development,* vol 22, n-8.

AMIN, S. (1965), « Trois expériences de Développement en Afrique : Le Mali, la Guinée, le Ghana », *Cahiers du tiers monde,* 13, Paris PUF.

AMIN, S. (1969), « Pour un aménagement du système monétaire des pays africains de la Zonefranc », *Revue française d'études politiques africaines,* n-47, mai pp 18-45, et n-54 juin 1970, pp72-73.

AMIN, S. (1973), *Le développement inéga,* Les éditions de Minuit, Paris. AMIN, S. (1978), *L'Accumulation à l'échelle mondiale,* Ed. Anthropos.

AMIN, S. (1979), *Classe et Nation. ·dans l'histoire et la crise contemporaine,* Éd de minuit., Paris l'HARMATTAN.

AMIN, S. (1996), *Les défis de la mondialisation,* L'Harmattan, Collection Forum du tiers monde.

ARAUJOBONJEAN, C., et CHAMBAS, G. (1995), « Taxe foncière, taxe à l'exportation : l'expérience Vietnamienne est -elle transposable en *Afrique ? »Tiers-Monde,* N-144, Oct-Déc.

ARAUJOBONJEAN, C. (1996), « Termes de l'échange : de la baisse tendancielle au Chaos », *Revue d'économie du Développement,* n-4.

ARAUJOBONJEAN, C., CHAMBAS, G., et FOIRRY, J. P. (1997), « Conséquences de l'ajustement des finances publiques sur l'Agriculture Marocaine et Tunusienne », *La FAO, Rome*

ARCHIN et FAURE in FAURE et MEDARD (1982), ARMATYRIA SEN

ASSELAIN, 1. (1991), « Convertibility and Economie Transformation », *European Economy.*

ASSIDON, E. (2000), *Les théories économiques du développement,* 3e édition, La Découverte. ASSIDON, E. et JACQUEMOT, P. (1988), *Exchange rate paley and adjustment in Africa : the experience of 16 countries in Afric a South of the Sahara and in the Indian ocean,* 208p, Ministère de la coopération et du développement : Documentation française distributor, Paris.

ASSIDON, E. et JACQUEMOT, P. (1989), *Politique de change et ajustement en Afrique : l'expérience de 16 pays d'Afrique subsaharienne et de l'océan indien,* Ministère de la coopération et du développement

ASSIGA, E. M. (2004a), « Détérioration des termes de l'échange des matières premières africaines : réalités ou illusion statistique » ?, *Revue Économie Appliquée* Tome LVII, N-3, Sept, p. 15.

AZAM, J. P., MORISSON, C. (1994), « La faisabilité politique de l'ajustement en Côte d'Ivoire et au Maroc, *OCDE,* Paris.

BALASSA, B. (1962), *The theory of economie,* Allen and Un Win

BALASSA, B. and STOUTJESDIJK, A. (1975), « Economie integration among developing countries », *Injournal of the Common Market Studies,* sept, pp 37-56.

BALASSA, B. (1977), « Policy reform in developing countries ; », *A/1ST. ed/Pergamon Press.* BALASSA, B. (1978), « Adjustment Policies in Developing countries, A reassessement », *world Development,* n-12.

BALASSA, B. (1979), World trade : Contraintes and opportunities in the 80's.

BANQUE AFRICAINE DE DÉVELOPPEMENT (1999), *Rapport sur le Développement : Le développement des infrastructures en Afrique,* Economica.

BANQUE DE FRANCE : ZONE FRANC, RAPPORT 1994, P52-53 BANQUE DE FRANCE (1997)

BANQUE MONDIALE (1986), « La Côte d'Ivoire en transition : de l'ajustement structurel à la croissance autonome », *Rapport principal.* Washington. 225p.

BANQUE MONDIALE (1988), « Côte d'Ivoire : La mobilisation des ressources internes en vue d'une croissance stable », *Rapport principal.*

BANQUE MONDIALE (1994), « Cameroun : diversité, croissance et réduction de la pauvreté », octobre, Yaoundé.

BANQUE MONDIALE (1995), « Ajustement en Afrique, résultat, reformes et chemin à parcourir », *Rapport de la Banque Mondiale.*

BARRO, R., et LLE, W. J. (1994), « Monetary policy and uncertainty » ; *collected papers ji-om the 1982-1984 Konstanz seminars Neuman, Manfred, J. M*

BARRO, R. (1996), « Democracy and Growth », *Journal of Economie Growth,* 1-27

BARDHAN, P. K. (1988), « Alternative Approaches to Development Economies », in H. Chenery et T. Srinivasan (editors), *Handbook of Development Economies,* Vol. I, Elsevier science publics, Amsterdam.

BARDHAN, P. K. (1988), « Woman Workings in south Asia Asian Regional Team for Employment Promotion ».

BARDHAN, P. K. (1989), « The Economie theory of agrian institutions », 408, *clearendon Press ; University Press Oxford England, New York*

BARDHAN, P. K. (1989), « Conservations between economists and anthropologists : methodological issues in measuring economie change in rural india », 288, *Oxford University Press, Delhi ; New York*

BARDHAN, P. K. (1989), « The New Institution Economies and Development theory : a Brief critical Assessment », *World Development,* Vo 1, 17, n-9.

BARDHAN, P. K. (1993), « Economies of Development and the development of economies », *Journal of Economie Perspectives,* n-2, Spring 1993.

BARRERE, A. (1979), *Déséquilibres Économiques et contre révolution Keynésienne,* Economica, Keynes : seconde lecture.

BASU, K. (1984), *The Less Developed Economy : a critique of Contemporary theory,* Basil Blackwell, Oxford.

BASU, K. (1975) In BHATIA (R. J) et BASU (A), « Présentation analytique et schématique du système monétaire de la Zone franc de coopération financière d'Afrique Centrale », *Revue tiers-monde* tome XVI, N-64, OCT-DEC PP795-804.

BASU, K. (1994), Agrarian questions, 251, *Oxford university Press, Delhi ; New york*

BATHIA, R. (1985), « The West African Monetary Union » : an *analytical review, FMI occasio- nal papers,* n-35.

BAYOUMI, T., EICHENGREEN, (1992), Shouking Aspects of European Monetary Integration, NBER, *Working Paper,* n-49.

BEAC, *Dixième anniversaire,* 1973-1983, Burovit, Paris BEAC, 1993.

BECART, A. (1992), « L'inévitable dévaluation du FCFA », *Le monde* du 13 octobre.

BECART, A. (1994), « La nouvelle Zone franc Africaine : Une question oubliée », *Revue Banque* N-550, P. 47-49, juin/juillet.

BECART, A. (1994), « La situation de la ZFA et l'éventuel rattachement du FCFA à l'ECU », *Communication au congrès de l'Association Internationale des Économistes de Langue française,* Luxembourg, 27 mai.

BECART, A. (1997), *Intégration et Développement : Bilan et perspectives de la Zone franc en Afrique,* L'HARMATTAN.

BELL, S. (200 1) « The rôle the state and the hierarchy of money », *Cambridge journal of Economies,* 25 (2), p. 149-163.

BELLOFIORE, R. and REALFONZON, R. (1997) « Finance and the labor theory of value », *International journal of economie,* 27 (2), p. 97-118.

BELLOFIORE, R. and SECCARECCIA, M. (1999), « Monetary circuit », in P. A. O'HARA *ed., Encyclopedia of Political Economy,* vol. 2, London, Routledge, p. 753-756.

BEN HAMMOUDA, H. (1993), « Développement des rapports marchands et prélèvements : une hypothèse explicative de la crise du mode d'accumulation au Burundi », *Mondes en Développement, tome* 21 ; n-82.

BEN HAMMOUDA, H. (1995), *Burundi : Histoire politique et économique d'un conflit,* L'Harmattan.

BEN HAMMOUDA, H. (1997), *Les pensées uniques en Économie,* L'Harmattan.

BEN HAMMOUDA, H. (1998), « Les théories du Développement du post-ajustement », Conseil pour le Développement de la Recherche en Sciences Sociales en Afrique, CODESRIA, Dakar, Sénégal, in *Économie Appliquée,* Tome LI, N-2, P95-121.

BEN HAMMOUDA, H., KASSE MOUSTAPHA (2001), *L'avenir de la Zone franc, perspectives Africaines,* Préface d'ABDOULIE JENNETI, Collection CODESRIA-KARTHALA.

BEN HAMMOUDA, H. (2003), *L'intégration régionale en Afrique Centrale : Bilan et perspectives,* Éditions Karthala.

BENTY, M., et OBERHORFERT, T. (1981), « Property Rigts and Economie Development », *Review of social Economy,* n-39.

BERG, D., PORTES, R. (1992), « Entreprise Debtand Economie Transformation : Financial restructuring in Central and Eastern Europe », *CEPR Discussion Paper* N-695, Juin. BERTHELEMY, J. C., DEVEZEAUX, J. G, DE LAVERGNE (1991), « L'Économie du développement : présentation générale », *Économie et prévision,* n-97, p. l.

BERTHELEMY, J. C. (1991), « Le partage du fardeau entre les créanciers de pays débiteurs défaillants », P44-55 *Organisation de Coopération et de Développement.*

BERTHELEMY, J. C., BOURGUIGNON., 1. F. (1996), « Growth and crisis in Côte d'Ivoire »

BERTHELEMY, 1. C. (2004), « Privatisation in subsaran, Africa : Where do we stand », *Organisation for Economie co-operation and development* 154, OECD, Paris.

BERTRAND, *1-P., HILLCOAT, G., Brésil et Argentine : La compétitivité agro-alimentaire en question.*

BEUNIER, R. (1996), « Effets de la dévaluation du FCFA sur la structure des échanges de la zone franc en particulier avec la France ».

BHAGWATI, 1. N. (1978), « Anatomy and consequences of Trade contrôle Regimes », *NBER, New -York.*

BHAGW ATI, 1. (1983), « Alternatives theories of statiscal Detection. The theory of commercial Policy. », in B. J. R. FEESTRA, *MIT PRESS,* I : 325-342.

BHAGWATI, 1. (1983), Alternative theories of illegal trade : Economic Consequences and sta- tistical Direction : The theory of commercial policy. B. 1, R. FEENSTRA, MIT PRESS I : 325342.

BINET, 1. (1970), *Psychologie économique africaine (éléments d'une recherche interdisciplinaire),* Paris Ed, PAYOT.

BINSWANGER, H., et ROSENZWEIG, M. (1984) (editors), *Contractual Arrangements, Employment and wages in Rural Labor Markets in Asia, New Haven,* Yale University Press

BIRDSALL in BEHRMAN, BIRDASALL, 1RE (2000, « Economie reform and wage differe (Jean-Marc SIROEN, 2004). ntials in Latin America Inter-American Development Banlo>, *Research Development.*

BLANCHARD, O. J., SACHS, 1. (1982), « Anticipations, récessions et politique économique : un modèle de déséquilibre intertemporel », *Annales de l'INSEE* 4748.

BLANCHARD, O., FISCHER, 1. S. (1989), *Lectures in macroeconomies.*

BLANCHARD, O., et al. . (1991), « Reform in EASTERN Europe, MIT Press., Lipton, *D&1,* SACHS (1990-1), Privatisation in EASTERN Europe : The case of Poland », *Brookings Papers on Economie Activity.*

BLE1ER, M., et CHEASTY, A. (1992), « How to measure the fiscal deficit », *Finance and Development.*

BLISS, C., « The design of fiscal reforms for african economies », *Nuffield College,* Oxford, England.

BLOCH-LAINE, F. (et collaborateurs) (1956)., *La Zonefranc,* PUF, Paris.

BOCCARA, B. (1994), « Why higher fiscal spending persists when a boom in primary product sends », *Policy Research Working Bank,* n-1295.

BOES, R. (1971), ln » Le plan FOUCHET et la perspective de l'Europe », *Bruges, Collège d'Eu- rope.*

BOFINGER, P. (1992), « The experience with monetary policy in an environnement with spong microeconomie distorsions », in *CEPR,* The Economie consequences of East, Londres, Nuti, MD (1993).

BONJEAN, C. (1988), *Contraintes et efficacité de la politique des prix agricoles : exemples de la Côte d'Ivoire, du Kenya et de Madagascar,* Thèse d'Université Clermont 1.

BOUGRINE, H. (2000), « Fiscal policy and the current crisis : are budget deficits a cause, a consequence or a remedy ? », in BOUGRINE, H ed., *The Economies of Public Spending : Debts, Deficits and Economies Performance,* CHELTENHAM, EDWARD, ELGAR, P. 6-29.

BOUGRINE, H., SECCARECCIA, M. (2003), « Le rôle des impôts dans l'économie nationale », in PIEGAY, P. et ROCHON, P., *Les théories monétaires post-Keynesienne,* Economica, p. 163- 176.

BOURGUIGNON, F., DE MELO, J., BRANSON (1989), « Macro-économie Adjustment and Income Distribution : a Macro-micro-simulation Model », *Centre de développement de l'OCDE, Technical Pape r,* n-1, Paris.

BOURGUIGNON, F., DE MELO, J. MORISSON, C. (eds) (1991), « Adjustment with Growh and Equity », *World Development, Special* issue, vol. 19, 11, 1483-1651.

BOURGUIGNON, F., MORISSON, C. (1991), « Extemal trade and income distribution », Paris *OCDE.*

BOURGUIGNON, F., de MELO, J., SUWA-EISENMANN, A. (1995), « Dévaluation et compétitivité en Côte d'Ivoire », *Revue Économique* 46 (1).

BOURGUIGNON, F., VERDIER, T. (2000a), « Ouverture et Développement : considérations ' économie politique », *Document* n-2000-23, *DELTA, CNRS, BANQUE MONDIALE.*

BOURGUIGNON, F., et VERDIER, T. (2000b), « Oligarchy, Democraty, inequality and Growth », *Journal of Development,* 62, 285-313.

BOURGUIGNON, F., WOLFONSOHN, 1. (2004), « Développement et réduction de la pauvreté. Revoir le passé, penser l'avenir », *Banque Mondiale.*

BOURGUINAT, H. (1992), « Maastricht et la théorie des Zones monétaires optimales », *Finance Internationale,* PUF., Themis.

BOURGUINAT, H. (2004), « Euro et gouvernance économique », *Cahier ftançais* N-319, Mars- avril, Documentation française.

BOYER, M., XAMBER, T-G., DELPAGE, G., et GILLARD, L. (1986), *« Monnaie privée et pouvoir des princes »,* Paris, Éditions du CNRS, Press de la Fondation nationale des sciences politiques, P. 92.

BOYER, R., SAILLARD, Y. (eds) (1995), *Théorie de la régulation . État des savoirs,* Paris la Découverte 143P.

BRAND ER, J. A. (1981), « lntra-Industry in Identical commodities », *JOURNAL OF INTERNATIONAL ECONOMICS,* N-11.

BRANDER, J., SPENSER, B. (1985), « Export subsidies and international markets share rivalry », *Journal of International Economies,* n-18.

BRASSEUL (1962), « Under Floating Exchange Rates », ! *MF Staff Papers* 9 (Novembre), pp 369-379.

BRASSEUIL, J., et ENGELHARD, P. (1985), « Intégration monétaire et développement économique in distress », *Policy reforms and the World Bank,* Vinod Thomas and al.

BRASSEUL, J., et ENGELHARD, P. (1985), « Intégration monétaire et développement économique : le cas de la zone franc », in *Mondes en développement,* Tome 23, n-52.

CAMPELL, J. Y., MANKIV, N. G. (1987), « Are output fluctuations transitory ? », *Quaterly journal of Economies,* vol c II, 4 november, p. 857-880.

CARLUER, F. (2005), « Mise en évidence des déterminants macro-économiques et géographiques ».

CHAÎNEAU, A. (1970), *Mécanismes et politiques monétaires,* Paris, PUF, P. 34.

CHAÎNEAU, A. (1985), « Revue des livres », *Revue d'économie politique,* Janvier-Février, PP. 109-110.

CHAÎNEAU, A. (1992), *Mannuel de macroéconomie élémentaire,* Paris, A. Colin, p. 209.

CHAMBAS, G. (1994), *Fiscalité et développement en Afrique subsaharienne,* Economica, Ministère de la coopération.

CHAMBAS, G. et ARAUJOBONJEAN, C., *Les conséquences néfastes de l'instabilité des recettes dans le cas de la Côte d'Ivoire.*

CHAMBAS, G. (1999), *Fiscalité, développement et mondialisation,* Sous la direction de JeanMarc Gastellu, Jean- Yves Moisseron, Guy Pourcet, Paris, Maisonneuve $ Larose, Paris.

CHAMLEY, C., HONOHAN, P. (1990), « Taxation on financial intermediation », *World Bank WPS,* N-421.

CHANG, H. J. (1993), « The Political Economy of Industrial Policy », *St-Martin's Press, NewYork.*

CHARLES, E., LURE, J. R. (1992), « lncomes tax reform in colombia and Venezuela : a Comparative history », *The Hoover institution, Stanford, World Development ;* Vol . 20.

CHAVENCE, B. (2007), *Les grandes familles institutionnelles en économie,* La Découverte, Paris.

CHIAN, N. C, ENOH, C., and al. (1991), « lmproving the macroeconomie data base, a SAM for Côte- d'Ivoire, 1986 », *Mimeo World Bank.*

CHIAN, N. C., WHABA, S. and WHALLEY, J. (1992), « Assessing poverty-reducing targeting programs, a general equilibrium approach », *Technical note, World Bank.*

CHITOU, IBRAHIM (1991), La privatisation des entreprises du secteur moderne en Afrique Subsaharienne : Bénin, Côte d'Ivoire, Sénégal, Togo, *Thèse de Doctorat Sc-eco, Paris Sorbonne.*

CHOUDHRY, N. (1991), « Collection lags, fiscal revenu and inflationary financing : Emprical evidence and analysis » ! *MF WORKING PAPER,* N-91141.

CLARETE, R. et DIOKNO, B., « Relative marginal tax collection costs of border and domestictaxes : case of Philippines », *preliminary draft, IDRC.*

CLERC, J-M. (2004), « La nature de la monnaie : une approche métrique », in *Revue Économie Appliquée* Tome LVII, N-2, Juin, P. 43.

COASE, R. H, in WILLIAMSON, O. E., « Winter, Sidney G ; COASE, R. H. 235 » , *Oxford Univsersity Press,* New York.

COCHET, H. (1996), « Burundi : La Paysannerie dans la Tourmente. Éléments d'analyse sur les origines du conflit politico-etnique », *Fondation Charles Léopold Mayer pour le Progrès de l'Homme,* Paris.

COHEN, D. (1989), « Monetary and Fiscal Policy in an open Economy With or Without Policy coordination », *European Economie Review, 33,* 309-3.

COHEN, D. et WILPOSZ, C. (1989), « The European Monetary Union : An Agnostic Evaluation », in Bruyant, R., Currie, D., Frenkel, J., Masson, P. and Portes, R. (eds), *Macroeconomie policies in an Interdependent World, !MF.*

COHEN, D., MELITZ, J., OUDIZ, G. (1989), « Système monétaire européen et coordination des politiques économiques », *Colloque monnaie unique européenne et Polycentrisme monétaire international.*

COHEN, *E. (2001), Régulation monétaire et responsabilité politique dans l'ordre économique mondiale : essai sur les autorités de régulation,* Fayard.

COGNEAU, D., RAZAFINDRAKOTO, T. (1996), « Le secteur informel urbain et l'ajustement budgétaire au Cameroun », *Revue d'Économie du Développement.* COGNEAU, D., DUMONT, J. C., P. 1220 (1996), « Intégration régionale, investissement directs et migration dans l'espace euro-méditeranneen d'un modèle d'équilibre général calculable », Paris, *OCDE, DEE LSAIELSAIMI (96),* 30, 32P.

COGNEAU, D., HERRARA, J., ROUBAUD, F. (1996), « La dévaluation du FCFA au Cameroun, bilan et perspectives », *Économies et Sociétés, Coll. « Relation Économiques Internationales »,* 1, 169-205.

COGNEAU, D., TAPINOS, G. (1995), « Libre échange, répartition du revenu, et migrations au Maroc », *Revue d'Économie du Développement n-1.*

COGNEAU, D. (1999), *Les réformes fiscalo-douanières sur la répartition des revenus, in fiscalité, développement de mondialisation,* Maisonneuve & larose.

COQUET, B., et DANIEL, J. M. (1992), « Quel avenir pour la zone *franc ? », Observation et Diagnostic Économiques,* n-41.

COQUET, B, et DANIEL, J. M. (1993), « Quel avenir pour la zone franc ? », *Lettre de L'OFCE,* N-41.

COLIN, R. (1988), « La zone franc, survivance du pacte colonial ou jalon vers l'Eurafrique ? », *OFCE* interne.

COLLANGE, G., et PLANE, P (1994), « La dévaluation des Francs CFA : Le cas de la Côte d'Ivoire », *Économie Internationale,* n-58, 2e Trimestre, P3-25.

COMM ONS, J. R (1994), *Controversies in post- keynesian economies,* Davidson, Paul/Reprinted, E. Elgar.

COMMONS, J. R. (1994), *Post-keynesian macroeconomie theory : a fondation for successful economie policiesfor the twenty first century,* Davison Paul, E. Elgar.

COMELLIAU, C. (1985), « Les propositions de transferts massifs de ressources du Nord vers le Sud » in *Économie du Développement, Recherches économiques et sociales,* n-11-12, 1984, p95- 120.

COMELLIAU, C. (1997), Les défis de la mondialisation, *ADA, IUED-Genève.* COMELLIAU, C. (2000), *Les impasses de la modernité : critique de la marchandisation du monde,* Seuil, Paris, 260p.

COMMUNIQUÉ FINAL DE LA CONFERENCE DES CHEFS D'ÉTATS ET DE GOUVERNEMENTS DES SIX (1969, 1998).

COMMUNIQUE FINAL DE LA CONFRENCE DES CHEFS D'ÉTATS ET DE GOUVERNEMENTS DES SIX (1998), IN » L'UNION POLITIQUE DE L'EUROPE, JALONS ET TEXTES », PARIS *LA DOCUMENTATIONS FRANÇAISE.*

CONTAMIN, B., FAURE, M. (1988), *La bataille des entreprises publiques en Côte d'Ivoire, L'Histoire d'un ajustement interne,* Karthala-ORSTOM.

CONTAMIN, B. & FAURE, M (1988), « Les interventions économiques de l'État en Afrique », in *les Afriques Francophones depuis les indépendance,* Oxford *Colloque.*

CONTAMIN, B. (1999), *La libéralisation douanière de la Côte d'Ivoire, infiscalité, développement et mondialisation,* éditions Maisonneuve & Larose.

CONNOLLY, M., et TAYLOR, D. (1976), « Testing the monetary approach to devaluation in developing countries », *Journal of political Economy,* n-4.

CONNOLL Y, M (1982), « The choice of an optimal currency Peg for a small, open country », *Journal a, [international money andfinance,* pp153-164.

CONNOLY, M. (1992), « The choice of an optimal currency Peg for a small, open country », *Journal of international monery and finance,* pp 153-164.

CONSEIL DE L'UNION EUROPÉENNE DU 23 NOVEMBRE 1998.

CONSEIL CONSTITUTIONNEL (1992), Décision N-92-308, De, 9 avril 1992. Traité sur l'Union européenne (Maastrichtl), rec. cc, 55, JORF, 11 Avril.

CONSEIL CONSTITUTIONNEL (1992), Décision N-92-312 De, 2 Septembre. Traité sur l'Union européenne (Masstricht 11), rec. cc, 76, JORF, 3Septembre ; Décision N-92-313 De, 23 Septembre.

CORDEN, W. (1990), « Exchange rate policy in developing countries », *Working papers,* pp412. CONVENTION BEAC.

CONSTANTIN& COULAN (1979), « Entreprises publiques et changement politique au Mali », in *Les Entreprises publiques en Afrique Noire,* Bordeaux, CEAN, Paris Pedome.

CROSET, Y. et BELLE TANTE, B. (1990), *L'Europe monétaire et financière,* Paris, Ellipses, Tome 1, P. llO.

D'ALMEIDA TOPOR, H., LAKTOUM, M. (1994), *L'Europe et l'Afrique : un siècle d'échanges économiques,* Armand Colin.

DAVIDSON, P. (1972), *Monetary and the red world,* Macmillan, London.

DAVIDSON, P. (1983), « Rational expectations : a fallacion Fondation for studing crucial decesion marking processes », *journal of Post-keynesian Economies, Winter.*

DAVIDSON, P. (2003), *Quels sont les éléments essentiels de la théorie monétaire post-keynesienne ?* in PIEGAY, P., ROCHON, L-P, dir, *Théories monétaires post-keynésiennes,* Economica, Paris, p. 19-40.

DAVIDSON, P. (2003), *Privatisation and the crisis of agricultural extension, the case of Pakistan Ashgate.*

DE BOISSIEU, C., CACHIN, A., ENCONTRE, ., *L'intégration monétaire : l'exemple de la Zone franc,* in MICHALET, A (sous la Direction de), PP109-138.

DE BOISSIEU, C. (1983), In *La Réforme de la Zone franc. ·Les solutions de réformes*

DE BOISSIEU, C. (1984), *Principes de Politique économique,* Economica, Paris (3e Ed).

DE BOISSIEU, C. (1992), In *Revue Économies et Société,* T. 26, N-912, SERIE ECONOMIE MONETAIRE.

DE BOISSIEU, C., COHEN, D., DE PONTBRIAND, G. (1993), « Gérer la dette interentreprises », *Économie internationale, La Revue du CEPII,* n-54, 2e Trimestre, p. l 05-120 DE LA GENIERE (1978), « Monnaie et contre-monnaie », Revue Banque, Janvier, P. 16

DE MELO, J. D., HOLST, R., HADAD, M. (1993), « Fraude et réforme de la fiscalité dans une économie à faible revenu : analyse à travers un modèle CGE appliqué à Madagascar », *Revue d'économie du Développement,* voll, P. 41-68.

DÉCLARATION DU GOUVERNEUR DE LA BEAC, JANVIER 2004.

DÉCLARATION SOLONNELLE (1983) de STUTTGANT sur l'Union européenne Bul, CE, N-6/83, Pt 1. 61)

DENYSYUK, V. (2005), « Un partenariat entre l'Union et les NEIO : Transition en vue de l'intégration ou intégration pour la transition ? », *Revue du Marché Commun et de L'Union européenne,* N-487 avril.

DE ROUGEMONT, D. (1961), in *Écrits sur l'Europe,* Paris, Payots.

DE ROUGEMONT, D. (1994), *Écrits sur l'Europe,* VoU, Paris Édition de la Différence. DEVERAJAN, S., et SUSSANGKARN, C. (1991), « Effective rates of protection When domestic and foreign goods are imperfect substitutes : The case of Thîland », *The review of economies and statistics.*

DEVERAJAN, S., et RODRIK, D. (1990), « Pro-Competitive effects of trade reform : results from a CGE madel ofCameroon », *European Economie Revie,* North Rolland.

DEVERAJAN, S., et DE MELO, J. (1990), « Membership in the CFA Zone », *Workings Papers,* n-482.

DEVEY, M. (1996), « Bilan des privatisations en Afrique : l'exemple de la Zone franc »,

Marchés tropicaux, n-1912, Septembre.

DIARRA, M. (1972), *Les États africains et la garantie monétaire de la France.* NEA, Dakar DIATKINE, S. (1995), *Théories et Politiques monétaires,* A. Collin, Paris.

DONGOTOU, TH & INGOUACKA SERGE (1991), LeSME, *Mémoire, Université Marien NGOUABI,* Brazzaville .

DONGOTOU, TH. (1997), *Les privatisations des entreprises publiques en Afrique Subsaharienne à l'heure de l'ajustement structurel. ·deux expériences de désengagement de l'État, Le Congo et La Côte d'Ivoire, Mémoire* de DEA EHESS-Paris, Sous la Direction dè COMELLIAU, C, Prof IUED-Genève Suisse.

DONGOTOU, TH. (1993), *La Zone devant les perspectives de l'UME,* Mémoire Sous la direc- tion de C. GNOS, Dijon.

DONGOTOU, TH. (2005), « Arbitrage Financier en Zone franc », Documents, EHESS. DOROODIAN, K. (1993), « Macroeconomies Performance and Adjustment under Poicies Commonly Supported by the International Monetary Fund », *Economies Development and Cultural Change* 41, Juillet, p. 849-864.

DOSTALER, G. (1998), « La théorie post-Keynésienne, la théorie Générale et Kaleski », in Maurisson, P., dir, La « Théorie Générale » de JOHN MAYNARD KEYNES : Un Cinquantenaire », *Cahiers d'économie Politique,* n-14-15, L'HARMATTAN, Paris, P. 123-142. DOUANES FRANÇAISES. (Documents)

DUMONT, R. (1965), *« Le Développement agricole africain »,* (Études tiers monde), Paris PUF DUMONT, R. (1993), *Un monde intolérable, le libéralisme en question,* Ed Seuil. DURUFLE (1988), *L'Ajustement en Afrique,* Paris Karthala, 205p, p. 7

EASTEL Y, W., et SCHMIDT-HEBBEL, K. (1992), « Fiscal deficit and macroeconomie performance in developing countries », *CECMG, The World Bank.*

EDWARDS, S. (1986), « Are Devaluations Contractionary ? », *Review of Economies and sta- tistics* 68, p. 501-508.

EDWARDS, S. (1989), « Disequilibrum and structural adjustment », dans H. B. CHENERY et T. N. SRINIV ARAD (ed), *Hans book of Development Economies,* Amsterdam, North Rolland. EHLERMANN, C. D. (1994),

« Le processus de libéralisation d'activités économiques et de la privatisation d'entreprises face au droit de la concurrence », 16e congrès de la F. I. D. E, Octobre, Rome in *Revue du Marché unique européen,* Mars. EICHENENGREEN, B. (1990), « One money for Europe ? Lessons from the US Currency Union », *Economie Policy* 10, P. 117-188.

EICHENEGREEN, B. (1994), « The optimum Currency Diliemma », *International monetary arrangements for the 21 st Century-Integrating national economies,* The Brookings Institution, P79-94.

ELIAS, N. (1991), *La société des individus,* Paris Fayard, P. 97. EMERSON, M., et HUME, C. (1991), *L'écu, Paris,* Economica.

ENOH, C., KOFFI, E., « Tax Reform : Stabilization and structural Adjustment », *Macmillan.*

ENOH, C. (1999), *Problématique des zones monétaires : questions monétaire et budgétaires en zone franc : application à la Côte d'Ivoire,* Thèse de Doctorat, Sciences-Économiques, EHESS. Sous la direction de BOURGUIGNON, F.

ESSOMBE EDIMO, J-R., NYA BONABEBEY (1995), « Quel avenir pour l'Afrique » ?, *Financement et Développement,* SILEX/Nouvelles du SUD.

FAVEREAU, 0. (1988), « Probability and Uncertainty : After All, Keynes, Was *Right », Economies et Sociétés,* Tome XXII, N-10, P. 133-167.

FAVEREAU, 0. (1995), *L'Afrique des incertitudes,* PUF.

FAVEREAU, 0. (1995), « Développement et économie des conventions », in PH. HUGON ; G. POURCET et S. QUIERS-VALETTE (Sous la direction), *L'Afrique des incertitudes,* IEDES/PUF, Paris.

FAVEREAU, 0. (2001), *Théorie des conventions,* Economica.

FEENY, D. (1979), « Competing Hypothesis of Underdevelopment : a thai case study », *The journal of Economie History,* n-39.

FLANDERS, J. et HELPMAN, E. (1979), « An optimal exchange rate peg in a World of generalfloating », *Review of economie studies,* Vol 46, n-144.

FLEMING, 1. (1971), « On Exchange Rate Unification », *Économie Journal* Vol 81, pp 467- 468.

FLEMING, J. MARCUS (1962), In « Domestic Financial Policies Under Fixed and Under Floating Exchange Rates », ! *MF Staff Papers* 9 (Novembre 1962) : pp 369-379, FM I : *Perspectives économique et mondiale,* 1994.

FONTAINE, J. M. (1993), « Demande et investissement dans le processus d'ajustement », *Tiers-Monde,* Tome XXXLV, N-135, Juillet-Septembre.

FONTAINE, J. M., JACMART, M. C. (1993), « La réhabilitation de la demande. Points de repères et analyses appliquées », *Tiers-mondes* Tome XXXIV, N-135, Juillet -septembre.

FOWLER, A. (1996), *Institutional Development and NGOS in Africa. Policy perspectives for European Development Agences,* Intrac, Oxford, ip.

FRANKEL, J., RAZIN, A. (1989), « Fiscal policies and the World economicy », *The MIT Press.*

FRANKEL, J. A., et ROSE, A. K (1996), « The Endogeneity ofthe optimum currency Areas, Criteria », *CEPR Discussion Paper* n-1473.

FRANKEL, J. A., ROSE, A. K. (1998), *« The Endogeneity of optimum Currency Area criteria », The Economie Journal,* vol. l08, 449, July, p 1009-25.

FRANKEL, J. A. (1999), « No single Currency Regime is Right for Ali coubtries or al Times », *NBER Working Paper,* 7338, September.

FREESTRA (1987), « <ncentive compatible Trade Policies, Scandinavian », *Journal of Economies,* 89 (3), 373-387.

FROOT, K., et ROGOFF, K, « The EMS, The EMU, and the transition to a common Currency », *NBER Macroeconomies Annuals,* P. 269-316.

FROOT, K et ROGOFF, K (1995), « Perspectives on **PPP** and Long-Run Real Exchange Rates », inGrossman, G. M., et ROGOFF, K (eds) : Handbook of international Economies, Vol3. Amsterdam, Elsevier, pp1647-1688.

GABAIX, X. (1999), « Technical progress Leading to social regress and the losses on trade », *Mimeo, Harvard University,* Cambridge, USA.

GARBOUA, V, L., et WEYMULLER, B. (1979), Macro-économie contemporaine, Paris, Economica., P. 134.

GASTELLU, J-M., MOISSERON, J-Y., POURCET, G. (1999), *Fiscalité, développement et mondialisation,* Maisonneuve & Larose (DIAL) ORSTOM.

GEFFORY, J. B (1993), *Les grands problèmes fisc aux contemporains,* Paris, PUF. GELEDAN, A., *« Bilan économique et social du monde,* 1973-1986 », Édition Le Monde. GERARDIN, H. (1986), « Intégration monétaire et création de monnaie : le cas de la Zone franc », *Économies et Sociétés, cahiers de L'ISMEA,* Série F, N-30, Fev, PP95-133. GERARDIN, H. (1989), *La Zone franc. Histoire et Institutions,* Tome **1,** L'Harmattan, Paris GERARDIN, H. (1994), *La Zone franc : La dynamique de l'intégration Monétàire et ses contraintes,* Paris, L'HARMATTAN Tome 2.

GERARDIN, H. (1997), *Intégration et Développement : Bilan et perspectives de la Zone franc en Afrique.*

GHAHOUI SIMONIN, P. (2000), *Thèse se Doctorat Sc-eco,* dir (GRELLET, G)

GIAVAZZI, K. et PAGANO, M. (1988), « The advantage of Fying one's hands : ENS discipline and central bank credybility » *European Review,* vol 32.

GILBERT, E. (1987), *Tiers-Monde, controverses et réalités,* Economica.

GNOS, C ; (1988), *The macroeconomie foundations of the comparative-cast principle History of Economie,* Ideas. II.

GNOS, C. (1989) IN SCHMITT, B. (1989), *L'Écu et les souverainetés nationales en Europe,* Paris, Dunod.

GNOS, C. (1989), *« L'Écu, instrument de la politique agricole commune »,* Dijon, Éditions Universitaires.

GNOS, C., *Les États-Nations européens à l'épreuve de la monnaie unique, Contribution à la dynamique de la démarche communautaire dans la construction européenne,* sous la direction de F. HERVOUET, Paris, La Documentation Française.

GNOS, C., *L'agriculture et la monnaie unique contribution au Démetier, Économie et stratégies agricoles,* Paris, Armand Colin, pp 13-51.

GNOS, C. (1992), « La Transition vers l'UEM », IN European Financial Area, *Actes du 3e Colloque international, Société d'Économie de Thessaloniqua.*

GNOS, C. (1992), « Transition vers l'UEM : Les vertus négligées de la monnaie commune », *Revue du marché commun et de l'Union européenne,* N-360, Juillet-Août., pp. 621-626.

GNOS, C. (1993), « La monnaie européenne, facteur de division ou de cohésion en Europe ? », *Actes du Colloque de l'akademia Ekonomiczna* W POZNANIER, POZNAN (Pologne).

GNOS, C. (1994), « Le seigneuriage bancaire, mythe ou réalité ? », *Revue Banque* n-550 Juillet-août, P. 44-46.

GNOS, C. (1998), *L'euro,* CAEN Édition EMS.

GNOS, C. (1998), « La théorie monétaire de Keynes : les enseignements du plan d'une union de compensation », P. 79, *Économie Appliquée* LI, N-2, Publiée avec le concours du CNRS, PUG (Press Universitaire de Grenoble).

GNOS, C. (1999), « Les pays de la Zone euro doivent-ils se préoccuper des déséquilibres de leurs balances respectifs intrazone ? » in *Revue Économie et Société, Série « Monnaie »*, ME, N- 1- 2, Septembre, PP 189-204.

GNOS, C. (2003), *Circuit Theory as an Explanation of the complex Real World,*

In ROCHON, L-P, et ROSSI ed, *modern thoeries ofmoney, The Nature and rôle ofmoney in capitalist Economies,* EDWARD ELGAR, CHELTENHAM, P. 322-338.

GODIN (1986), *Bénin 1972-1982, la logique de l'État africain,* L'Harmattan

GOLDIN, I., et al. (1993), « Trade liberalization : Global Economie implications », *OCDEWorld Bank,* 217pp.

GOLDELSTEIN, M., et al. (1993), « International capital markets, Part I : Exchange Rate Management and International capital Flows », Washigton *D. C, World Economie and Financial-surveys,* April

GOLDELSTEIN, A. (2004), « L'intégration régionale en Afrique est-elle au service du développement ? », *Problème Économique,* n-2855, 7Juillet.

GOUX, J. F. (1996), « Une explication monétaire non monétariste : la théorie post-Keynesienne », *Revuefrançaise d'Économie* Vol XI, N-3, P69-94.

GRANDCOLAS, C., SCHEIDER, J-L., SPAHN, B., et STEENLANDT, M. (1995), « République de Côte d'Ivoire : Réformes fiscales et renforcement des administrations fiscales et douanières », *FMI,* Juin 1995.

GRAZIANI, A. (1990), « The theory of the monetary circuit », *Economies et Sociétés* 24 (6), p. 7-36.
GRAZIANI, A. (1997), « The Marxist theory of money », *International Journal of Political Economy* 27 (2), p. 26-50.
GRELLET, G. (1986) *Structures et stratégies du Développement économique,* PUF. GRELLET, G. (1994), *Les Politiques économiques des pays du Sud,* PUF.
GREENAWAY, D (1987), « The New Theories of intra-industry Trade », *Bulletin of Economie Research, april.*
GRUBEL, H. (1970), « The theory of optimum currency areas », *the canadianjournal of economies,* vol 3, n-12.
GROS, D. (1993), « Mettre un terme à la désintégration monétaire dans la CEI : Une banque inter- États pour le financement des échanges », In *Revue Économie Internationale CEP!!,* N-54, 2E Trimestre Russie l'An II de transition.
GUETA, H. (2004), *Convergence au sein de la Zone MENA : Analyses théories et études empiriques.*
GUILLAUMONT, S. (1988), « Dévaluer en Afrique », *Observations et Diagnostics Économiques,* N-25.
GUILLAUMONT, P & S (1988), *Stratégies de développement comparées, Zone franc et Hors Zone franc (*sous la direction de), Economica.
GUILLAUMONT, P., et GUILLAUMONT, S. (1990), « Why and how to stabilize producer priees for export caps in developing countries », UNDP, *World Bank. Trade Expansion Program, Occasional Paper,* n-6.
GUILLAUMONT, P. (1995), « Déclin et renouveau de l'économie du développement », *Revue française d'économie,* Vol X, N-1.
GUPTA, S., et NASHASHIBI, K. (l992), « The Fiscal dimensions of adjustment », *Finance and Development.*
GYLFASON, T., SCMID, M. (1983), « Does Devaluation Cause Stagflation ? », *Canadian Journal of Economies* 16, novembre, p. 641-654.
GYLFASON, T., RADETZKI, M. (1991), « Does Devaluation Make Sense in the Least Developed Countries ? », *Economie Development and Cultural Change* 40, october, p. l-25.
HABERLER, G. (1970), « The international monetary system : sorne Recent Developments and Discussions », dans Approches to Greater Flexibility of Exchange Rates ed George
N. HALM, *Princeton Univesity Press,* pp 115-123.
HAGGARD, S. (1990), « Pathways from the periphery : the politic of Growth in The Newly industrialising countries », *Cornell University Press,* Ithaca.
HAMILTON, B., NASHASHIBI, K. (1992), « Border tax adjustments and US trade », *Journal of international ecnomics.*
HAYEK, F. (1976), *Denationalisation ofmoney,* HOBAT

HELLIER, 1. (1993), « La similitude dans l'échange international : une revue critique des approches théoriques », *Revue française d'économie,* Vol. VIII, N-1

HELPMAN, E., RAZIN, A. (1991) (sous la direction de), *Internationl Trade and Trade policy,* The MIT Press.

HENRY, G. M. (2003), *Les crises au XXe Siècle 1873-2003, Édition* Berlin. HEPP, B. (1967), *La Monnaie et crédit en Afrique noire,* Paris Mars.

HERLAND, M. (1998), *« Concillier liberté économique etjustice sociale : Les solutions pour Keynes »,* Cahier d'Économie Politique : Histoire de la pensée et théories, L'HARMATTAN, Économie et philosophie.

HIRSCHMAN, A. (1964), *La Stratégie du développement économique,* Éditions ouvrières, Pans.

HOBEIKA, G. (2003), « Transmission de la politique monétaire : cas de la zone euro » HOMMET, J. M. (1991), *Le système financier français : c'est une expérience malheureuse,* Paris Dunod., P. 62.

HONOHAN, P. (1990), « Monetary cooperation in the CFA Zone », *Workingpapers,* n-389. HOSTMADSEN, P. (1967), « Les problèmes de la balances des paiements des pays en voie de développement », Vol. 4, n-2, Juin.

HUGON, PH. (1968), *Analyse du sous-développement en Afrique Noire : l'exemple du Cameroun,* Paris PUF.

HUGON, PH. (1985), « La crise financière en Afrique Subsaharienne et l'intervention du FMI », *Université de Paris -X* Nanterre.

HUGON, PH (1993), *L'économie de l'Afrique,* La Découverte. HUGON, PH. (1993), *L'Europe et le tiers monde,* PUF.

HUGON, PH. (1995), *La réforme fiscalo-douanière dans le contexte de l'ajustement de change au Cameroun et au sein de la CEMAC,* CERED-FORUM.

HUGON, PH. (1995), « Robison ou vendredi ? La rationalité économique en Afrique », *Sciences humaines,* N-47, Février, P11.

HUGON, PH. (1996), « Sortir de la récession et préparer l'après pétrole : Le préalable politique », *Politique africaine* n-62, juin.

HUGON, PH. (1999), *Zone franc à l'heure de l'Euro,* Édition Karthala.

HUGON, PH. (2002), *Les économies en développement à l'heure de la régionalisation,* Édition. Karthala.

HUGON, PH. (2005), *Les nouvelles régulations de l'économie mondiale,* Karthala.

HUGON, PH. (2005), *Intégrations régionales dans les pays en développement,* L'Harmattan.

HUGON, PH (2007), « *Les spécificités de l'analyse institutionnelle des pays du Sud et leurs implications méthodologiques* », École Thématique : les méthodes de l'analyse institutionnelle, La Rochelle 17-21 Septembre.

IKONICOFF&SIGAL (1970), « L'État relais un modèle de développement des sociétés périphériques ? Le cas de la Côte d'Ivoire », *Revue du Tiers-monde* n-76.

INGRAM, J. (1969), « Comment : The optimum Currency Problem », in Mundell, R. A, and SWOBODA, A., *Monetary Problems in International Economy,* Chicago University Press. INGRAM, J. (1970), « Approaches in Greater Flexibility ofExchange Rates », HALMG. N (eds), *Princeton University Press.*

INNES, A. M. (1913), « What is money ? », *Banking Law Journal,* mai, p377-408.

ILTEA SON (1987), « The choice of an optimal exchange rate system for a small country under the 3 goods and 3 country model », *International economie journal,* vol 1, n-2.

ISHIYAMA, Y. (1975), « The theory of optimum currency areas : a survey », *FMI staffpapers*, vol22.

ISRAËL, A (1996), *Le Développement institutionnel, Les organisations à l'épreuve de la spécialisation et de la Concurrence,* L'Harmattan Paris 235P.

JACQUEMOT, P. (1983), « Le FMI et l'Afrique subsaharienne : une critique des PAS », *Revue d'études politiques, économiques et sociologiques africaines,* n-211-212, août sept, pp107- 120.

JACQUEMOT, P., RAFFINOT, M. (1985), *Accumulation et Développement : Dix études sur les économies du tiers-Monde,* L'Harmattan, Paris.

JACQUEMOT, P. (1985), *Accumulation et Développement,* L'HARMATTAN, Paris, p. 21 JACQUEMOT, P. (1988), « Désétatisation en Afrique, enjeux et perspectives », *Revue Tiers -Monde,* n-11.

JACQUEMOT, P., ASSIDON, E. (1988), *Politiques de change et ajustement en Afrique,* ministère de la Coopération et du Développement, Paris.

JACQUEMOT, P., RAFFINOT, M. (1993), *La Nouvelle politique économique en Afrique,* EDICEF/AUPELF.

JACOUD, 0. (2003), *Système monétaire et financier européen : La monnaie dans la Zone Euro.*

JEUNE AFRIQUE ECONOMIE, N-247, 1ER SEPT 1997

JOHNS TON, B., *Stratégies pour un nouveau développement en Afrique*

KALDOR, N. (1983) « Dévaluation et ajustement dans les pays en voie de développement », *Finances et Développement,* Vol20, n-2.

KAMIN, S. B. (1988), « Devaluation, External Balance and Macroecomic Performance : A look at the Numbers, Study », in *International* 62, Princeton University.

KAMIN, S. B. (1995), « Contractionary Devalution with Black Markets for Foreign Exchange », *Journal of Policy Modeling* 17, p39-57.

KATSELI, L. (1983), « Dévaluations : A critical Appraisal ofthe IMF s'Policy Prescriptions », *American Economie Review Papers and Proceedings,* mai, p. 359-364. KAY, J. A. (1990), « Tax policy : a survey », *The economie journal.*

KENNEN, P. (1969), « The theory of optimum currency areas : an Electic view » in *monetary problems of the International Economy,* ed. R. MUNDELL et A. SW

KEYNES, J. M. (1952), « La Réforme monétaire 1923 », in *The Économie consequences of OBODA* (University ofChicago Press), p41-60. Mr Churchill.

KEYNES, J. M. (1930/1971), in, « A Treatise on Monney : The pure theory ofmoney », *the collected Writings of the Jonh Maynard Keynes,* vol. V, Macmillan, London.

KEYNES, *J. M., Théorie Générale de l'emploi, de l'intérêt et de la monnaie Paris,* Payot, P 211- 212.

KEYNES, J. M. (1945/1980)., « Proposals for an international Clearing Union », *The Collected writings of Jonh Maynard Keynes, Macmillan Cambridge University* Press, Vol. XX. P. 168. KHAN, M. S. (1990), « Evaluating the Effects ofiMF-Supported Adjustment : A survey », dans *International Finance and the Lees Developed Countries*, K. PHYLA TIS et M. PRADHAM (ed), St. Martin's Press.

KILLICK, T. M., MALIK, M., MANUEL, M. (1992), « What Can We Know about the Effects of IMF Programs », *World Economy* 15, septembre, p. 599-632.

KINNON, Mc. (1963), « Optimum currency areas », *The American Economie Review.* KINNON, Mc. (1983), *Monnaie etfinance dans l'échange international,* Bonnel, Paris KOULIBAL Y Mamadou. (1992), *Libéralisme : nouveau départ pour l'Afrique,* L'Harmattan. KREUGER, A. 0. (1978), « Liberalisation Attempts and consequences », *NBER,* New-York.

KRUGMAN, P. R., et TAYLOR, L (1978), « Contractionary Effects of Devaluation », *Journal of International Economies* 8, p445-456.

KRUGMAN, P. R (1981), « Trade, Accumulation and Uneven Development », *Journal of Development Economies,* n-8.

KRUGMAN, P. R. (1990), *Policy Problem of a Monetary Union, in The European Monetary système in the 1990's.*

KRUGMAN, P. R. (1990), *Rethinking International Trade,* The MIT Press.

KRUGMAN, P. R. (1993), « Toward a Counter-Counterrevolution in Development theory », *Proceedings of the World Bank. Annual Conference on Development Economies* 1992, Washington 1993.

KRUGMAN, P. R. (1994), « The Myth of Asias's *Miracle », Foreign Affairs,* November/December.

KRUGMAN, P. R. (1995), *Development, Geography and Economie, Theory,* MIT Press, Cambridge and London.

KRUMM, K. (1985), « Adjustment policies in the Ivory Coast in the frame Work of UMOA », *discussion paper* N-19856.

LA COMMISSION DU 16 JUILLET (1997), dite : « AGENDA 2000 », (COM (97)), 2000 Final. V.

LA COMMISSION D'OCTOBRE (1997), « Le printemps des peuple, Europe, Chron. 1 0 LAFAY, G. (1996), *Comprendre la mondialisation,* Economica.

LAFAY, G. (1997), *L'euro contre l'Europe,* Arléa.

LAÏDI, Z. (1989), *Enquête sur la Banque Mondiale,* Fayard.

LAÎDI, Z. (2005), « Pour une gouvernance social-démocrate », Held al/Ed *Sc-Politique, Les Press Économie Internationale et Mondialisation,* 1 vol. ll2p.

LAMA, 1. (1983), *Le problème de la convergence des taux d'inflation en régimes de changes fixes : le cas de la Zone franc,* Thèse de Troisième Cycle Sc-éco, Clermont I.

LAVOIE, M. (2003), *Central banking in the modern world : alternative perspectives, in* LAVOIE, M, SECCARECCIA, 296 ; Edward, Elgar, cheltenham, UK, Northampton, M. A, USA.

LAVOIE, M. (2003), *A Primer on Endogenous Money,* in Rochon, L. P. et ROSSI, S. ed, modern *Theories ofmoney. The nature rôle ofmoney in capitalist Ecomomies,* Edward Elgar, cheltenam, p506-543.

LAVOIE, M. (2004), *L'économie post-keynésienne,* La Découverte, Paris LA ZONE FRANC, BCEAO, BEAC (1993), Rapports annuels.

LECATELLI, C. (2004) « L'échec du consensus de Washington dans les secteurs des Hydrocarbures Russes : la déficience des institutions formelles de marché », *Économie Appliquée* Tome LVII, N-3 P. 51.

LELART, M. (1985), « Le système monétaire européen et le système monétaire franco- africain », *Eurépargne,* n-12.

LELART, M. (1986), « Zone monétaire et convertibilité : l'expérience africaine », *Économies et Sociétés* n-30.

LEBOURV A (1959), « La théorie de l'inflation, le rapport des experts et l'opération de décembre », *Revue économique,* VollO, n-5, p713-754.

LE CONSEIL D'ADMINISTRATION DE LA BEAC, 20 MARS 1991 À MALABO.

LE CONSEIL DE L'UNION EUROPEENNE (1998), « Décision du 23 Novembre, article 1er »

LEMONIER, S. (1994), *Développement des pays africains : Étude du rôle de la zone franc et effets de la dévaluation du FCFA,* Mémoire de DESS.

LE PROJET DE TRAITE SUR L'UNION EUROPEENNE ADOPTÉ PAR LE PARLEMENT EUROPEEN (1984, FERRIER). Le protocole N-11 pour le Royaume-Uni et le protocole N-12 et la décision du Conseil européen concernant certains problèmes soulevés par le Danemark (JOCE, N-C 348 du 31 décembre 1992).

LERNER, A. (1943), « Fonctional finance and the federal debt », *Social Reseach,* 10 (1), p. 38- 51.

LES DEUX PLANS FOUCHET (1961-1962), qm cristallisèrent les désaccords entre la FRANCE et ses partenaires.

Les Statuts de la BEAC.

Le vote de la loi d'autorisation de ratification du 31 décembre 1999, *1. 0, 3* janvier 1998. LEWIS, W. A. (1978), *The Evolution of The International Economie, Order,* Priceton, N. J, Princeton University Press.

LEWIS, FREESTRA, et WARE (1989) and R. Ware., « Eliminating Priee Supports : A Polotical perspective », *Journal of Public Economies,* 40 (2), pp 159-185.

LINDBECK, A., et al. ; (1993), « Options for economie and political reform in Swedem>, *Economie Policy,* 17, p. 220-263.

LINDERT, P. H., WILLIAMSON, J. G. (2002), « Mondialisation et inégalité : une longue histoire : », « Mondialization and inequality : A long history » In « Mondialisation, inégalité et Développement : Nouvelles perspectives » *Revue d'économie du Développement* vol. 16 . 2002/1-2.

LINIGER-GOMAZ, M. (1972) *L'eurafrique utopie ou réalité,* Éditions CLE. L'HERITEAU, M. F. (1986), « Le Fonds Monétaire International et les pays du Tiers-monde », *PUF,* P. 154.

L'HERITEAU, M. F. (1987), *La zone franc dans une perspective d'ajustement et de croissance,* Caisse Centrale de Coopération Économique.

L'HERITEAU, M. F. (1990), *Le FCFA : Taux de change et ajustement,* Caisse centrale de coopération Économique.

Loi autorisant la ratification du traité sur l'Union européenne (Maastricht III), Rec. cc, 94, JORF, 25, Septembre. Loi sur la portée de ces décisions in : « <NFRA. Vet HAHN, h ; RGDIP, 1994, 107

LUCAS, Jr, R. E. (1988), « On the Amechanics of Economie Development », *Journal of Monetary Economies,* n-22.

LUCAS, Jr. R. E. (1990), « Why doesn't Capital flow from Rich to Poo », *American Economie, Review,* vol-80, n-2, may.

MACCALLIUM, B. T. (2001), « Monetary policy Analysis in Models Without Money », *Fedral Reserve Bank ofSt. Louis,* juillet-août, p145-160.

MACEDO, J. (1985), « Collective pegging to a single currency : The West African Monetary Union », *Working papers,* n-1574.

MACEDO, 1. (1986), « Small Countries in monetary unions : a twoo-tier madel », *Mondes en développement,* Tome 14, n-56, pp 41-63.

MACEDO, 1. (1988), « Collective pegging to a single currency : the West African Monetary Union », *NBER* N-999.

MAC DONALD, R., « Long-Run Echange Rate Modeling : a survey of the recent evidence », *! MF, Staff Papers,* vol. 42, n-3, pp 437-489.

MACKINNON, R. (1963), « Optimum currency area », *American Économie Review* 53 MAHIEU, F. R. (1990), *Les fondements de la crise économique en Afrique,* L'Harmattan, P. 9.

MAHIEU, F. R. (1995), « Les stratégies individuelles face à la pauvreté : Côte d'Ivoire versus- Burundi », in, « *L'Afrique des incertitudes* », PUF (PH. Hugon, G. Pourcet et S. Quiers-Valette).

MAHIEU, F. R., JARRET, M-F (2e et 3e doc) (2002), *La Côte d'Ivoire : de la déstabilisationà la refondation,* Paris, L'Harmattan, 144p.

MANKINV, G. (1999), *Macro-économie,* traduction de la 3e édition Américaine par HOUA Jean De BOECK UNIVERSITE.

MARSHALL (1956), *Les fonctions réelles de la monnaie.*

MARSHALL, J. (1967), *Monnaie et crédit,* CUJAS, Paris (3e ed).

MARTIN, G. (1987), « Zone franc, Sous-développement et indépendance en Afrique noire francophone », *Afrique développement ;* Vol . XII, N-1, PP55-100.

MARTIN, P. (2000), « Le traité d'Amsterdam inaugure -t-il une politique communautaire de l'emploi ? », *RTDE,* P47.

MEDART, J. F. (1995, *État, démocratie et développement : l'expérience camerounaise, in MAPPA,* S ; *Développer par la démocratie* Paris l'Harmattan.

MENGER, K. (1892), « On the origin ofmoney », *Économie Journal, 2 (6),* p. 239-255.

MERCENIER, J. (1987), *Contribution à l'étude de la dynamique macro-économique,* thèse de doctorat, Université Libre de Bruxelles.

MERCENIER, 1. (1989), « On Wealth Effects in Sticky-Price Exchange Rate Models with Optimizing Agents », *Cahier de recherche* n-3689, CRDE, Université de Montréal, 34p. MERIGOT, J. G., et COULBOIS, P. (1938-1950), *Le Franc,* LGDJ, Paris

MICHAEL Y, M. (1977), « Exports and Growth : an Empirical Investigation », *Journal of Development Economies,* Vol. 4.

MICHALET, C. A. (1983), *Le défi du développement indépendant,* Ed. Rochevignes, Paris. MICHALET, C. A, in KOULIBAL Y, M. (1992), *Libéralisme, nouveau départ pour l'Afrique,* L'HARMATTAN.

MONGELLI, F. P. (2002), « New view on the optimum currency Area Theory : What is EMU tellings us ? », *Working paper, European Central Bank,* n-138, Avril.

MONVOISIN, V. (2003), La *nature de la monnaie chez les post-Keynésiens : les enjeux d'une théorie monétaire contemporaine,* Sous la Direction de C, GNOS, Thèse de Doctorat de Sciences économiques, Université de Bourgogne, Dijon.

MOORE, B. J. (1988), « Horizontalists and verticalists : the macroeconomies of money », *Cambridge University Press.*

MOORE, B. J. (2001), *Somme reflexions on endogenous money,* in ROCHON L. P. et VER- NENGO, M. ed, credit, intrest rates and the open Economy, Edward Elgar, Cheltenham, pll-30

MOSLER, W. (1997-1998), « Full employment and priee stability », *Journal of post Keynésian Economies,* 20 (2), p. 167-182.

MOSLER, W. and FORSTATER, M. (1999), « A general framework for the analysis of currencies and commodities », in P. DAVIDSON and KREGEL, J. (eds)., *Full Employement and priee stability in global Economy,* CHELTENHAM, ADWARD ELGAR, P. 166-177.

MOUTOT, PH., AGLIETTA, M. (1993), « Comment adapter la stratégie de Transition », *Revue du CEPII (Opcit).*

MUNDELL, R. (1961), « A theory of optimum currency areas », *American Economie Review,* Vol 51.

MUNDELL, R. (1968), IN, International Economics (NEW-YORK : MAC MILLAN). MUNDELL, R. A. (1970) and SWOBODA (A. K) (eds), « Monetary Problems oflnternational Economy », *The University of Chicago Press,* Chicago and London.

MUNDELL, R. A, « African Trade, Policies and Money », in TREMBLA Y. R (ed), pp 11-67 MUNDELL, R. (1998), In *Wall street Journal,* 24 et 25 mars.

MUNDELL, R. (2004), « L'euro et les dysfonctionnements du système monétaire international », Entretien de Torsten Riecke avec Robert Mundell *Problèmes économiques,* n-2848, mars.

MYRDAL, 0. (1957), *Rich an Poor,* Harper, New- York.

NABLI, M et NUGENT, J. B (1989), « The New Institutional Economies and its Applicability to Development », *World Development,* Vol. 17, n-9.

NDULI, B. J. (1991), « Growth and Adjustment in Sub-saharan Africa », in A. Chiber et S. Fischer (editors), Economie Reform in sub-saharan, *World Bank,* Washington. NEWBERY, D. G. M., STERN, H. (eds) (1987), « The Theory of Taxation for Developing Countris », New York, *Oxford, University Press.*

NORRO, M. (1998), IN, *Économies Africaines » Analyse Économique d'Afrique Subsaharienne »,* De BOECK Université 2e Édition.

NORTH, D (1994), Institutions, Institutional change and Economie Performance, Cambridge, Cambridge Universiity Press.

NORTH, D. C. (1980), *« L'essor du monde occidental : une nouvelle histoire économique, » in Robert Paul,* Flammarion, 228p Paris.

NORTH, D. C. (1988), « Institutions and Economie Growth : an Historical Introduction », *World Development,* Vol. l, n-9.

NORTH, D. C. (1994), « The New Institutional Economies and Development », *Forum* n-2, Vol. l, may.

NORTH, D. C. (2005), *Le processus du développement économique,* Présentation de Claude MEN, Paris, Ed. d'Organisation, 23p.

NORTH, DOUGLAS, C. (2005), Understanding the process of economie change, Princeton, N. J., Princeton University Press, XI, 187P.

NSOULI, S. M. (l981), « Intégration monétaire dans les pays en Développement », *Finances et Développement,* Vol. l8, n-4, dec, P41-44.

NSOULI, S. (1982), In Mc LENAGHAN (J. B), NSOLUI (S. M) and RIECHEL (K. N) « Currency convertibility in the Ecobnomic Community of West Africa States », IMF, *Occasional Paper,* n-13, Aug.

NSOULI, S. M. (1984) et ZULU, B (1984), « Les Programmes d'Ajustement Structurels en Afrique », *Finances et Développement,* Vol. 21, n-1, mars, p5-9.

OCAMPO, J . A. (1987), « The Marcoeconomic Effect of Import controls », A Keynesian Analysis *», Journal of Development Economies,* n-27

OCDE (1996, Rapport).

O'CONNELL, S. (1988) « Fiscal policy in Low-income Africa », *Working papers.*

OMAN, Ch. P., WIGNARAJA, G. (1991), « L'évolution de la pensée sur le développement depuis 1945 », *Centre de Développement,* OCDE, Paris.

ONDO OSSA, A., et LAPIQUONNE, A. T (1983), « Faut-l reformer la Zone franc ? », *Revue d'Études Politiques, économique et sociologiques africaines,* n-215-216 déc, pp59-71.

ORLEAN, A. (1979), « État et régulation monétaire », *Économies et sociétés, Tome* XII, N- 10, 11-12-Nov Pl979-2001.

ORLEAN, A. (l982), « Inflation et souveraineté monétaire », *critique de l'économie politique*n-18, Janvier-mars, p93-115.

ORLEAN, A. (1991), « L'origine de la monnaie », *La revue du Mauss, nouvelle série,* n-14, 4e trimestre, pl26-152.

ORLEAN, A. (1994), *Analyse économique des conventions,* Paris PUF

OYE MBA, C. (1982), « Réflexions sur l'évolution et les problèmes monétaires dans la zone BEAC », *Marchés tropicaux et méditerranéens.*

O'ZILER, S., et RODRIK, D. (1992), « Extemal shoks, politics and private investment », *Journal of development economies,* North Holland.

PALMERO, S. (2004), « Intégration et régionalisation : une approche par les modèles de blocs », P. 5, *Économie appliquée* Tome LVII, N-1, Mars.

PALMERO, S. (2004), « Concurrence fiscale et normes locales d'environnement », *Économie appliquée* Tome LVII, N-1, P. 119.

PARGUEZ, A. (2000), « A monetary theory of the public finance », *Paper presented at the Fifih Post-Keynesian, Workshop on Post Keynesian Econmics for the 21 st Century, Knoxville,* Tennesse, Juin.

PARGUEZ, A., and SECCARECCIA, M. (2000), « The credit theory of money : the monetary circuit approach », in J, SMITHIN, ed, . What is Money ?, *London, Routledge,* p. 101-123.

PEPITA OULD-Ahmed (2004), « Sortir de l'Alternance troc/monnaie : le cas de l'Hystésis du troc en Russie dans les années 90 », In *Revue économie Appliquée* Tome LVII, N-2, Juin.

PERROUX, F. (1958), *La coexistence pacifique,* PUF, 3VOL (XI-666P).

PERROUX, F. (1966), « Qui intégré ?, Au bénéfice de se fait l'intégration ? », *économie Appliquée, Archives de* l'ISAE, N-3-4, PP387-414.

PERROUX, F. (1969), *L'économie du vingtième siècle,* Paris, PUF PERROUX, F., *Indépendance de la nation,* P63-64

PERROUX, F. (1980), « Une reforme monétaire internationale par régionalisation », *Le monde* du 12 août.

PIEGA Y, P. (2004), ROCHON, L-P (2004), « Les théories monétaires post-keynésiennes », in *Revue Économie Appliquée* Tome LVII, N-4, P. 163-186, décembre ISMEA les Press.

PINTO, B. (1991), « Black markets for foreign exhange, Real Exchanges Rates an Inflitaion », *Journal of international economies* 30 (1-2) : 121-135.

PINTO, B., BELKA& JEWSKI (1993), « Transforming stade Entreprises in Poland : Evidence of Adjustement by Manufacturing firms », *Brookings Papers on Economie Activity,* 1, pp. 213- 270.

PISAN !, E. (1988), *« Pour l'Afrique »,* Éditions Odile Jacob, P. 12.

PITIOT, H., SCIALOM, L. (1993), « Système bancaire et dérapage monétaire : Réformes du secteur bancaire et création monétaire », In *Revue Économie Internationale* CEPII, N-54, 2E Tr., Russie : l'an II de la Transition.

PLANE, P. (), *Les Problèmes posés par la mesure de la surévaluation ou ·sous-évaluation des monnaies africaines,* in : LASSUDRIE-DUCHENE. B, et REIFFERS, J. L. (Sous la direction de), pp451-464.

PLANE, P., « Les facteurs de déséquilibres des paiements courants en Union Monétaire Ouest africaine (1970-1983) », *Revue d'Économie Politique,* n-1 janv-fev, pp111-126.

PLANE, P. (1994), *Ajustement et Développement : l'expérience des pays ACP,* Paris. PORTES, R. (1989), « Economie Reforms, International Capital Flows and Development of Domestic capital Markets », *European Economie Review,* Mars.

PORTES, R. (1993), « Économie Transformation in central Europe, a Progress Report », *CEPR et Communautés europeennes,* 294 p.

POURTIER, R. (1995), « Atlas de la zone franc en Afrique Subsaharienne », *Monnaie, Économie, Société.*

PRIOUX, R. (1987), « Une Communauté Monétaire réussie, La BEAC, Balance des Paiements de la Zone BEAC 1972-1986 », *Informations et Commentaire,* n-59, av-juin, pp25-42.

PROJET DE THÈSE DE DOCTORAT (2001), « La recherche d'une approche médiane comparative et équitable entre la zone franc CFA et la zone euro, pour le développement de la politique économique et monétaire internationale : les vertus négligées d'une monnaie unique et *lou* commune », Par TH. DONGOTOU, *EHESS-PARIS.*

RAIMBAULT, G. (2003), « Mille termes pour comprendre l'Union européenne après l'introduction de l'Euro : L'Union européenne face aux grands problèmes du moment ».

RAFFINOT, M. (1982), « Gestion étatique de la monnaie, parités fixes et dépendance : le cas de la Zone franc », *Revue Tiers-monde* tome XXIII, juillet-sept, pp 549-567, n-91.

RAFFINOT, M. (1991), « Dette extérieure et ajustement structurel », *EDICEF,* Vanves Cedex. RAPPORTS, WERNER (l970).

RAPPORT DELORS (1992) RAPPORT ERMESSON (1990)

RAULIN, A. (2000), *La zone franc face à l'Euro,* ARRAS, ARTOIS PRESS UNIVERSITÉ.

REALFONZO, R. (1998), *Money and Banking, Theory and Debate (1900-1940),* CHELTNHAM, EDWARD ELGAR.

REUNION DES MINISTRES DE L'ECONOMIE ET DES FINANCES DES PAYS DE LA ZONE FRANC, LIBREVILLE, AVRIL 1998.

RIBOUD, 1. (1978), Préface de Henri GUITTON, *Mécanismes des monnaies d'aujourd'hui et demain,* Éditions de RPP.

RICARDO, D. (1951), « Repley to BOSSANQUET, The wooks and correspondance of Ricardo », Cambridge, At *the University Press,* Vol. III, P. 222.

RIGAUX, A. et SIMON, D. (1997), « Europe », Juillet.

ROBISON, S. (1991), « Macroeconomies, Financial Variales, and Computable General Equilibrum Models », *World Development* 19 (1), novembre, P. l509-1525.

RODRIK, D. (1996), « Under standing Econmic Policy Reform », *Journal of Econmic Litterature* Vol XXXIV, 9-41.

ROGOFF, K. (1985), « Can International Monetary Policy Coopération be Counterproductive ? », *Journal of International Economies,* 18, P. 199-217.

ROMO, H. G. (1994), « De la pensée de la CEPAL au néo-libéralisme, du néo-libéralisme au néo- structuralisme : une revue de la littérature Sud-américaine », *Tiers -monde,* n., . 140, Oct-dec.

ROMER, P. (1986), « lncreasing Returns and ling-Run Growth », *Journal of Political Economy*, n-94.

ROMER, P. (1993), « Two stratégies for Economie Development : using idems and producing ldeas », *Proceedings of the world bank, Annual conference on Development Economies* 1992, Washington.

ROSE, A. K. (2000), « One Money, one Market : Estimating the Effet of Common Currencies ontrade », *Econmic Policy,* vol. 15, n-30, p. 7-46.

ROSENSTAIN-RODAN, P (1943), « Industrialisation of Eastern and South Eastern Europe », *Economie journal,* vol. 53.

ROSENSTAIN-RODAN, P (1961), « Notes on the theory ofthe Big Push », H-S. Elis et H. Wallich (editors), Economie Development for Latin American, st Martin's Press, New-York. RUDOLOFF, *M. (1969)., Économie monétaire nationale et développement,* Cujas, Paris. RUTTAN, W et HAYAM, Y (1984), « Toward a theory oflnduced Institutionnal Innovation *», Journal of Development studies,* n-20.

SACHS, 1. (1997), *Pour une économie politique du développement, Études de planification,* Flammarion.

SACHS, J., et SALA, I., MARTIN, X (1991), « Fiscal Federalism and Optimum Currency Areas : Evidence for Europe from the United States », NBER, *Working Paper* n-3855.

SACHS, J. (1993), « Réussir la stabilisation monétaire en 1993 : pourquoi la stabilisation économique est urgente ? », in *Revue Économie Internationale* CEPII, N-54, 2E Tri. : la Russie l'AN II de la Transition.

SALAMA, P., VALIER, J. (1990), *L'économie grangrenée,* La Découverte Paris.

SALIN, *P., La Zone monétaire optimale,* in SALIN (P) (Sous la direction de), pp 466-479. SAMEN, S. (1990), *Protection effective et développement industriel : l'exemple du Cameroun,* PUF.

SANDRETTO, R. (1987), « Zone franc, SME, SMI », *Informations et commentaires,* n-60, juillet- septembre, pp31-41.

SANDRETTO, R. (1993), *Le pouvoir et la monnaie,* Economica

SAPIR, J. (1993), « Formes et natures de l'inflation, Économie Internationale : Pourquoi les thérapies classiques sont vouées à l'échec ? », *Revue Économie Internationale* n-54, 2e Trimestre, p. 25-65.

SAPIR, J. (2005), *Quelle économie pour le XXIE siècle ?,* Odile Jacob. SAPIR, J. (2006), *La fin de l'eurolibéralisme,* Seuil, Paris.

SAPIR, J. (2006), « Quelle inflation pour la Russie ? Éléments d'investigation du concept de taux « naturel » d'inflation, *Séminaire du CEMI. -EHESS,* 25P.

SAPIR, J. (2008), Une décade prodigieuse. La crise financière entre temps court et temps long, *Revue de la régulation, Capitalisme, institutions, pouvoirs,* n-2, 2e semestre 2008, Varia, Opinions-débats.

SARGENT, T. et WALLACE, N. (1975), « Rational Expectations, The optimal monetary instrument, and the optimal money supply Rule », *Journal of Political Economy,* n-2.

SARGENT, T., et WALLACE, N. (1981), « Sorne Unpleasant Monetarist Arithmetics, Federal Reserve Bank ofMinneaolis », *Quarter/y Review,* 5, n-3.

SAWIDES, A. (1995), « Economie Growth in Africa », *World Development,* vol. 23, n-3. SAWRON, J. L. (1998), « Elargissement à l'EST : 1948-1998 »

SCITOVSKY (1967), « The theory of Balance of Payments. Adjustment », *Journal of Poli tical Economy.*

SCHMID, D. (2005), « La présidence stable de l'Eurogroupe : une amélioration toute relative de la gouvernance économique européenne », *Revue du Marché Commun et de l'Union européenne,* N-485, février.

SCHMITT, B. (1966), *Monnaie, salaires et Profits,* Paris, PUF, réédité en 1975 par Albeuve Castella.

SCHMITT, B. (1975), *La génération des monnaies européennes,* Castella.

SCHMITT, B. (1984), *La France souveraine de sa monnaie,* Préface de Chistüin GOUX, Economica- Castella.

SCHMITT, B. (1985), *Un nouvel ordre monétaire international : le plan de Keynes,* in Poulon. F (ed), *Les écrits de Keynes,* Paris, Dunod, p. 195-207.

SCHMITT, B. (1989), *L'écu,* Paris Dunod.

SCHNEIDER, H., « Ajustement et équité en Côte d'Ivoire », Série Ajustement et équité dans les pays en développement, *OCDE.*

SCHULDERS. G. (1990), *S'unir : le défi des États de l'Afrique Centrale,* Édition l'Harmattan.

SCHUMPETER. J. A. (1994), « History of Economie Analysis », New York : *Oxford University Press.*

SECCARECCIA, M. (1996), « Post-keynesian fundism and monetary circulation », in DELPLACE, G. Z. and NELL, E. J., eds., Money in « Montion : the Post-Keynsian and circulation Approaches », London. Macmilan, p. 400-416.

SECCARECCIA, M. (1999), « Money, credit, and finance : history », in P. A. O'HARA ed. *Encyclopedi ofPolitical Economy,* Vol. 2, London, ROUTLEDGE, P. 163-166.

SECCARECCIA, M., and SOOD, A. (2000), « Government dedt monetarization and inflation : a sommewhat jaundiced view », in H. BOUGRINE *ed., The Economies of Public.*

SECRETARIAT GÉNERALE DE LA DÉFENSE NATIONALE : L'ÉTAT-NATION ET SON AVENIR, Paris, La Documentation Française.

SEERS, D (1983), *The Political Economy of Nationalisation,* Oxford University Press, Oxford, 218p.

SEN. A., DREZE, 1. (1989), *Hunger and Public Action,* Clarendon Press, Oxford, 373p SEN, A. (1999), *Dévelopment as Freedom,* Oxford University Press, Oxford, 366p SEN, A. (2005), *Rationalité et liberté en Économie,* Odile Jacob, Paris, Vol 1, 559p SENOBLE, R. (2002), *Que révèle l'évolution récente des stratégies de développement institutionnel des Bailleurs de fonds occidentaux ? Étude comparative de la dynamique des processus de marcheisation et de Démocratisation impulsée par les politiques d'aide Française et Britanique dans les années 1990,* Thèse de doctorat EHESS, sous la Dir de, J. SAPIR.

SGARD, 1. (1993), « La transition en Europe de l'EST : Vieux débats et nouveaux arguments », Controverses sur la transition, in *Économie Internationale,* N-56, 4E Trimestre. SHAH, A. et WHALLEY, J., « Tax incidence analysis of developing countries : an alternative view », *The World bank economie review.*

SMITTHIN (1999), *What is Money ?*

SMITTHIN (2003), *Controversies in monetary economies,* in SMITTHIN, John. N. *Rev/ed/E. Elgar/cop. Cheltenhar. UK,* X. 221P.

SOLOW, R. (1956), « A contribution to the theory ofEconomic Growth », *Quarterly Journal of Economies,* n-70, february.

SOUMARE, 0. (1972), *La monnaie et ses problèmes en économie sous-développée : exemple de l ' UMOA,* Thèse de doctorat, sc-eco, Paris.

SOUMONA. ABDOULA YE (2002), *Intégration Économique, Politique Monétaire et Finance- ment du développement, La zone franc à l'épreuve des mutations Régionales,* Zone franc-Zone Euro, Thèse de Doctorat, Orléans.

STERN, N. H. (1991), *Le rôle de l'État dans le développement économique. Conférences Walras-Pareto,* Edition Fayot, Lausanne.

STIGLITZ. J. E. (1985), « Economies oflnformation and the theory ofEconomic Development », *Revista de econometrica,* n-1.

STIGLITZ, J. E. (1986), « The New Development *Economics », World Development,* Vol. 14, n-2.

STIGLITZ, J. E. (1988), « Economie organisation, Information and Development », H. Chenery et T. N. SRINIVASAN (editors), *Handbook of Development Economies,* VoU, Elsevier Science Piblishers, Amsterdam.

STIGLITZ, J. E. (1994), « The rôle of State in Financial Markets », *Proceedings of the the World Bank, Annual Conference on Development Economies,* 1993, Washington, 1994.

STIGLITZ, J. E. (1996), « Somme Lessons from The East Asian Miracle », *The World Bank Research. Observer,* Vol. 11, n-2, August.

STIGLITZ, J. E. (1997), « The rôle of Government in Economie Development », M. Bruno et B. Pleskovic (editors), *Annual World Bank conference on Development Economics1996,* The World Bank, Washington .

STIGLITZ, J. E., GREENA WAY, B. (2005), *Économie monétaire : Un nouveau paradigme,* Economica, Paris, VIX, 295P.

STIGLITZ, J. E. (2008), Les échos.

SZE KELY, I. P., &NEWBERT, D. M. G (ed), *Hungary : an Economy in Transition,* CEPR et Cambridge University Press, 361p.

TAIT, A., GRATZ, L. M., EICHENEGREEN, B. T. (1979), « International Comparaison of Taxation for selected Developing countries », IMF *Staff Paper,* Vol. 26, n-1 pp. 123-156.

TANZI, V . (1987), « Quantitative Characteristics of the Tax Systems of developing Countries », in NEWBERT, D. G. M, et STERN, N. H., eds) (1987), *The Theory ofTaxationfor Developing countries,* New York, Oxford University. Press.

TANZI, V . (1989), « The impact of macroeconomie policies on the Level of Taxation and fiscal Balance in Developing countries », IMF, *Staffpaper,* Vol. 36, n-3 (sept 1989).

TAYLOR, L. (1979), *Macro Models for Developing Countries,* MC Graw Hill.

TAYLOR, L. (1981), « <S-LM in the Topics : Diagrammatics ofthe New Structuralist Macro-critique », W. R. Cline et Weintraubns (editors), *Economie stabilization in Developing coun- tries, the Brookings Institution,* Washigton.

TAYLOR, L. (1988), *Varieties of stabilization Experience. Towards sensible Macroeconomies in the Third Ward »,* WIDER/Claredon Press, Oxford.

TAYLOR (ed) (1992), *Social!y Relevant Policy Analysis, Structuralist Coputable General Equilibrium Modelsfor the Developing World,* The MIT Press, 379 pp.

THILL, 1. (1991), « Fiscal crisis and fiscal reform in developing countries », *Cambridge Journal ofEconomics,* 24 (1), p. 21-44.

TOURE MAMADOU (1998), *Thèse de doctorat,* Dijon.

TOWER, E. et WILLET, T. D, *The concept of optimum currency Areas and the Choice betwen Fixed and Flexible Exchange Rates.* Traité de Maastricht in *Economies et Sociétés,* 1992, tome 2, N-9-12, Septembre-octobre Traité de L'UEMOA, Janvier 1994, Dakar, Sénégal.

TRICHET, J. C. (1995), « La Zone franc et l'Union Économique et Monétaire », *TDF,* Septembre-Décembre.

TRIFFIN, R. (1954), « Convertibilité ou intégration ? Convertility or integration ? », *Revue Économie Appliquée* Tome VII, 1954, N-4, OCT-DEC, PUF.

TRIFFIN, R. (1964), « Les possibilités d'établir une union de compensation et des paiements en Afrique », *Rapport TRIFFIN, R,* N-103, Février.

TRIFFIN, R. (l966), *The World Money Maze,* Yale University Press, New Haven and London.

TROTIGNON, 1. (2004), « Une Union Monétaire de l'Argentine et du Brésil est-elle réalisable ? », in *Revue Économie Appliquée* Tome LVII, N-4, P. 97, Décembre.

VENON, C. (1992), *Régime de change, mobilité des capitaux et autonomie des politiques monétaires : Éléments d'analyse,* Thèse pour le Doctorat Sc-eco, LILLE I.

VIALLON, S. (1998), *La construction monétaire européenne et la Zone franc,* Sous la Direction de C. GNOS, Thèse se doctorat de sciences économiques, Université de Bourgogne, Dijon

VINA Y, B. (1969), *Économie monétaire,* A. Colin/IIAP, Paris.

VINAY, B. (l988), *Zone franc et coopération monétaire,* Ministère de la Coopération, La Documentation Française.

VINOKUR, A. (1999), Protection Sociale fiscalisée et Accumulation : La « loi des pauvres » en Angleterre aux XVIII é et XIX é *Siècle., CERD-CNRS,* Paris -X Nanterre.

VILAS BOAS, PH. (2001), *Réflexion sur la constitution d'une zone monétaire optimale au sein des principaux pays du MERCOSUR : L'Argentine et le Brésil,* Mémoire.

VILLEPIN, X. (2004), « Rapport d'intégration pour l'Union européenne sur l'élargissement de la zone euro ».

VIZY, M. (1989), « La zone franc », NOTES AFRICAINES, ASIATIQUES ET CARAIBES.

WILLIAMSON, J. G. (1981), « A Survey the littérature on the optimal peg », *Journal of Development Economies,* Vol11, n-2.

WILLIAMSON, J. G. (1990, « The impact of the corn Laws Just Prior to Repeal », *Explorations in Economie History,* 27 (April), 123-56.

WILLIAMSON, J. G. (ED) (1994), « Estimating Equilibrium Exchange Rates », Washigton, D. C, institue for *International Economies,* September.

WILLIAMSON, J. G. (2000), « Land, Labor, and globalization in the prêt-Industrial Third Worl », NBER *Working Paper* 7784, *National Bureau of Economie Research,* Cambridge, MassGuly).

World Bank (1991), *Tax policy in developping countries,* edited by Javed Khalilzahed-Shiararzi et Anwar Shah.

World Bank (1992), « Comparative Study », *Document de travail Département de la recherche.*

World Bank (1995), « The Social Impact of Adjustment operations. An overview », *operations Evaluation Department.*

World Bank (1996), « How Do Industrial Entreprises Respond to Policy Reforms ? », *Recent Evience rom Cameroun,* Washigton, juin.

WRAY, L. R. (1998), *Understanding Modern : The Key to Full Employement and Priee Stability,* CHELTENHAM, EDWARD ELGAR.

YONG, H. (1994), « Économie-néo-institutionnelle et développement : une analyse synthétique », *Revue d'économie du développement* ; n-4.

ZIOTOWSKI, Y. (1993), « La politique monétaire et » thérapie de choc » en Pologne : les limites de l'expérience 1990-1991. Pourquoi les canaux usuels de la politique économique n'ont pas joué ? », *Revue Prospective internationale,* N-53, 1 ER Tri, La Documentation Française, CE-Pli.

ZORGBIGE, C. (1993), *Histoire de la construction européenne,* Paris PUF.

LES SITES WEB :

Le site de la Zone franc Le site de la BEAC

Le site du CEMI-EHESS, Paris

Le site du CEMF, Université de Bourgogne, fac des sciences-économiques

Les logiciels de gestion Bibliographiques : SUDOC, REFWORKS

LES BIBLIOTHÈQUES DE RECHERCHES : CENTRE GEORGES POMPIDOU

BIBLIOTHÈQUE MSH-EHESS

BIBLIOTHÈQUE DE NANTERRE PARIS X

BIBLIOTHÈQUE DE LA DOCUMENTATION FRANCAISE, FRANCE MONDE

BIBLIOTHÈQUE DU CENTRE D'ÉTUDES AFRICAINES-EHESS

BIBLIOTHÈQUE DE LA VILLETTE,

BIBLIOTHÈQUE PARIS DAUPHINE

BIBLIOTHÈQUE DE PARIS 8 SAINT-DENIS
BIBLIOTHÈQUE PARIS I TOLBIAC
BIBLIOTHÈQUE FRANCOIS MITTERAND
BIBLIOTHÈQUE DE DIJON (FAC SC-ECO)
BIBLIOTHÈQUE PARIS CUJAS ; MAISON DES SCIENCES ECONOMIQUES

Annexes générales

- **Annexes N-1 :**

ACCORDS DE LA ZONE FRANC

Rôle et pouvoir des différentes instances

Rôle des organes suprêmes de coordination J

fncEAO BEA

La conférence des chefs de l' État: adhésion des nouveaux membres retrait ou exclusion tranche quand il n'y a pas unanimité Le conseil des ministres: définit la politique monétaires approuve tout accord engageant la BCEAO	Le comité monétaire(ministres des finances et de l'économie): veille à l'application des conventions de coopération monétaires · fait des recommandations au gouvernement

j

Pouvoirs du conseil d' Administration des Banques Centrales

Le conseil d'administration(deux membres par pays dont la France)prend toute décision nécessaire au fonctionnement de la BCEAO	Le conseil d'administration(quatre représentants pour le Cameroun,deux pour le Gabon, trois pour les français et un pour les autres pays)est investi des pouvoirs les plus étendus

Nature juridique

La BCEAO est un établissement public international. Les immunités et les privilèges des institutions financières internationales sont nnues	La BEAC est un établissement public multinational africain à la gestion duquel la France participe. Pas d'immunité fiscale

Rôle des comités nationaux

Les comités nationaux (le ministre des finances+deux membres du CA+quatre autres désignés par le gouvernement): assurent l'application des concours de la BCEAO(ex-post) apprécient le montant des besoins de financement de l'activité et du développement des États et des ressources disponibles pour y parvenir et propose alors un montant global des concours à consentir par la Banque Centrale dans la limite du montant global arrêté par le CA, ils déterminent la répartition :Banques, Trésor, États et collectivités publiques	Les comités nationaux (administrations+trois membres nommés par le gouvernement: déterminent les moyens propres à satisfaire les besoins généraux de financement à court, moyen et long terme de chaque pays arrêtent les plafonds de réscompte par banque et les limites individuelles de réscompte propose la valeur faciale et la forme des signes monétaires

Le gouverneur est nommé par le conseil des ministre pour une durée de six ans non renouvelable. Son rôle : veille au respect des traités, accords et conventions gère les disponibilités extérieures de la Banque Centrale nomme les directeurs d'agence dans chaque pays (avec l'accord du gouvernement de l' État concerné)	Le gouvernement est nommé à l'unanimité du CA après agrément des gouvernements des États membres et de la France pour cinq ans non renouvelable .Son rôle: assure l'exécution des statuts et des lois relatives à la Banque Centrale propose les directeurs d'agence (avec agrément de 1 'État concerné) et le CA le nomme

Monnaie et parité	
Unité monétaire dont l'émission est confiée à un institut d'émission commun:Franc de la Communauté Financière Africaine.	Unité monétaire:Franc de hi Coopération Financière en Afrique centrale.
Parité en vigueur à la signature du traité.	Parité fixe
La modification de parité est de la compétence du conseil des ministres, en consultation avec la France.	La modification peut intervenir après concertation entre les États membres et la France.
Le conseil des ministres de l'union, sur proposition du CA,statue sur la création,l'émission,le retrait et l'annulation des signes monétaires.	Le CA statue sur la création, l'émission, le retrait et l'annulation des signes monétaires.
Les États membres de l'union conviennent de centraliser leurs avoirs en devises et autres moyens de paiements .Il est ouvert dans les écritures du Trésor français, au nom de la BCEAO, un compte courant dénommé compte des opérations. La BCEAO versera à ce compte les disponibilités qu'elle pourra se constituer en dehors de sa zone d'émission.	Les États membres de l'union s'engagent à mettre en commun leurs avoirs extérieurs dans un fond commun de . réserves de change. Les réserves feront l'objet d'un dépôt auprès du Trésor français, dans un compte courant dénommé compte d'opérations. Les membres prendront touts les disponibilités nécessaires d'ordre national ou international en vue d'assurer une position créditrice du fond commun de réserves de change.
Liberté des relations financières entre la France et les États de l'union, liberté des transferts.	Les transferts de fonds entre États membres et la France sont libres. La BEAC doit exécuter toute demande de transferts entre les États membres et la France.

Réglementations monétaires

Le CA fixe à la majorité simple les conditions de crédits sans limitation de durée

Les traités et obligations cautionnées souscrites à l'ordre des Trésors publics doivent être à échéance de moins de quatre mOIS.

Les effets publics crées par les États et collectivités publiques peuvent être escomptés ou réescomptés par la BCEAO à condition qu'ils n'aient que dix ans à courir.

La BCEAO peut consentir aux Trésors publics des États et à son taux d'escompte des découverts en compte courant.

Le montant total des concours consentis par la BCEAO à un État de l'union ne peut dépasser un montant égal à 20% des recettes fiscales nationales constatées au cours de l'exercice financier écoulé.

L'échéance des effets escomptés ou pris en pension et celles des avances garanties ne peut excéder six mois.

Les traités et obligations cautionnées souscrites à l'ordre des Trésors publics doivent être à échéance de moins de quatre mOIS.

La BEAC peut escompter des effets représentatifs de crédits à moyen terme dont la durée maximale est de dix ans:

- pour les opérations initiées par les entreprises publiques ,semi-publiques et privées
- pour les opérations initiées par les États membres.

La BEAC peut consentir aux Trésors des États membres des découverts en compte courant dont la durée ne peut excéder douze mois, à un taux d'intérêt à déterminer par le conseil.

Le total des encours ne peut dépasser 20% des recettes budgétaires ordinaires d'origine nationale constatées au cours de l'exercice écoulé. Le montant total des avances aux Trésors en compte courant pour les opérations à court et moyen terme ,ajouté au montant total des opérations sur les effets publics réescomptables porté par le système bancaire ne peut dépasser 20% des recettes budgétaires d'origine nationale constatées au cours de l'exercice écoulé.

- **Annexe 2 :**

LA ZONE FRANC DE LA PÉRIODE 1970 À 1995

En 1985 : POIDS DES DIFFÉRENTS PARTENAIRES

(En milliards de FCFA)
FRANCE
Masse monétaire
M2
111300
Avoirs extérieurs
AE
19050

BEAC ZONEBEAC

Masse monétaire 3311 Masse
ıonétaire

1828____1483

29%deM2

1.6% de M2 1.3% de
ɅI2

Avoirs extérieurs 451 Avoirs extérieurs

-675____224

3,5%de A.E 2.3% de AE 1,1 de AE

En 1995 : POIDS DES DIFFÉRENTS PARTENAIRES

(En milliards de FCFA)
FRANCE
Masse monétaire
M2
324. 671

UEMOA		ZONEBEAC
Masse Monétaire		Masse Monétaire
3.166	4.552	1.386
0.98% de M2	1.4% de M2	0.43% de M2

En 1996 : POIDS DES DIFFÉRENTS PARTENAIRES

(En milliards de FCFA)

FRANCE

Masse monétaire

M2

335. 710

UEMOA		ZONEBEAC
Masse Monétaire		Masse Monétaire
3.384	,4C:..::.8"-!cl""-9--------------'"-1:....:..4=35	
1.0% de M2	.143% de M2	0.43% de M2

RÉPARTITION AU SEIN DE LA BEAC
(En 1985, en milliards de FCFA)

BEAC

M2=1483722
dont
Quasi-Monnaie
QM=637505
AE=224228
Crédits à l'économie
CE=1523855

Tableau 1

Cameroun	RCA	Congo	Gabon	Guinée Équatoriale	Tchad
M=864522	56545	147486	334299	8912	71898
58%	3.8%	9.9%	22.5%	0.6%	4.8%
QM=437838	4959	35621	154608	925	3554
68.6%	0.7%	5.5%	24.2%	0.1%	0.5%
AE=104619	12066	-60523	42170	-4518	15445
46.6%	5.4%	-26.9%	18.8%	-0.2%	6.8%
CE=878287	35032	201244	337814	6528	64950
57.6%	2.3%	13.2%	22.2%	0.4%	4.3%

RÉPARTITION AU SEIN DE LA ZONE BEAC
(En 1995, en milliards de FCFA)

BEAC

M2=1. 386. 152
Dont Quasi Monnaie
QM=509. 411
Avoirs extérieurs
AE=116. 660
Crédits à l'économie
CE=859. 048

Tableau 2

Cameroun	RCA	Congo	Gabon	Guinée Équatoriale	Tchad
M2=642.32	120.218	160.811	357.390	11.555	93.796
46%	9%	11.6%	25.8%	0.8%	6.8%
QM=323.760	8.981	25.311	140.792	2.051	8.516
63.9%	1.7%	4.9%	27.5%	0.4%	1.6%
AE=326.602	98.644	23.166	21.871	-9.937	48.789
CE=422.433	30.812	103.005	259.306	**4.114**	39.378
49%	3.6%	12%	30.2%	0.5%	4.6%

RÉPARTITION AU SEIN DE L'UMOA
(En 1985, en millions de francs CFA)

BCEAO

M2=1828641
Dont Quasi-Monnaie
QM=575853
AE-675857
Crédits à l'économie
CE=2001364

Tableau 3

Bénin	Burkina faso	Côte-d' Ivoire	Mali	Niger	Sénégal	Togo
M2=111619	98791	939412	127579	108105	300109	143099
6.1%	5.4%	51.3%	6.9%	5.9%	16.4%	7.8%
QM=24533	23782	319269	13807	27377	106622	60463
AE=-42986	21969	-446259	-55345	-28842	-293689	69081
6.3%	3.2%	66%	7.9%	4.2%	43%	10.2%
CE=145504	96077	1098657	83546	101363	403496	72721
7.2%	4.8%	54.9%	4.2%	5%	20.1%	3.6%

RÉPARTITION AU SEIN DE L'UEMOA
(En 1995, en millions de FCFA)

Tableau 4

Bénin	Burkina Faso	Côte-d'Ivoire	Mali	Niger	Sénégal	Togo
M2=247.714	299.814	1.429.858	254.555	133.844	501.367	199.885
7.8%	9.6%	45.1%	8%	4.3%	15.8%	6.4%
QM=85.984	71.000	495.238	56.360	33.606	184.611	68.686
AE=135.734	217.599	-20.311	98.806	9.547	-112.404	17.599
19.6%	31.4%		14.3%	1.4%		2.5%
CE=81.447	80.898	1.029.953	131.787	42.004	358.634	131.491
4.4%	4.4%	55.4%	7.1%	3.3%	19.3%	7.1%

- **Annexes 3 :**

Tableau 5 :

Taux d'escompte des Banques centrales de la Zone franc

	BCEAO	*BEAC*	*FRANCE*
1973	5.5	4.25	11
1974	5.5	5.5	13
1975	8	5.5	8
1976	8	6.5	9.5
1977	8	6.5	9.5
1978	8	6.5	9.5
1979	8	8.5	9.5
1980	10.5	8.5	9.5
1981	10.5	8.5	9.5
1982	12.5	9	9.5
1983	10.5	9	9.5
1984	10.5	9	9.5
1985	10.5	9	9.5
1986	8.5	8	9.5
1987	8.5	8	9.5
1988	9.5	9.5	9.5
1989	11	10	9.5
1990	11	11	9.5
1991	11	10.5	9.5
1992	12.5	12	9.5
1993	10.5	11.5	7.6
1994	10	10.5	5.44
1995	7.5	8.5	4.96
1996	6.5	8.5	3.6
1997	16.0	7.75	3.15

Source : Annuaires statistiques de la BCEAO et de la BEAC
SFI (Fonds Monétaire International)

Graphique 1 : ÉVOLUTION DES TAUX D'ESCOMPTE (1973-1997)

(POUR LES TROIS BANQUES CENTRALES DE LA ZONE FRANC)

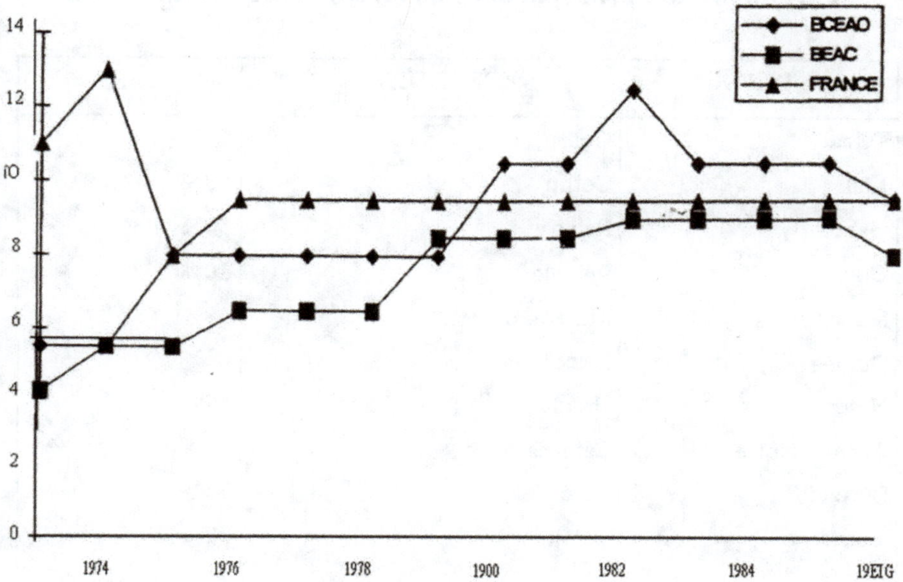

- **Annexes 4**

Tableau 6 :

Part du produit principal dans les recettes d'exportation 1990

PAYS	PRODUITS	PART
Tchad	Coton	57%
Mali	Coton	48%
Gabon	Pétrole	80%
Congo	Pétrole	80%
Mauritanie	Minerai de Fer	48%
Guinée	Bauxite	86%
Niger	Uranium	69%
Côte-d' Ivoire	Café-cacao	48%
Burundi	Café	75%
Comores	Vanille	52%

Sources : Rapport sur le Développement dans le monde (1990 et 1991)

- **Annexe 5 :**

Tableau 7 :
Répartition de la dette privée et publique : le cas de la Côte d'Ivoire avant la dévaluation du FCFA (en millions de FCFA)

	Dettepublique organisme officiels	*%du total*	*Dettepublique organisme privés*	*%total*
1970	143.4	56,00%	112.0	44,00%
1971	179.3	51,00%	171.3	49,00%
1972	209.3	52,5%	188.7	47,5%
1973	254.7	43,8%	325.5	56,2%
1974	315.1	45,6%	375.6	54,4%
1975	384.5	40.8%	558.3	59,2%
1976	435.1	37,00%	735.8	63,00%
1977	591.9	31,00%	735.8	63,00%
1978	811.4	28,7%	2011.3	71,3%
1979	1074.2	27,6%	2813.3	72,4%
1980	1209.5	28,00%	3118.3	72,00%
1981	1153.3	25,8%	3316.7	74,2%
1982	1443.3	28,4%	3627.7	71,6%
1983	1642.5	33,3%	3272.6	66,6%
1984	1954.7	39,3%	3272.6	66,6%
1985	2592.1	43,7%	3329.0	56,3%
1986	3255.5	48,00%	3522.1	52,00%
1987	4729.4	56,00%	3720.3	44,00%

- **Annexe 6 :**

Tableau 8 :

Aide publique au développement : le cas de quelques pays de la zone Franc (avant la dévaluation)

	Côte-d'Ivoire	*Benin*	*Cameroun*	*Gabon*	*Congo*
1970	114	15	59	24	35
1975	101	54	125	63	56
1980	210	91	265	56	92
1981	124	82	199	44	81
1982	137	81	212	62	93
1983	156	86	129	64	108
1984	128	77	186	76	98
1985	118	95	153	61	69
1986	186	138	224	79	110
1987	254	138	213	83	152
1988	439	162	285	106	89
1989	403	263	458	133	92
1990	690	270	447	132	229
1991	633	268	519	143	136
1992	758	269	715	69	112
1993	766	289	547	102	129

Source : BAD (Rapport sur le développement en Afrique 1992 et 1995)

- **Annexe 7 :**

Tableau 9 :

Aide publique au Développement (avant la dévaluation du FCFA) (en millions de $US)

Quelques comparaisons internationales T9-1 avec d'autres pays africains

	Zaïre	*Rwanda*	*Ghana*	*Libéria*	*Égypte*	*Nigéria*	*Tunisie*	*Algérie*
1970	89	22	59	13	50	102	114	123
1975	205	91	126	21	2418	82	211	176
1980	428	155	193	98	1387	36	232	176
1985	306	180	196	91	1760	32	163	173
1987	627	245	373	78	1774	69	274	214
1988	576	252	474	65	1537	120	316	174
1989	634	233	552	59	1568	345	234	152
1990	823	287	499	115	5604	234	316	227
1991	457	366	997	61	4237	1027	242	1803
1992	274	351	749	441	1674	12	751	-776
1993	191	352	741	905	2793	761	701	708

Source : BAD (Rapport sur le développement en Afrique 1992 et 1995)

Remarque : il faut bien tenir compte de la taille du pays. Il semble clair que les facteurs politiques ne sont pas négligeables (cas de l'Egypte)

T9-2 *Avec d'autres PVD

	Haïti	*Nicaraga*	*Pérou*	*Brésil*	*Mexique*	*Israël*	*VietNam*	*Indoonésie*
1984	135	114	310	161	83	1256	114	673
1985	153	102	316	123	145	1978	109	603

Source : BAD (Rapport sur le développement en Afrique 1992 et 1995)

- **Annexe 8 :**

Tableau 10 :

Évolution du produit intérieur brut et de la masse monétaire pour certains pays de la zone franc avant la dévaluation

	Côtê-d' Ivotre		Cameroun		Gabon		Congo	
	PIB	Masse Monétaire	PIB	Masse Monétaire	PIB	Masse Monétaire	PIB	Monétaire
1974	679,6	162,81	477,2	72,89	341,6	195,43	135,7	26,91
1975	767,2	179.2	63.7	76,05	429,6	180,94	157,9	23,73
1976	1006,9	260,1	639,7	94,57	676,4	171,15	170,6	31,27
1977	1406,9	383,08	773,9	126,62	653	163,06	178,7	30,63
1978	1610,5	415,55	987,5	146,95	488	133,26	185,6	32,96
1979	1742,4	433,78	1167,1	184,25	567,7	152,39	234,60	39,96
1980	2102,7	438,73	1427,3	208,23	814,7	176,55	325,70	54,34
1981	2150,8	1464,39	1800,4	258,92	960,4	167,75	501,20	75,11
1982	2319,8	460,34	2158,1	298,48	1086,0	142,59	654,10	97,60
	[illegible]	[illegible]	[illegible]	377,06	1179,9	125,56	732,90	90,49
4	2661,9	826,05	3059,6	410,76	1458,3	114,50	871,00	101,34
1985	2838,7	939,44	3595,9	426,68	1536,2	93,96	867,60	111,86
1986	3005,3	963,90	3949,0	447,97	1116,1	85,42	652,20	97,51
1987	2846,8	929,25	3818,0	387,01	937,2	89,84	613,85	102,33
1988	2809,5	944,00	3568,0	421,98	956,0	95,76	567,90	97,54
1989	2655,6	867,72	3166,4	452,40	1131,6	104,06	664,32	96,59
1990	2386,9	845,41	3196,4	418,63	1234,7	58,97	675,88	
1991	2388,9	846,38	2932,8	429,90	1230,9	38,11	736,45	1112 7

Source : Banque Mondiale (Work Tables 1993)

- **Annexe 9 :**

Tableau 11 :

Les principaux indicateurs économiques et financiers dans la zone CEMAC après la dévaluation du FCFA

Agrégat	*2002*	*2003*	*2004*	*2005Est.*	*2006Prév.*
Recettes totales et dons (en milliards)	3682,8	3878,6	4413,5	6212,5	7716,0
Recettes totales(milliards)	3536,0	3687,6	4245,6	6030,4	7394,7
Recettes pétrolières	1737,5	1748,6	2287,6	3864,8	14964,6
Recettes non pétrolières	1798,5	1939,1	1957,9	2165,6	2430,1
recettes fiscales	1656,3	1780,0	1794,6	1983,4	2203,7
recettes non fiscales	142,2	159,0	163,3	182,2	226,4
Dons(en milliards)	146,8	191,0	167,9	182,2	321,3
11liards)	3417,4	3180,9	13671,4	4073,6	4737,8
Dépenses courantes	2557,2	2364,4	2487,8	2870,6	3097,1
dont salaires et traitements	838,9	887,4	923,0	920,9	977,6
intérêts de la dette publique	554,6	476,6	477,1	431,1	394,6
Dépenses en capital	860,2	816,5	1129,6	1202,9	1640,6
sur financement	626,0	1564,9	808,8	969,8	1372,2
Solde Primaire(en milliards)	907,5	1234,9	1426,0	2621,0	3319,9
Solde budgétaire de base(en milliards)	352,9	1758,3	948,9	2189,9	2925,4
Solde global,base engagements,hors dons(en milliards)	118,7	506,7	628,1	1956,8	2656,9

Agrégat	*2002*	*2003*	*2004*	*2005Est.*	*2006Prév.*
Solde global,base caisse(en milliards)	-146,1	597,7	-1360,6	1766,3	2286,5
Stock Dette publique(en milliards)	12585,9	12246,6	11135,6	10367,4	9917,1
dette extérieure	11892,5	11608,1	10605,1	9989,0	9578,7
dette intérieure	693,4	638,5	530,5	378,4	338,4
Arrières gestion courante(en milliards)	495,1	341,0	50,1	20,5	17,6
arriérés extérieurs	495,1	341,0	48,7	20,5	17,6
arriérés intérieurs	0,0	0,0	1,4	0,0	0,0
Critères de convergence					
solde budgétaire de base rapporté au PIB nominal(en%)	2,1	4,4	4,9	9,0	10,6
taux d'inflation annuel moyen(en%)	3,0	1,3	0,6	2,9	4,4
taux d'endettement public en% du PIB	75,5	70,3	57,2	42,8	36,1
accumu atJon arriérés gestion courante(en milliards)	495,1	341,0	50,1	20,5	17,6
Indicateurs					
taux de couverture extérieure de la monnaie(en%)	66,6	64,9	173,8	86,6	92,0
solde budgétaire primaire rapporté au PIB nominal(en%)	**5,4**	7,1	7,3	10,8	12,1

Agrégat	2002	2003	2004	2005Est.	2006Prév.
évolution masse salariale par rapport à l'évolution recettes fiscales::; 1	1,8	0,3	-2,3	-6,5	-2,1
déficit extérieur courant hors dons sur PIB nominal(en%)	**-9,3**	-9,0	-4,6	-0,1	0,5
taux de pression fiscale(en%)	13,2	13,9	13,5	14,0	14,5
solde global,base engagements,hors dons sur PIB(en%)	0,7	2,9	3,2	8,1	9,7
solde global,base caisse sur PIB(en%)	-0,9	3,4	-7,0	7,3	8,3
Comptes nationaux					
PIB nominal(en milliards)	16672,7	17418,1	19455,6	24200,0	27472,2
PIB nominal hors pétrole(en milliards)	12503,9	12815,7	13319,6	14213,4	15203,5
PIB en volume(au prix de l'année de base 1992)	11537,3	12018,8	12785,7	13228,6	13721,2
taux de croissance du PIB en volume(en%)	4,1	4,2	**6,4**	3,5	3,7

Sources : BEAC, Secrétariat exécutif de la CEMAC, Comité de convergence de la Zone franc, avril 2007

- **Annexe 10 :**

Tableau 12 :

Les principaux indicateurs économiques et financiers de quelques pays de la zone uemoa après la dévaluation du FCFA

Année	*2001*	*2002*	*2003*	*2004*	*20*	*2006*	*2007*
Recettes Totales et Dons(en milliards)	3451,9	3723,4	3978,3	4280,8	4575	023,3	5548,4
Recettes Totales(en milliards)	3065,4	3350,7	3488,0	3748,3	4010,6	4383,1	4802,0
recettes fiscales	2745,7	2996,0	3112,5	3343,5	3579,6	3890,4	4265,0
recettes non fiscales	292,2	321,0	334,6	345,2	369,5	417,7	459,1
Dons(en milliards)	386,4	372,7	390,3	545,6	577,8	653,3	759,4
Dépenses Totales et Prêts Nets(en milliards)	3692,1	4173,4	4433,0	4820,5	5230,6	5959,9	6408,5
dont Dépenses PPTE	62,9	90,8	121,9	140,0	165,4	159,4	172,0
Dépenses Totales(en milliards)	3772,0	4170,7	4412,9	4810,4	5184,8	5925,3	6398,0
Dépenses Courantes	2758,2	2966,2	3141,8	3293,5	3569,8	4019,9	4246,9
dont Depenses courantes primaires	2367,4	2563,0	2788,4	2982,6	3280,1	3729,3	3995,9
Masse salariale	1041,2	1126,9	1192,3	1254,0	1361,2	1457,7	1572,7
intérêts de la dette publique	390,8	403,2	353,4	310,9	289,7	290,6	251,1
Dépenses en Capital	950,3	1204,5	1271,3	1530,8	1615,0	1888,0	1035,4
investissements financés sur ressources internes							
Variation des arriérés de paiements	415,9	543,8	606,9	124,7	807,7	877,9	1035,4
	128,9	-398,2	303,8	261,6	106,7	107,4	-13,0
Solde primaire de base(en milliards)							
Solde Budgétaire de Base avec PPTE(en milliards)	282,1	243,9	92,8	27,9	-90,3	-237,1	-242,3
	-108,7	-159,3	-260,6	-283,0	-380,0	-527,7	-493,3
Solde Global Hors Dons(en milliards)							
Solde Global (en milliards)	-626,7	-822,7	-945,0	-1085,3	-1233,1	-1589,9	-1619,6
Solde budgétaire de Base hors PPTE(en milliards)	-240,3	-450,0	-454,7	-539,7	-655,3	-966,9	-860,2
Solde budgétaire de base caisse(en milliards)	-45,8	-68,5	-138,7	-143,0	-214,6	-355,2	-308,2
Solde courant(en milliards)	-111,4						
Solde primaire hors dons	279,7	-848,3	-150,9	-278,1	-548,6	-829,2	-873,2
	-315,7	350,8	308,8	399,1	387,7	320,3	512,1

Année	2001	2002	2003	2004	2005	2006	2007
		-416,8	-571,5	-764,3	-897,6	-1264,7	-1358,0
INDICATEURS DE CONVERGENCE(!)							
Premier rang							
Solde budgétaire de base/PIB nominal(en%)	-0,5	-0,7	-1,2	-1,2	-1,6	-2,1	-1,8
Solde budgétaire de base hors PPTE et dons budgétaires/PIE nominal(en%)	0,4	0,0	0,2	0,1	-0,1	-0,7	0,1
Taux d'inflation annuel moyen(en %	4,0	2,9	1,2	0,6	4,3	2,3	3,0
Taux d'inflation sous-adjacente(en%)	n.d	n.d	n.d	0,7	2,7	2,4	n.d
Encours de la dette publique totale au PIB nominal(en%)	90,3	79,3	75,5	71,0	66,7	50,6	45,4
Arrieres de paiement de la periode de la gestion courante(en milliards)(2)	237,6	230,2	622,2	951,3	556,7	474,8	42,5
arriérés de paiement intérieurs	21,5	45,2	174,1	164,3	92,1	23,7	0,0
arriérés de paiements extérieurs	216,1	185,1	448,0	787,0	464,6	451,1	42,5
Second rang							
Ratio masse salariale rapportée aux recettes fiscales(%)	37,9	37,6	38,3	37,5	38,0	37,5	36,9
Ratio masse salariale corrigée des dons budgétaires et des ressources PPTE(en%)	36,8	37,1	36,7	36,2	36,3	35,7	33,9
Ratio investissements publics financés sur ressources internes rapportés aux RF(en%)	15,1	18,2	19,5	21,7	22,6	22,6	24,3
Ratio investissements publics financés sur ressources internes corrigés des dons budgétaires et des ressources PPTE rapportés aux recettes fiscales(en%)	13,0	15,8	15,6	17,1	18,1	18,9	19,6
Solde extérieur courant hors dons sur PIB nominal(en%)	-6,2	-2,8	-5,4	-5,7	-7,3	-6,1	-5,3
Taux de pression fiscale(en%)							
AUTRES INDICATEURS	13,8	14,4	14,5	14,9	14,7	15,1	15,6
Solde global hors dons sur PIB nominal(en%)	-3,2	-4,0	-4,4	-4,8	-5,1	-6,2	-5,9
Solde global sur PIB nominal(en%)	-1,2	-2,2	-2,1	-2,4	-2,7	-3,6	-3,1
Solde global base CaiSSe sur PIB nominal(en%)	-0,6	-4,1	-0,7	-1,2	-2,3	-3,2	-3,2
Solde primaire de base en% du R.F	10,3	8,1	3,0	0,8	-2,5	-6,1	-5,7
Solde courant en% du PIB	1,4	1,7	1,4	1,8	1,6	1,2	1,9
Recettes totales hors dons en % du PIB	15,5	16,1	16,2	16,7	16,5	17,0	17,5

Année	2001	2002	2003	2004	2005	2006	2007
Dépenses totales en% du PIB	19,0	20,0	20,5	21,4	21,3	23,0	23,3
Dépenses courantes en% du PIB	13,9	14,3	14,6	14,6	14,7	15,6	15,5
Dépenses courantes primaires en % du PIB	11,9	12,3	13,0	13,3	13,5	14,5	14,6
Solde extérieur courant hors dons publics(en milliards)	-1232,8	-591,4	-1173,0	-1279,2	-1772,3	-1566,0	-1458,5
DETTE PUBLIQUE TOTALE							
Encours dette publique(en milliards)	17926,9	16497,5	16256,4	15958,5	16216,8	13013,6	12453,9
Encours dette exterieure(en milliards)	15716,1	14624,4	14146,9	13668,4	14261,0	11165,5	10660,5
Encours dette interieure(en milliards)	2210,8	1873,1	2109,5	2290,1	1955,8	1848,8	1793,3
COMPTES NATIONAUX							
PIB nominal(en milliards)	19863,4	20804,8	2153,8	22491,5	24295,3	25720,8	27413,5
PIB en volume(au prix de l'année 1996)	18836,7	19080,3	19817,6	20438,2	21339,3	225808,3	23048,4
taux de croissance du PIB en volume(en%)	3,8	1,3	3,9	3,1	4,4	3,4	4,5

Sources : Commission de l'UEMOA, Comité de convergence et BCEAO, avril 2007

- **Annexes 11**

Tableau 13 :

Inflation dans la zone CEMAC

DIX ANS D'INFLATION DANS LES PAYS DE LA CEMAC
Données regroupées par CREDIT RISK INTERNATIONAL

(*cri. jlt@Wanadoo. fr*)

PAYS	HAUSSE DES PRIX A LA CONSOMMATION Résultats annuels									Objectif (p)
	1996	1997	1998	1999	2000	2001	2002	2003	2004	2005
CEMAC Cameroun	0,6	4,6	3,2	1,9	1,0	4.6	2.8	0,6	1,0	1,6
Congo	9.7	19.3	-1,6	3,6	-0.3	0,4	3,8	-1,2	1,4	2,3
Gabon	0.8	2,3	2,3	-0,7	0,5	2,1	0,2	2,0	0,5	2,0
Guinée Equat	-5.6	10,6	7,8	1,1	4,6	8,8	7,6	7,3	4.2	6.0
R.C.A.	4,6	11,1	-1,9	-1,5	3,3	3,8	2,3	4,2	-2,1	2,0
Tchad	10,5	0.6	4.3	-8.0	3.8	12.4	5.2	-1.6	-5,4	5,0
Moy. CEMAC	*4,8*	*5.9*	*2,4*	*0,5*	*1,3*	*4,4*	*3,0*	*1,2*	*0,3*	*<3,0*
Afrique	*24.1*	*13,4*	*9,0*	*11,6*	*13,0*	*12.1*	*9.8*	*10,6*	*7,3*	*7,7nd*

Sources : Secretarzat de la Zone franc, Banque de France et FMI hors Zone franc.

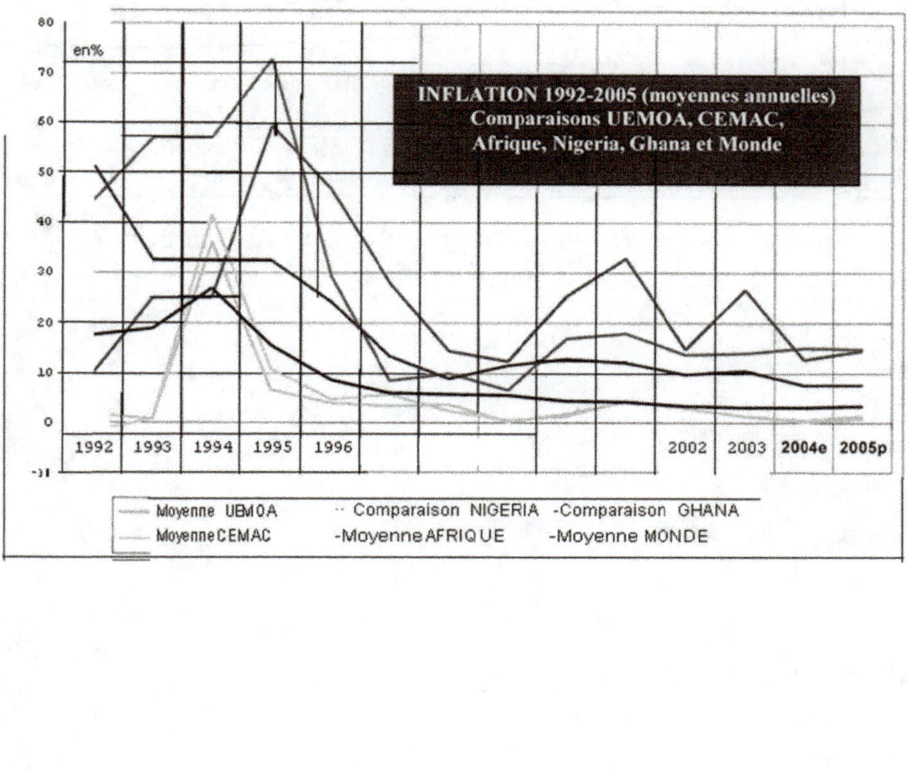

- **Annexes 12 :**

Tableau 14 :

Inflation la zone UEMOA

DIX ANS D'INFLATION DANS LES PAYS DE L'UEMOA
Données regroupées par CREDIT RISK INTERNATIONAL

(cri. jlt@Wanadoo. fr)

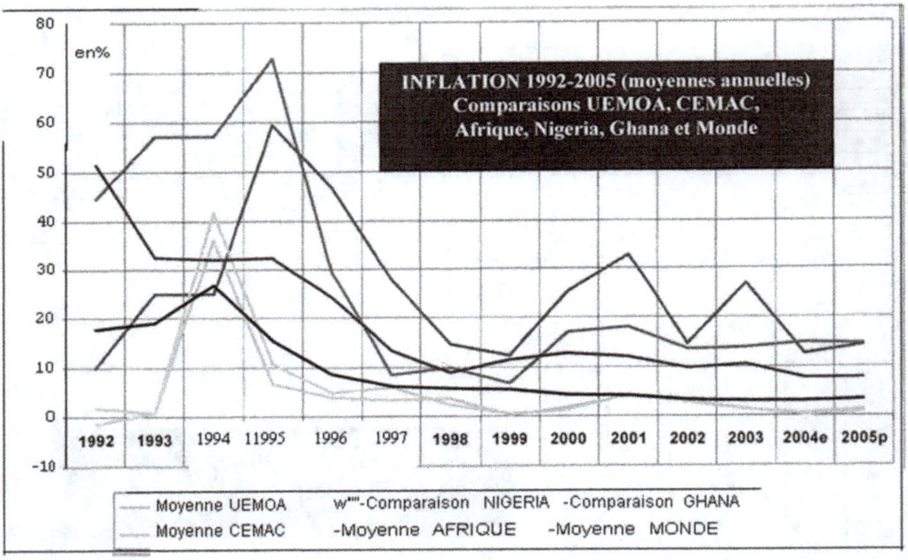

Sources : Secrétariat de la Zone franc, Banque de France et FMI hors Zone franc.

- **Annexes 13 :**

Tableau 15 :

CEMAC : Données statistiques de base (Production)

	1997	1998	1999	2000	2001	2002 Estim	2003 Prév Rév.
Pétrole bmt(en millions de tonnes)							
Cameroun	5,7	6	6	5,8	5,5	5,2	5
Congo	11,6	12,6	13,1	13,1	12,1	11,9	11,2
Gabon	18,5	17,6	15,6	13,6	12,9	12,6	12,3
Guinée Équatoriale	3	4,1	5,1	5,9	9,7	11,5	12,4
Tchad		-	-	-	-	-	1,3
CEMAC	38,8	40,3	39,8	38,3	40,1	41,2	42,2
Cacao(en milliers de tonnes):							
Cameroun	126,7	138,3	133,9	124,4	130,4	146,8	160
Gabon	0,7	0,5	0,5	0,5	0,4	0,5	0,5
Guinée Équatoriale	6,8	5	4,5	4,8	3,4	3,7	1,8
CEMAC	134,1	143,8	138,9	129,7	134,2	151	162,3
Café(en milliers de tonnes)							
Cameroun	88,7	84	95	82,4	67,3	54	55
RCA	12,7	6,1	12	11,8	8,5	4,5	6
Gabon	0,2	0,3	0,5	0,1	0,1	0,2	0,2
Guinée Équatoriale	0,2	0	0,1	0,1	0,1	0,1	0,1
CEMAC	101,7	90,3	107,5	94,4	76	58,8	61,4
Coton-graine(en milliers de tonnes)							
Cameroun	208,2	194	195,9	214,1	238,5	246	215
RCA	42,4	46	38,6	21,3	24,5	32,9	20
Tchad	262,2	161,4	184	143	164,5	165,5	165
CEMAC	512,8	401,4	418,5	378,4	427,5	444,4	400
Bois-grumes,sciages et dérivés(en milliers de m3)							
Cameroun	3269	3130	2700	2950	2070	1931,3	2008,6
RCA	534,4	622,4	633,4	806,8	782,3	708,1	711,6
Congo	722,9	830,3	614,9	722,9	1091,1	1418,5	1485,2
Gabon	2780	2260	2500	3034,1	2800	2500	2700
Guinée Equatoriale	687,7	421,9	788,6	714,9	669,9	574	521,4
CEMAC	7994	7264,6	7236,8	8228,6	7413,3	7131,9	7426,8
Produits							
Aluminium-bmt et dérivés(en milliers de tonnes)- Cameroun	68,4	67,2	74,2	72,9	63,6	47,2	45
Caoutchouc naturel(en milliers de tonnes)- Cameroun	56,8	55,4	55,8	56,9	55,2	50	54
Banane(en milliers de tonnes)- Cameroun	98,9	212,7	221	235,9	248,7	230,8	251,5
Diamants-bmt et taillés(en milliers de carats)-RCA	473,9	420	431,1	461	449,3	414,8	400
Tabac(en tonnes)-RCA	329,3	240	300	225,6	119,5	86	90,3
Produits pétroliers(en milliers de tonnes)- Congo	80	0	0	164,7	59,5	234,3	281,1
Rondins d'eucalyptus(en milliers de tonnes)-							

	1997	1998	1999	2000	2001	2002 Estim	2003 Prév.Rév.
Congo	308,5	416,5	536,7	531,1	318,7	82,6	352
Sucre(en milliers de tonnes)-Congo	38,71,9	42,9	42,8	50,7	56,3	54,9	60,3
Manganèse(en milliers de tonnes)-Gabon	513	2,1	1,9	1,7	1,8	1,9	2
Uranium(en millions de tonnes)-Gabon	-	736,7	358	-	--	--	--
Méthanol(en milliers de tonnes)-Guinée		--	--	--	473	725,3	928,7
Bétail(cheptel en milliers de têtes)-Tchad)	13534	13899	14843	15176	15551	15931,00	16329,2
Taux de change et d'intérêt	583,7	590	614,8	710	733	696,4	610,8
FCFA/$ E.U(moyenne)	803,2	800	840,4	936,5	947	901,7	834,3
FCFA/DTS	0	0	0	--	-	0,0	-
PIBOR à un mois							
Cacao(FCFA/Kg)							
Cameroun-libre qualité	233,5	612,5	450	350	350	550-1020	450-1356
Gabon	400	450	600	600	600	600	600
Guinée Équatoriale							
Café(FCFA/Kg)							
Cameroun-Robusta	450	500	600	325-525	500	805	750
RCA	249,1	450	418,8	387,5	125	75-300	75-300
Gabon	!50	180	!55	103	40	65	50
Guinée Équatoriale-non décortiqué	225	300	400	400	400	400	400
Coton-graine(FCF A/Kg)	167	225	225	225-400	200-350	200-350	200-350
Cameroun-! ère qualité	172,5	177	180,5	187,5	188	175	185
RCA	155/125	155/125	170/125	150/105	150/105	165/110	165/110
Tchad	194	168,2	150	183	163	167	157,7

NB : Les données du Cameroun sont présentées en année civile Source : BEAC, septembre 2003

- **Annexes 14 :**

Évolution des indicateurs économiques et financiers de la CEMAC après la dévaluation du FCFA

Tableau 16 :

Évolution du Solde budgétaire, base engagements, hors dons (en % du PIB), CEMAC

Pays	1997	1998	1999	2000	2001e	2002e
Cameroun	-1,2	-0,7	-1,9	3,4	2,9	4,8
RCA	-8,2	-10,8	-11'1	-7,1	-5,0	-5,6
Congo	-7,7	-12,7	-2,9	1,4	0,3	2,2
Gabon	1,6	-14,0	-0,2	11,8	7,0	9,0
Guinée-Equatoriale	-1,1	-2,2	2,0	6,7	14,4	11,4
Tchad	-10,2	-6,9	-8,6	-12,6	-11,3	-22,3
CEMAC	-2,1	-6,5	-1,1	3,7	2,1	1,0

Source : BEAC et Administrations nationales

Tableau 17 :

Solde des Transactions courantes (transferts officiels inclus) (en % du PIB)

Pays	1997	1998	1999	2000	2001e	2002e
Cameroun	-0,1	-2,6	-3,3	2,9	-0,4	-3,2
RCA	-2,4	-6,8	-2,6	-1,2	-3,8	-4,8
Congo	-6,9	-12,4	-9,8	19,2	0,8	0,3
Gabon	10,1	-13,2	8,4	20,7	1,0	-1,8
Guinée-Équatoriale	-27,0	-91,6	-70,3	-61,5	-59,3	0,0
Tchad	-11,4	-8,3	-11,4	-13,9	-37,7	58,6
CEMAC	-0,5	-8,9	-2,8	3,8	-8,3	-6,2

Source : BEAC et Administrations nationales

Tableau 18 :

Variation en % de l'indice du TCER composite des pays de la CEMAC (base 100 : 1993)

Pays	1994	1995	1996	1997	1998	1999	2000	2001
Cameroun	-34,1	6,6	0,2	-0,9	12,6	1,6	-3,7	3,2
RCA	-36,5	12,9	15,2	-1,5	2,4	-8,2	1,1	5,6
Congo	-30,3	8,0	5,1	11,8	8,4	-3,7	-5,9	-1,2
Gabon	-29,9	10,5	-1,3	-1,8	11,4	-6,2	-6,6	1,4
Guinée-Équatoriale	-20,9	3,8	-2,1	-4,1	24,3	-8,5	-2,8	5,9
Tchad	-27,3	8,4	5,1	1,0	5,8	-5,9	-3,3	10,5
CEMAC	-32,0	8,6	2,2	1,5	9,2	-2,5	-4,2	3,5

Sources : BEAC et Administrations nationales

Commentaires :

D'une manière générale, on peut dire que la zone CEMAC a connu depuis 2002 une croissance relativement forte comme le montrent les données regroupées. Cette croissance a été tirée essentiellement par la demande externe suite à un essoufflement des potentialités de croissance interne. Par ailleurs, on a enregistré une réduction importante des déséquilibres macro-économiques comme nous l'avions mentionné dans le chapitre 7. Certains pays souffrent du poids élevé de la dette et de son remboursement (Congo, Gabon, RCA). L'effort de stabilisation entrepris par la plupart des pays d'Afrique Centrale est en train de porter ses fruits dans la mesure où on note une réduction des déséquilibres macro-économiques, une baisse sensible de l'inflation et le maintien d'un niveau élevé de croissance.

Cet effort de stabilisation devrait ouvrir la voie à des stratégies orientées vers une relance plus forte de la croissance.

Ces stratégies devraient identifier de nouveaux secteurs porteurs capables d'attirer les investissements et de favoriser une transition dynamique des économies de la CEMAC d'une insertion traditionnelle basée sur le pétrole et les activités de rente vers des activités nouvelles et ayant un potentiel plus dynamique sur les marchés internationaux.

- **Annexes 15 :**

Tableau 19 :

Typologie des configurations institutionnelles dans les pays en développement

Démocratie >>idéale »	*Institutions*	*Implications économiques*
Contre pouvoirs,États de droit, consensus social + institutions de marché	long terme stabilité gouvernementale, faiblesse des coûts de transactions, administration indépendante du pouvoir politique, sécurité extérieure et intérieur, sociétés fortes	croissance économique et développement durable, réduction des inégalités, élargissement des marchés, ouverture; attractivité des IDE, innovations, sécurité matérielle
Démocratie factionnelle multipartisme sur base éthnique, clientélisme, pas de contrepouvoirs, faible indépendance et probité de justice, absence de consensus	Court terme, coûts de transaction élevés, instabilités des politiques, bureaucraties et justices politisée, sociétés fortes, légitimité de l'État	Instabilité et incertitude économiques; relations directes entre les oligopoles privés et les pouvoirs publics; faiblesse du développement durable; absence de respect des contrats, faible taux d'épargne
Autocratie réformiste « dictature éclairée », pouvoir charismatique consensus social autour du développement économique, abandon des libertés politiques	Planification, poids du secteur public, combinaison de politiques d'ouverture et industrielles interventionnistes, importance du nationalisme, État fort, société souvent faible, sécurité extérieure et intérieure	Construction des avantages comparatif, ouverture maîtrisée, équilibres financiers, gestion active des taux de change, politiques de protection(agricoJe, secteurs innovants)et de stabilisation macro économique
Autocratie paternaliste patronage, populisme, régime militaire	Alliance entre pouvoir et oligarques, société faibles et fractionnées.	Grandes inégalités, croissance extravertie avec filet social, forte instabilité, faiblesse du développement durable
Régimes prédateurs coups d' États, patrimonialisme, États kleptokrates	Institutions personnalisées et faibles, États et sociétés faibles, sécurité intérieure non assurée,Vo-Jonté limitée(willigness)et capacité faible(capalbility)des États à fournir des services de base à sa population, absence de légitimité de l' État	Fuite de l'épargne,captat derentes, firmes multinationa l · enclaves, destruction de l'environnement, stagnation économique
États faillis, fragiles ou en conflits	Mise sous tutelle institutionnelle, fractionnement territorial, repli sur communautés d' adhésien et d'appartenance(sectes, ethnies, clans) sécurité et intérieure non assurées,non légitime de 1 'État	Involutions économique, décapitalisation,_ rôle des mafias et des seigneurs de la guerre

Sources : Hugon, 2007 : tableau 5 : typologie des configurations institutionnelles des pays en développement (tableau utilisant en partie la typologie de Eifert, Gelb, Tallroth in » Gérer la manne pétrolière », Finances et développement vol40, mars 2003.

- **Annexes 16 :**

Tableau 20 :

Impact estimé de l'initiative PPTE sur la réduction de la dette (en VAN) des 40 pays éligibles concernés

On distingue, d'une part, le montant des allègements déjà accordés aux 21 pays ayant atteint le point d'achèvement, d'autre part, le montant susceptible d'être consenti aux 9 pays ayant atteint le point de décision et aux 10 pays n'ayant pas franchi le point de décision, mais potentiellement éligibles.

VAN : valeur actualisée nette

	Réduction (VA V 2005)
	Au 31 décembre 2006
Pour les 21 pays au point d'achèvement	
Total	30,3
dont Afrique subsaharienne(17 pays) dont Zone franc(6 pays)	23,2 4,6
Pour les 9 pays au point de décision	
Total	11'1
dont Afrique subsaharienne(Spays) dont Zone franc	11,0 2,5
Pour les 10 pays potentiellement éligibles	
Total	21,8
dont Afrique subsaharienne(S pays) dont Zone franc	20,7 4,6
Total 40 pays	63,2

Source : données FMI-Banque mondiale, décembre 2006, calculs Banque de France

Par ailleurs ; les exemples montrent que les tendances au réendettement concernent également des allègements PPTE, voire non éligibles à cette initiative (cas du Soudan en 2005, cas de l'Angola en 2005 (30%DSF)

Cette réalisée par la Banque mondiale sur un échantillon de 39 pays en développement bénéficiant des dons de l'AID confirme l'importance croissant de l'endettement non concessionnel dans leurs modes de financement. Ainsi à fin 2006 près de 27 % de l'encours de dette de l'échantillon serait non concessionnel.

- **Annexes 17 :**

Tableau 2l :

Impact des Initiatives PPTE et IADM sur les ratios d'endettement des pays de la Zone franc ayant atteint le point d'achèvement (en %)[105]

	Ratios avant PPTE(²⁵⁹)	*Ratios post-PPTE*	*Ratios post-IADM*
Bénin Dette/PIB	67,3	51,3	11
Service payé de la dette/exportations	14,2	8	49
Burkina Faso Dette/PIB	57,4	47,7	17
Service payé de la dette/exportations	21,5	11,5	4,6
Cameroun Dette/PIB	76,6	12,7	3
Service payé de la dette/exportations	12,5	3,2	1,5
Mali Dette/PIB	111,9	73,6	27
Service payé de la dette/exportations	14,6	5,8	4,3
Niger Dette/PIB	101,9	69,7	34
Service payé de la dette/exportations	8,4	4,2	3,6
Sénégal Dette/PIB	82,2	49,5	13
Service payé de la dette/exportations	17,1	7,6	4,7

Source : FM, Banque mondiale, Rapport annuel de la Zone franc 2004 et 2005

Données constatées au 31 décembre de l'année de franchissement du point d'achèvement, estimation FMI-Banque mondiale et AFD pour 2006 (2007 pour le Cameroun)

105 a) données à fin 2000

- **Annexes 18 :**

Tableau 22 :

Schéma : les règles constitutives des zones monétaires-éléments de comparaison (juin 1989)

	MONNAIE							
	DOMINANTE REGIONALE(R) ou/et NATIONALE (N) TAUX DE CHANGE							
		FIXE		FLOTANT				
		Monnaie dominante		Unité de compte marge de fluctuation	Monnaie dominante	Unité de compte Taux de change		Autres(DTS, dollar...)
		de jure	de facto			unique	multiple	
-Zone France Stricto sensu								
Avant 1960(2)	(+)	+						
1960-1973(2)		+						
Après 1973(2)		+						
1-Zone Franc Lata sensu								
Avant 1966(3)			+					
Après 1966(3)								-
-Zone Franc/UMOA Après 1973(1)		+(R)						
-Zone Franc /UMOA Réformes proposées(2)		+(R)				+(N)		
-Zone Sterling								
Avant 1950(2)	(+)	-	+					
1950-1967(2)		+	+					
1967-1972(2)			+		-			
Après 1972(3)			-		-			-
-Zone Peseta(2)	+							
-Zone Escudo(2)	(+)	-						
-Zone Belge(2)	(+)		-					
-Trois Zones après disparition					+			-
-Zone Dollar(3)			+					
-Zone Rouble(3)							+	
-Accords Monétaires								
Serpent CEE(1972-1978)(4)				+(N)				-(R)
SME(Après 1978)(4)				+(N)				-(R)

	CONVERTIBILITE		AVOIRS EXTÉRIEURS (mise en commun)			TRANSFERABILITÉ		REGLEMENTATION DES CHANGESG	
	garantie	non garantie	totale	partielle	nulle	illimitée	limitée	commune	nationale
-Zone France Stricto sensu									
Avant 1960(2)	+		+			+		+	
1960-1973(2)	+		-			+		+	
Après 1973(2)	+			+		+		+	
-Zone Franc Lato sensu									
Avant 1966(3)		-			–	+	–	de+ facto	de _Jure
Après 1966(3)		–			–				–
-Zone Franc/UMOA Après 1973(1)	+		+			+		de+ facto	de. Jure
-Zone Franc /UMOA Réformes proposées(2)	+			+		+		régionale	
-Zone Sterling									
Avant 1950(2)	'+		+			+		+	
1950-1967(2)	+			+		+	–	+	–
1967-1972(2)	+	–		+		+	–	+	–
Après 1972(3)		–			–		–		–
Zone Peseta(2)	+		+			+		+	
-Zone Escudo(2)	+			de+facto	de _Jure	+		de +facto	de _Jure
-Zone Belge(2)	+			+	–	+		de+ facto	de _ Jure
-Trois Zones après disparition		–			–		–		–
-Zone Dollar(3)		–			–		–		–
-Zone Rouble(3)		–		+			–		–
-Accords Monétaires									
Serpent CEE(1972-1978)(4)		–			-		–		–
SME(Après 1978)(4)		–		+			–		–

Source : GERARDIN, 1986-1, PP510-518, GERARDIN, 1989-8, PP. 186-187.

NB : Pour certains critères, la diversité des réglementations nationales justifie le classement simultané de certains groupements dans plusieurs catégories.

Bibliographie

ACEMOGLU, D. (2004), « Le Rôle des institutions dans le développement », *Finances et Développement In Problèmes Economiques* n-2848, P39-42.

AGHION, P., CAROLI, E. et GARCIA-PENALOSA, C (1999), Inequality and Economie Growth : The Perspective ofthe New Growth theories, *Journal ofEconomic Littérature* 37, 1615- 60.

AGLIETTA, M. (1990), « La convertibilité du rouble, fondements théoriques et conclusions pratiques », *Économie prospective internationale,* 4e Trimestre.

AGLIETTA, M. (1998), (Sous la Direction de M, AGLIETTA et A, ORLEAN), *La monnaie souveraine,* Odile Jacob

AGLIETTA, M., et MOUTOT. PH (1993) Rédeployer les reformes : comment adapter la stratégies de transition » ? in *Revue Économie Internationale CEPII, N-54,* 2e Trimestre, Russie : l'An II de la Transition.

AGLIETTA, M., CARTELIER, J, *Ordre monétaires des économies de marché,* Macroeconomie Internationale.,

AMIN, S. (1965), « Trois expériences de Développement en Afrique : Le Ma li, la Guinée, le Ghana », *Cahiers du tiers monde,* 1, Paris, PUF.

AMIN, S. (1973), *Le Développement inégal,* Les Éditions de Minuit, Paris.

AMIN, S. (1979), Classe et Nation dans l'histoire et la crise contemporaine, Ed de inuit, Paris. AMIN, S. (1996), *Les défis de la mondialisation.* L'Harmattan, Collection Forum du tiers--monde, Paris.

ANDREFF, W. (2006), in SLIM, A. (2006), Le commerce intra-branche : le cas de la Rép. Tchèque », *Travaux du CEMJ-EHESS.*

ASSELAIN, J. C. (1991), « Convertibility and Economie Transformation », *European Economy.*

ASSIGA, E. M (2004a), « Détérioration des termes de l'échange des matières premières africaines : réalités ou illusion statistique ? », *Revue Économie Appliquée* Tome LVII, N-3, Septembre, p. 15.

BALASSA, B. (1961), *The Theory ofEconomic Integration,* Allen and UnWin, London. BALASSA, *B., Comment : Regional Monetary integration of the Developing countries* in Mundell (R. A) and Swoboda (A. K) (eds), pp151-156.

BALASSA, B. (1975), *European economie,* p89, 416, Nord Holland, amercianc, Elservier, Amsterdam, New.

BALASSA, B., and STOUJESDISK, A (1975), « Economie integration among Developing countries », *In Journal of the Common Market studies,* Sept, pp37-56.

BALASSA, B. (1977), *Policy reform in developing countries* A/ST ed/Pergamon Press BALASSA, B. (1978, « Exports and Economie Growth », *Journal ad Development Economies,* Vol. 5, n-2, juin.

BALASSA, B. (1979), *World trade : Countries and opportunities in the 80's.*

BANQUE MONDIALE (1995), *« Ajustement, Réforme, résultat et Chemin à parcourir ».* Rapport.

BANQUE AFRICAINE DE DÉVELOPPEMENT (1999), *Rapport sur le Développement : Le développement des infrastructures en Afrique,* Economica

BARDHAN, P. K. (1988), « Alternatives Approaches to Development Economies », in H. Chenery et T. Srinivasan (editors), *Handbook of Development Economies,* Vol. I, Elsevier Science publisher, Amsterdam.

BARDHAN, P. K. (1989), « The New Institutional Economies and Development », *Journal of Economie Perspectives,* n-2, spring.

BARRERE, A. (1979), *« Déséquilibres Économiques et contre révolution Keynesienne »,* Economica.

BARRO, R. (1996), « Democracy and Growth », *Journal of Economie Growth,* 1-27. BASU, K. (1975), In BHATIA (R. J) et BASU (A), « Présentation analytique et Schématique du système monétaire de la Zone franc de la coopération financière d'Afrique Centrale », *Revue Tiers-monde* tome XVI, N-64 oct-déc, pp795-804.

BASU, K. (1994), *Agrian questions,* 251, Oxford university Press, Delhi, New York BATHA, R. (1985), The WEST African Monetary Union : an analytical review, FMI, occasional papers, n3 5.

BECART, A. (1994), « Nouvelle Zone franc africaine : la question oubliée », *Revue Banque N-550, juillet-août.*

BECART, A. (1997), *« Intégration et Développement : bilan et perspectives de la zone franc en Afrique »,* L'harmattan.

BEN HAMMOUDA, H. (1993), « Développement des rapports marchands et prélèvements : in hypothèse explicative de la crise du mode d'accumulation au Burundi », *Mondes en Développement,* tome 21, n-82.

BEN HAMMOUDA, H. (1995), *Burundi : Histoire politique et économique d'un conflit,* L'harmattan.

BEN HAMMOUDA, H. (1997), *Les pensées uniques en économie,* L'Harmattan.

BEN HAMMOUDA, H. (1998), « Les théories du Développement du post-ajustement », Conseil pour le Développement de la Recherche en Sciences Sociales en Afrique, CODESRIA, Dakar, Sénégal, in *Économie Appliquée* tome LI, N-2, P95-121.

BEN HAMMOUDA, H., KASSE MOUSTAPHA (2001), *L'avenir de la Zone franc, perspectives Africaines,* Préface d'Aboudoulaye Jennetti Collection CODSRIA-Karthala.

BEN HAMMOUDA, H. (2003), *L'intégration régionale en Afrique Centrale : Bilan et perspectives,* Editions Karthala.

BERG, D., PORTES, R. (1992), « Entreprise Debtand Economie Transformation : Financial restructuring in Central and Eastern Europe », *CEPR Discussion Paper* N-695, JUIN BERTRAND, J-P., HILLCOAT, G, *Bresil et Argentine : La compétitivité agro-alimentaire en question.*

BINET, 1. (1970), *Psychologie économique africaine (éléments de d'une recherche interdisciplinaire),* Paris Éd, PAYOT.

BOURGUIGNON, F, et VERDIER, T. (2000a), « ls financial openness bad for education ? A Political economy perspective on development », *European Economie Review,* 44, 891-903.

BOURGUIGNON, F., VERDIER, T. (2000a), « Ouverture et Développement : considérations d'économie politique », *Document* n-2000-23, *DELTA, CNRS, CERAS, BANQUE MONDIALE.* BOURGUIGNON, F. et VERDIER, T. (2000b), « Oligarchy, Democraty, inequality and Growth », *Journal of Development,* 62, 285-313.

BOURGUIGNON, F., WOLFONSOHN, J. D. (2004), « Développement et réduction de la pauvreté. Revoir le passé, penser l'avenir », Banque Mondiale.

BOFINGER, P. (1992), « The experience with monetary policy m an environnement with spong micronomic distorsions », in *CEPR,* The Économie conséquences of East, Londres Nuti, MD (1993).

BOYER, R. SAILLARD, Y. (eds), *Théorie de la régulation ; État des savoirs,* Paris la Découverte 143p.

BOYER, M. XAMBER, T-G., DELPAGE, G. et GILLARD, L. (1986), *Monnaie privée et pouvoir des princes,* Paris, Éditions du CNRS, Press de la Fondation nationale des sciences politiques, p. 92.

BLANCHARD & al (1991), *Reform in EASTERN Europe,* MIT Press.

LIPTON, D. &, SACHS, 1. (1990-1), « Privatisation in EASTER Europe : The case of Poland », *Brookings Papers on Economie Activity.*

BLOOMFIELD, A., « La politique Monétaire dans les pays sous-développés »

BRADY, H., VERBA, S., et SCHLOZMAN, K. L (1995), « Beyond SES : A ressource Model of Political Participation », *American Political Science Review,* 89 (2), 271-294.

BRANDER, J. A. (1981), « lntra-Industry in Identical commodities », *Journal of nternational Economies,* n-11.

BRANDER, J., SPENSER, B. (1985), « Export subsidies and international markets share rivalry », *Journal of International Economies,* n-18.

CARLUER, F. (2005), « Mise en évidence des déterminants macro-économiques et géographiques »

CHAVENCE, B. (2007), *Les grandes familles institutionnelles en Économie,* La Découverte, Paris.

CLERC, J-M. (2004), « La nature de la monnaie : une approche métrique », in *Revue Économie Appliquée* Tome LVII, N-2, JUIN, P. 43.

COHEN, *E. (2001), Régulation monétaire et responsabilité politique dans l'ordre économique mondiale : essai sur les autorités de régulation,* Fayard.

COMELLIAU, C. (1985), « Les propositions de transferts massifs de ressources du nord vers le Sud », in *Économie du développement, Recherches économiques et sociales,* n-11-12, 1984, p95-120.

COMELLIAU, C. (1997), *« Les défis de la mondialisation »,* ADA, IUED-Genève.

COMELLIAU, C. (2000), Les impasses de la modernité : critique de la marchandisation du monde, Seuil, Paris, 260 p.

CONTAMIN, B. (1988), *La bataille des entreprises publiques en Côte d'Ivoire, L'histoire d'un ajustement interne,* Karthala-ORSTOM.

CONTAMIN, B. & FAURE, M. (1988), « Les interventions économiques de l'État en Afrique », in *les Afriques francophones depuis les indépendances,* Oxford *Colloque.*

CHAÎNEAU, A. (1970), *« Mécanismes et politiques monétaires »,* Paris PUF, P. 34. CHANÎNEAU, A. (1985), Revue des livres, *Revue d'économie Politique,* Janv-fev, pp109-110. CHAÎNEAU, A. (1992), *« Manuel de macro-économie élémentaire »,* Paris, A. Colin, P. 209. CROSET, Y. et BELLE TANTE, B. (1990), *« L'Europe monétaire etfinancière »,* Paris, Ellipses. Tome 1, P. llü.

CONTAMIN et FAURE (1988), *« La bataille des entreprises publiques en Côte d'Ivoire. L'histoire d'un ajustement interne »,* Kathala-ORSTOM.

CONTAMIN& F AURE (l988), Les interventions économiques de l'État en Afrique, in *les Afriques francophones depuis les indépendances,* Oxford Colloque.

COMELLIAU, C. (1997), « Les défis de la mondialisation », *IUED-Genève.*

DAVIDSON, P. (2003), *Quels sont les éléments essentiels de la théorie monétaire post- keynésienne,* in PIEGA Y, P. et ROCHON, L-P, dir, *Théories monétaires post- keynésienne,* Economica, Paris, P19-40.

DENYSYUK, V. (2005), « Un partenariat entre l'Union et les NEIO : Transition en vue de l'intégration ou intégration pour la transition », *Revue du Marché Commun et de l'Union européenne,* N-487 Avril.

DE BOISSIEU, C. (1992), in *Revue Économies et Sociétés », T. 26,* N-9-12, SERIE ECONOMIE MONETAIRE.

DE BOISSIEU, C., COHEN, D., DE PONTBRIAND (1993), « Gérer la dette interentreprises : l'accumulation des impayés, les risques qui en résultent », in *Revue Économie Internationale CEPII,* N-54, 2E Trimestre : RUSSIE, L'AN II de transition.

DE LA GENIÈRE (1978), « Monnaie et contre-monnaie », *Revue Banque,* Janvier, P. 16

DENYSUK VITALI, Y. (2005), « Un partenariat entre l'union et les NEIO : Transition en vue de l'intégration ou intégration pour la transition ? », in *Revue du marché Commun et de l'Union européenne,* n-488 Mai.

DEVE, M. (1996), « Bilan des privatisations en Afrique : l'exemple de la zone franc », *Marchés tropicaux,* n-1912, septembre.

DIATKINE, S. (1995), *Théories et Politiques monétaires,* A. Collin, Paris.

DONGOTOU, TH. (1997), « Les privatisations des entreprises publiques en Afrique Subsaharienne à l'heure de l'ajustement structurale ! : deux expériences de désengagement de l'État, Le Congo Et la Côte d'Ivoire », *Mémoire de DEA,* EHESS-Paris, sous la direction de COMELLIAU, C, Prof IUED-Genève Suisse.

DONGOTOU, TH. (2005), *« Arbitrage Financier en Zone franc »,* Documents. DOSTALER, G. (1998), « La théorie post-keynésienne, la théorie Générale et Kalecki », in Maurisson, P., dir, La « THÉORIE Générale » de JOHN MAYNARD KEYNES : Un Cinquantenaire, *Cahiers d'économie Politique,* n-14-15, L'Harmattan, Paris, p123-142. FMI, PERSPECTIVES DE L'ECONOMIOE MONDIALE 2004.

DUMONT, R. (1965), « Le Développement agricole africain », *(Études tiers monde),* Paris PUF.

DEVE, M. (1996), « Bilan des privatisations en Afrique », *Marchés tropicaux,* n-1912. Septembre.

DOUANES FRANÇAISES.

EHLERMANN, C. D. (1994), « Le processus de libéralisation d'activités économiques et de la privatisation d'entreprises face au droit de la concurrence ». 16e congrès de la FIDE, octobre. Rome, in *Revue du Marché unique européen,* Mars.

ELIAS, N. (1991), *La société des individus,* Paris Fayard, p97.

EMERSON, M. et HUNE, C. (1991), *« L'écu »,* Paris, Economica.

ESSOMBE EDIMO NYA BONABEBBY (1995), « Quel avenir pour *l'Afrique » ? Financement et Développement. Silex/Nouvelles du Sud.*

FAVEREAU, 0. (1995), « Développement et économie des conventions » in PH. HUGON ; G. POURCET et S. QUIERS-VALETTE (Sous la direction), L'Afrique ces incertitudes, *IEDES* /PUF, Paris.

FAVEREAU, 0. (1988), « Probability and Uncertainty : After All, Keynes, Was *Right », Economies et Sociétés,* Tome XXII, N-10, P. 133-167.

FAVEREAU, 0, *La théorie des conventions,* Economica.

FEENSTRA, R. (1987), « Incentive Compatible Trade Policies, Scandinavian », *Journal of Economies,* 89 (3), 373- 387.

FMI, Perspectives de l'Économie mondiale, Avril 2004.

FONTAINE, J. M. (19923), « Demande et investissement dans le processus d'ajustement », *Tiers-Monde,* tome XXXLV, N-135, Juillet-Septembre.

FONTAINE, J. M., JACMART, M. C. (1993), « La réhabilitation de la demande. Points de repères et analyses *appliquées », tiers-monde* tome XXXIV, N-135, Juillet septembre.

FOWLER, A. (1996), *Institutional Development and NGOS in Africa. Policy perspectives for European Development Agences,* Intrac, Oxford, ip.

ISRAEL, Arturio (1996)

GABAIX, X. (1999), *Technical progress Leading to social regress and the lasses on trade, Mineo,* Harvard University Cambridge, USA.

GARBOUA, V. L., et WEYMULLER, B. (1979), *« Macro-économie contemporaine »,* Paris, Economica.

GERARLDIN, H. (1997), *Intégration et Développement : Bilan et perspectives de la Zone franc en Afrique,* L'Harmattan.

GILBERT, E. (1987), *« Tiers-Monde, controverses et réalités »,* Economica.

GNOS, C. (1997), « L'agriculture et la monnaie unique », Contribution au Démetier. *Économie et stratégies agricoles,* Paris, Armand Colin, p 13-51.

GNOS, C. (1998), « La théorie de Keynes : les enseignements du plan d'une Union de Compensation », In *Revue Économie Appliquée* Tome LI, N-2, Publiée avec le concours du CNRS, PUG (Presses Universitaire de Grenoble).

GNOS, . C. (2003), « Circuit Theory as an Explanation of the complex Real Worl », in Rochon

et ROSSI ed, modern théories of money. The Nature and rôle of money in capitalist Économies, Edaward Elgar, Cheltenham, p322-338.

GOUX, J. F. (1996), « Une explication monétaire non monétariste : la théorie post-keynésienne *», Revue française d'économie* vol XI, N-3, P69-94.

GRAZZIANI, A. (1990), « The theory of the monetray circuit », *Économies et sociétés,* vol. XXIV, N-6, P. 7-36.

GREENAWAY, D. (1987), « The New Theories of intra-industry Trade », *Bulletin of Economie Research,* april.

GRELLET, G. (1986), « Structures et stratégies du développement économique », *PUF.*

GRELLET, G. (1994), « Les politiques économiques des pays du Sud », *IEDES/PUF*

GROS, D. (1993), « Mettre un terme à la désintégration monétaire dans la CEl : Une banque inter-États pour le financement des échanges », In *Revue Économie internationale CEP!!,* N-54-, 2E Trimestre, Russie l'AN II de transition.

GUILLAUMONT, P. (1995), « Déclin et renouveau de l'économie du développement », *Revue française d'économie,* vol, X, N-1.

GUETAT, !. (2003), « Convergence au sein de la Zone MENA : *analyses théoriques et études empiriques »*

GNOS, C. (1988), *« The macroéconomie foundations of the comparative -cast principle History of Économie* . Ideas. II.

GNOS, C. (1994), « Le seigneuriage bancaire, mythe ou réalité ? », *Revue Banque* N-550 juillet-août, P44-46.

GNOS, C. (), *« Les États-Nations européens à l'épreuve de la monnaie unique », contributionà la dynamique de la démarche communautaire,* sous la Direction de F. HERVOUET, Paris, La Documentation Française.

GNOS, C. (1999), « Les pays de la zone euro doivent-ils se préoccuper des déséquilibres de leurs paiements réciproques ? », in *Économies et Sociétés, série « Monnaie »,* ME, N-1-2, septembre-octobre. P189-204.

GRELLET, G. (1994), *Les Politiques économiques des pays du Sud,* PUF.

JACQUEMONT, P. (1985), *Accumulation et Développement,* Harmattan, Paris.

HAGGARD, S. (1990), « Pathways from the periphery : the poltic of Growth in the Newly industrialising countries », *Corne!! University Press,* Ithaca.

HAYEK, F. (1976), *Dénationalisation of money,* HOBAT.

HELLIER, 1. (1993), « La similitude dans l'échange international : une revue critique des approches théoriques », *Revue française d'économie,* Vol . VIII, N-1.

HELPMAN, E., RAZIN, A. (1991) (Sous la direction de), « International Trade and Trade policy », *The MIT Press.*

HEPP, B. (1967), *« Monnaie et crédit en Afrique noire »,* PARIS, Mars.

HERLAND (l998), « Concillier liberté économique et justice sociale », *Cahiers d'économie politique,* L'Harmattan. Les solutions de Keynes.

HIRSCHMAN, A. (1964), *La Stratégie du développement économique,* Éditions ouvrières Pans.

HOSTMADSEN, P. (1967), « Les problèmes de la balance de paiements des pays en voie de développement », vol, n-4, n-2 juin.

HUGON, PH. (1995), « Robison ou vendredi ? la rationalité économique en Afrique », *Sciences humaines,* n-47, février, pll.

HUGON, PH. (1985), La crise financière en Afrique Subsaharienne et l'intervention du FMI, *Université de Paris X-Nanterre.*

HUGON, PH. (2007), Les spécificités de l'analyse institutionnelle des pays du Sud et leurs implications méthodologiques », École Thématique : les méthodes de l'analyse institutionnelle. La Rochelle 17-21 septembre 2007.

HOBEIKA, 0. (2003), « Transmission de la politique monétaire : cas de la zone·euro. HOMMET, J. M. (1991), *Le système financier français, c'est une expression malheureuse* Paris. Dunod, P. 62.

JACQUEMONT, P. (1988), « Désétatisation en Afrique, enjeux et perspectives », *Revue TiersMonde,* n-11.

JACOUD, 0. (2003), *Système monétaire et financier européen : La monnaie dans la Zone Euro.*

KRUEGER, A. 0. (1983), « The Effects ofTrade Stratégies on Growth », *Finance and Development,* 20Gun), 6-8.

KRUEGER, A. 0. (1984), « Trade Policies in Developing countries, in Ronald Jonas and PeterKenan », eds, *Handbook of International Economies* Voll, Asmterdam, North-Holland

KRUEGER. A., BHAGWATI, J-N. (1978).

KRUGMAN, P. R. (1981). « Trade, Accumulation and Uneven Development », *Journal of Development Economies* n-8.

KRUGMAN, P. R. (1990), *Policy Problem of a Monetary Union, in the European Monetary système in the 1990's.*

KRUGMAN, P. R. (1990), « Rethinking International Trade », *The MIT Press.*

KRUGMAN, P. R. (l991), « Has the Adjustment Process Worked ? », Washington, D. C. Institution for International Economies, *Policy Analysis in International Economies,* n-34, october.

KRUGMAN, P. R. (1993), « Toward a Counter-Counterrevolution in Development theory », Proceedings of the World *Bank. Annual Conference on Development Economies* 1992, Washington.

KRUGMAN, P. R. (1994), « The Myth of Asias's Miracle », *Foreign Affairs, November/Decem*ber.

KRUGMAN, P. R. (1995), *Development, Geography and Economie, Theory,* MIT Press, Cambridge and London.

LACATELLI, C. (2004), « L'échec du consensus de Washington dans les secteurs des hydrocarbure Russes : la déficience des institutions formelles de marché », *Économie Appliquée* Tome LVII, N-3, P. 51.

LA ZONE FRANC, BCEAO, BEAC (1993) : *Rapports annuels.*

L'HERITEAU, M-F. (1986), *Le Fonds monétaire international et les pays du tiers-monde,* PUF P. 154.

LAFAY, G. (1996), *Comprendre la mondialisation,* Economica. LAFAY, G (1997), *L ' éuro contre l'Europe,* Arléa.

LAÏDI, Z. (1989), *Enquête sur la Banque Mondiale,* Fayard.

LAÏDI, Z. (2005), « Pour une gouvernance social-démocrate », Held, alui/Ed *Sc-Politique, Les Press Économie Internationale et Mondialisation,* vol. l, 112p.

LEWIS, W. A. (1978), The Evolution of The international Economie Order, Princeton, N. J, *Princeton University Press.*

LEWIS, T., FEENSTRA, R and WARE, R. (1989), « Eliminating Priee Supports : A Political Perspective », *Journal of Public Economies,* 40 (2), 159-185.

LUCAS, R. (1990), « Why Doesn't Capital Flow from Rich to Poor Countries » ?, *American Economie Review,* 80 (May), 92-6.

MAHIEU, F. R. (1990), *Les fondements de la crise économique en Afrique,* L'Harmattan, P. 9. MAHIEU, F. R. (1995), « Les stratégies individuelles face à la pauvreté : Côte d'Ivoire versus Burundi », in L'Afrique des incertitudes des *PUF,* PH, Hugon, G. Pourcet et S. Quiers-Valette.

MAHIEU, F. R., JARRET, M. F (2E et 3E doc) (2002), *La Côte d'Ivoire : de la déstabilisation à la refondation,* L'Harmattan, Paris, 144p.

MEDARD, J-F. (1991), États d'Afrique Noire : formation, mécanismes et crise/sous la Direction du Ministère de la Coopération française (1993), *Document.*

MICHAEL Y, M. (1977), « Exports and Growth : an Emprical Investigation », *Journal of Development Economies,* Vol. 4.

MOUTOT, PH., AGLIETTA, M. (1993), « Comment adapter la stratégie de Transition », *Revue Économie Internationale (Opcit).*

MUNDELL, R. (1998), In *Wall street Journal,* 24 et 25 mars.

MUNDELL, R. (2004), « Dans Euro et les dysfonctionnements du SMI », *Problèmes Économique,* 2848.

MYRDAL, G. (1957), *Rich and Poor, Harper,* New-York.

NARASSIGUIN, P. (2004), « Monnaie : banques et banques centrales dans la zone euro » NDULI, 1. (1991), « Growth and Adjustment in Sub-saharan Africa », in A. Chiber et S. Fischer (editors), Economie Reform in sub-saharan, *World Bank, Washington.*

NORRO, M. (1998), *Analyse économiques d'Afrique Subsaharienne,* De BOECK University Presse.

NORTH, D. C. (1980), *« L'essor du monde occidental : une nouvelle histoire économique »,* in Robert Paul, Flammarion, 228p, Paris.

NORTH, D. C. (1988), « Intégration monétaire dans les pays en Développement », *Finances et Développement,* Vol. 18, n-4, dec, P41-44.

NORTH, D. C. (1994), *Institutions change and Économie Performance, Cambridge,* Cambridge University Press.

NORTH, D. C. (1994), « The New Institutional Economies and Development », *Forum,* n-2, Voll, may.

NORTH, D. C. (2005), *Le processus du développement économique,* Présentation de Claude MENA, PARIS, Ed. D'organisation 23p.

NORTH, DOUGLAS, C. (2005), *Understanding vthe processus of economie change, Princeton,* N. J., Pricneton University Press.

NSOULI, S. M. et ZULU, B. (1984), « Les Programmes d'Ajustement Structurels en Afrique », *Finances et Développement,* Vol. 21, n-1, mars, p5-9.

PALMERO, S. (2004), « Intégration et Régionalisation : une approche par les modèles de bloc », in *Revue Économie Appliquée* Tome LVII, N-1, Mars.

PEPITA OULD-Ahmed (2004), « Sortir de l'Alternance troc/monnaie : le cas de l'Hystérisis du troc en Russie dans les années 90 », . In Révue *Économie Appliquée* Tome LVII, N-2, Juin.

PERROUX, F. (1958), *La coexistence pacifique,* PUF, 3VOL (XI-666P).

PERROUX, F. (1966), « Qui intégré ? Au bénéfice de qui se fait l'intégration » ?, *économie Appliquée, Archives de l'JSEA,* N-3-4, PP 387-414.

PERROUX, F. (1969), *L'économie du vingtième siècle,* Paris, PUF.

PERROUX, F. (1980), « Une reforme monétaire internationale par régionalisation », *Le monde* du 12 août.

PIAGAY, P. Et ROCHON, L. P. (2004), « Théories monétaires post keynésiennes », *Revue économie Applique,* n-4, Tome LVII Décembre, p. 163-186.

PINTO, B., BELKA& JEWSKI (1993), « Transforming stade Entteprises in Poland : Evidence of Adjustement by Manufacturing firms », *Brookings Papers on Économie Activity, 1,* pp. 213- 270.

PITIOT, H., SCIALOM, L. (1993), « Système bancaire et dérapage monétaire : Réformes du secteur bancaire et création monétaire », In *Revue Économie Internationale CEP!!,* N-54, 2E Russie : l'an II de la Transition.

PISANI, E. (1998), *Pour l'Afrique,* Éditions Odile Jacob, P. 12.

PL PORTES, R. (1989), « Économie Reforms, International Capital Flows and The Development ofDomestic capital Markets », *European Économie Review,* Mars.

PORTES, R. (ed) (1993), « Économie Transformation in central Europe, a Progress Report »,

CEPR et Communautés européennes, 294p.

PLANE, P. (1994), *Ajustement et Développement : l'expérience des pays ACP,* Paris.

RAIMBAULT, . G. (2003), « Mille termes pour comprendre l'Union européenne après l'introduction de l'euro : l'Union européenne face aux grands problèmes du moment. » Rapports, WERNER (1970), DELORS51989), EMERSON (1990).

RIBOUD, 1. (1978), Préface de Henri GUITTON : *Mécanismes des Monnaies d'aujourd'hui et de demain,* éditions de la RPP.

RICARDO, D. (1951), *« Repley ta BOSSANQUET, The wooks and correspondance of Ricard,* Cambridge, At the University Press, Volume IIIP. 222.

ROGOFF (1985), « Can International Monetary Policy Coopération be counterproductive ? », *Journal of international Economies,* 18, p 199-217.

ROMO, H. G (1994), « De la pensée de la CEPAL au néo-libéralisme, du néo-libéralisme au néo-structuralisme : une revue de la littérature Sud-américaine », *Tiers-monde,* n-140, oct-dec.

ROMER, P. (1986), « Increasing Returns and ling-Run Growth », *Journal of Political Economy,* n-94.

ROMER, P. (1993), « Two stratégies for Economie Development : using idems and producing Ideas », Proceedings of the world bank, *Annual conference on Development Economies* 1992, Washington.

ROSENSTAIN-RODAN, P. (1943), « Industrialisation of Eastern and South Eastern Europe », *Economie journal,* Vol. 53.

ROSENSTAIN-RODAN, P. (1961), « Notes on the theory of the Big Push », H-S. Elis etH. Wallich (editors), *Economie Development for Latin American,* st Martin's Press, New- York.

RUTTAN, W et WAYAM, Y (1984), « Toward a theory oflnduced Institutionnal Innovation », *Journal of Development studies,* n-20.

SACHS, J. (1993), « Réussir la stabilisation monétaire en 1993 : pourquoi la stabilisation macro- économique est urgente ? » in *Revue Économie Internationale CEP!!,* N-54-2È Trimestre : La RUSSIE L'AN II de la Transition.

SAPIR, 1. (2006), *Séminaires du CEMI*

SAPIR, 1. (2006), *La fin de l'euro libéralisme,* Odile Jacob, Paris.

SAPIR, 1. (2008), Une décade prodigieuse. La crise financière entre temps court et temps long, *Revue de la régulation, Capitalisme, institutions, pouvoirs,* n-2, 2e semestre 2008, Varia, Opinions-débats.

SALAMA, P., VALIER, 1. (1990), *L'économie grangrenée,* La Découverte, Paris.

SAPIR, J . (1993), « Formes et nature de l'inflation : Pourquoi les thérapies classiques sont vouées à l'échec ? », (Opcit).

SAPIR, J. (2005), *Quelle économie pour le XXIe Siècle ? Odile* Jacob. SAPIR, J (2005), *La jin de l'eurolibéralisme,* Seuil, Paris.

SAPIR, J. (2008), Une décade prodigieuse. La crise financière entre temps court et temps long, *Revue de la régulation Capitalisme, institutions, pouvoirs,* n-2 2e semestre 2008, varia, Opinions-débats

SARGENT, T., WALLACE, N. (1981), « Sorne Unpleasant Monetarist Arithmetics », *Federal Reserve Bank of Minneaolis Quarterly Review,* 5, n-3.

SAWIDES, A. (1995), « Economie Growth in Africa », *World Development,* Vol. 23, n-3.

SCHMIIT, B. (1975), *La génération des monnaies europeennes,* Castella.

SCHMID, D. (2005), « La présidence stable de l'Eurogroupe : une amélioration toute relative de la gouvernance économique européenne », *Revue du Marché Commun et de l'Union européenne,* N-485 février.

SECRETARIAT GÉNÉRAL DE LA DÉFENSE NATIONALE : L'ÉTAT-NATION ET SON AVENIR, Paris, *la Documentation Française (1995).*

SENOBLE, R. (2002), *Thèse de doctorat, EHESS.*

SEN. A., DREZE, 1. (1989), *Hunger and Public Action,* Clarendon Press, Oxford, 373p SEN, A. (l999), *Dévelopment as Freedom,* Oxford University Press, Oxford, 366p SEN, A. (2005), *Rationalité et liberté en Économie,* Odile Jacob, Paris, Vol 1, 559p,

SGARD, 1. (1993), « La transition en Europe de l'Est : vieux débats et nouveaux arguments », controverses sur la transition, in *Revue Économie Internationale,* N-56, 4E Trimestre.

SLIM, A. (2006), Le commerce intra-branche : le cas de la Rep. Tchèque dans L'U. E en 2005

SOLOW, R. (1956), « Acontribution to the theory of Economie Growth », *Quarterly Journal of Economies,* n-70, february.

SOUMANA. ABDOULA YE (2002), « Intégration Économique, Politique Monétaire et Financement du développement, la zone franc à l'épreuve des mutations Régionales. Zone franc-Euro. *Thèse de Doctorat, Orléans.*

SOUTHARD, A. F . (1968), « Le rôle de la Banque Centrale dans la politique économique générale », *JR,* VOL. 5, N-2, JUIN.

SPECTOR, D. (1999), « Is't possible to redistribute the gams from trade usmg mcome taxation ? », *Mimeo, MIT, Cambridge,* USA

STERN, N. H. (1991), *Le rôle de l'État dans le développement économique. Conférences Walras-Pareto* Édition Fayot, Lausanne.

STERN, N., DETHIER ET ROGERS ET BANQUE MONDIALE, 2004.

STIGLITZ, J. E. (1985), « Economies of lnformation and the theory of Economic development » *Revistra de econometrica,* n-1.

STIGLITZ, J. E. (1986), « The New Development Economies », *World Development,* Vol 14, n-2.

STIGLITZ, J. E. (1988), « Economie organisation, Information and Development », H. Chenery et T. N. SRINIVASAN (editors), *Handbook of Development Economies,* Vol. I, Elsevier Science, Piblishers, Amsterdam.

STIGLITZ, J. E. (1994) « The rôle of State in Financial Markets », *Proceedings of the World Bank, Annual Conference on Development Economies,* 1993, Washington.

STIGLITZ, J. E. (1996), « Somme Lessons from The East Asian Miracle », *The World Bank Re- search. Observer,* Vol. 11, n-2, August.

STIGLITZ, J. E. (1997), « The rôle of Government in Economie Development »,

M. Bruno et B. Pleskovic (editors), Annual *World Bank conference on Development Economies* 1996, The World Bank, Washington.

STIGLITZ, J. E., GREENA WA, B. (2005), *Économie monétaire : un nouveau paradigme,* Paris, Economica.

SZÉ KELY *I. P&D. M. G. Newbert (ed), Hungary : an Economy in Transition,* CEPR et Cambridge University Press, 361p.

VIALLON, S. (1998), La construction monétaire européenne et la zone franc, sous la direction de C. GNOS, Dijon, *Thèse de doctorat.*

VILLEPIN, X. (2004, *« Rapport d'information fait au Nom de la délégation pour l'Union européenne sur l'élargissement de la Zone euro.*

TAYLOR, L. (1979), Macro Models for Developing Countries, Mc Graw Hill.

TAYLOR, L. (1981), « <S-LM in the Topics : Diagrammatics ofthe New Structuralist Macro-critique », W. R. Cline et Weitraubns (editors), Economie stabilisation in Developing countries, *the Brookings Institution, Washigton.*

TAYLOR, L. (1988), Varieties of stabilization Experience. Towards sensible Macroeconomies in the Third Word, WIDER/Claredon Press, Oxford.

TAYLOR, L (ed) (1992), *Socially Relevant Policy Analysis, Structuralist Computable General Equilibrium Models for the Developing World,* The MIT Press, 379p.

TOURE MAMADOU (1998), La construction monétaire européenne et la zone franc Sous la Direction de C, GNOS, *Thèse de doctorat, Dijon.*

TRIFFIN, R. (1954), « Convertibilité ou intégration ? Convertility or integration ? », *Revue Économie Appliquée* Tome VII, 1954, N-4, OCT-DEC, PUF.

TRIFFIN, R. (1964), « Les possibilités d'établir une union de compensation et des paiements en Afrique », *Rapport TRIFFIN, R,* N-103, Février.

TROTIGNOM, 1. (2004), « Une Union Monétaire de l'Argentine et du Brésil est-elle réalisable ? », *Revue Économie appliquée* Tome LVII, N-4 Décembr, p 97. *Traité de l'UEMOA (1994),* Janvier Dakar, Sénégal. Traité de Maastricht in, *Économies et sociétés,* 1992, tome 26, N-9-12. Septembre-octobre.

VILAS BOAS, PH. (200 1), Réflexion sur la constitution d'une Zone monétaire optimale au sein des principaux pays du MERCOSUR : L'Argentine et le Brésil, *Mémoire.*

YONG, H. (1994), « Économie-néo-institutionnelle et développement : une analyse synthétique », *Revue d'économie du développement ;* n-4.

ZIOTOWSKI, Y. (1993), « La politique monétaire et « thérapie de choc »en Pologne : les limites de l'expérience 1990-1991. Pourquoi les canaux usuels de la politique économique n'ont pas joué ? » *Revue Économie Prospective internationale* N-53, 1ER Trimestre, La Documentation Française, CEPII.

Rapport de soutenance

Rapport de soutenance de la Thèse de Monsieur Thimoté DONGOTOU

Introduction

Monsieur Thimoté DONGOTOU a présenté le lundi 27 avril 2009, une Thèse de doctorat en **Economie des institutions**, dont l'intitulé est formulé ainsi qu'il suit:

« Les dynamiques d'intégration économique et monétaire en Zone Franc à l'heure de l'euro et développement institutionnel ».

La Thèse a été dirigée par Monsieur Claude GNOS, Maître de conférences HDR de l'Université de Bourgogne.

Une fois rassemblés, les membres du Jury se sont accordés pour désigner le Professeur Charles Zacharie Bowao, de l'Université Marien Ngouabi de Brazzaville, en qualité de Président du Jury. Le Président du Jury ainsi désigné à l'unanimité a remercié ses collègues pour la confiance et salué la coopération interuniversitaire comme facteur de progrès universel en matière d'enseignement supérieur et de recherche fondamentale et/ou appliquée.

Après quoi, les membres du Jury ont écouté Monsieur Thimoté DONGOTOU qui a fait, en une vingtaine de minutes, l'économie de son travail de Thèse. Puis, à tour de rôle, les membres du Jury se sont prononcés sur le fond et sur la forme de la dissertation soumise à leur critique appréciation. Monsieur Thimoté DONGOTOU a pu répondre aux différentes observations, questions et autres critiques formulées par les membres du Jury.

Enfin, conformément aux us et coutumes en la matière, le Jury a délibéré souverainement, et rendu publiques ses conclusions.

Résumé de la Thèse

Le document présenté selon les normes universitaires recommandées, se compose d'un volume de 755 pages, dont 42 pages de Bibliographie, agrémenté des Annexes (176 pages), de 7 pages d'abréviations et 1 page consacrée à la carte de la Zone Franc : soit un total de 829 pages.

La réflexion se focalise principalement sur quatre parties :

I - La zone franc comme projet d'intégration et de développement économique (approche historique et évolutive) ;

II - Approche d'intégration par la fiscalité et règles ;

III - La création monétaire en zone franc africaine(ZFA) : conditions et scénarios ;

IV - Les nouvelles régulations économiques et l'économie politique de l'intégration.

A l'aune des évolutions contemporaines liées particulièrement à la mondialisation, et à la lumière du débat en cours sur les différentes crises économiques et financières (débat qui est encore loin de se conclure), la Thèse se donne pour objet essentiel d'analyser les dynamiques d'intégration en zone franc à l'heure de l'euro, autant que faire se peut, selon une méthodologie plutôt non classique, qui en fait dans une très large mesure l'originalité, en effet.

Et pour cause ?

La méthode retenue par Monsieur Thimoté DONGOTOU se résume en la restitution intelligente et critique de nombreuses analyses disponibles, plus théoriques qu'empiriques, restitution qui ne fait pas l'économie d'une argumentation soutenue, parfois même débordante. Ainsi, volontairement, l'auteur a choisi de ne pas construire son travail à partir d'un socle empirique ou d'une formalisation économétrique, en concentrant sa démarche sur plusieurs aspects repérables au sein de la zone franc Africaine, et en mobilisant à souhait les outils issus des travaux d'auteurs hétérodoxes d'inspiration keynésienne, marxiste, régulationniste, évolutionniste.

La réflexion aboutit de façon éclectiquement originale à la conclusion que la zone franc procède d'une organisation sui generis, et n'est donc pas une ZMO, encore que :

a) une harmonisation de la fiscalité est nécessaire et que la théorie hétérodoxe des finances publiques empruntée aux travaux d'auteurs postkeynésiens et circuitistes peut-être appliquée dans les PVD et en ZFA ;
b) les dimensions de l'intégration européenne ne présentent pas de risque de décalcomanie aux PVD ;
c) l'analyse de la monnaie supranationale et les scénarios qui engagent l'avenir de la zone franc africaine ne semblent être réalisables qu'à très long terme ;
d) l'Economie Politique Internationale de l'Intégration (ou le régionalisme institutionnel) se révèle comme n'étant que de nouvelles régulations en ZFA à l'heure de l'euro.

Les différentes articulations et argumentations se structurent principiellement sur les mots clés que voici : Zone franc, Zone euro, Théorie des Zones monétaires optimales (ZMO), Approches par l'intégration fiscale et par les règles, monnaie supranationale, nouvelles régulations économiques et monétaires, économie politique internationale de l'intégration, régionalisme institutionnel.

Interventions de Messieurs les membres du jury :

Charles Zacharie BOWAO,
Professeur, Président du jury, Université Marien NGOUABI/Brazzaville

Pour lui, la réflexion entreprise dans le travail de Monsieur Thimoté DONGOTOU apparaît fortement d'actualité. Le travail est relativement bien structuré, équilibrée dans ses articulations, et pertinent quant aux perspectives qui s'en dégagent.

Les points de vue développés par le doctorant s'inscrivent dans l'approfondissement absolument nécessaire dans la recherche contemporaine en sciences sociales, même si les questionnements soulevés à juste titre nécessitent autant une décentralisation disciplinaire qu'un recadrage interdisciplinaire, pour mieux rendre compte des perspectives fonctionnalistes retenues, relatives aux réformes inhérentes aux processus d'intégration économiques et financières, entre la France désormais engagée dans l'euro, et l'arrimage à l'euro du franc CFA.

Dans le travail, il se dégage la nette impression que toute la démarche de l'auteur n'est pas ponctuée systématiquement de prises de position personnelle. L'analyse est dominée par une sorte de tolérance épistémologique qui n'est pas toujours de mise pour ce genre de travail universitaire. Ainsi, le doctorant aurait pu prendre en compte le débat controversé en cours au niveau de l'Union Africaine sur la portée et la limite de l'éventualité d'une « monnaie unique africaine ». Tout comme il aurait pu investir dans cette dissertation les points de vue des auteurs comme Ben Hammouda et autres qui abordent ces

3

questionnements sans solution de continuité, notamment dans le cadre du Conseil pour le développement de la recherche en sciences sociales en Afrique (CODESRIA).
Il est bien regrettable que nulle part dans le travail ne se problématise, pour ainsi dire, la notion de mondialisation, notion si chère aux économistes en général, aux « monétaristes » en particulier, alors que les dynamiques d'intégration mises en perspective sont, à tort ou à raison, une caractéristique essentielle de celle-là. Or, le caractère interdisciplinaire gagnerait à un tel exercice épistémologique, surtout s'il s'accompagnait d'une analyse comparative entre « mondialisation » et « mondialité », pour mieux cerner les contours du temps contemporain (cf. par exemple : ***Bowao C.- Z. La mondialité entre histoire et avenir, Paris, Ed. PAARI, 2004***)

La dissertation en discussion suscite quelques interrogations, entre autres :

1. Du point de vue des perspectives, quel est le point de vue de l'auteur sur les Zones monétaires optimales d'un point de vue rétrospectif et prospectif ?

2. Relativement aux dynamiques d'intégration économique et monétaire, y'a-t-il une différence entre « mondialisation » et « globalisation » ? Quel est le sentiment de l'auteur sur les expériences francophones et anglophones en la matière ainsi considérée ?

3. La Thèse pose un problème de surdétermination entre l'intégration monétaire et l'intégration économique, que pense le doctorant sur la question de la dévaluation et de la compétitivité ? La dévaluation des monnaies fortes (l'euro, par exemple) peut-elle avoir des conséquences sur les autres zones monétaires ?

4. La monnaie unique en Afrique est-elle vraiment une réponse souhaitable à la nécessité d'accélération économique et l'intégration monétaire ?

Alain PARGUEZ,
Professeur, Rapporteur, Université de Franche Comté

Pour avoir fait le pré rapport à la soutenance, le Professeur Alain PARGUEZ, pense que la version présentée de la Thèse de Monsieur Thimoté DONGOTOU est parmi les meilleures qui traitent des problèmes des pays en développement en matière monétaire et financière.

Alain PARGUEZ fait quelques remarques de fonds d'une part sur le concept d'économie capitaliste abordée dans la Thèse et la théorie du circuit monétaire faisant allusion à l'économie du Mexique d'autre part : pour lui il s'agit d'un mariage plutôt audacieux.

Une autre remarque a porté sur le traité de Maastricht. Il pense que Michel AGLIETTA et CARTELIER ont joué un rôle dans son élaboration. Il pense également que le traité développe la pire orthodoxie économique. Concernant la théorie des Zones monétaires optimales développées dans la Thèse, il souligne que personne n'a jamais trouvé une Zone monétaire

 4

optimale et que les modèles d'équilibre général Walrasiens se reposent sur les conceptions et paradigmes classiques de compréhension de la monnaie.

Une autre remarque porte sur l'euro : pour Alain PARGUEZ, l'Europe a de l'avantage d'avoir une monnaie unique (cf. Les arguments de Claude GNOS qui pense que l'euro a un aspect positif).
A ce sujet il définit une monnaie unique comme un bien et que l'union monétaire européenne a été prise en otage. Si l'on appliquait la politique des pays de la Zone euro aux PVD ce serait vraiment catastrophique.

Le Professeur Alain PARGUEZ insiste sur le fait que la théorie du circuit monétaire ne présente pas de contrainte exogène limitant les analyses de l'Etat. Les arguments développés dans la Thèse de Monsieur Thimoté DONGOTOU ont tendance à s'inscrire dans une vision progressiste. Allusion faite à La thérapie de choc appliquée à la Russie et aux autres pays issus de l'éclatement de l'Europe de l'EST.

D'où la question : est-ce grâce à l'union monétaire que l'Afrique peut progresser économiquement et socialement?

Comment la Zone Franc peut elle être liée à une zone monétaire en pleine régression ?

Par rapport à MUNDELL, Alain PARGUEZ pense qu'il est ultraconservateur.

En conclusion, Alain PARGUEZ souligne que le travail de Monsieur Thimoté DONGOTOU est très intéressant, mais ne fait pas trop la différence entre l'union monétaire et la conception de l'union monétaire dans le contexte africain dans l'optique d'une classification rigoureuse. Il pense aussi que la théorie monétaire de l'Etat est en contradiction avec la théorie de MUNDELL.

Jacques SAPIR,
Professeur, Directeur d'Etudes, EHESS, Paris

Selon Monsieur Jacques SAPIR, la Thèse de Thimoté DONGOUTOU est une réflexion qui traite des sujets importants extrêmement sollicités dans les années 1990.
Il suggère de faire un parallèle avec le FCP (qui pose les mêmes problèmes en terme de développement c'est-à-dire le problème du devenir du FCP) : d'où la question faut-il raccrocher le FCFP ?
La Thèse soulève la problématique du développement institutionnel et traite de façon remarquable des problèmes monétaires des pays de la Zone franc et donc de l'économie politique internationale de ces pays.
Comme tout travail, le Professeur Jacques SAPIR pense que le travail de Thimoté DONGOTOU présente aussi bien des lacunes que des atouts.

5

Les lacunes :

La Thèse présente des imperfections de forme (pages 609), les reproches de fonds ayant déjà été signalés.

Faut-il parler d'intégration monétaire ou d'intégration du développement ?

L'auteur de la Thèse aurait pu dire davantage sur :

- les zones de coopération économiques optimales « ZCEO » ;
- la discussion sur les économistes hétérodoxes (RODRICK ...)
- l'hétérodoxie appliquée dans la zone euro (AGLIETTA....)

La Thèse pose à cet effet un problème d'usage d'hétérodoxie. Elle présente les limites de l'épistémologie ouverte. La thèse manque un devoir de vérité, autrement dit, il n'y a pas de prise de position personnelle.

La première partie fait une revue de la littérature.

Le travail manque d'enracinements ; la théorie du futur de la zone franc présente quelques limites. Concernant les références de terrain on apprend très peu par rapport aux rapports du FMI et la Banque mondiale.

Des atouts de la thèse :

La Thèse de Monsieur Thimoté DONGOTOU est un travail positif. Elle pose le problème du développement institutionnel du Franc CFA depuis les années 90, 2000-2002 : les approches de la dévaluation du FCFA de 1994.
Jacques SAPIR suggère à Monsieur Thimoté DONGOTOU plus d'audace intellectuelle, bien que l'humilité soit une qualité pour un jeune chercheur, mais elle peut aussi être un défaut. Cet atout peut ne pas permettre d'établir une position personnelle sérieusement élaborée.

Un autre atout de la Thèse se trouve dans le fait d'aborder la politique monétaire de la Banque Centrale Européenne(BCE) notamment le commerce intra-industriel (intra-branche). Elle traite la question de la violence de la monnaie.

Un atout pour la zone franc serait de faire la comparaison avec le secteur exportateur (cas du Gabon par exemple) : ces problèmes ne peuvent pas faire l'objet d'une homogénéisation abusive par la monnaie.

La Thèse soulève aussi une approche « des mécanismes du FCFA » qui pose problème.

En conclusion : Jacques SAPIR pense que Monsieur Thimoté DONGOTOU a des moyens pour aller plus loin dans sa recherche, notamment en faisant la confrontation des études empiriques et économétriques. Monsieur Thimoté DONGOTOU a les capacités de se dépasser en s'affirmant, autrement dit en proposant des analyses plus dynamiques d'intégration par rapport à la complexité de la Zone Franc dans ses deux composantes.

Claude GNOS,
Maître de Conférences HDR, Directeur de Thèse (Université de Bourgogne)

En tant que Directeur de la Thèse, Monsieur Claude GNOS a plutôt recadré le travail de Monsieur Thimoté DONGOTOU. La Thèse soulève le problème de la monnaie et de l'hétérodoxie. Comment peuvent-ils être appliqués dans les PVD.

Pour Claude GNOS, la Thèse présente le processus d'intégration monétaire et soulève les questions monétaires et d'intégration monétaire et développement. Elle aborde la théorie des Zones monétaires optimales appliquées en Afrique. La question de l'euro est abordée par rapport à l'approche de Bernard SCHMITT de la monnaie supranationale.

Pour Claude GNOS, Monsieur Thimoté DONGOTOU a la possibilité de poursuivre son travail notamment le problème de la monnaie qui rend l'économie monétaire réelle. La Thèse soulève le problème de l'originalité de la monnaie notamment en faisant allusion aux travaux de PARGUEZ.

En conclusion, le Professer Claude GNOS adhère aux critiques formulées par ces prédécesseurs sur le travail de Thimoté DONGOTOU.

Conclusion

Après avoir répondu avec ferveur aux questions posées par les membres du Jury, Monsieur Thimoté DONGOTOU a pris acte des critiques formulées et a suggéré de poursuivre ces recherches dans le cadre des formations postdoctorales. Trois points semblent déterminants pour l'appréciation ultime du travail de recherche de Thimoté DONGOTOU.

1 - la question de l'enjeu risqué d'un travail universitaire ;

2-les limites inéluctables de toute application méthodologique ;

3-la complexité de la position « africaine » par rapport à la position « européenne », aussi bien historiquement qu'au regard de l'avenir de la civilisation humaine.

Le Professeur Charles Zacharie BOWAO, en tant que président du jury, tient à redire à quel point la recherche de Thimoté DONGOTOU est stimulante et originale pour la recherche contemporaine en sciences sociales et en particulier en sciences économiques.

Si l'économie est avant tout une science sociale, le travail de Thimoté DONGOTOU ouvre des perspectives pluridisciplinaires enrichissantes pour l'évolution possible de nos cursus

7

universitaires. Devant cette perspective la Thèse de Thimoté DONGOTOU peut-être la première pierre d'un nouvel édifice épistémologique à construire, dans une perspective non classique. Les membres du Jury conseillent à Monsieur Thimoté DONGOTOU sur la base d'une relecture de son travail, de spécialiser ses recherches sur l'Economie Politique Internationale des pays de la Zone franc, en insistant sur les possibilités d'accords monétaires qui pourraient remplacer l'actuel F Cfa, en tirant les enseignements sur l'action du FMI et de la Banque Mondiale ces vingt dernières années.

En définitive, la Thèse de Doctorat en **« économie des institutions »** de Monsieur Thimoté DONGOTOU a obtenu, après délibération, la mention **« très honorable »**.Thèse pouvant être reproduite dans son intégralité, après relecture.

Fait à Paris le 27 avril 2009

Le **Président du jury :**

Charles Zacharie BOWAO, Professeur,
Université Marien NGOUABI

Membres :

Claude GNOS, Maître de Conférences,
Directeur de thèse, Université de Bourgogne

Alain PARGUEZ, Professeur,
Université Franche Comté

EHESS

Jacques SAPIR,
Professeur, Directeur d'Etudes, EHESS

Copie certifiée conforme à l'original
Paris, le 21/9/2010
Pour le Directeur des Enseignements et de la Vie étudiante
et par autorisation

Catherine Redon
Responsable du Service de la Scolarité

8

Table des matières

DROIT
AUX ÉDITIONS L'HARMATTAN

Dernières parutions

DROIT DES RESSOURCES NATURELLES
Éléments d'élaboration, d'analyse et d'évaluation des lois
Mukendi Mukendi Ntantamika
Préface de Maître Emery Mukendi Wafwana
Cet ouvrage tente de répondre à la problématique induite par la quête scientifique et politique d'un meilleur système d'appropriation des ressources naturelles, d'un meilleur dispositif de contrôle d'accès à leurs gisements et de redistribution des revenus de leur exploitation. C'est par la construction d'archétypes de régimes juridiques déduits des critères institutionnels, écologiques, sociaux et économiques du principe de développement durable que ce livre procède.
(Coll. Harmattan RDC, 612 p., 49 euros)
ISBN : 978-2-343-15169-4, EAN EBOOK : 9782140122569

LES PROCÉDURES DE CONTRÔLE A POSTERIORI EN RD CONGO
Mise en oeuvre de contrôles douaniers et accisiens modernes et efficaces
Alain Tenday Lupumba
Préface d'Albert Yuma Mulimbi - Postface de Gabriel Mwepu Numbi
"Les objectifs de cet ouvrage sont de sensibiliser les professionnels et les autres acteurs du commerce international aux spécificités du contrôle douanier a posteriori et d'offrir une approche pratique et spécifique des rôles et responsabilités des uns et des autres. En l'intitulant Les procédures de contrôle a posteriori en RD Congo, mise en oeuvre de contrôles douaniers et accisiens modernes et efficaces, l'auteur a volontairement pris le parti de questionner l'ensemble des composantes susceptibles d'influencer la performance de l'administration douanière, y compris les aspects humains" (extrait de la préface de Albert Yuma Mulimbi)
(Coll. Comptes Rendus, 270 p., 28 euros)
ISBN : 978-2-343-17235-4, EAN EBOOK : 9782140122149

AN OUTILINE OF CUSTOMS POLICY OF THE DEMOCRATIC REPUBLIC OF CONGO
2003-2010
Jean-Paul Esamba Bokel'Ipoka
Foreword by Déo Rugwiza Magera
An Outline of Customs Policy of the Democratic Republic of Congo presents in the easiest way what is meant by customs policy in general, its basics namely: objects, elements, sources, instruments, functions (...), regional and international frameworks. The author stresses on the customs policy progress from 2003 to 2010, which is a decisive period in the DRC customs management, through the implementation of 2003 customs reform and modernization programme.
(Coll. Harmattan Cameroun, 156 p., 17 euros)
ISBN : 978-2-343-17710-6, EAN EBOOK : 9782140122040

LA GOUVERNANCE FORESTIÈRE EN RÉPUBLIQUE DU CONGO
1899-2017
André Ondele-Kanga
Ce livre a été rédigé pour documenter et archiver, au profit des générations futures, l'historique de la gouvernance forestière en République du Congo de 1899 à 2018. Il dénonce un paradoxe de la

gouvernance forestière actuelle qui, renonçant à la croissance économique du secteur, fonde son satisfécit sur le succès diplomatique retentissant qui fait jouer au pays un rôle honorifique de leadership des forêts du bassin du Congo.

(Coll. Harmattan Congo-Brazzaville, 376 p., 37,5 euros)

ISBN : 978-2-343-15305-6, EAN EBOOK : 9782140121845

LES CHEFFERIES TRADITIONNELLES AFRICAINES FACE À LA DYNAMIQUE DES RÉFORMES TERRITORIALES

Contribution à l'étude des processus de décentralisation

Koko Adiki Tovenim

Cette étude, au-delà d'un bilan sur les processus de décentralisation en Afrique, se veut aussi prospective en offrant une mise à jour des institutions locales en Afrique subsaharienne dans le cadre des réformes territoriales entreprises ces dernières années.

(Coll. Études africaines, 228 p., 24,5 euros)

ISBN : 978-2-343-17045-9, EAN EBOOK : 9782140121371

LES MUTATIONS RÉCENTES DE LA JUSTICE ADMINISTRATIVE EN AFRIQUE FRANCOPHONE

Etude critique à partir du modèle camerounais

Olivier Fandjip

En Afrique francophone, on observe ces dernières années des réformes qui tendent, d'une part, à consolider les différents modèles de justice administrative en vigueur et, d'autre part, à améliorer la qualité de la justice. Ces évolutions renouvellent les interrogations sur la déconcentration et l'autonomie des juridictions administratives. À travers une analyse critique et prospective, cet ouvrage montre que, malgré l'importance de ces mutations, les problématiques de l'accès et de l'autonomie de la justice administrative se posent encore avec acuité.

(Coll. Études africaines, 254 p., 25 euros)

ISBN : 978-2-343-16510-3, EAN EBOOK : 9782140120657

DROITS DES TÉLÉCOMS ET DU NUMÉRIQUE

Profil africain et congolais, prospective comparée d'Europe et de France

Kodjo Ndukuma Adjayi

Les télécoms, l'Internet et le numérique sont des facteurs techniques de transformation du droit. À l'origine, les télécoms étaient sous le régime des services publics. À partir des États-Unis et de l'Europe, l'OMC (1994-1997) a promu le droit sectoriel de la régulation. Partout, de nouveaux défis sont nés, dans le démantèlement des monopoles vers une totale économie de marché. Pour la République démocratique du Congo, ses lois « dérégulatrices », figées depuis le 16 octobre 2002, contrastent avec les mutations numériques, économiques et sociétales des États postmodernes à l'épreuve d'Internet. L'« Europe des télécoms » réajuste constamment sa politique législative autour d'objectifs structurants : construction du marché, diffusion technologique, protection des données, etc. Si l'Afrique s'adapte à peine et avec peine, la République démocratique du Congo entend bien encadrer télécoms et TIC, renouveau de régulation étatique, échanges et commerce électroniques, à travers trois textes de loi en gestation...

(Coll. Enjeux et droits numériques, 434 p., 39 euros)

ISBN : 978-2-343-15722-1, EAN EBOOK : 9782140119033

DROIT DE L'ÉCONOMIE NUMÉRIQUE

E-commerce et dérégulation européenne, française, internationale, africaine, congolaise des télécoms

Kodjo Ndukuma Adjayi

Télécoms, Internet et numérisation ont donné prise à la révolution numérique. La phénoménologie d'ordre sociétal qui en résulte est une source réelle pour le Droit. Aujourd'hui, l'État fait face à des polycentres du pouvoir normatif et aux géants planétaires du Net. L'indépendance du Net postule la régulation seulement par le code informatique et par le marché. Tourneboulés, les paradigmes du droit offrent deux approches possibles de législation : via le contenu des activités réseautées ou via leur contenant. Le réseau est, en effet, la voie électronique pour le commerce à distance. Il monétise la valeur du clic ainsi que les intelligences sans cesse inventives. Il faut donc appréhender les enjeux dans le champ d'un Droit de l'économie numérique.

(Coll. Enjeux et droits numériques, 460 p., 42 euros)

ISBN : 978-2-343-15721-4, EAN EBOOK : 9782140119057

ESCULAPE ET MARS

Certificat médical et détention d'armes

Tanguy Kerneïs

Comment rédiger un certificat médical pour "faire du tir" et que faut-il écrire ? Engage-t-on sa responsabilité pour établir un certificat lors d'une demande d'inscription à l'examen du permis de chasser ou pour rédiger un document pour ce patient qui vient d'hériter du fusil du grand-père et qui veut le conserver ? Cet ouvrage explique les arcanes de la législation des armes et détaille les diverses situations pour que ces certificats ne deviennent pas une source d'inquiétude supplémentaire à une époque où la détention et l'usage d'une arme provoquent une angoisse sociétale.

SPM (92 p., 13 euros)

ISBN : 978-2-917232-98-9, EAN EBOOK : 9782140119460

CENTENAIRE DE LA DEUXIÈME RÉVOLUTION RUSSE

Perceptions et représentations contemporaines

David Cumin

2017 fut l'année du centenaire de la Révolution russe. Les contributions regroupées dans cet ouvrage s'intéressent aux perceptions et aux représentations contemporaines de cet événement. Comment perçoit-on le bolchevisme et l'URSS de nos jours, aussi bien en Russie qu'en France ou en Europe occidentale ? Andreï Gratchev (ancien conseiller de Mikhaïl Gorbatchev) fournit une réponse inédite sur ce point.

(Coll. Épistémologie et philosophie des sciences, 182 p., 19 euros)

ISBN : 978-2-343-17482-2, EAN EBOOK : 9782140120411

SÉPARATION DES POUVOIRS ET CONTRE-POUVOIRS

Actes des 1ères journées scientifiques de droit constitutionnel

Palais des Congrès de Niamey, du 10 au 13 octobre 2017

Oumarou Narey

Avec l'Association Nigérienne de Droit Constitutionnel (Andc)

L'ouvrage tente de remettre en lumière l'essence de la séparation des pouvoirs et l'esprit des contre-pouvoirs alors qu'ils ont toujours été au centre des débats doctrinaux. La tombée en désuétude de la théorie ou son inadaptation aux réalités contemporaines fait que l'on assiste aujourd'hui à la construction d'une notion de substitution, celle de contre-pouvoir. Mais le recours presque frénétique à la notion, dans le champ du droit constitutionnel et politique, comporte un risque principal : celui de la perte de toute portée explicative et de son sens critique.

(Coll. Harmattan Sénégal, 518 p., 49 euros)

ISBN : 978-2-343-16827-2, EAN EBOOK : 9782140120237

QUAND SURVEILLER C'EST PUNIR

Vers un au-delà de la justice pénale

Dominique Rivière

Punir semble la réponse naturelle à un acte jugé indésirable. Pourtant, constatant l'impossibilité de définir clairement l'acte délictueux ou criminel, et réalisant que ce sont surtout les pauvres qui sont punis, la question du sens de la peine se pose, et plus encore sa justification. Remplacer le mot crime par situation problème, c'est envisager un au-delà de la justice rétributive. Refuser toute violence, c'est aller vers une société où le paradigme punitif cède la place au soin, à l'éducation, à la médiation, à la protection des personnes. Abolir la prison, et le Code pénal, suppose un changement de regard : l'autre, dans une altérité parfois très difficile, reste un être de parole et ne peut être l'objet de coercition. Puissent ces lignes ouvrir un nouvel horizon qui exclue radicalement la violence.

(Coll. Questions contemporaines, 222 p., 22,5 euros)

ISBN : 978-2-343-17356-6, EAN EBOOK : 9782140120138

POUR UNE CRIMINOLOGIE INTERCULTURELLE

Ethnoprobation

Guillaume Arandel

Préface de Philippe Pottier. Postface de Loïck M. Villerbu

Travailler avec des personnes délinquantes ou victimes suppose une adaptation à la diversité humaine et la singularité des situations. Or, dans un contexte d'interculturalité, les risques d'incompréhensions, de méprises et de maladresses sont démultipliés. L'analyse proposée ici s'appuie sur différentes méthodes et s'inspire de disciplines telles que : l'approche comparée (France, Canada, Mali), la philosophie, l'anthropologie juridique, l'ethnopsychiatrie, la communication interculturelle ou encore des témoignages. Développer ces savoirs revient à se donner l'opportunité de mieux appréhender les différentes cultures pour, in fine, encourager une meilleure prise de conscience de celle dans laquelle nous évoluons. Il s'agit de mieux appréhender les cultures questionnées, en comprendre leurs déviances et de gagner en lucidité sur leurs valeurs.

(Coll. Controverses, 134 p., 15 euros)

ISBN : 978-2-343-17291-0, EAN EBOOK : 9782140120008

LA DOMANIALITÉ DES BIENS DE L'ADMINISTRATION PUBLIQUE À L'ÉPREUVE DES RÉGIMES FONCIERS TRADITIONNELS

Samba Sarr

De nombreuses difficultés demeurent par rapport à la gestion du domaine, qu'il soit public ou privé, qu'il appartienne à l'Etat ou aux collectivités territoriales. Les droits coutumiers désormais reconnus et magnifiés à la faveur de la valorisation des traditions séculaires contestent la primauté du droit écrit. L'auteur présente la photographie des biens de l'administration publique ainsi que leur évolution par rapport aux régimes fonciers coutumiers.

(426 p., 42 euros)

ISBN : 978-2-343-17362-7, EAN EBOOK : 9782140120046

LES SÛRETÉS ET GARANTIES RÉELLES DANS LES PROCÉDURES COLLECTIVES

Yaya Diallo

Préface de Philippe Delebecque

En France et dans l'espace OHADA, le droit des procédures collectives renvoie aux procédures judiciaires spéciales et dérogatoires par rapport au droit commun réservées au traitement curatif des difficultés des entreprises. D'ordre public, ce droit est destiné à l'entreprise débitrice et à ses créanciers. Conformément aux objectifs poursuivis, les droits et sûretés subissent des atteintes et des restrictions. Mais cette emprise naturelle du droit des procédures collectives sur les sûretés des créanciers est remise en cause. Les nouveaux mécanismes de garantie de créance ont été différenciés des sûretés réelles classiques. Il en résulte une incohérence entre le droit des sûretés et le droit des procédures collectives. Pour y remédier, cette thèse propose l'extension de l'emprise du droit des procédures collectives aux propriétés sûretés.

(Coll. Logiques Juridiques, 564 p., 49 euros)

ISBN : 978-2-343-15222-6, EAN EBOOK : 9782140119538

LIRE LES CONSTITUTIONS

Laureline Fontaine

Ouvrage coordonné par

Le phénomène du constitutionnalisme englobe plusieurs événements et appréciations : la philosophie initiale s'appuyant sur la valeur du droit comme « capable » de limiter et de cadrer le pouvoir politique qu'il s'agit effectivement de limiter et de cadrer, relayée par la valeur anthropologique du droit comme « élément traducteur » de la société humaine ; l'élaboration, la pratique, l'interprétation, la pensée et la diffusion des constitutions aussi, au sein des différents espaces géographiques et temporels, qui comptent donc autant d'éléments non juridiques que juridiques.

(Coll. Questions contemporaines, 196 p., 19,5 euros)

ISBN : 978-2-343-16082-5, EAN EBOOK : 9782140119132

Structures éditoriales du groupe L'Harmattan

L'Harmattan Italie
Via degli Artisti, 15
10124 Torino
harmattan.italia@gmail.com

L'Harmattan Hongrie
Kossuth l. u. 14-16.
1053 Budapest
harmattan@harmattan.hu

L'Harmattan Sénégal
10 VDN en face Mermoz
BP 45034 Dakar-Fann
senharmattan@gmail.com

L'Harmattan Cameroun
TSINGA/FECAFOOT
BP 11486 Yaoundé
inkoukam@gmail.com

L'Harmattan Burkina Faso
Achille Somé – tengnule@hotmail.fr

L'Harmattan Guinée
Almamya, rue KA 028 OKB Agency
BP 3470 Conakry
harmattanguinee@yahoo.fr

L'Harmattan RDC
185, avenue Nyangwe
Commune de Lingwala – Kinshasa
matangilamusadila@yahoo.fr

L'Harmattan Congo
67, boulevard Denis-Sassou-N'Guesso
BP 2874 Brazzaville
harmattan.congo@yahoo.fr

L'Harmattan Mali
Sirakoro-Meguetana V31
Bamako
syllaka@yahoo.fr

L'Harmattan Togo
Djidjole – Lomé
Maison Amela
face EPP BATOME
ddamela@aol.com

L'Harmattan Côte d'Ivoire
Résidence Karl – Cité des Arts
Abidjan-Cocody
03 BP 1588 Abidjan
espace_harmattan.ci@hotmail.fr

L'Harmattan Algérie
22, rue Moulay-Mohamed
31000 Oran
info2@harmattan-algerie.com

L'Harmattan Maroc
5, rue Ferrane-Kouicha, Talaâ-Elkbira
Chrableyine, Fès-Médine
30000 Fès
harmattan.maroc@gmail.com

Nos libraires en France

Librairie internationale
16, rue des Écoles – 75005 Paris
librairie.internationale@harmattan.fr
01 40 46 79 11
www.librairieharmattan.com

Librairie l'Espace Harmattan
21 bis, rue des Écoles – 75005 Paris
librairie.espace@harmattan.fr
01 43 29 49 42

Lib. sciences humaines & histoire
21, rue des Écoles – 75005 Paris
librairie.sh@harmattan.fr
01 46 34 13 71
www.librairieharmattansh.com

Lib. Méditerranée & Moyen-Orient
7, rue des Carmes – 75005 Paris
librairie.mediterranee@harmattan.fr
01 43 29 71 15

Librairie Le Lucernaire
53, rue Notre-Dame-des-Champs – 75006 Paris
librairie@lucernaire.fr
01 42 22 67 13

www.ingramcontent.com/pod-product-compliance
Lightning Source LLC
LaVergne TN
LVHW011436061026
849535LV00004BA/833